用心研创　值得尊重

皮书研创

不在于发现新大陆，而在于分享新方案

侯胜田教授

“健康经济与管理系列”总主编

健康经济与管理系列

食药同源蓝皮书

中国食药同源产业发展报告（2024）

侯胜田　欧阳竞锋　主　编
张　冰　李建鹏　王丽新　副主编

中国商业出版社

图书在版编目（CIP）数据

中国食药同源产业发展报告. 2024 / 侯胜田, 欧阳竞锋主编. -- 北京 : 中国商业出版社, 2025. 2. (健康经济与管理系列). -- ISBN 978-7-5208-3312-7

Ⅰ. F426.7

中国国家版本馆CIP数据核字第20254UT381号

责任编辑：管明林

中国商业出版社出版发行

（www. zgsycb. com 100053　北京广安门内报国寺 1 号）

总编室：010 - 63180647　编辑室：010 - 83114579

发行部：010 - 83120835/8286

新华书店经销

北京博海升彩色印刷有限公司印刷

*

710 毫米 ×1000 毫米　16 开　25.5 印张　428 千字

2025 年 2 月第 1 版　2025 年 2 月第 1 次印刷

定价：298.00 元

* * * * *

《中国食药同源产业发展报告（2024）》

编　委　会

主　　任： 宋柏林（教授，长春中医药大学原校长）

副 主 任： 杨兴江　颜秉东　陈小勇

主　　编： 侯胜田　欧阳竞锋

副 主 编： 张　冰　李建鹏　王丽新

常务编委：（按姓氏笔画排序）

卞　华　王丽新　王政锋　王晓岑　卢艳丽
刘国栋　刘馨雁　杨兴江　李建鹏　沈　刚
沈　亮　宋胜利　张　元　张　冰　张　聪
张　勰　张玉苹　张维纯　张喜梅　张燕玲
陈小勇　林志健　欧阳竞锋　宗倩倩　段辉琴
侯胜田　姜　慧　贺宗毅　夏西超　梁　峰
梁静姮　鲁春丽　颜秉东

编　　委：（按姓氏笔画排序）

干永和　卞　华　马　驰　马传贵　马艳莉
王　雨　王丽彦　王丽新　王政锋　王晓岑

司　高　卢艳丽　曲兆华　乔连生　刘　伟
刘　聪　刘华云　刘国栋　刘艳霞　刘馨雁
许立华　杨兴江　杨思秋　杨道纳　李　享
李　密　李艺清　沈　刚　沈　亮　宋国英
宋胜利　张　元　张　冰　张　聪　张　勰
张玉苹　张妍妍　张晓薇　张维纯　张喜梅
张燕玲　陈　宁　陈小勇　陈嘉璐　林志健
欧阳竞锋　郑妙好　宗倩倩　段斯琦　段辉琴
侯胜田　侯铭强　姜　慧　贺宗毅　贾永森
夏西超　顾　瞻　徐　荣　徐远新　高　娜
高文彬　郭廷建　郭紫薇　黄明进　崔宝凯
曹亚娟　啜阿丹　盖美辰　梁　峰　梁静姮
彭　芳　董美佳　蒋　锋　鲁春丽　裴家峤
黎红梅　颜秉东　潘元明

秘　书　长： 刘国栋　管明林

副秘书长： 董美佳　刘　聪　侯铭强

秘书处成员： 李　享　干永和　刘华云　蒋立聪　陈　宁

《中国食药同源产业发展报告（2024）》

研创课题组

组　　长： 侯胜田　欧阳竞锋

副 组 长： 刘国栋　张　元　王丽新

课题组成员：（按姓氏笔画排序）

干永和	卞　华	马　驰	马玉红	马传贵
马艳莉	王　华	王　雨	王　雪	王丽彦
王丽新	王政锋	王晓岑	毛诗梦	卢艳丽
田佳叶	司　高	曲兆华	乔连生	刘　伟
刘　聪	刘华云	刘亚迪	刘同宁	刘国栋
刘泽宇	刘禹杞	刘艳霞	刘馨雁	许立华
孙　瑞	杨兴江	杨昕祺	杨思秋	杨道纳
李　享	李　密	李艺清	沈　刚	沈　亮
宋国英	宋胜利	张　元	张　冰	张　聪
张　勰	张玉苹	张妍妍	张晓薇	张悠然
张维纯	张喜梅	张燕玲	张璐婕	陈　宁
陈小勇	陈嘉璐	林志健	林禹舜	欧阳竞锋
罗涵予	庞伊涵	庞懿宵	郑妙好	宗倩倩
赵云松	荆雅楠	段斯琦	段辉琴	侯胜田

健康经济与管理系列

《中国食药同源产业发展报告（2024）》主要编撰者简介

侯胜田　管理学博士，北京中医药大学管理学院教授、国家中医药发展与战略研究院健康产业研究中心主任。兼任清华大学社科学院健康产业与管理研究中心副主任、上海交通大学健康长三角研究院健康旅游研究中心主任、温州医科大学大健康发展研究院康养休闲旅居研究所所长、世界中联医养结合专业委员会副会长、中国老年学和老年医学学会国际旅居康养分会副主任委员、中国中医药信息学会医养居融合分会副会长、世界中联国际健康旅游专业委员会副会长中国药膳研究会酒与康养专委会副主任委员、北京中医生态文化研究会及健康旅游委员会会长。“健康经济与管理系列”蓝皮书总主编，多部教材主编。主要研究方向：健康产业与管理、健康休闲旅游、医院领导力与管理、数智健康与数智中医药。发表中英文论文 90 余篇，主持完成多项国家社科基金、教育部社科基金和北京市社科基金课题。

欧阳竞锋　博士，研究员，教授，硕士研究生导师，东京药科大学访问学者、清华大学访问学者，华北理工大学及宁德师范学院兼职教授，中国中医科学院医学实验中心形态学实验室副主任。全国中医药创新骨干人才、中国中医药信息学会中医药产业创新发展分会常务理事、国医大师孙光荣教授学术传承人。承担国家级及省部级课题 20 余项，授权专利近 20 项，荣获多项省部级奖项。目前主要进行中医药防治神经退行性病变疾病以及药食同源研究工作，建立了神经退行性疾病的 3D 量化评价方法及帕金森病体内、体外研究评价模型；主持了《药食同源及药膳配方食品通用要求》团体标准的制定。

张　冰　二级教授，博导、主任医师。国家中医药管理局高水平重点学科临床中药学学科带头人，北京中医药大学中药药物警戒与合理用药研究中心主任。兼任中国民族医药学会大数据与人工智能分会会长、中国毒理学会临床毒理分会副主任委员等。国家中医药传承与创新“百千万”人才工程岐黄学者（临床型）、国家“万人计划”领军人才教学名师、全国巾帼建功标兵、全国优秀科技工作者、中华医药贡献奖获得者、首都名中医、全国中医药高等学校教学名师、全国老中医药专家学术经验继承指导教师、全国高等学校优秀骨干教师、北京市教育创新标兵，首都劳动奖章、北京市三八红旗奖章获得者，享受国务院政府特殊津贴。主持国家科技重大新药创制专项、国家自然科学基金联合基金、国家自然科学基金等各级项目 60 余项，出版学术专著及国家规划教材等 30 余部，发表论文 600 余篇，获国家级等各级奖项 30 余项。

李建鹏　现就职于中国中医科学院，从事中医药膏方健康促进理论及临床研究工作。国家中医药管理局第七批全国老中医药专家学术经验继承人；王永炎院士中医内科学学术传承人；国家中医药管理局龙砂医学流派传承人；膏方诊疗技术师承于国医大师余瀛鳌研究员；中医五运六气理论研究师承于国家级名老中医顾植山教授。兼任中华中医药学会亚健康分会副秘书长、中国药膳研究会常务理事、北京中西医慢病防治促进会膏方诊疗分会会长。目前研究的重点方向是膏方促进健康的理论基础、辨证规律、组方机制、量效关系、安全性及有效性临床评价工作以及药食同源膏方产品开发工作。

王丽新　同济大学附属上海市肺科医院中西医结合科行政主任，同济大学教授、博导、博士后合作导师；国家中医药管理局旗舰科室学科带头人、上海市中医药高层次引领人才、上海市科委白玉兰人才。中国未来研究会中医药一体化分会副会长、上海市生物医药行业学会中西医结合分会主任委员。主要致力于中医药防治肺癌及呼吸系统疾病的基础和临床研究。主持国家重点研发计划中药现代化、国家自然科学基金、上海市科委等 10 余项课题研究，出版专著 3 部，主要执笔专家共识 3 项。

摘　要

《中国食药同源产业发展报告（2024）》是“食药同源蓝皮书”系列第一本关于食药同源发展的综合报告，聚焦于食药同源领域的深入探索与发展，注重专业性、实证性、前瞻性、时效性和热点性。本报告涵盖了食药同源的思想理论、功能开发、食药物质、市场趋势等多个维度，并基于食药同源的发展现状和大量调查数据，为政府部门、社会公众和相关从业者提供有益的经验启示和深入的行业理解，进一步推动食药同源的健康发展。本报告作为食药同源领域的权威读物，在编写过程中得到了行业内专业人士的广泛参与和支持。

《中国食药同源产业发展报告（2024）》是食药同源领域的重大研究成果。本报告采用文献研究、实地研究、问卷调查、案例分析等综合研究方法，从发展背景、技术革新、功能开发、监督管理等多个维度进行了研究与分析。同时，还提供了一些创新性的思考和建议，为进一步推动食药同源的发展提供有益的参考和借鉴。

本报告共包含 4 个部分，由 22 篇独立报告构成。

第一部分“总报告”《食药同源理论和实践发展现状及展望》（HB. 01）提出中国“食药同源”（药食同源、药食两用）相关概念源于 20 世纪 80 年代食品卫生法律法规对食品中添加药物的管理时期。“食药同源”思想和理念则源于古人对“食物与药物”关系的不断认知、总结和实践。目前，中国建立起了以“食品投入物”（食药物质、三新食品和特殊食品）为核心的“食药同源”食品安全监管体系。“食药物质、三新食品、特殊食品”等食药同源属性食品生产销售规模不断扩大，新食品、新配方、新技术、新专利等食品科研成果不断增加，食品安全已经步入食品新质生产力（质量安全与食物营养安全）融合发展的阶段，也就是人们对具有食疗食养功能的食品有更多需求的“食药同源”时代。中国食药同源理论与实践也应该适应新时代，进入理论系统化研究、内涵范围内容统一、科研与实践开拓创新、产业规范化标准化发展、食药同源健康理念与国际交流互惠的新阶段。

第二部分“综合发展篇”（HB. 02—HB. 07）由 6 篇分报告组成：《中国食药同源思想与理论演进研究》（HB. 02）通过多维度研究方法，梳理了食药同源理念在中国的发展脉络，从远古实践发现到古代医学典籍的理论阐述，再到现代科学的深入探究，展现了其逐渐成熟和完善的过程。同时，探讨了该理念在当代健康领域的应用价值和发展趋势，指出其在预防疾病、辅助治疗、养生保健等方面的巨大潜力，并展望了未来在科技创新、政策支持和市场需求推动下的广阔前景。

《食药同源产业法律监管的现状、困境及对策研究》（HB. 03）指出，在健康中国战略背景下，食药同源产业市场需求持续增长，但产业发展尚不成熟，法律监管面临生产不一、销售不实、体制不全等困境。报告分析了当前法律监管的现状，提出了规范生产、严格销售、合理规划体制等具体解决路径，旨在保障食药同源产品质量和消费者权益，提升产业核心竞争力，扩大中医药文化的国内外影响力。《国内外食药同源及相似概念的内涵介绍与进展》（HB. 04）对比了国内外关于“食药同源”及其相似概念的发展情况。国内方面追溯了食药同源思想的历史渊源和现代规范，国外方面介绍了保健食品、功能性食品、膳食补充剂等类似概念的定义、种类及监管措施。

《食药同源保健食品产品审批现状》（HB. 05）基于国家市场监督管理总局数据，分析了1996—2024年中国食药同源保健食品的审批情况。报告建议加快原料目录审批进度，完善审批政策，强化企业研发与备案工作，共同推动“健康中国”建设。《食药同源产品检测技术现状与未来趋势》（HB. 06）提出，当前检测技术以色谱法、光谱法为主，具有高效、灵敏等优点，但安全性、营养性及保健性评价缺乏统一标准。报告指出，开发快速高效、智能化、个性化的评价方法将促进食药同源产品的发展。报告总结了现有检测技术的应用现状，并展望了未来趋势，旨在为技术开发提供思路，促进食药产品的广泛利用。《萃饮技术在食药同源生活化实践中的应用》（HB. 07）提出，随着食药同源产品需求的增加，传统提取方法存在效率低、操作烦琐等问题。萃饮机作为一种创新设备，采用高压脉冲技术，显著提高了有效成分的萃取率和使用体验，有助于推动食药同源产品的常态化使用，促进中医科技化、生活化、数据化，助力食药同源产业的健康发展。

第三部分“市场开发篇”（HB. 08—HB. 14）由8篇分报告组成：《食药同源产品开发技术现状及发展趋势》（HB. 08）详尽地探讨了食药同源产品开发技术的当前状态，同时深入分析了这些技术在市场上的应用情况，并通过实际案例展示了其成效。在展望未来趋势时，报告强调了产品应适应老龄化社会的需求，提高食用的便捷性，实现营养成分的精准匹配，同时降低成本并保持绿色健康的特性，为食药同源产品的持续研发指明了方向。《食药物质固体类开发现状与发展趋势》（HB. 09）通过广泛的问卷调查和产品试吃体验，深入了解了消费者对固体类食药物质产品的需求和期望。报告不仅分析了市场对这些产品的接受程度，还揭示了消费者对食药物质认知的现状及其对产品满意度的具体反馈，并对未来的发展方向提出了建议，包括提升产品质量、加强品牌宣传、优化产品配方等。《改善睡眠类食药同源物质分析报告》（HB. 10）针对 11 种对睡眠具有影响的食药同源物质进行了全面的分析。报告指出了这些物质在产品开发过程中存在的问题，如缺乏统一的标准和规范、对其睡眠功效的描述不够充分等。最后，报告提出了加强标准化建设、深化科学研究、拓展市场应用等建议，以期推动睡眠类食药同源物质的健康发展。《降糖类食药物质的市场现状与应用前景》（HB. 11）针对皂苷、黄酮类、萜类、生物碱和多糖等活性成分的降糖机制研究日益深入，为产品开发提供了科学依据。要充分发挥其潜力，还需企业、高校及市场等多方协同努力，共同推动新产品的研发与推广。《食药同源餐饮发展报告》（HB. 12）指出，食药同源餐饮行业在保持传统优势的同时，也面临着基础研究薄弱、品牌建设难度大、质量不稳定、专业人才匮乏及产业链整合困难等挑战。为应对挑战、把握机遇，企业需加强产品创新与差异化发展，以满足日益多元化的消费者需求。《食药同源功能性食品市场分析》（HB. 13）指出，食药同源食品凭借其天然、健康的特点，在全球范围内受到广泛欢迎。报告通过分析市场现状，提出了推动食药同源功能性食品未来发展的策略建议，旨在提升产业核心竞争力，扩大中医药文化的国内外影响力。《海南自贸港食药同源资源与产业研究报告》（HB. 14）以海南自贸港为背景，深入研究了海南地区食药同源资源的种类、分布及产业前景。报告共收录了 29 种具有鲜明地方特色和食药同源属性的动植物资源，不仅具有教学价值，还为海南中医药健康旅游、药膳产业及道地药材的种植、养殖、品种保护、生产、加工、销售等全产业链的发展提供了理论依据和实践参考。通过推动这些资源的开发利用，有助于提升海南国际旅游消费中心的竞争力，促进地方经济的多元化发展。

第四部分“食药物质篇”（HB. 15—HB. 22）由 8 篇分报告组成：《食药同源中药材市场分析》（HB. 15）提出，市场发展中面临标准化程度低、质量控制不严、地方市场规模小、产业链发展受阻、市场监管体系不健全及消费者认知度不高等问题，并有针对性地提出加强标准化建设、优化产业链、完善监管体系及提升消费者认知等对策建议，以促进食药同源中药材市场的高质量发展。《食药物质灵芝资源与产业发展》（HB. 16）系统梳理了中国灵芝资源及产业发展现状，分析了存在的主要问题，并提出了有针对性的建议，旨在推动灵芝产业高质量发展，助力乡村振兴。肉苁蓉作为西北地区的特色中药材，具有多种药用价值，近年来在政府及产学研合作的推动下，实现了大规模种植，产业初具规模。《食药物质肉苁蓉资源与产业发展》（HB. 17）深入分析了肉苁蓉产业的发展现状、新产品研发方向及存在的问题，并提出了有针对性的建议，以促进肉苁蓉产业高质量发展，推动沙区乡村振兴。《食药物质枣市场与开发分析报告》（HB. 18）通过文献研究和数据分析，对中国枣行业的发展概况及市场运行情况进行了深入分析，并采用 SWOT 分析法评估了枣行业的优劣势及面临的机遇和风险。基于分析结果，提出了依托内部优势和外部机遇，积极进行技术研发与产品创新，开拓国内外市场的战略建议。同时，强调了枣产品企业应注重产品差异化个性化发展，以适应市场需求的变化。《食药物质天麻市场发展报告》（HB. 19）对天麻的生产种植、加工情况、质量评价、市场价格及市场需求等方面进行了全面阐述，并分析了天麻产业存在的问题和发展建议，为天麻的合规使用、研发及临床应用提供了有价值的参考。《水飞蓟抗氧化功能及药食两用产品开发发展报告》（HB. 20）分析了水飞蓟的全球市场趋势，指出中国在水飞蓟高端产品制造上的不足，并建议通过管理、人才、技术的提升，促进国产水飞蓟产品在全球高端市场的竞争力。菊苣作为药食两用植物，富含多种活性成分，具有保肝、抗炎等多种功能，受到国内外研发和产业推广的关注。《药食同源菊苣及其产业发展趋势》（HB. 21）综述了菊苣的起源、种植分布、物质基础及研发产业现状，并分析了其产业瓶颈，展望未来，旨在促进菊苣生产研发合作交流与产业发展。《中国五加属食品产业发展报告》（HB. 22）提出，随着消费者对健康食品需求的增加，中国五加属食品产业有望继续扩大其市场份额，展现出广阔的发展前景。随着人工繁育技术的提高和种植面积的扩大，五加属食品的生产规模逐步增大，且产品质量得到了显著提升。同时，国家政策对五加属食品在食品、保健品等领域的应用给予了规范化指导，进一步推动了该产业的健康发展。

关键词：食药同源；健康促进；食药物质；发展报告；蓝皮书

目　录

壹　总报告

贰　综合发展篇

叁　市场开发篇

肆　食药物质篇

壹

总报告

HB. 01 食药同源理论和实践发展现状及展望

本书编委会

摘　要：中国“食药同源”（药食同源、药食两用）相关概念源于20世纪80年代食品卫生法律法规对食品中添加药物的管理时期。“食药同源”思想和理念则源于古人对“食物与药物”关系的不断认知、总结和实践。目前，中国建立起了以“食品投入物”（食药物质、三新食品、特殊食品）为核心的“食药同源”食品安全监管体系。“食药物质、三新食品、特殊食品”等食药同源属性食品生产销售规模不断扩大；新食品、新配方、新技术、新专利等食品科研成果不断增加，食品安全已经步入食品新质生产力（质量安全与食物营养安全）融合发展的阶段，也就是人们对具有食疗食养功能的食品有更多需求的“食药同源”时代。中国食药同源理论与实践也应该适应新时代，进入理论系统化研究、内涵范围内容统一、科研与实践开拓创新、产业规范化标准化发展、食药同源健康理念与国际交流互惠的新阶段。

关键词：食药同源；食药物质；理论与实践；食药同源现状与未来

中国的食品安全保障体系由“农产品质量安全保障体系”和“食品安全保障体系”两部分组成。其中，农产品质量安全保障体系主要由农业农村主管部门（农业农村部农产品质量安全中心）与市场监督管理部门负责监督管理。农产品质量安全保障体系包括农产品质量安全风险管理制度、农产品产地安全监测制度、农产品质量安全标准体系、农产品质量检验检测体系、农产品质量安全追溯体系、农产品质量安全信用体系和绿色优质农产品体系。食品安全保障体系是由国家卫生健康委员会（以下简称国家卫健委）和国家市场监督管理总局负责监督管理。主要体系包括食品安全政策和法规体系、食品安全标准与评价体系、食品安全监管体系、食品生产经营体系等。食品安全监管的重点对象是“食品投入物”。

纵观发达国家的食品安全发展历程，食品安全从层次上分为粮食数量安全、食品质量安全和食物营养安全三个阶段。通常所说的食品安全主要是指食品质量安全。从中国改革开放40多年来的食品安全监管体制和机构演进来看，中国的食品安全保障体系已经从满足食品质量安全逐渐过渡到食物营养安全阶段，主要体现如下。

人民美好生活需求之一是食品的高品质和营养价值。近年来农业农村部（农产品质量安全中心）为适应新形势需求，提高农产品的质量品质，相继了推出新的“三品一标”（绿色、有机、地理标志和达标合格农产品）优质农产品行动[1]，原来的“无公害农产品”被“达标合格农产品”替代。农产品全程质量控制技术体系（CAQS－GAP）、全国名优新特农产品入库目录、全国名优新特农产品营养品质评价、《特质农品登录技术规范（试行）》等农产品质量安全工作也相继开展。

2023年，国家卫生健康委员会和国家市场监督管理总局在出台的《按照传统既是食品又是中药材的物质目录管理规定（2023年）》中对“食药物质”定义范围进行了明确界定，同时，补充修改了“三新食品”“特殊食品”定义范围。对《按照传统既是食品又是中药材的物质名录》（品种及原料）进行了扩充，2023年公布了新增加的9种食药物质。以上诸多的食品安全法律法规和措施的出台，表明中国的食品安全已经进入了食品质量安全与食物营养安全融合快速发展的阶段，也就是人们对具有食疗食养功能的食品有更多需求的“食药同源”时代。

一、中国食品安全法规体系下的“食药同源”演变

中国的“食药同源”理论研究和实践探索源于改革开放后的中国食品安全保障体系。

中华人民共和国成立以来，食品安全保障体系经历了由食品卫生防疫到食品卫生管理，由食品卫生全过程管理到食品卫生标准化管理，由社会主义市场经济主体下的食品公共卫生管理到加入世界贸易组织后现代食品安全监管三个主要发展阶段。这三个主要发展阶段也是中国食品卫生与食品安全政策和法规

体系、标准与评价体系、监管体系不断调整，不断完善，保障全民食品公共健康、社会经济发展要求的过程。

（一）食品卫生法实施阶段的“食药同源”范围和内容

1. 初始阶段

1982 年《中华人民共和国食品卫生法（试行）》第八条规定：“食品不得加入药物。按照传统既是食品又是药品的以及作为调料或者食品强化剂加入的除外。”

1987 年 10 月 22 日《卫生部　国家中医管理局关于颁发〈禁止食品加药卫生管理办法〉的通知》（〔87〕卫防字第57 号）发布。在该办法的附件《既是食品又是药品的品种名单（第一批）》中公示了首批 33 种“既是食品又是药品”的动植物品种名单。

1988 年 4 月 6 日卫生部《关于公布部分“既是食品又是药品”名单的通知》（〔88〕食监检字第23 号）在名单中补充了 29 个品种。

从这个时期开始，学界、食品科研部门、食品监督检测评价部门、中医药部门的一些专家学者将“既是食品又是药品的品种名单”简称为“药食两用”“药食同源”或“食药同源”，将“既是食品又是药品”名单（概念）等同于“药食同源”品种名单（概念）。

2. 分类阶段

1995 年《中华人民共和国食品卫生法》（以下简称《食品卫生法》）正式出台实施。在第十条“加入药物”章节里明确规定：“食品不得加入药物，但是按照传统既是食品又是药品的作为原料、调料或者营养强化剂加入的除外。”将“既是食品又是药品”的品种应用范围扩大到了“原料、调料、营养强化剂”范围，之前的“食品强化剂”更改为“营养强化剂”。同时，“三新食品”（新资源食品、食品添加剂新品种、食品包装新材料）等概念、内容在《中华人民共和国食品卫生法》文件中出现，“既是食品又是药品”监管范围扩充了“三新食品”。

1996 年，卫生部《关于依法修订现行部门规章部分内容的通知》将《禁止食品加药卫生管理办法》《新资源食品卫生管理办法》《新资源食品审批工作程序》《食品添加剂卫生管理办法》《食品营养强化剂卫生管理办法》列入第二次修订内容中。

2002 年 2 月，卫生部《关于进一步规范保健食品原料管理的通知》（卫法监发〔2002〕51 号），重新公布了《既是食品又是药品的物品名单》《可用于保健食品的名单》《保健食品禁用物品名单》3 个附件，共列入 87 种食药物质名单。

随着新资源食品、食品添加剂、食品营养强化剂、保健食品原料的增加，食品安全监管的范围也进一步扩大，表明作为既是食品又是药品的物品、新资源食品、保健品食品原料、食品营养强化剂的原料也逐渐纳入以非治疗为目的"食药同源"食品（原料、强化剂、材料）范围中。

《中华人民共和国食品卫生法》为"食药同源"概念和思想的传播和发展提供了法规、标准和管理依据，使越来越多的科研机构、食品企业、中药材企业更加重视对《食药物质目录》中"食药同源"传统食疗食养理论的研究、现代营养成分分析、功能性食品的开发与应用。特别是 1995 年后国家对保健食品实施规范化管理的时期，"食药同源"理论研究和产品开发成为当时的热点。

（二）食品安全法实施阶段的"食药同源"范围和内容

1. 2009 年 6 月《中华人民共和国食品安全法》出台

2009 年《中华人民共和国食品安全法》第五十条规定：生产经营的食品中不得添加药品，但是可以添加按照传统既是食品又是中药材的物质。按照传统既是食品又是中药材的物质的目录由国务院卫生行政部门制定、公布。同时，对"三新食品"做了调整，"新食品原料、食品添加剂新品种、食品相关新品种"替代了"新资源食品、食品添加剂新品种、食品包装新材料"。

2013 年 7 月，国家卫生与计划生育委员会（以下简称国家卫计委）下发了《关于进一步规范保健食品原料管理的通知》（卫法监发〔2002〕51 号），对《既是食品又是药品的物品名单》进行了修订，第一次将《既是食品又是药品的物品名单》改名为《按照传统既是食品又是中药材的物质目录（2013）》，将原"名单"改称为"目录"，"物品"改称为"物质"。

2. 2015 年食品安全法第一次修订，增加了"特殊食品"

2015 年《中华人民共和国食品安全法》首次提出对"特殊食品"严格监

督管理：国家对保健食品、特殊医学用途配方食品和婴幼儿配方食品等特殊食品实行严格监督管理。对“保健食品声称保健功能，应当具有科学依据，不得对人体产生急性、亚急性或者慢性危害”。

《中华人民共和国食品安全法》延续了“三新食品”内容和范围，对“特殊食品”进行了归类，将保健食品、特殊医学用途配方食品和婴幼儿配方食品划归为特殊食品范畴。

2018年3月，《按照传统既是食品又是中药材的物质的目录》由新组建的国家卫健委和国家市场监管总局制定、公布。

2019年，当归、山柰、西红花、草果、姜黄和荜茇6种物质经公示，纳入食药物质管理目录，仅作为香辛料和调味品使用（2014年征求意见的另外8种没有发布纳入公告）。

3. 2021年食品安全法二次修订

对“三新食品”监管提出应当向国务院卫生行政部门提交相关产品的安全性评估材料，对“食药物质”目录提出由国务院卫生行政部门会同国务院食品安全监督管理部门制定、公布，对保健食品、特殊医学用途配方食品和婴幼儿配方食品等特殊食品实行严格监督管理。

2021年1月，国家卫健委正式废止《禁止食品加药卫生管理办法》（卫防字第57号）。

2021年11月，国家卫健委出台了《按照传统既是食品又是中药材的物质目录管理规定》，正式将“按照传统既是食品又是中药材的物质”简称为“食药物质”，并提出了食药物质定义、列入目录的条件要求、修订增补食药物质的程序、安全评估材料的要求等内容。

4. 2023年新增食药物质

2023年11月，国家卫健委、国家市场监管总局经安全性评估及试点生产经营，将党参、肉苁蓉（荒漠）、铁皮石斛、西洋参、黄芪、灵芝、山茱萸、天麻、杜仲叶9种物质进行公示，正式纳入“食药物质”目录。

（三）食品安全法规体系下的“食药同源”定义、共性和区别

经《中华人民共和国食品安全法》《按照传统既是食品又是中药材的物质目录》的多次修订，中国食品安全体系基本上确定了“食药物质类（食品）、

三新食品类、特殊食品类”三大类监管食品，其分类和定义如下。

1. 食品

食品是指各种供人食用或者饮用的成品和原料，以及按照传统既是食品又是中药材的物品（不包括以治疗为目的的物品）[2]。

2. 食药物质

食药物质是指传统作为食品且列入《中华人民共和国药典》的物质。纳入食药物质目录的物质应当符合下列要求：有传统上作为食品食用的习惯；已经列入《中国药典》；安全性评估未发现食品安全问题；符合中药材资源保护、野生动植物保护、生态保护等相关法律法规规定[3]。

3. 三新食品

三新食品主要指新食品原料、食品添加剂新品种和食品相关产品新品种。

1）新食品原料

中国的“新食品原料”管理制度大致经历了食品卫生法（ 试行）时期的《新资源食品卫生管理办法》、食品卫生法时期的《新资源食品卫生管理办法》和《新资源食品管理办法》以及食品安全法实施时期（2015 年修订）的新食品原料相关规定三个主要阶段。

随着中国的新食品原料管理制度的变革，新食品原料的名称也经历了从“新资源食品”到“新食品原料”的变化过程，“新食品原料”这一概念内涵和范围的变化标志着国家将原来针对食品产品的管理转变为管理食品原料或成分[4]。

中国新食品原料管理规定和定义的变化情况[5]见表 1。

表 1　中国新食品原料管理规定和定义的变化情况

年份	管理制度	新食品原料的定义和范围	管理对象
1987—1990 年	《新资源食品卫生管理办法》	—	终产品或食品原料
1990—2007 年	《新资源食品卫生管理办法》	食品新资源是指在中国新研制、新发现、新引进的无食用习惯，或仅在个别地区有食用习惯的符合食品基本要求的物品。以食品新资源生产的食品被称为新资源食品（包据新资源食品原料及成品）	终产品或食品原料

续表

年份	管理制度	新食品原料的定义和范围	管理对象
2007—2013 年	《新资源食品管理办法》	新资源食品包括：在中国无食用习惯的动物、植物和微生物；从动物、植物、微生物中分离的在中国无食用习惯的食品原料；在食品加工过程中较常用的益生物新品种；采用新工艺生产导致原有成分或者结构发生改变的食品原料	食品原料
2013 年至今	《食品原料安全性审查管理办法》	在中国无传统食用习惯的以下物品：动物、植物和微生物；从动物植物和微生物中分离的成分；原有结构发生改变的食品成分；其他新研制的食品原料	食品原料

注：—表示年代久远，查询不到该资料原文。

2013 年"新食品原料"替代"新资源食品"，正式定义为"在中国无传统食用习惯的以下物品：动物、植物和微生物；从动物、植物和微生物中分离的成分；原有结构发生改变的食品成分；其他新研制的食品原料"。其中"传统食用习惯"是指某种食品在省辖区域内有 30 年以上作为定型或者非定型包装食品生产经营的历史，并且未载入《中华人民共和国药典》。

2）食品添加剂新品种

食品添加剂新品种是指未列入食品安全国家标准的食品添加剂品种、未列入国家卫计委公告允许使用的食品添加剂品种，以及扩大使用范围或者用量的食品添加剂品种[6]。

3）食品相关产品新品种

食品相关产品新品种是指用于食品包装材料、容器、洗涤剂、消毒剂，以及用于食品生产经营的工具、设备的新材料、新原料或新添加剂。具体包括尚未列入食品安全国家标准或者卫生部公告允许使用的食品包装材料、容器及其添加剂，扩大使用范围或者使用量的食品包装材料、容器及其添加剂，尚未列入食品用消毒剂、洗涤剂原料名单的新原料，以及食品生产经营用工具、设备中直接接触食品的新材料、新添加剂[7]。

4. 特殊食品

特殊食品包括保健食品、特殊医学用途配方食品（含特殊医学用途婴儿配方食品）和婴幼儿配方食品三类。特殊食品与普通食品相比，其主要满足婴幼儿、老年人、患有特定疾病人群等特殊群体的特殊需要，并存在“特别的标准”。例如，《中华人民共和国食品安全法》对特殊食品明确实行功能目录管理，对保健食品的原料、婴幼儿配方乳粉产品配方等进行严格管理，同时在生产管理、标签说明书管理、广告管理方面制定“特别的要求”。

（1）保健食品

《中华人民共和国食品安全法》对保健食品的释义为具有保健功能或者以补充维生素、矿物质等营养物质为目的的食品，即适宜于特定人群食用，具有调节机体功能，不以治疗疾病为目的，并且对人体不产生任何急性、亚急性或慢性危害的食品。保健食品允许声称的功能有增强免疫力、辅助降血脂、辅助降血糖、抗氧化、辅助改善记忆、缓解视疲劳、清咽、改善睡眠、减肥、调节肠道菌群等 28 种功能。

根据《中华人民共和国食品安全法实施条例》，保健食品和特医食品不属于地方特色食品，不得对其制定食品安全地方标准。

（2）特殊医学用途配方食品

特殊医学用途配方食品（简称特医食品）是指当人体无法进食普通膳食或无法用日常膳食满足其营养需求时，作为一种营养补充途径，可以起到营养支持作用的食品。

（3）婴幼儿配方食品

婴幼儿配方食品是指以乳类及乳蛋白制品、大豆及大豆蛋白制品为主要原料，加入适量的维生素、矿物质或其他成分，仅用物理方法生产加工制成的液态或粉状，适用于正常婴儿（0～6 月龄）、较大婴儿（6～12 月龄）和幼儿（12～36 月龄）食用，其营养成分能满足婴儿的正常营养需要或较大婴儿和幼儿的部分营养需要的配方食品[8]。

5. 食用农产品

食用农产品是指来源于种植业、林业、畜牧业和渔业等供人食用的初级产品，即在农业活动中获得的供人食用的植物、动物、微生物及其产品，不包括法律法规禁止食用的野生动物产品及其制品。植物、动物、微生物及其产品是指在农业活动中直接获得的，以及经过分拣、去皮、剥壳、干燥、粉碎、清洗、切割、冷冻、打蜡、分级、包装等加工，但未改变其基本自然性状和化学性质的产品[9]。

6. 几类食品（原料）的相同特征、特性、形态及区别

（1）相同特征

几类食品（原料）的相同特征见表2。

表2 几类食品（原料）的相同特征

特征	非治疗目的性	食品安全属性	功能价值	食药同源属性
特征说明	不是用来治疗的药品、药物，用于调理、保健、提高食品的辅助功效食物、食品，包括特医食品。不得宣称保健功能，或对疾病的预防和治疗功能	不是用来治疗的药品、药物，用于调理、保健、提高食品的辅助功效食物、食品，包括特医食品。不得宣称保健功能，或对疾病的预防和治疗功能	食品安全，是指食品无毒、无害，符合应当有的营养要求，对人体健康不造成任何急性、亚急性或者慢性危害	相较于普通食品，其他三类食品的功能性价值都优于普通食品。普通食品的用途是为人体提供能量和营养成分；食药物质具有“药食”双重属性；新食品原料是相对于传统食品原料而言，具有新的特点和应用价值的原料，突出在“新特点、新价值”；保健食品以调节人体机能为目的，强调保健功能；特医食品主要针对具有特殊营养需求的人群，以提供能量和营养支持为目的

（2）特性、形态及区别

几类食品（物质、原料）的特性、形态及区别见表3。

表3 几类食品（物质、原料）的特性、形态及区别

分类	普通食品	食药物质	三新食品	特殊食品	食用农产品
特性	为人体提供能量和营养成分	药品和食兼用	突出原料的“新”属性	突出食品的“特殊功能”属性	突出“农产品”初级属性、未加工或初加工
形态	食品	物质、原料	原料、添加剂等	配方食品	初级农产品
区别	维持人体的正常新陈代谢	药典目录品种，有传统食用习惯	非药典目录品种，无30年以上传统食用习惯	婴幼儿、老年人、患有特定疾病人群等特殊群体的特殊需要	未改变其基本自然性状和化学性质的产品

续表

分类	普通食品	食药物质	三新食品	特殊食品	食用农产品
是否具备食药同源属性	部分具备	具备	除了包装材料外都具备	具备	部分具备
可否加入食药物质	可以	可以	可以	部分可以	可以

二、食药同源理论与实践发展现状

（一）政策法规日趋完善

国家出台的有关食药物质、保健食品、新食品原料领域的法律法规和管理条例是开展食药同源理论研究的基础。

1. 食药同源食品安全相关法律法规体系不断健全

1983 年至 2023 年，中国食品安全法律法规逐渐完善与进步，食药同源理论及产业实践也取得了长足的发展，形成了包括食药物质、三新食品、特殊食品在内的食药同源食品安全相关法律法规新体系。

2. 注册审批逐渐规范化

注册审批是食药安全管理的重要环节。中国政府管理部门加强了对食药（物质、原料、材料、食品）注册审批的规范化管理，提高了注册审批的标准和效率。同时，对违法违规行为采取零容忍态度，坚决打击未经注册审批的食药上市行为。

3. 食药同源安全管理日渐加强

安全管理是食药安全的关键环节。管理部门采取了一系列措施加强食药安全管理，包括建立食药安全风险评估和预警机制，加强食药生产过程监管，完善食药追溯体系等。

4. 药食同源类药材进口审批备案制

国内企业在向海关申报药食同源类药材（这些商品属性通常为食用香辛

料和调味品）进口通关时，需要根据《进口药材管理办法》进行备案管理。进口“食药同源”原料或食品必须按照国家药监局和海关总署联合制定的《进口药品目录》和国家卫健委制定的《按照传统既是食品又是中药材的物质目录》进行评估。

（二）食药同源理论日益成熟

中国的食药同源理论研究历史悠久。从食宜到食禁（食忌），从食养到食疗，再到食治；从《神农本草经》《黄帝内经》《本草经集注》《肘后备急方》《备急千金要方》对食药关系的认识，到《黄帝内经太素》，“用之充饥则谓之食，以其疗病则谓之药”食物药用关门辨证思想不断成熟。从第一本《食疗本草》专著，到《饮膳正要》《救荒本草》《食物本草》《食鉴本草》《食用本草学》等多篇食药论著，食药同源思想和理论十分成熟。

随着现代医药学、食品学、营养学、生物学、分子学、化学、物理学、农学、材料与工程学等学科融入食品学研究领域，食药同源的理论和方法已经由传统医药学、养生学等社会学理论进入食品（及其原料）的性质及其影响因素、食品加工过程、储运与保鲜及其生物学基础等食品科学领域。中国食药同源理论研究范围也扩展到了毒理药理性安全研究、功能性理论研究、检测技术研究，以及配方技术、加工技术、储藏技术研究和包装材料研究等科学理论领域。

中国改革开放后，出版的药食同源方面的书籍见表4。

近年来，出版社出版的药食同源相关研究、发展报告有：《中国“药食同源”研究（2019.1 总第 1 辑）》（胡文臻、孙多龙，中国社会科学出版社，2019）；《中国药食同源产业发展报告（2022）》（陈敏、杨光、肖苏萍，北京科学技术出版社，2023 年）；此外，还有一些社团组织发布的非正式出版的报告（蓝皮书、白皮书），如中国医药物资协会《2023 药食同源产业发展状况报告》。

表 4　改革开放后药食同源方面的书籍

出版时间	著作名称	出版社	主编、编著	主要内容
2006 年	《药食同源 食物是天然的医生》	北京燕山出版社	鸿宇	五色食物
2007 年	《药食同源：食物卷》	华夏出版社	李乾构	药食同源物质应用

续表

出版时间	著作名称	出版社	主编、编著	主要内容
2016 年	《药食同源》	天津科学技术出版社	施仁潮、谭天	药食同源理论、产业化发展
2019 年	《药食同源》	浙江科学技术出版社	蔡宛如	88 味药食同源中药、慢病食养
2019 年	《药食同源》	中医古籍出版社	胡瑛君	病因与饮食、药食应用
2021 年	《药食同源与健康》	中国中医药出版社	洪巧瑜	药食同源知识、食药物质介绍
2021 年	《药食同源物质诠释》	人民卫生出版社	黄璐琦、陈敏	药食同源理论、食药物质各论
2021 年	《药食同源与健康》	中国中医药出版社	洪巧瑜	药食同源知识、食药物质介绍
2022 年	《药食同源 饮食护理》	中国中医药出版社	任蓁、张晓宇	药食同源物品、饮食调护方
2023 年	《药食同源话养生》	人民卫生出版社	刘恩钊	药食同源 44 味、中药药膳
2023 年	《药食同源本草》	中国中医药出版社	何清湖、胡宗仁	理论、政策法规、分类功效
2023 年	《药食同源应用图鉴》	化学工业出版社	白小英	食药物质图鉴
2024 年	《药食同源调脾胃》	四川科学技术出版社	邓华亮、王伟等	药食同源理论、食药物质应用

本报告以“药食同源”为检索主题，在中国知网（CNKI）数据平台采用中文检索方式（检索时间：2024 年 7 月 8 日 10：00），共搜索到从 1990—2024 年发文量 820 篇，总趋势是：自 2014 年开始，论文数量逐年上升；主要主题分布在“药食同源”“制备方法”“组合物”“同源的”“药食同源物质”“药食同源植物”等 30 个方面，次要主题分布在“决明子”“酸枣仁”“金银花”“保健食品”“制备方法”“白扁豆”等 30 个方面；学科分布涉及“轻工手工业”“中药学”“中医学”“工业经济”“农业经济”“预防医学与卫生学”等 20 多个学科；文献来源分布涉及《食品安全导刊》《食品与健康》《现代食品》《中草药》《食品工业科技》等 20 多家杂志、学刊、报纸；发文机构以大学占优，其次是制药企业和大学及科学院所属的医院，详见图 1 ~ 图 6。

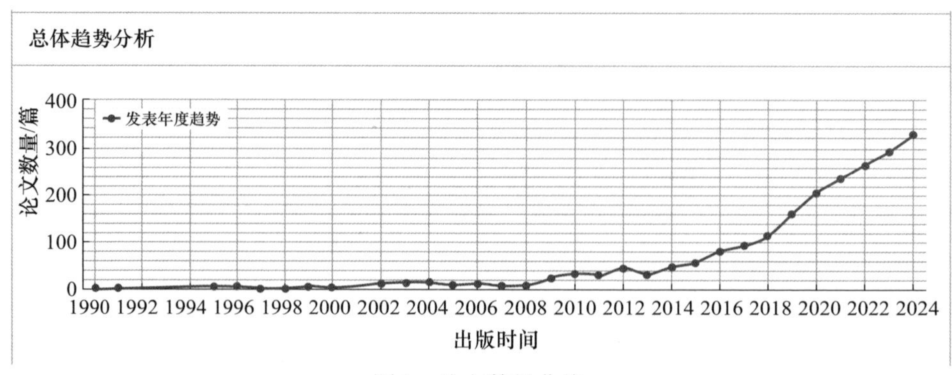

图 1　论文数量曲线

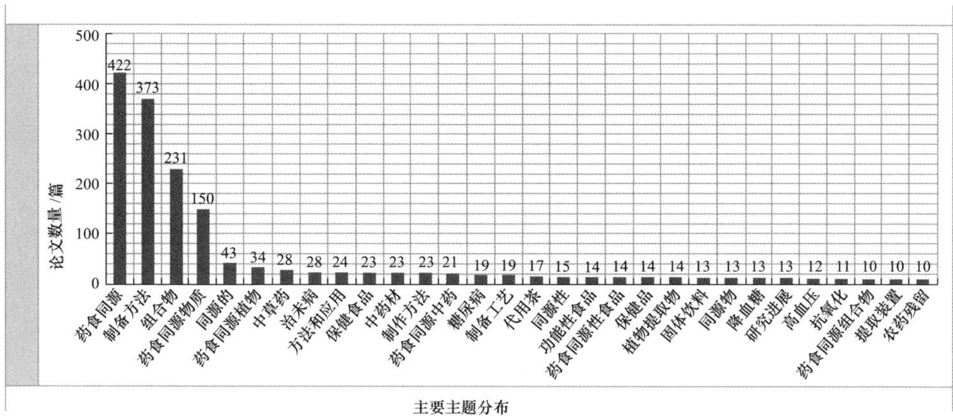

图 2　主要主题分布

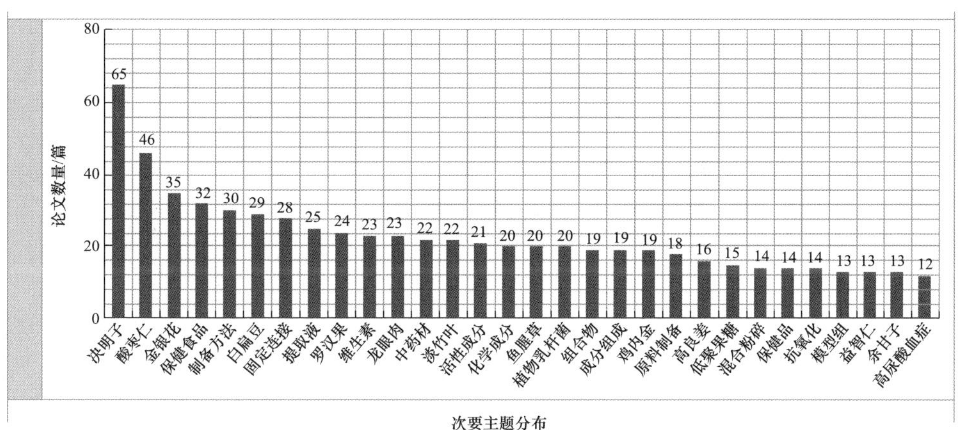

图 3　次要主题分布

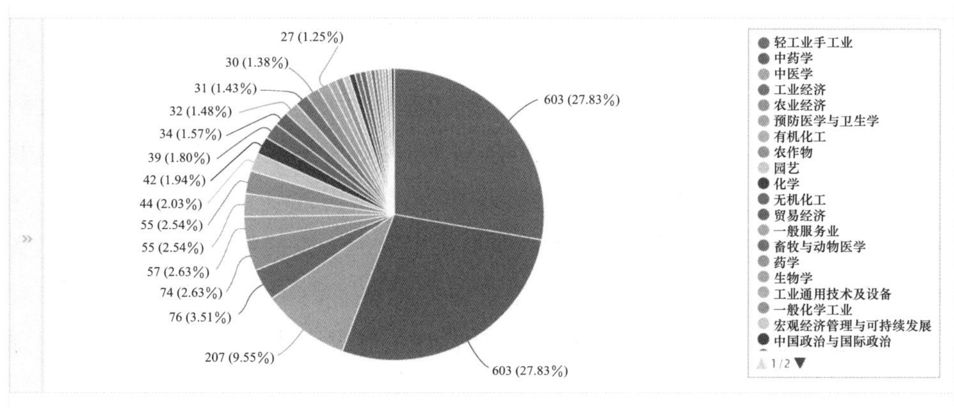

图 4　学科分布

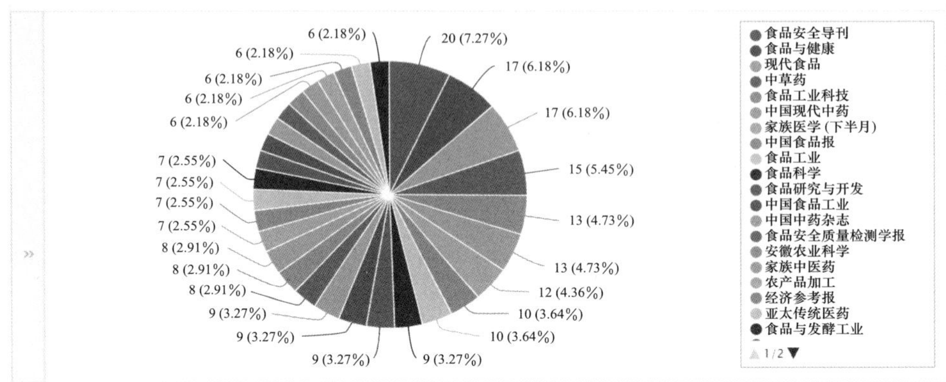

图 5　文献来源分布

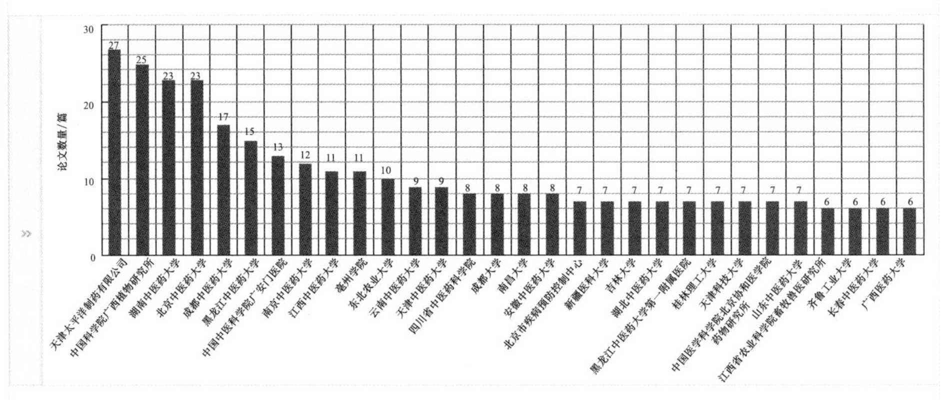

图 6　发文机构分布

（三）食药同源产业结构体系逐渐明晰

中国拥有丰富的中药材资源，这些药材既是中医药的重要原料，也是食药同源产业的重要基础。随着全民健康纳入国家宏观发展战略，以及科研技术的不断进步和市场的不断拓展，越来越多的中药材被发现具有食药同源价值。这些药材的种类和数量不断增加，为产业提供了更为丰富的原料来源和更为广阔的发展空间，也为食药同源的食品体系构建提供了清晰的框架和范围。结合《中国药典》里有一部分既是中药材又是食物的状况，本报告归纳了食药同源食品体系结构图，见图 7。

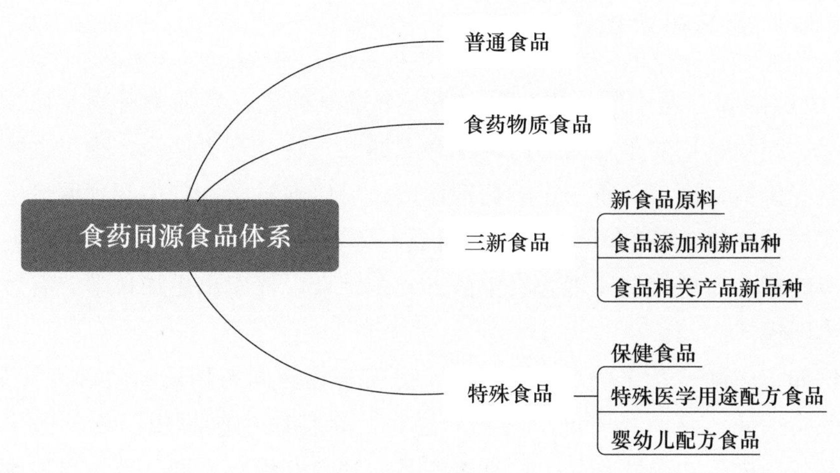

图 7　食药同源食品体系

根据食药同源物质（原料）全产业链条的要素，结合已经在食药生产实践中成熟的产业体系，本报告归纳出了食药同源产业体系，期待理论界、学术界、企业界、科研部门、政府相关部门给予补充和完善，见图 8。

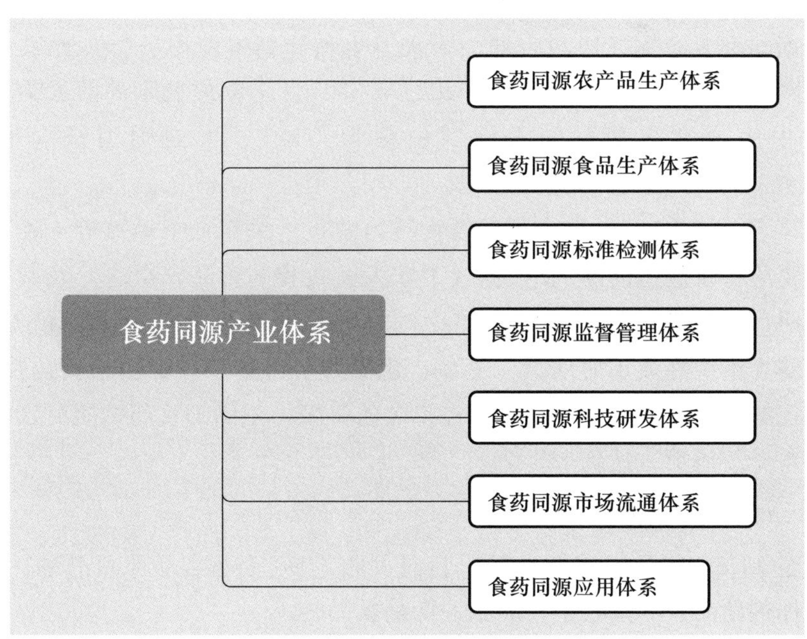

图 8　食药同源产业体系

（四）食药同源理念融合创新

“食药同源”是中国传统医学中的一个重要理念，它强调食物与药物之间在性味、归经、功效等方面的同源性和互通性。这一理念认为，很多食物不仅具有营养价值，而且具备一定的药理作用，可以在日常饮食中起到调理身体和预防疾病的作用。“融合创新”则是在这一基础上，通过现代科技手段，将食药同源的理念与现代健康理念、生活方式相结合，探索出更加科学、有效的健康养生新模式。

例如，中医“治未病”的理念，十分契合食药同源物质的“和甘”属性，成为预防疾病、调理身体健康的指导思想。将传统中医思想与现代医学相结合，并与国内外功能性食品、抗衰老食品、膳食纤维补充剂、植物提取剂等食品原料、材料相融合，可以推动中医药产业、食品产业的创新发展，为中医“治未病”提供更多的支持和保障。

（五）食药同源食品类型数量日渐增多

1. 食药物质目录

根据国家卫健委（原卫生部、国家卫生和计划生育委员会）原政府网站及现在网站公开的数据资料，截至2023年底，食药物质公示的数量为109个(味)。中医通常将药材的不同部位称为“味”，大众则因概念混淆称其为“种”。

2024年4月23日，国家卫健委食品司发布《关于征求地黄等4种物质纳入食药物质目录意见的函》，根据《中华人民共和国食品安全法》及其实施条例，依照《按照传统既是食品又是中药材的物质目录管理规定》相关程序，国家卫健委组织完成了对地黄、麦冬、化橘红、天冬4种物质的安全性审查，拟将上述物质纳入食药物质目录。在不久的将来，中国的食药物质目录将会再次迎来4个新成员，达到113个。

2. 三新食品品种

截至2023年底，“三新食品”目录共收录98个新食品原料品种、215个食品添加剂新品种和235个食品相关产品新品种[10]。

3. 特殊食品品类

截至2023年底，特医食品注册158个，共批准保健食品注册1.21万件，发放保健食品备案凭证 1.62 万件，134 家企业按照新国标婴配乳粉产品配方 1028 个[11]。

（六）食药同源产品的需求量、销售额不断增加，带动了区域经济的发展

根据国家林业和草原局办公室 2022 年 2 月 24 日印发的《林草中药材产业发展指南》（办改字〔2022〕7 号）附件《常用中药材年需求量分类统计表》，年需求量 10 万吨以上的中药材有花椒、枸杞子、胡椒，5 万～10 万吨的中药材有艾叶、龙眼肉、莲子、薏苡仁、八角茴香、甘草，1 万～5 万吨的中药材有黄芪、板蓝根、肉桂、党参、地黄、当归、山药、黄芩、三七、茯苓、山楂、虎杖、丹参、芡实、决明子、粉葛、桔梗、小茴香、百合、苦杏仁、陈皮、火麻仁、金银花、白芷、薄荷、草果、白术、白芍、川芎、瓜蒌（全、仁、皮）、广藿香、何首乌、麦冬。除了艾叶、板蓝根、黄芩、三七、虎杖、丹参外，其他是食药物质目录中的品种，这说明作为食药物质的中药材或食材的需求量十分强劲。

在食药物质农产品和食品销售方面，国内目前还没有食药同源专业化的数据统计，我们仅从一些农产品数据库和财经数据库查找。以知乎、农小蜂数据云、2023 年中国枸杞产业数据分析简报[12]为例，全球枸杞分布于南纬 20°～60°、北纬 20°～60°，枸杞物种约有 80 种，主要分布在中亚、非洲南部、欧亚、北美洲南部、南美洲南部；全球枸杞种植面积约 170 万亩，中国枸杞种植面积常年在 150 万亩左右，占比达 80% 以上。枸杞销售产品主要有鲜果、干果、加工产品，加工产品主要以枸杞酒、枸杞原浆、枸杞酵素、枸杞多糖相关产品为主。2021 年，枸杞的销售额达到 130 亿元，成为中药材中需求量位居第二的食药同源类材料，仅次于日常厨房里的花椒。

中国海关数据显示，中国枸杞出口量常年保持在 1.1 万吨以上，出口金额常年保持在 66 亿元以上。

三新食品（原料、材料）由于多作为原料、添加剂、补充剂使用，目前还没有权威的统计数据。

2019 年，全国特殊食品制造企业有 2000 余家，保健食品经营企业有 120 余万家，从业人员达 600 余万人，实现主营业务收入超 6000 亿元，成为保民生、保稳定、保供应、保就业的重要产业。

（七）食药同源食品龙头企业、知名品牌不断涌现

近年来，随着国家对食药同源产业的诸多利好政策，食药同源产业已经逐渐成为食品行业的新赛道。九芝堂、益盛药业、紫鑫药业等药企，以及“好想你”等农特产品企业纷纷加入食药同源产业。同仁堂、大石药业、内廷上用、老金磨方、方回春堂、长芳主、九芝堂、东阿阿胶、江中健康、养庆堂、庆大堂、龙泉灵芝等知名企业的知名产品，如八珍膏、益生果、秋梨膏、金麦山楂膏、开心膏、夏红膏、桃红膏、发乃膏、雪梨膏、八润膏、桑椹膏、乌梅膏、酸梅膏、杞菊膏、芝麻核桃五仁膏、益智仁黄精膏、9 伴膏、睡前膏、方回春堂养元膏、首乌粉、首乌饮片、人参灵芝刺五加饮料等食药同源食品不断创下良好的销售业绩。

（八）食药同源数据库建设正式上线

2024 年 4 月 28 日，由中国中药协会药食同源物质评价与利用专业委员会牵头建设的首个全国性药食同源专业信息综合平台药食同源数据库（以下简称“数据库”）正式上线。数据库主要收录食药物质目录中“物质”的基本信息，包括来源、功效、质量标准、安全性评价、风险评估、应用、使用禁忌、本草记载与考证、国家和地区法规、DNA 条形码等信息。同时，面向企业开放药食同源产品信息登记，包括产品名称、产品组成、产品类型、产品规格、营养成分表、研发依据、产品品牌、生产厂家、生产地址、上市时间等。数据库面向药食同源有关政府部门、科研、企业、公众，为其提供权威、准确的数据支持和便捷的数据服务。未来希望更多的数据平台和数据库能将三新食品、特殊食品纳入数据库中。

（九）食药同源产品与国际接轨

食药两用物品是中国中医药文化的重要组成部分，是防治慢性病和健康管理关口前移的物质基础之一，也是中国推动“一带一路”倡议和参与全球健康治理的重要载体。[13]

近年来，随着国内外市场对中药材资源需求的增加，中药资源进出口额增长态势迅猛，国外药材资源已经成为中药资源重要补充途径，也成为食药同源

食材（尤其是三新食品原料）的重要来源。中国进口的除了中药材和香料外，其他多为新食品、保健食品原料，如来自非洲的乳木果油、东南亚的诺丽果、印度和南北美洲的辣木叶等。2024 年 1 月，33.2 吨作为食品使用的进口砂仁在西双版纳傣族自治州关累港口岸顺利通关，成为《云南省食品用药食同源商品进口通关便利化改革方案（试行）》印发后，该州首单食品用“药食同源”商品进口。

中国在进口食药同源商品的同时，也在出口“食药物质”原料（提取物）和商品，成为日本、德国的功能性食品，美国、法国的膳食补充剂，英国的食品补充剂的原料或进口食品商品。

尽管中国与世界主要国家在食药同源的知识体系和食药习惯方面存在着很大差异和分歧，拥有各自的健康食品标准和产业体系，但全球人类健康的“命运共同体”的交流合作，互认的食药同源原料和食品安全国际标准规范体系建设是不可避免的趋势。

三、中国食药同源理论与实践存在的问题

从 1987 年第一批《既是食品又是药品的物品名单》的公布，到 2021 年《食药物质目录管理规定》的出台，这一时期内中国的“药食同源”“食药同源”“药食两用”这些概念的内涵和外延相继出现在各类杂志、期刊、新闻媒体和百姓日常生活中。

（一）食药同源与食药物质等概念与内涵关系存在争议

“食药同源”概念和内涵与其他相关概念至今存在以下争议：

争议一：“食药物质”是否等同于“食药同源”？

争议二：“食药同源”与“药食同源”是否有区别？

争议三：三新食品、特殊食品是否归类到食药同源？

争议四：一些未被列入食药物质目录的食物和中药材是否称为“食药同源”？

争议五：食药同源食品等同于功能性食品？

目前，“食药同源”作为全民健康和大众生活中的一个热词，已经成为全

社会一种约定俗成地对“药食两用”食材的解读。而学术界、理论界对于“食药同源”“药食同源”“食药物质”这些概念的内涵、外延存在着分歧。一部分专家学者将“药食同源”等同了“食药物质”，另一部分专家学者和企业界将食药物质、三新食品、特殊食品归类到“药食同源”，还有一部分专家学者将非食药物质、三新食品（原料）、特殊食品之外的食品（原料、物质）也归类到了“药食同源”。随着“食药物质”概念在食药物质管理规定文件中的正式明确，“食药同源”与“食药物质”在内容及范围方面的混同现象将会正式区分和统一。

本报告以“食药同源”替代“药食同源”，是将“食”放在优先的位置，毕竟“食药同源”发端于食品卫生法、食品安全法、食药物质目录管理办法、保健品原料等法律法规，都是从食品安全监管领域出发对食品安全提出严格的风险管控措施，因此“食药同源”比“药食同源”更准确体现食品的“食具药功”，而不是中药材的“以药当食”。

（二）食药同源食品（原料）缺少权威的统计数据

目前，无论是作为药材或食品原料的“食药物质”，还是三新食品，特殊食品，都缺少权威部门的统计数据，只有一些咨询机构和销售平台的分析数据，因此，国家相关统计部门应将“食药物质食品、三新食品、特殊食品”纳入国家和地方的国民经济统计数据中。

（三）食药物质目录的修订和调整

当前，在已经纳入食药物质名录中的109个（味）物质，有54%为常用品种，成为市场开发的宠儿；有30%为不常用、处于待开发的品种；有14%的品种为偶尔食用；有不到2%的品种处于“几乎不用”的状态。因此，国家卫健委等主管部门应组织科研力量进行分析，及时对食药物质目录进行修订，增减或调整。

（四）食药物质还没有纳入食品生产许可分类目录

2020年，中国实行食品生产许可证制度，《食品生产许可分类目录》将保健食品、特殊医学用途配方食品、婴幼儿配方食品、特殊膳食食品、其他食品等纳入了食品类别。大多数三新食品纳入“食品添加剂”或“其他类”生产许可范围，要求其标注名称应与国家卫健委公布的可以用于普通食品的新食品原料名称一致。对于“食药物质”类，没有说明是归于普通食品的类，还是“其他类”。这可能是考虑食药物质种类繁多，各类剂型都有，抑或“食药物质”不是主料（其实，许多食药物质本身就是主料，单独包装为食品，如蜂蜜是食药物质，单一也可以是主原料）。

（五）食药同源食品传统加工技术传承不足

中国的食药同源食品原料，特别是食药物质原料，传承了不同区域农产品的采收技术与中药材的炮制技术，是中华民族历史悠久、内涵丰富的技艺积淀，它不仅是中医药学的重要组成部分，也是中国传统养生文化的重要体现。中药炮制技术又称“炮炙”“修事”“修治”，是指在中医理论的指导下，按照中医用药要求将中药材加工成中药饮片的传统方法和技术。其方法主要包括修治、水制、火制、水火共制和其他制法（如制霜、发酵、精制和药拌等），旨在改变药物原有性能、增加新的疗效或减少毒性。

作为纳入食药物质目录的中药材，在添加到配方食品或开发单方食品的之前后，大部分药材也应当继承传统医药的加工技术，发挥食药同源优于普通食品、低于中药材偏性的特性，出“名优精”食品，提高食药物质食品的附加值。但目前许多食品企业为了降低成本，追求更大的利益，忽略了中国传统医学在加工技术方面的养生价值和文化传承，使得食药同源食品“有其形，无其效”，变成了“鸡肋”。

四、对策与建议

（一）明确食药同源的概念、内涵和外延

1. 食药同源概念

目前，食药同源（药食同源）在理论、学术界，以及官方文件里还没有统一的定义。本报告认为，食药同源（药食同源），狭义地讲，是指按照传统既是食品又是中药材（药典里）物质的统称；广义地讲，是中国各族人民在

生产生活实践中认识食物和药物，并对两者关系进行归纳的总结。

2. 食药同源内涵

根据字义和传统中医药文化理论，食药同源有四层含义：一是“食”与“药”理论同源性和成分同源性；二是食性强于药性，多为补益类；三是不同时代的食药同源的品种有差异；四是药具食功。《神农本草经》《新修本草》《本草纲目》《中国药典》等医学典籍将常用的食物列入药材名单，这些药材本身就是百姓日常调理身体的食物，因此，允许加入食物中食用。

3. 食药同源外延

食药同源概念的外延，也就是“药食同源”“食药同源”“药食两用”“食药物质”等名词概念之间的区分。

食药同源是一种食药关系的传承，是一种中医食药辨证思想和理念，是一种治未病，调已病的“食药”应用原则和方法。

食药物质是国家卫健委和国家市场监督管理总局经过风险评估，在一定限定条件下允许加入食品生产中的药材（物质、味药），是食品安全的一项法规，不能将“食药同源”和“药食同源”等同于食药物质。

药食两用是对“食药物质”的进一步阐述，也包括未纳入《食药物质目录》中的品种（味），品种（物质）范围比食药物质更广泛。

“食药同源”与“药食同源”两者表面是“食”“药”二字先后顺序的不一样，实则是突出“食”，还是突出“药”的问题。本报告认为，“食药同源”是在食品安全的前提下讨论和研究中药材用于食物的安全问题，以及食物的功效，而不是谈论中药材和治病。因此，突出“食”才是根本。国家在对食品卫生、食品安全的监管过程中，才有了“食药同源”“药食同源”这些的概念和理念，国家在中药材和中医经营行业里对其有相关标准和管理法律法规。食药同源思想契合中华民族传统医学在防未病、治已病、治愈的过程中进行食物调养的辨证思想。

应由国家卫健委与国家市场监管总局牵头，组织相关部门、专家学者，从理论上对“食药同源”及其相关的概念、内涵和外延进行讨论，规范“药食同源”“食药同源”“食药物质”相关词语的概念（定义）、内涵和外延，以便食药同源理论和实践的规范和统一。

（二）构建食药同源食品新体系

在规范化食药同源相关概念和范畴后，构建食药同源食品体系、产业体系，明确分类，指导食药同源规范化、标准化发展，为全民健康服务。

（三）建立食药同源大数据库

出台食药同源数据库建设优惠政策，鼓励生产和销售平台企业、科研机构建设不同行业的专业数据库，为食药同源健康食品提供科学准确的数据分析和统计数据。

（四）加快食药物质目录品类审批入库，服务于健康经济

加快食药物质、三新食品、特殊食品的注册和审批流程，借鉴国外严格的审批流程、技术审评、跨部门协作机制，注重产品标示合规性，持续地监管和更新经验，利用中国丰富的食药同源特色资源，服务于健康经济。

（五）传统食药物质加工技术与现代食药同源产品加工技术结合

欧阳竞锋、贾永森团队在《食药同源产品开发技术现状及未来趋势》中总结和分析了现代食药同源食品的加工技术，包括基于活性成分的加工技术、基于产品形式的加工技术、基于消化吸收的加工技术等，这些先进的加工技术与中国传统的食药采收技术、药材炮制技术相结合，以及开发出适合消费生活健康饮食习惯的畅销食药同源食品。

五、总结与展望

中国的食品安全已经步入食品新质生产力（质量安全与食物营养安全）融合发展的阶段，也就是人们对具有食疗食养功能的食品有更多需求的“食药同源”时代。主要体现在以下六个方面。

（一）科学研究推动食药同源理论和实践基础和动力

科学研究是推动食药同源理论和实践发展的重要基础。通过深入研究传统

医学食物与药物之间的相互关系，传统医学中食药方剂组方原则和配伍机制，结合现代化学有效成分作用机制分析、药用成分的提取和应用、食品安全性评估等方面的协作，为食药同源产业提供科学依据和技术支持。随着科研投入的不断增加和科研水平的提高，未来食药同源领域的理论和科学研究将更加深入和广泛，为产业发展提供更为坚实的基础和动力。

（二）健康意识提升为食药同源食品提供选择空间

人们健康意识普遍提升，开始关注日常生活中的饮食习惯和食品选择，食药同源食品将会为人们提供更多健康、安全、有效的食品选择。

（三）科技创新驱动食药同源发展

科技创新是推动食药同源发展的重要动力。在食品安全检测、药物研发、食品加工等领域，科技创新能够提供更高效、更精准的技术支持。例如，通过大数据分析消费者健康需求，实现个性化食品推荐等。科技创新将助力食药同源理念更好地融入人们的日常生活，满足人们日益增长的健康需求。

（四）政策支持增强食药同源产业

政府政策的支持对于食药同源产业的发展具有重要意义。通过制定相关法规和标准，规范食药同源产品的生产和销售；通过提供财政和税收优惠等政策，鼓励企业投入研发和创新；通过加强国际合作和交流，推动食药同源产业的国际化发展。未来，政策支持将继续增强食药同源产业的竞争力，推动其健康、有序发展。

（五）市场需求多元化与食药同源

随着人们生活水平的提高和消费观念的转变，市场需求呈现多元化趋势。在食药同源领域，不同人群对于食品的功能性、口感、文化内涵等方面有着不同的需求，为了满足这些多元化需求，食药同源产业需要不断创新和发展，提供更多符合市场需求的优质产品。同时，通过跨界合作和资源整合，拓宽食药同源产品的应用领域和市场空间。

（六）国际市场拓展与食药同源

随着全球化进程的加速和国际贸易的不断发展，食药同源产业面临着更广阔的国际市场。首先是新食品原料成为与国际市场对接的桥梁和纽带；其次是国内企业通过加强品牌建设和国际营销，提升了食药同源产品的知名度和美誉度；再次是通过参加国际展会和交流活动，拓展国际市场渠道和合作伙伴，通过适应不同国家和地区的法规与标准要求，实现食药同源产品的国际化生产和销售。国际市场拓展将为食药同源产业带来更多的发展机遇和挑战。

参考文献

[1] 中华人民共和国农业农村部．农业农村部关于实施农产品“三品一标”四大行动的通知．2022－9－27．农质发〔2022〕8 号．

[2] 中华人民共和国食品安全法（2021 年修正）［EB/OL］．（2021－04－29）［2024－08－15］．https：//public. jinshui. gov. cn/06AAA/1467174. jhtml.

[3] 国家卫生健康委．按照传统既是食品又是中药材的物质目录管理规定（2021）．2021－11－20．国卫食品发〔2021〕36 号．

[4] 陈潇，王家祺，张靖，等．我国食品原料的定义及其发展［N］．中国食品报，2022－01－17（6）．

[5] 食品安全标准与监测评估司．新食品原料、食品添加剂新品种、食品相关产品新品种审批许可事项实施规范及办事指南［EB/OL］．2023－09－26. https：//www. baiyin. gov. cn/swsjkw/fdzdgknr/ylws/wsyjyjbyf/art/2023/art_e58bbaff079441fca142b2541a675708. html

[6] 食品安全标准与监测评估司．新食品原料、食品添加剂新品种、食品相关产品新品种审批许可事项实施规范及办事指南［EB/OL］．2023－09－25.

[7] 食品安全标准与监测评估司．婴幼儿配方食品系列标准问答［EB/OL］．2021－03－18. https：//www. cfsn. cn/news/detail/339/196010. html

[8] 中华人民共和国中央人民政府．食用农产品市场销售质量安全［EB/OL］．食用农产品市场销售质量安全监督管理办法．2023－6－30．国家市场监督管理总局令第 81 号．https：//www. jinjiang. gov. cn/ztzl/csgzbz/scjggzhbz/202405/t20240530_3042317. html

[9] 食品安全标准与监测评估司．关于“三新食品”目录及适用的食品安全标准的公告（2023 年 第 4 号）[EB/OL]．2023－05－10. http：//www. nhc. gov. cn/cms－search/downFiles/f1fb0127fc0e4bbdb563f31ac1b2bc33. pdf

[10] 新疆市场监管．2023 年特殊食品安全监管形势稳中向好（附一图读懂）[EB/0L]．（2024－06－24）[2024－08－15]．https：//mp. weixin. qq. com/s_ biz = MzA5NzcwMzMzOA = = &mid = 2650075749&idx = 4&sn = e-977c79f10edffc6f3a2cdf57a16d2a6&chksm = 89d4b0328d36be2f37fc8e43217b4bf393be817690fa5c98e6c669ca2ddbc69bb510a7fb4c21&scene = 27.

[11] 农小蜂智库．2023 年中国枸杞产业数据分析简报 [EB/OL]．（2023－05－29）[20214－08－15]．https：//baijiahao. baidu. com/s？id = 1767221884654699436&wfr = spider&for = pc.

[12] 肖培根．推动药食两用物品东西方交流 [N]．中国中医药报，2022－06－01（3）．

贰

综合发展篇

HB.02 中国食药同源思想与理论演进研究

张　元①　黄明进②　潘元明③

摘　要： 采用多维度的研究方法，包括对古代丰富文献的系统梳理，对传统医学理论的细致分析，以及对现代科学研究成果的有机整合，清晰地揭示了食药同源理念在中国源远流长的发展脉络。食药同源不仅塑造了中国人独特的饮食观念和习惯，使得饮食不仅仅是为了满足口腹之欲，更成为维护健康、预防和治疗疾病的重要方式，而且丰富了传统医学的治疗手段和理论体系，为中医的发展提供了坚实的基础。同时，还着重探讨了食药同源理念在当代健康领域的应用价值和发展趋势。在当今社会，随着人们对健康的重视程度不断提高，以及对天然、绿色、安全的健康产品的追求，食药同源理念展现出巨大的应用潜力，这为预防疾病、辅助治疗、养生保健等方面提供了新的思路和方法。未来，食药同源理念有望在科技创新、政策支持、市场需求等多因素的推动下，不断拓宽应用范围，创新产品形式，为人类的健康事业做出更大的贡献。

关键词： 食药同源；中医理论；演进；健康

食药同源思想在中国有着悠久的历史，是我国传统医学中食疗、药膳、养生及治未病等多种思想的凝练[1]。它深深植根于中华民族的文化土壤，是中华传统文化中不可或缺的重要组成部分，更是中医理论体系中至关重要的核心概念之一。回溯历史的长河，我们可以清晰地看到，食药同源思想的起源可以追

① 张元，中药学博士，北京联合大学生物化学工程学院食品与生物医药系，副教授、硕士研究生导师，研究方向：中药质量控制、标准化研究及功能性保健食品研发。

② 黄明进，中药学博士，贵州大学石斛研究院院长、农学院教授、硕士研究生导师，研究方向：中草药栽培鉴定、资源开发与利用。

③ 潘元明，生物化学与分子生物学博士，首都医科大学附属北京胸科医院，副研究员，研究方向：天然药物转化与开发、生物化学与分子生物学基础研究与临床转化。

溯到远古时期。那时，人类为了生存而寻觅食物，在不断的尝试和实践中，逐渐发现某些天然的食材不仅能够满足果腹之需，还具有调节身体机能、抵御疾病的神奇功效。这种最初的发现和实践成为食药同源思想的萌芽。随着时间的推移，中国古代的先人们在长期的生活经验积累和医学探索中不断丰富和完善着食药同源的理念。从古老的《黄帝内经》到经典的《神农本草经》，从张仲景的《伤寒杂病论》到孙思邈的《千金方》，一部部医学典籍都对食药同源的理论和实践进行了深入的阐述和传承，这些珍贵的文献记载见证了食药同源思想的逐步发展和成熟。

唐宋时期，丰富多样的饮食文化与医学实践相互交融，使得食药同源的理念在这一时期得到了更广泛的传播和应用。明清时期，李时珍的《本草纲目》等著作更是将食药同源的研究推向了新的高度，为后世留下了宝贵的知识财富。然而，在现代社会的快速发展进程中，食药同源理念一度被人们忽视。随着工业化、城市化的推进，人们的生活方式发生了巨大的变化，饮食结构也逐渐趋于单一和不健康。各种慢性疾病的高发，让人们开始重新审视健康的本质和维护健康的方式。近年来，随着人们对健康的关注度不断提高，食药同源理念在现代社会中重新受到重视。越来越多的人开始认识到，食物不仅是提供能量和营养的来源，还蕴含着丰富的药用价值，合理地选择和搭配食物，可以预防疾病、调养身体，甚至在某些情况下辅助治疗疾病。食药同源具有坚实的科学基础，其活性物质成分具有多种类、多机制和多靶点等特点，经过口服吸收及代谢转化后，发挥其生物学效应，而且安全性好[2]。深入研究食药同源思想、理论的演进和临床实践具有多重重要意义。从推动健康产业的发展角度而言，它为开发创新型的健康产品提供了深厚的理论基础和丰富的灵感源泉，能够促使健康产业更加注重天然食材的运用，研发出更多符合人们健康需求的产品。从传承和创新中华优秀传统文化的层面而言，食药同源思想是中华传统文化的瑰宝，对其深入研究有助于将这一古老智慧在现代社会中发扬光大，让更多的人了解和认同中华优秀传统文化的博大精深。

因此，深入探究食药同源思想、理论的演进和防控疾病的价值，是时代赋予我们的使命，也是促进人类健康和传承文化的必然要求。

一、食药同源思想的起源

（一）远古时期的饮食与医疗实践

古代传说认为，神农氏是我国从狩猎文明向农耕文明转化的主要推动者，神农氏的两大发明：一是医药，有神农尝百草的传说；二是耕稼，即神农教会人们“察酸苦之味”“食五谷种庄稼”[3]。其最基本的历史依据是《淮南子》“神农尝百草，一日而遇七十毒”[4]，以及《周礼·天官》中“食医”的职业分工[5]。夏桀无道，“治大国如烹小鲜”的美食家伊尹帮助商汤建立商朝，伊尹也是中国药膳学的鼻祖[6]。发展到周代，朝廷设立的医疗机构中有“食医”这一职位，《周礼·天官》称食医“掌和王之六食、六饮、六膳、百羞、百酱、八珍之齐”[7]，疾医则是“掌养万民之疾病”。至此，人们对食品和药品的认知已经达到一定高度，食品和药品开始逐步分离出来。

远古时期，人类生活在一个充满未知与挑战的环境中。那时，生存是首要任务，而寻找食物则是生存的关键。在漫长的岁月里，人类在不断探索和尝试中逐渐揭开了食物的神秘面纱，发现了一些食物除了能解决饥饿问题，还具有令人惊喜的治疗疾病的作用。当时，人类没有现代先进的科学知识和医疗技术，对食物的认知完全源于本能和实践经验，在日复一日的寻找、采集和食用各种植物、果实、根茎的过程中，偶然间察觉到身体的某些变化。比如，当他们在寒冷的天气中瑟瑟发抖，食用了生姜之后，会感到身体逐渐温暖，胃部的不适感也有所减轻；当遭遇外伤感染时，使用大蒜涂抹伤口，发现炎症得到了控制，伤口愈合。这些看似微不足道的发现，对于远古人类来说犹如黑暗中的明灯，为他们的健康和生存带来了新的希望。生姜这种常见的植物，在远古时期就展现出独特的药用价值。它的辛辣能够刺激血液循环，使人的身体在寒冷的环境中保持温暖。想象一下，远古的人类在寒风凛冽的冬季，外出狩猎归来，又冷又饿，他们偶然发现了生姜，食用后，驱走了寒冷和疲惫。此外，生姜对于胃部的调理作用也不容忽视。在食物匮乏、饮食不规律的情况下，人们的胃部容易出现不适，而生姜能够缓解胃痛、胃胀等症状，为远古人类的消化系统提供了一定的保护。大蒜同样是大自然赐予人类的宝贵礼物，它具有抗菌消炎作用。在远古时代，卫生条件极差，伤口感染是常见的，大蒜中的有效成分能够抑制细菌和病毒的生长，帮助伤口愈合。也许有人受伤后将大蒜捣碎敷在伤口上，几天后伤口红肿消退，疼痛减轻，发现了大蒜的这一神奇功效。不仅如此，大蒜在预防和治疗一些呼吸道疾病、肠道疾病方面也发挥了重要作用。除了生姜和大蒜，还有许多其他食物在远古时代被发现具有药用价值，例如，山楂有助于消化，蜂蜜能滋阴润燥、缓解喉咙咳嗽，薄荷能清凉解暑、提神醒脑等。这些食物的发现和应用在当时只是基于偶然和经验，却为后来的医学发展奠定了基础。远古人类通过口口相传的方式将这些关于食物药用价值的知识传承下来，一代又一代的积累和总结使得人们对食物的认识不断深化和扩展。这种源于生活、基于实践的智慧，是人类与大自然和谐相处、相互依存的生动体现。

回顾远古时代的饮食与医疗实践，我们不禁为人类的智慧和勇气所折服，他们在艰苦的环境中凭借着敏锐的观察力和顽强的生存意志，从大自然中寻找答案，发现了食物与健康之间的紧密联系。这些宝贵的经验和发现，不仅帮助远古人类度过了艰难的岁月，也成为后世医学和饮食文化发展的基石，让我们在追求健康和美好生活的道路上不断前行。

（二）《黄帝内经》中食物与药物关系的记载及其重要意义

“药食两用”一词在现代科学语境下，将“药”“食”两类不同性质物质糅合为混合概念，历史上药食混合总结为“药食同源”理论。在中医药行业，习惯上按照传统既是食品又是中药材的物质称为“药食同源物质”，也称“食药物质”。肖培根院士将“药食同源”诠释为“药食同理”“药食同用”“药食两用”等，具有更为丰富的内涵[8]。药食同源的专业名词虽出现于现代，但药食互用、药食一源的现象贯穿了整个中医发展史，乃至整个中华文明史。从《周礼》《黄帝内经》《神农本草经》等经典文献中，食物的养生医疗功效与食物的果腹充饥功能同样重要[9]。《黄帝内经》作为中国现存最早的一部医学典籍，有大量药食同源的理论论述和药食区别原则，其关于食物与药物关系的阐述对人们理解健康和养生具有重要的指导价值。“五谷为养，五果为助，五畜为益，五菜为充，气味合而服之，以补精益气”，这一论述生动地描述了古人对于饮食结构和健康之间关系。“五谷为养”，将谷物置于基础性的地位，谷物，如稻、黍、稷、麦、菽，富含碳水化合物、蛋白质、膳食纤维等营养成分，是人体能量的主要来源。在古代，谷物的种植和收获是人们生活的重要保障，其滋养身体的作用不可替代。以稻米为例，它不仅能够提供人体日常活动所需的能量，还含有一定量的维生素和矿物质，对于维持身体的正常生理功能具有重要意义。古人依靠谷物的滋养，得以从事繁重的劳动，保持身体的活力。“五果为助”，强调了水果在饮食中的辅助作用。水果种类繁多，如桃、李、杏、枣、橘等，富含维生素、矿物质、膳食纤维和抗氧化物质。它们能够补充人体所需的多种营养成分，促进消化，增强免疫力。例如，橘子富含维生素 C，有助于提高人体的抵抗力。在饮食中适量摄入水果，可以辅助谷物和其他食物，使营养更加均衡。“五畜为益”，表明了肉类食物对人体的有益补充。“五畜”包括牛、羊、猪、鸡和狗。肉类富含优质蛋白质、脂肪、维生素和矿物质，对于身体的生长发育、组织修复和维持正常的生理功能起着重要作用。古人也深知肉类不宜过量食用，应当适度摄入，以达到增益身体而不致产生弊端的效果。比如：羊肉性温，在寒冷的冬季食用可以暖身补虚；猪肉能够提供丰富的能量和营养。“五菜为充”，指出蔬菜在充实饮食方面的重要性。白菜、萝卜、菠菜、芹菜等富含维生素、矿物质、膳食纤维和各种植物化学物质。摄入蔬菜能够增加饱腹感，促进肠道蠕动，预防便秘，降低心血管疾病等慢性疾病的风险。不同的蔬菜具有不同的营养价值和保健功效，如西兰花富含抗氧化物质，有助于预防癌症，苦瓜具有清热解毒、降血糖的作用。“气味合而服之，以补精益气”，进一步强调了食物的性味搭配要合理。食物有寒、热、温、凉之分，味有酸、苦、甘、辛、咸之别，根据个人的体质和季节的变化选择合适性味的食物进行搭配食用，能够调节人体的阴阳平衡，补充精气，达到养生保健的目的。例如，在炎热的夏季，适宜食用一些清凉解暑的食物，如西瓜、绿豆等；寒冷的冬季，可多食用温热性的食物，如羊肉、桂圆等。

《黄帝内经》中关于食物与药物关系的记载充分体现了古人对饮食与健康关系的深刻理解和重视。这种理念强调了预防疾病和维护健康的重要性，而非仅仅在疾病发生后才进行治疗。它提倡通过合理的饮食结构来调养身体，使人体达到一种和谐平衡的状态，从而预防疾病的发生。在现代社会，虽然我们拥有丰富的食物资源和先进的医疗技术，但《黄帝内经》中的饮食智慧仍然具有重要的借鉴意义。随着人们生活水平的提高，人们的饮食结构逐渐发生变化，高热量、高脂肪、高糖分的食物摄入过多，导致肥胖、糖尿病、心血管疾病等慢性疾病的发病率不断上升。此时，回顾《黄帝内经》中的饮食理念，有助于我们重新审视自己的饮食习惯，倡导均衡饮食，多摄入五谷、五果、五畜、五菜，合理搭配食物的性味，以维护身体健康。此外，《黄帝内经》中的这一思想也对现代医学研究和健康产业的发展产生了积极的影响。医学研究者从食物的营养成分和药理作用入手，探索食物在预防和治疗疾病方面的潜力，开发出一系列具有保健功能的食品和药品。健康产业也越来越注重推广基于传统中医理论的健康饮食理念和产品，满足人们对健康生活的追求。

总之，《黄帝内经》中关于食物与药物关系的记载是中华民族传统医学和饮食文化的瑰宝，它不仅为古代人们的健康生活提供了指导，也为现代社会的健康事业发展提供了宝贵的启示和借鉴。我们应当深入挖掘其中的智慧，将其与现代科学相结合，为人类的健康福祉做出更大的贡献。

二、古代食药同源理论的发展

食药同源理论在中国古代医学的漫长发展历程中逐渐形成并不断完善，很多医药古籍也均有记载，为人们的健康福祉提供了重要的理论支持和实践指导。

（一）《神农本草经》的食药同源记载

《神农本草经》作为中国现存最早的药学专著，它不仅系统地整理和记录了众多药物，还为食药同源理论的发展奠定了坚实的基础。《神农本草经》记录了大枣、生姜、核桃、莲子、蜂蜜、百合等既是食物又是药物的物品，指明了药食两用上、中、下三品分类法的衡量标准[11]。如大枣味甘，性温，具有补中益气、养血安神的功效，在人们的日常生活中常食用大枣来补充营养、调养身体，在医学治疗中大枣常用于治疗脾胃虚弱、气血不足等病症。山药味甘，性平，具有健脾益胃、滋肾益精的作用，它既可以作为日常的食材制作成美味的菜肴，又能在中医治疗中调理身体的虚弱和失调。蜂蜜味甘，性平，有补中润燥、止痛解毒的功能，无论是直接食用，还是用于调配药剂，都展现出了其独特的药用价值。

南北朝时期，陶弘景《本草经集注》将药物按自然属性进行分类，如“果菜米食”，将食物单独列出专篇，这一分类方法被唐、宋、元、明历代延续[10]。《神农本草经》《本草经集注》等对食药同源物品的性味、功效进行了详细的描述，为后世医家的临床应用和研究提供了宝贵的参考。这种对食药同源物品的精准把握和深入阐述，反映了古代医家对食物药用价值的深刻认识和高度重视。

（二）张仲景的食疗思想

张仲景所著的《伤寒杂病论》在中医发展史上占据着重要的地位，其中蕴含的食疗思想更是丰富和深化了食药同源理论。在《伤寒杂病论》中，张仲景运用了众多食疗方剂，如当归生姜羊肉汤[11]。这一方剂中，当归补血活血，生姜温中散寒，羊肉温阳补虚，三者相互配合，共同发挥作用，对于血虚有寒的病症具有良好的治疗效果。这种将食物与药物巧妙组合的方式体现了食物在疾病治疗中的辅助作用，也展示了张仲景对食药同源理念的灵活运用。

此外，张仲景还根据不同病症和患者的体质制订了个性化的食疗方案。他深知食物的性味和功效能够对人体的生理机能产生影响，通过合理选择和搭配食物，可以调整人体的阴阳平衡，促进疾病的康复。张仲景的食疗思想强调了食物在治疗疾病过程中的协同作用，并非单纯依靠药物，而是注重整体的调理和养护。这种理念不仅在当时具有重要的临床价值，对于现代医学中的营养治疗和康复医学也具有深远的启示意义。

（三）孙思邈与《千金方》

孙思邈的《千金方》是中国古代医学的重要著作之一，其对食药同源理论的阐述进一步丰富和完善。孙思邈在《千金方·食治》中强调了饮食对于预防和治疗疾病的重要性，所记载“安身之本，必资于食；救疾之速，必凭于药。不知食宜者，不足以存生也；不明药忌者，不能以除病也。夫为医者，必须先洞晓病源，知其所犯，以食治之；食疗不愈，然后命药”[12]，可见孙思邈对药食已经有非常精辟的认识。这一观点明确指出了饮食治疗在疾病防治中的首要地位。孙思邈认为，医生在治疗疾病时，首先要了解病因和病情，其次优先采用饮食调理的方法。如果饮食治疗无法达到理想的效果，再考虑使用药物治疗。这种先食疗后药疗的原则，体现了他对食物治疗作用的充分信任和重视。在《千金方》中，孙思邈还详细记载了各种食物的性味、功效和食用方法，为人们合理选择食物进行养生和治疗提供了具体的指导。他的理论不仅关注食物对疾病的治疗作用，还强调了食物对人体整体健康的维护和促进。

从《神农本草经》到《伤寒杂病论》，再到《千金方》，古代食药同源理论在不断发展和完善。这些古代医家的智慧结晶为我们研究和应用食药同源理念提供了丰富的历史经验和理论依据。在现代，我们应当继承和发扬古代食药同源理论的精华，结合现代科学技术，不断探索创新，为人类的健康事业做出更大的贡献。

三、唐宋时期食药同源的繁荣

唐宋时期，食药同源理念迎来了蓬勃发展的阶段。《新修本草》《证类本草》等都是将可食用的药物单独归类。唐代孙思邈《备急千金要方》有“食治篇”，其中分类为“果实”“菜蔬”“谷米”“鸟兽（附虫鱼）”等篇章，共收录果、菜、谷米、鸟兽鱼虫 155 种[13]。孙思邈弟子孟诜所著《食疗本草》，是我国现存最早的食疗类专著[14]。

（一）饮食文化的兴盛

唐宋时期，经济的繁荣为饮食文化的发展提供了坚实的物质基础。社会稳定，百姓安居乐业，对于饮食的需求不再仅仅局限于果腹，而是有了更高层次的追求。人们对于食物的品质越发讲究，无论是食材的新鲜度、产地，还是烹饪的技法和调味的精细程度，都受到了前所未有的关注。例如：对于肉类的选择，人们更倾向于优质的品种；对于蔬果，也追求当季、新鲜、色泽鲜艳的。同时，食物的种类也变得更加丰富多样。随着交通的便利和贸易的发展，各地的特色食材得以在更广泛的范围内流通，人们能够品尝到来自不同地域的美味。在追求美食的过程中，人们对食物药用价值的注重也日益凸显。例如：在夏季，人们会食用绿豆汤来清热解毒；在秋季，食用梨膏以润肺止咳。这种将食物的美味与药用功效相结合的观念深入人心。此外，当时的文人墨客也对饮食文化表现出浓厚的兴趣，他们在诗词歌赋中对美食进行赞美和描绘，进一步推动了饮食文化的传播和发展。

（二）官方医书的编纂

宋代官修《太平圣惠方》设“食治门”，记载药膳方剂 160 首。元代饮膳太医忽思慧的《饮膳正要》是我国最早的饮食卫生和营养学专著，其中有 230

种单味药食两用品[15]。宋代官方编纂的《太平圣惠方》和《圣济总录》等医书成为食药同源理念传承和发展的重要载体。在《太平圣惠方》中收录了众多关于食药同源的记载和方剂，这些方剂不仅详细阐述了食材的选择和搭配，还明确了其治疗的病症和适用人群。例如，以枸杞、菊花为主要成分的方剂用于明目护眼，以山药、茯苓为主的方剂用于健脾祛湿。《圣济总录》同样对食药同源进行了深入的研究和总结，它不仅继承了前人的经验，还结合当时的临床实践，对食药同源的理论和应用进行了创新和拓展。比如，书中记载了以红枣、桂圆为主的方剂用于补养气血，以百合、麦冬为主的方剂用于滋阴润肺。这些官方医书的编纂使得食药同源的知识得到了系统的整理和推广，一方面为医者提供了权威的参考依据，便于他们在临床实践中更好地运用食药同源的理念，为患者治疗疾病；另一方面促进了食药同源理念在民间的广泛传播，让更多的人了解和受益于这一传统智慧。唐宋时期，饮食文化的兴盛以及官方医书对食药同源的重视和整理，共同推动了食药同源理念的繁荣发展。这一时期的成就不仅为后世留下了宝贵的文化遗产，也为当今食药同源产业的发展提供了丰富的历史借鉴和启示。

四、明清时期食药同源的传承与创新

明清时期，中国的医学和饮食文化继续蓬勃发展，食药同源理念在传承的基础上不断创新，为后世留下了丰富的宝贵遗产。明代托名李杲所著《食物本草》收载食药两用者1689味，为食物本草类书籍之冠。明代李时珍《本草纲目》有食物类药物300余种，分为草部、谷部、菜部、果部、木部五部，并列有饮食禁忌等内容。明清以后，类似书籍则更多，如《食物本草》《食鉴本草》《饮食须知》《随息居饮食谱》等[16]。

（一）李时珍与《本草纲目》

李时珍的《本草纲目》是这一时期食药同源领域的杰作。在这部巨著中，他对食药同源的物品进行了全面、系统且深入的整理和分类。李时珍以严谨的科学态度和丰富的实践经验对众多食药同源的物品进行了详细的考察和研究，他不仅梳理了前人的相关记载，还通过自己的实地观察、亲身体验和临床实践对这些物品的特性、功效和用法进行了更为准确和详尽的阐述。例如，李时珍在《本草纲目》中，对于枸杞，描述了其“滋肾，润肺，明目”的功效，并详细说明了其适用的病症和使用方法；同时还强调了枸杞的品质差异以及不同产地枸杞的特点。对于山药，描述了其“健脾益胃，滋肾益精，止咳平喘”等多种功效，并介绍了如何根据不同的体质和病症来合理使用山药进行调理。这种系统的整理和分类使得食药同源的理论更加条理清晰，便于后人学习和应用。李时珍对每种物品功效的阐述都基于大量的实践观察和案例分析，具有很高的可信度和实用性。《本草纲目》的问世，不仅为当时的医学界提供了重要的参考资料，也对民间的饮食养生观念产生了深远的影响。人们通过阅读这部著作，更加了解身边常见食物的药用价值，能够在日常生活中更加科学地运用食物来预防和治疗疾病，促进健康。

（二）食疗专著的涌现

明清时期，除了像《本草纲目》这样的综合性医学巨著，还出现了许多专门论述食疗的专著，进一步丰富了食药同源的理论和实践。《食物本草》是其中具有代表性的作品之一。该书对各种食物的性味、功效、宜忌等进行了详细的论述，并提供了丰富的食疗配方和应用案例。它不仅涵盖了常见的谷物、蔬菜、水果、肉类等，还包括了一些较少为人所知的特色食材，为人们提供了广泛的选择和参考。例如，书中介绍了薏苡仁具有利水消肿、健脾祛湿的作用，并推荐了薏苡仁粥这一食疗方。书中指出山楂具有消食化积、活血化瘀的功效，并介绍了山楂糖水这一简单易做的食疗方法，以帮助消化和缓解积食。《随息居饮食谱》则更加注重人们日常生活中的饮食调养。它根据不同的季节、体质和病症，给出了相应的饮食建议和食谱。书中强调了饮食的均衡和个体化，认为每人应根据自身的情况选择合适的食物进行调养。比如，在夏季，推荐食用西瓜、绿豆等清热解暑的食物；体质虚弱的人多食用鸡汤、鸽子汤等滋补性的食物。同时，书中还对一些常见的饮食误区进行了纠正，引导人们树立正确的饮食观念。这些食疗专著的涌现反映了明清时期人们对饮食与健康关系的高度重视，也体现了食药同源理念在民间的广泛传播和应用。它们为普通百姓提供了实用的饮食指南，使得人们能够更加方便地运用食疗方法来维护健康。总的来说，明清时期在食药同源方面的传承与创新，无论是李时珍《本草纲目》的系统整理，还是众多食疗专著的出现，都极大地丰富了中国传统医学和饮食文化的内涵。这些成果不仅为当时人们的健康生活提供了有力的保障，也为我们研究和发展食药同源理念提供了珍贵的历史资料和宝贵的经验借鉴。在当代社会，我们应当充分挖掘和利用这些传统智慧，结合现代科学技术，推动食药同源产业的创新发展，为人们的健康福祉做出更大的贡献。

五、中国近现代药食同源监管制度的建立

（一）中国近现代药食同源管理办法演进

清末鸦片战争之后，西方医学传入中国，中医药地位受到较大的影响，药食同源产业发展也进入低谷期。北洋政府教育部于 1912 年 11 月颁布“医学专门学校规程”和“药学专门学校规程”，医学科目 48 种、药学科目 31 种，均无中医药学内容，完全将中医药学排斥在医学教育系统之外。1929 年，中华民国政府采取了反中医的政策，甚至通过“废止中医案”，对中医药的发展造成严重伤害。1936 年颁布的《中医条例》中仍然存在许多歧视、排斥中医药的内容。直到中华人民共和国成立后[17]，中医药地位的巩固和发展才取得了一系列进展，从事中医药教学的专家学者编撰了药膳、食疗类专著，如《食物中药与便方》《实用食物疗法》《食补与食疗》《中国药膳学》《中国食疗学》《药食同源物质诠释》[18]，药食同源产业步入规范化发展阶段。

（三）中国现代药食同源监管制度的建立

中华人民共和国成立初期，食品与药品的监管制度尚处于探索阶段，关于药食同源物质管理的问题尚未引起注意。1965 年，国务院同意卫生部、商业部、第一轻工业部、工商行政管理局、中华全国供销合作总社制定的《食品卫生管理试行条例》，该条例尚未明确药食同源物质的界定问题。1979 年，实施的《中华人民共和国食品卫生管理条例》（国发〔1979〕213 号）也未对药食同源物质进行专门规定。1982 年，《中华人民共和国食品卫生法（试行）》第二章第八条中规定：“食品不得加入药物。按照传统既是食品又是药品的以及作为调料或者食品强化剂加入的除外。”这是首次在管理法规中提出药食同源物质的管理问题[19]。1984 年颁布的《中华人民共和国药品管理法》将中药材

及中药饮片列为药品，研究既是食品又是药品的物质名单已经迫在眉睫。

《中华人民共和国食品卫生法（试行）》1987 年版修订为“食品不得加入药物，但是按照传统既是食品又是药品的作为原料、调料的除外”；同年卫生部出台了《禁止食品加药卫生管理办法》，在该办法中除了对“既是食品又是药品的品种名单”进行规定外，还对中药材作为食品新资源的要求进行了界定。1995 年，《中华人民共和国食品卫生法》第二章第十条规定：“食品不得加入药物，但是按照传统既是食品又是药品的作为原料、调料或者营养强化剂加入的除外。”2015 年修订的《中华人民共和国食品安全法》第三十八条规定：“生产经营的食品中不得添加药品，但是可以添加按照传统既是食品又是中药材的物质。按照传统既是食品又是中药材的物质目录由国务院卫生行政部门会同国务院食品药品监督管理部门制定、公布。”

2021 年，《管理规定》出台，明确了药食同源物质的定义，明确了管理部门为国家卫生健康委员会与国家市场监督管理总局，明确了申请渠道为省级卫生健康委员会向国家卫生健康委员会提出；明确了资料包括物质的基本信息、证明材料、加工和食用方法、安全性评估、质量规格、食品安全指标等[20]。

1987 年，在《禁止食品加药卫生管理办法》的附表中公布了第一批《既是食品又是药品的品种名单》，收载 33 种。1988 年，卫生部食品卫生监督检验所详细公布了“药食同源”第一款中的 29 种《既是食品又是药品的品种名单》，增加至 61 种（1 种重叠）。1991 年，卫生部卫监发〔1991〕第 45 号文和 1998 年卫监发〔1998〕第 9 号文，分别增加 8 种，至 77 种。2002 年，卫生部卫法监发〔2002〕第 51 号文，增加至 87 种。2014 年，《按照传统既是食品又是中药材物质目录管理办法（征求意见稿）》，增加至 100 种。2018 年，《国家卫生健康委员会关于征求党参等 9 种物质作为按照传统既是食品又是中药材物质管理意见的函》，党参等 9 种物质目前处于试生产阶段[21]。

六、现代食药同源理论的研究与应用

（一）科学研究的进展

随着现代科学技术的日新月异，食药同源领域的研究迎来了前所未有的机遇。化学分析、药理实验等先进方法的应用，使得我们能够更加深入地探究食药同源物品的奥秘。化学分析技术的进步，让我们能够精确地鉴定和量化食药同源物品中的有效成分，例如，通过高效液相色谱、质谱等，技术科研人员能够清晰地了解枸杞中的枸杞多糖、人参中的人参皂苷等成分的含量和结构，这些有效成分的明确为进一步研究其作用机制奠定了基础。药理实验则为揭示食药同源物品的作用机制提供了有力的手段。在细胞和动物实验中，科研人员可以观察到这些物品对细胞代谢、生理功能以及疾病模型的影响。例如，对山楂研究发现，其所含的黄酮类化合物能够调节血脂代谢，通过抑制胆固醇的合成和促进其排泄，发挥降血脂的作用[22]；对金银花的研究发现，其所含的绿原酸等成分具有抗菌、抗病毒的功效，作用机制涉及抑制病原体的生长和繁殖，以及调节机体的免疫反应[23]。此外，现代生物技术的发展，如基因编辑和蛋白质组学等技术，也为食药同源的研究提供了新的视角。通过这些技术，我们能够从分子层面揭示食药同源物品如何与人体细胞的基因和蛋白质相互作用，从而影响生理过程和疾病的发生发展。这些科学研究的进展不仅加深了我们对食药同源理论的理解，也为食药同源物品的合理应用和开发提供了科学依据。

（二）产业发展

在现代社会，食药同源产业呈现出蓬勃发展的态势，涵盖了多个领域，为人们的健康提供了丰富多样的选择。保健食品是食药同源产业的重要组成部分。这些产品通常以胶囊、片剂、口服液等形式出现，含有食药同源物品的提取物或活性成分，并宣称具有特定的保健功能，如增强免疫力、改善睡眠、调节肠道菌群等。例如，以蜂胶为主要成分的保健食品，因其具有抗氧化和抗炎的特性，被广泛宣传和应用于提高人体抵抗力。功能性食品也是近年来迅速崛起的领域。这类食品在满足基本营养需求的基础上，添加了具有生理调节功能的食药同源成分。比如，添加了益生菌和益生元的酸奶可以改善肠道健康，富含膳食纤维和植物甾醇的饼干有助于降低胆固醇。中药饮品市场同样发展迅猛。传统的中药茶饮，如菊花茶、玫瑰花茶等，具有清热降火、疏肝解郁等功效，深受消费者喜爱。同时，一些新型的中药饮品也不断涌现，如中药配方的颗粒剂和即饮型饮料，满足了现代人快节奏生活的需求。食药同源产业的发展不仅满足了人们对健康的追求，也为经济增长注入了新的动力。同时，产业的发展也带动了相关种植、加工、研发、销售等环节的协同发展，创造了大量的就业机会。然而，食药同源产业在发展过程中也面临一些挑战。例如，市场上部分产品存在夸大宣传、质量参差不齐等问题，需要加强监管和规范。

（三）政策支持

为了促进食药同源产业的健康发展，国家出台了一系列政策，形成了有力的支持体系。在鼓励产业发展方面，政府加大了对食药同源相关科研项目的资金投入，支持企业开展技术创新和产品研发。同时，通过税收优惠、产业扶持等政策，鼓励企业扩大生产规模，提高产品质量和竞争力。在加强监管方面，国家制定和完善了相关法律法规和标准，对食药同源产品的生产、加工、销售等环节进行严格规范。加强了对原材料的质量控制，要求企业建立完善的质量追溯体系，确保产品的安全性和有效性。此外，加大了对市场的监督检查力度，严厉打击违法违规行为，维护市场秩序。保障产品质量和安全是政策的核心目标之一。政府加强了对食药同源产品的质量检测和评估，建立了严格的质量认证和审批制度。同时，加强了对消费者的教育和引导，提高其对食药同源产品的认知和辨别能力，促进理性消费。综上所述，现代食药同源理论在科学研究的推动下不断深化，产业发展蒸蒸日上，同时得益于国家政策的有力支持。然而，面对发展中的挑战，仍需要各方共同努力，持续推动食药同源领域的健康发展，为人们的健康生活提供更多优质、安全、有效的产品和服务。

七、食药同源思想与理论面临的挑战与机遇

（一）挑战

1. 缺乏标准化和规范化

食药同源物品在现代社会的应用日益广泛，但在其种植、加工、生产等环节缺乏统一的标准和规范，这一问题严重影响了产品的质量和安全性。在种植方面，由于缺乏标准化的种植规范，土壤质量、农药和化肥的使用、灌溉方式等存在差异，导致食药同源物品的品质参差不齐。例如，某些地区种植的枸杞因为土壤污染或农药残留超标，影响其药用价值和食用安全性。加工环节同样存在问题，不同的加工企业采用不同的加工工艺和设备，对温度、湿度、时间等参数的控制也各不相同，这会破坏食药同源物品中的有效成分，或者引入新

的污染物。以蜂蜜的加工为例，加工温度过高，会破坏其中的酶类等活性物质，降低其营养价值。生产过程中的质量控制标准不统一，也使得产品的质量难以保证。缺乏严格的检测手段和质量标准，容易导致不合格产品流入市场，给消费者的健康带来潜在风险。

2. 市场监管难度大

食药同源产品种类的丰富多样，给市场监管带来了巨大的挑战。一方面，众多的产品类型使得监管部门难以全面覆盖，难以对每一种产品的生产、流通和销售环节进行有效的监督和管理。这就给了一些不法商家可乘之机，他们会生产和销售假冒伪劣的食药同源产品，以次充好，欺骗消费者。另一方面，由于食药同源产品的界限相对模糊，一些产品可能同时兼具食品和药品的属性，这使得监管部门在执法过程中面临法律适用的难题。对于某些产品的监管归属存在争议，导致监管职责不清，监管力度不足。

3. 公众认知不足

部分公众对食药同源的理念和知识了解有限，盲目食用或滥用的情况时有发生。一些人可能仅仅听说某种食药同源物品具有某种功效，就大量食用，而不考虑自身的体质和健康状况。例如，人参是一种滋补佳品，但对于体质燥热、血压偏高的人来说，过量食用可能会导致身体不适。还有些人对食药同源物品的药用功效期望过高，将其视为替代药物的万能良方，从而延误了疾病的治疗。公众对食药同源的正确使用方法、适用人群和剂量等方面的认知不足，不仅无法达到预期的保健效果，还可能对身体造成损害。

（二）机遇

1. 健康需求增长

随着生活水平的提高和健康意识的增强，人们对食药同源产品的需求呈现出持续增长的趋势，这为食药同源产业的发展提供了广阔的市场空间，越来越多的人开始关注预防保健，追求天然、绿色、安全的健康产品。食药同源物品源自天然，具有一定的保健和调理作用，符合人们对健康的新需求。例如，含有枸杞、红枣等成分的功能性饮料，以及添加了葛根、茯苓等的保健食品，受到了消费者的青睐。此外，老龄化社会的到来，使得中老年人对健康产品的需求增加，食药同源产品在缓解慢性疾病、提高生活质量方面，对于中老年市场具有巨大的发展潜力。

2. 科技创新

现代科技手段为食药同源物品的研究和开发提供了强大的支持，不断挖掘其潜在价值。通过基因测序、生物化学分析等技术，我们能够更深入地了解食药同源物品中的有效成分及其作用机制，为产品的研发提供科学依据。例如，对银杏叶中有效成分的研究，发现其在改善心脑血管功能方面的作用机制，从而开发出了相关的药品和保健品。同时，新技术的应用也推动了食药同源产品的创新，例如：纳米技术、生物发酵技术等的引入，提高了有效成分的吸收利用率，改善了产品的口感和稳定性；智能生产设备和质量检测技术的应用，提高了生产效率和产品质量，保障了消费者的权益。

3. 国际交流与合作

加强国际交流与合作为中国食药同源文化和产品走向世界创造了有利条件。随着全球化的推进，各国之间在健康领域的交流日益频繁，中国的食药同源理念和产品逐渐引起了国际社会的关注。通过参加国际展会、学术交流活动等，可以向世界展示中国食药同源的独特魅力和科学价值。国际合作也为食药同源产业带来了新的机遇。例如：与国外科研机构和企业的合作，可以引进先进的技术和管理经验，提升中国食药同源产业的国际竞争力；通过合作开发符合国际市场需求的产品，推动中国食药同源产品在全球范围内的推广和应用。食药同源思想与理论在当代面临着一系列的挑战的同时也迎来了众多的发展机遇，我们应当正视挑战，充分把握机遇，通过建立标准规范、加强监管、普及知识、推动科技创新和国际合作等措施，促进食药同源产业的健康发展，让这一古老的智慧在现代社会焕发出新的生机与活力。

八、中国食药同源情景展望

中国食药同源思想与理论宛如一条奔腾不息的长河，其源头可以追溯到远古时代，历经数千年的岁月洗礼，不断汇聚、融合、发展，最终形成了一套内涵丰富、体系完整的理论架构。从最初人类在寻找食物的过程中偶然发现某些食物的药用价值，到古代医学典籍对食药同源理念的记载和阐述，再到近现代科学技术对其的深入研究和应用，食药同源思想与理论始终与中华民族的繁衍和发展紧密相连。它不仅是中华传统文化的瑰宝，更是人类智慧的结晶。在当代社会，随着人们对健康的关注度日益提高，食药同源理念在健康领域展现出了无可替代的重要性和广阔的发展前景。在预防疾病方面，食药同源理念倡导通过合理的饮食搭配和摄入具有保健作用的食物，从源头上降低疾病发生的风险。例如：富含维生素 C 的水果和蔬菜有助于增强免疫力，预防感冒等疾病；富含膳食纤维的食物可以促进肠道蠕动，减少便秘和肠道疾病的发生。这种基于日常饮食的预防策略，不仅成本低、效果好，而且易于推广和实施。在疾病的辅助治疗方面，食药同源的食物可以与药物协同作用，提高治疗效果，减轻药物副作用。例如：在癌症治疗中，患者在接受化疗的同时，食用具有滋补气血、提高免疫力的食物，能够更好地应对治疗带来的身体损伤；在心血管疾病的治疗中，适当食用一些具有降脂、降压作用的食物，有助于控制病情，改善预后。在养生保健领域，食药同源理念更是深入人心。中药茶饮、药膳等形式多样的养生方式，满足了不同人群的个性化需求。无论是工作压力大的上班族，还是身体虚弱的老年人，都可以根据自身的体质和健康状况，选择适合自己的食药同源养生方法。

然而，在食药同源理念的推广和应用过程中，我们也面临着一系列严峻的挑战。一是缺乏标准化和规范化。食药同源物品在种植、加工、生产等环节缺乏统一的标准，导致产品质量参差不齐，安全性难以保障。这不仅影响了消费者的信任和选择，也制约了产业的健康发展。例如，某些地区的中药材种植存在农药残留超标、重金属污染等问题，影响了药材的品质和药效。二是市场监管难度大。食药同源产品种类繁多，市场庞大且复杂，监管部门面临着人力、物力和技术手段不足的困境，这使得一些假冒伪劣产品有机会流入市场，损害消费者的利益，破坏市场秩序。同时，由于相关法律法规不够完善，对于一些新兴的食药同源产品和经营模式，监管存在空白和模糊地带。三是公众对食药同源理念的认知不足。部分公众对食药同源的概念理解模糊，存在盲目食用或滥用的情况，这不仅可能无法达到预期的保健效果，甚至可能对身体造成损害。此外，由于缺乏专业的指导和科普宣传，公众在选择食药同源产品时往往感到困惑，容易受到虚假宣传的误导。

面对这些挑战，需要政府、企业、科研机构和社会公众齐心协力，共同推动食药同源产业的健康发展。政府应发挥主导作用，加强政策引导和监管力度；制定和完善食药同源物品的种植、加工、生产标准和规范，加强市场监管，严厉打击假冒伪劣产品，保障消费者的合法权益；同时，加大对食药同源领域科研的投入，支持相关研究和创新。企业要承担起社会责任，严格遵守国家标准和规范，加强质量管理，确保产品的安全和有效；积极开展技术创新，提高产品的品质和竞争力，满足市场的多元化需求。科研机构应加强对食药同源理论和实践的研究，深入挖掘其潜在价值，为产业发展提供科学依据和技术支持；加强与企业的合作，促进科研成果的转化和应用。社会公众要提高对食药同源理念的正确认识，通过正规渠道获取相关知识，避免盲目跟风和滥用；积极参与监督，共同维护市场的良好秩序。

食药同源是中国中医药养生保健文化的代表，体现了中医药“上工治未病”的康养哲学，这是中国中医药对人类健康的重大贡献。弘扬食药同源，完善政策法规，可以视为中国在食品药品监管制度上的创新，体现了中国食品药品监管的文化自信和担当精神。总之，中国食药同源思想与理论具有深厚的历史底蕴和巨大的现实价值。在各方的共同努力下，我们有信心应对当前的挑战，推动食药同源产业的蓬勃发展，为人类的健康事业贡献更多的中国智慧和中国力量，让食药同源理念在新时代焕发出更加璀璨的光芒，造福全人类的健康福祉。

参考文献

[1] 王旭东．“药食同源”的思想源流、概念内涵与当代发展［J］．南京中医药大学学报，2023，39（9）：809－813.

[2] 刘安．淮南鸿烈解［M］．高诱，注．明万历八年（1580）九华山房刻朱墨套印本.

[3] 丁劲文，迟湘胤，张玉，等．“食药同源”的生物学原理［J］．药学学报，2024，59（6）：1509－1518.

[4] 林尹．周礼今注今译［M］．北京：书目文献出版社，1985.

[5] 单峰，黄璐琦，郭娟，等．药食同源的历史和发展概况［J］．生命科学，2015，27（8）：1061－1069.

[6] 杨光，苏芳芳，陈敏．药食同源起源与展望［J］．中国现代中药，2021，23（11）：1851－1856.

[7] 刘莉，陈星灿．中国考古学 旧石器时代晚期到早期青铜时代［M］．北京：生活·读书·新知三联书店，2017：127.

[8] 刘慧鸿，曾慧梅，张高传，等．从精神嬗变角度分析食药同源本草描述的变迁［J］．中华中医药杂志，2022，37（10）：6123－6126.

[9] 郝晓晓，朱方石，王小宁，等．从“治未病”思想论中医药膳养生［J］．中医杂志，2012，53（24）：2075－2077.

[10] 辛宝，钱文文，周海哲，等．传统食养、食疗、药膳的区别联系与发展再论［J］．西部中医药，2021，34（3）：84－86.

[11] 居玲玲，路新国．《神农本草经》对食养和食疗的贡献［J］．中国中医基础医学杂志，2004，10（7）．

[12] 金生源．对祖国医学“药食同源”的现代理解与展望［J］．浙江中医药大学学报，2011，35（1）：11－12.

[13] 晁晖．中医药食同源思想与饮食养生的发展演变［J］．大家健康（上旬版），2016，10（5）．44－44，45.

[14] 谭唱，赵宇栋．中医食疗与现代营养的比较研究［J］．中国医药指南，2011，9（18）：298－299.

[15] 程义勇．东方膳食模式：蕴含营养科学内涵［J］．营养学报，2023，45（3）：209－217.

[16] 孙蓉，齐晓甜，陈广耀，等．中药保健食品研发、评价和产业现状及发展策略［J］．中国中药杂志，2019，44（5）.

[17] 张宇．中国医政史研究［D］．哈尔滨：黑龙江中医药大学，2014.

[18] 刘必红．中国食品安全检测技术研究与现状分析［J］．食品界，2024（2）：73－75.

[19] 孟仲法．中医食疗药膳的特点和应用［J］．东方药膳，2006（4）：1.

[20] 张炜琼．两宋时期饮食养生研究［D］．北京：北京中医药大学，2023.

[21] 张玉辉，罗文艺，赵凯维，等．传统“和”文化对中医养生学的影响［J］．中国中医基础医学杂志，2024，30（6）：1009－1011.

[22] 于钦明，陈文月．中医药文化背景下药膳食疗应用历史及经验研究：评《中医食疗学》［J］．食品安全质量检测学报，2021，12（19）：7894.

[23] 全国人大常委会法制工作委员会．中华人民共和国全民普法法律及法律案说1979—1991［M］．北京：法律出版社，1992：219.

HB. 03 食药同源产业法律监管的现状、困境及对策研究

宗倩倩[①] 庞伊涵[②] 庞懿宵[③]

摘 要： 在健康中国的宏伟蓝图下，随着社会经济的发展和公众健康意识的提高，中国食药同源产业的市场需求持续扩大，推动中医药文化与现代生活深度融合。然而，作为中医药领域的新兴产业，食药同源产业发展尚不成熟，在法律监管方面也面临着巨大问题与挑战。本文通过分析中国食药同源产业法律监管的现状，明确中国当前对食药同源产业的法律监管仍存在生产不一、销售不实和体制不全等困境，进而从全面规范生产、严格规制销售、合理规划体制等方面提出具体解决路径，以保障食药同源产品质量和消费者的合法权益，为提高食药同源产业的核心竞争力、扩大中医药文化的国内国外影响力提供参考。

关键词： 食药同源产业；法律监管；合规发展

健康是促进人的全面发展的必然要求，是经济社会发展的基础条件，是民族昌盛和国家富强的重要标志，也是广大人民群众的共同追求[1]。当前，党中央、国务院高度重视人民健康事业，在将“健康中国”上升为国家战略的同时，中医药也成为战略中不可或缺的组成部分。《健康中国发展战略2023》将“充分发挥中医药独特优势”单列为第九章，鼓励将中医药优势与健康管理相结合。

中国素有“食药同源”之说，这一理论是中医“天人合一”观念的缩影

① 宗倩倩，法学博士，北京中医药大学人文学院法律系讲师。主要研究方向：医药卫生法学，知识产权法。

② 庞伊涵，北京中医药大学人文学院研究生，专业方向：医药卫生法学。

③ 庞懿宵，北京中医药大学人文学院研究生，专业方向：医药卫生法学。

和先民传统保健思想的结晶。基于食药同源理念而制成的产品不仅具有食品的营养价值，还具备一定的调理、缓解和保健的功能，这正是发挥了中医药"治未病"的独特优势，故而成为"健康中国"战略中的关键一环。与此同时，《"十四五"中医药发展规划》也明确要求进一步推动中医药养生保健服务有序发展，丰富中医药健康产品供给，促进中医药与食品健康领域持续融合发展[2]。因此，随着卫生健康工作方针的深入实施和人民生活水平的提高，食药同源产业发展迎来新风口，产业前景广阔[3]，引发广泛关注，成为近年来中医药及食品健康领域的热点研究对象。

然而，在食药同源产业不断拓展的同时，其法律监管问题也逐步显现，在生产、销售和监督环节普遍存在法律缺失或者规定模糊等问题，这些问题不仅影响食药同源产业的长远发展，还容易导致政府监管缺位或纵容。本报告旨在通过探究食药同源产业法律监管的现状和困境，提出应对策略，为完善食药同源产业法律监管体系提供理论参考，从而在规范食药同源产业市场秩序的基础上，更好助力食药同源产业的高质量发展，更好传承和发扬中医药文化。

一、食药同源产业的法律监管现状

《黄帝内经太素》中道"空腹食之为食物，患者食之为药物"，初步对食药同源中药材进行论述。近年来，中医界学者总结历史经验和相关理论，从20世纪30年代的"医食同源"概念引申提出"食药同源"理念。随着2017年中央第一号文件明确提出"加强新食品原料、药食同源食品的开发和应用"的重大国家农业发展战略规划，以及《健康中国行动（2019—2030）》和《健康中国发展战略2023》的陆续出台，食药同源产业逐步发展起来。中国社会科学院发布的数据显示，2013年至2020年全国食药同源产品年平均产值超过3000亿元，增长率维持在14%～20%。同时，随着一系列食药同源相关法律法规的出台，食药同源产业的发展也具备了相应的政策支撑和法律保障[4]。然而，食药同源产品在生产、销售等方面的问题依旧层出不穷。加强食药同源食品监管迫在眉睫，亟须开拓创新、完善法规，助力健康中国战略实施、弘扬中医药文化，推动中医药产业的发展。

（一）持续更新物质目录，规范食药同源产业生产

《中华人民共和国食品安全法》第三十八条规定："生产经营的食品中不得添加药品，但是可以添加按照传统既是食品又是中药材的物质。"根据食品安全法及其实施条例的规定，国家卫生健康委员会于2021年发布了《按照传统既是食品又是中药材的物质目录管理规定》，对目录实施动态管理和适时更新。以上基本确定了食品中添加药品的处理原则和范围，即以食品中不得添加药品为基本原则，将食品中可以添加按照传统既是食品又是中药材的物质作为例外情形[5]，且可依法添加的中药材物质种类被严格限定，只能选择目录内的中药材物质进行添加。此外，食品安全法对产品生产的环境、设备、储存和运输等关键环节也提出相应要求，在一定程度上保障了食药同源产品安全生产的实现。

（二）严格规制违法行为，保障食药同源产品销售

《最高人民法院关于审理食品药品纠纷案件适用法律若干问题的规定》为专门解决食药领域的法律问题提供依据，并对经营者销售手段、消费者权利保护、监督者职责分配方面的权利义务进行详细规定。《中华人民共和国广告法》《中华人民共和国消费者权益保护法》等法律中有关产业广告投放、虚假宣传、消费者权益保护的条款在食药同源相关产业也同样适用。同时，《中华人民共和国刑法》中有关生产、销售、提供假药罪，诈骗罪定罪等规定也为相关产业的销售行为画定红线。

（三）深入对接职能部门，统筹食药同源产业体制

在食药同源产业监管体制中，不仅有食品安全法对产品监测评估、相关行政部门职责进行高度概括，还有《食品、药品投诉举报管理办法》明确食药同源产业违法事件出现时不同部门的处理职责。当监管部门不依法履行监督职责或出现监管不力情况时，上级行政机关或监察机关责令其改正，并对直接负责的主管人员和其他直接责任人员依法给予行政处分。

由此可见，针对食药同源领域，中国现行法律体系中存在多项相关法律规定，但是法律条款的发散性和抽象性突出，在解决具体法律监管问题上仍存在

适用阻碍和模糊地带。随着《健康中国行动（2019—2030 年）》实施，合理膳食行动成为重大行动之一，对食药同源产业的法律监管也提出了更高的要求。

二、食药同源产业的法律监管困境及原因

（一）食药同源产业的生产监管标准不明确、不统一

1. 食药同源产业的生产许可尚不明晰

依据学界通说，广义的食药同源产品包括药品（中药饮片和中成药）、保健食品、特医食品、功能食品、含中药日化产品、休闲食品等，狭义的食药同源产品是指以药食两用中药为原料采用现代科学技术制备的保健食品、功能食品和休闲食品等[6]。食药同源产品性质不同、归类不同，导致企业生产需要获得的资质许可以及产品生产获得的许可类型存在差异。

根据食品安全法、公司法等相关法律规定，食药同源产业创立需要相关企业向食品药品监管部门提交材料，获得食品生产许可证并办理企业营业执照；同时由于食药同源产品的特殊性，部分产品会涉及药品范畴，还需要获得药品生产许可证；如果产品包括具有药物性质的食药同源保健品，还需获得保健食品批准证书等相关资质证明；根据不同地方政府的不同要求，有时相关企业还需要取得卫生证明等。生产的食药同源产品需要获得食品批准文号；部分涉及药品性质的还需获得药品批准文号；如果该产品作为保健型产品出售，还需获得保健食品批准文号，即蓝帽子资质。

目前，基于国家对食药同源产业发展的大力支持、食药同源市场发展的巨大前景和食药同源市场的年轻化导向，许多食品生产商、药品生产商进入食药同源产业竞争赛道。在这个过程中，由于生产者对资质许可要求了解少、部分许可门槛高且审批时间长、生产者具有利益趋向性等，出现了生产者进行无资质生产、产品未获相关批准文号就投入市场等乱象。例如，鄞州东吴药食同源食谷磨坊店在生产经营时未取得《浙江食品生产许可证》，被宁波市鄞州区市场监管局处以罚款。这些乱象不仅会扰乱市场秩序，损害消费者合法权益，还会降低消费者的安全感，导致消费者对政府的信任度下降，给产业进步和市场稳定埋下了极大的隐患。

2. 食药同源产业的安全生产尚待规范

食药同源产品的安全关系到消费者生命健康权，是生产过程中最重要的问题。食药同源行业存在生产者为获取高额利润，损害消费者权益的情形，例如：在生产原料方面，存在药材添加不足、采用劣质药材、药材年效有瑕（有的药材达到一定年份才有疗效，有的药材超过一定年份会无效，有的药材超过一定年份会转化为毒药）、添加非食药同源药材、忽视药材之间的相生相克随意配伍等问题；在设备使用方面，存在设备杀菌未达要求、设备加工程度不同（在炮制、制剂等过程中采用的火候、制作工艺都会影响产品效果）、同一生产线存在相冲药物残留等问题；在生产环境方面，食药同源生产加工需要大气含尘和含菌浓度低、无有害气体、水质好、绿化洁净（少花粉）的环境，但是当下仍存在加工厂环境不达标影响产品质量问题；在储存运输方面，存在储存时温湿度不适宜、未保证通风导致受潮霉变异味污染、未定时盘查库存导致出现过期变质损坏产品等问题，也存在运输时未监控物流流转、运输时间过长导致的产品变质受损等问题；在人员水平方面，存在提供产品配方工艺者配方有误以及产品代加工者错误加工导致的产品安全问题。这些安全问题需要产业监管部门通过相关法规政策形成相应产业标准和惩罚措施，约束生产者偷工减料、违规生产的行为。解决这些安全问题对维护消费者安全权益、促进食药同源产业发展、提高中医药产品声誉具有重要意义。

3. 食药同源产业的检测评估尚未统一

国家制定了食品安全监测制度、食品安全风险评估制度和强制执行的食品安全标准，并通过不断更新《按照传统既是食品又是中药材的物质目录》划定食药同源产品可添加物质范围，但是在实践过程中仍然出现众多关于范围界定的争议。

一是食药同源原材料经过一定加工后是否还可被认定为原物而引发的争议。例如，在山东高级人民法院判决的将红参作为原料生产红参阿胶糕是否违法一案中，被告认为红参由人参加工而成，人参在《按照传统既是食品又是中药材的物质名录》规定的药食同源原料内，且被告已经获得红参的食品生产许可证，因此不属于非法添加。原告认为，人参加工成红参后性质改变，依据《中华人民共和国药典》的记载，两者不是同一种物质，且红参不在《按照传统既是食品又是中药材的物质名录》规定的食药同源原料内，故属于非法添加。争议的焦点在于人参经过加工变成红参后能否继续按照《按照传统既是食品又是中药材的物质名录》的规定而作为合法原料添加。法院最终判决“药典只是一本书，而不是法律文书和行政法规，不可以作为法律使用，被告生产经营食品由食药局监管，关于红参是食品还是药品，食药局的认知应该更权威，被告所采购红参有食药局盖章签发的关于红参的食品生产许可证，足以证明被告所添加原料红参为食品类红参”。由此案件可以看出，食药同源原材料经过一定加工后是否还被认为是原物是亟须法律法规进行明确的问题，关系到食药同源产品研发和消费者维护权益的边界[7]。

二是存在《按照传统既是食品又是中药材的物质目录》的范围过小，将限制中医药推广传播的问题。如何平衡减轻非法添加侵害和促进中医文化传播，也是在界定标准时面临的问题。

（二）食药同源产业的销售监管执行不力

1. 食药同源产业的市场准入过于宽松

食药同源产品既能当作饮食之用，又有理疗的功能，因此兼具食物和药物的性质和属性[8]。然而，一旦中药材的成分、含量和配伍等不当，药物的副作用就会凸显，难以达到滋补身体、治疗疾病的双重作用，甚至可能出现中毒等危害人体健康的不良后果。中国保健协会的调查显示，原来中国有 4000 余家保健食品企业，经过一番法律规整及市场竞争后存活下来的不到 2000 家。同时有调查显示，真正具有实力的保健食品企业不到 100 家。由此可见，目前食药同源产业的市场准入缺乏合理、充分的规制。例如，上海李某等生产、销售假药案中被查获的 3 包中药饮片和从仓库查获的 216 种中药饮片，经上海市食品药品监督管理局抽样检验饮片性状、成分和含量等，发现其不符合《中华人民共和国药典》或《上海市中药饮片炮制规范》的规定，属于“药品所含成分与国家药品标准规定的成分不符”以及“以非药品冒充药品”的实质假药，因此被认定为涉嫌销售假药[9]。

另外，食药同源产品的开架销售需要具备一定的资质，要求经营者到县级以上地方市场监督管理部门办理食品经营许可证。根据《国家食品药品监督管理局关于非药品柜台销售以滋补类中药材为内容物的包装礼盒商品有关法律适用问题的批复》可知，非药品经营单位无须取得药品经营许可证，即可销售尚未实行批准文号管理的滋补保健类中药材，但实施批准文号管理的中药饮片必须注明药品批准文号[10]。因此，相关行政部门在监督和检查食药同源产品销售过程中，应当界定企业出售的中药饮片是否属于批准文号管理的范围，并要求销售实施批准文号管理的中药饮片的食药同源企业具有食品和药品经营许可的双重授权，这一定程度上加大了行政部门的监管难度。

2. 食药同源产业的虚假宣传规制不严

食药同源产业经常出现商品的性能、功能、产地、用途、质量、规格、成分、价格、生产者、有效期限、销售状况、曾获荣誉等信息与实际情况不符的宣传，直接损害了消费者的合法权益，扰乱了市场秩序。例如，《食品药品监管总局关于10起保健食品虚假宣传广告的通告》中的“芝圣堂牌硒芝胶囊”，该胶囊的主要成分为灵芝孢子粉。灵芝在2023年11月被国家卫生健康委员会联合国家市场监督管理总局印发公告纳入《按照传统既是食品又是中药材的物质目录》。灵芝孢子粉作为食药同源产品，具有活性多糖和人体必需的微量元素硒，两相结合可提高人体免疫力，增强人体对疾病的抵抗力。而孢子粉的广告却宣称“孢子粉多糖有效率达90%以上，天然有机锗，抑制癌细胞扩散率达89.3%，吃药十几年，不如吃硒芝胶囊三十天”[11]。此广告内容将产品的功效肆意夸大至几近药物功能，存在明显欺诈和误导消费者的行为，不仅违背了诚信原则，还具有严重的社会危害性。

除夸大宣传产品功效外，食药同源产业还普遍存在虚假宣传产品含有实际并不存在的某一贵重中药材、夸大产品中某一贵重中药材含量、仿冒伪劣产品等不正当竞争行为，严重侵害了消费者的权益，损害同行业竞争对手的社会信誉和商业声誉，对市场竞争秩序造成不可逆的破坏。

3. 食药同源产业的售后保障缺乏落实

根据《中华人民共和国价格法》的规定，中国对大多数食品实行市场调节价。此外，根据《关于做好当前药品价格管理工作的意见》，除麻醉药品和第一类精神药品实行政府指导价外，其他药品实行市场调节价。因此，当前食药同源产品定价也应当实行市场调节价。然而，食药同源产业处于尚待大力发掘阶段，缺乏统一的定价标准，存在一定的专业壁垒，难以突破，因此个别大型企业容易形成垄断地位，为获取更高利润而故意抬高价格，扰乱市场秩序，侵害消费者的合法权益。

除定价方面难以实现对消费者权益的保障外，惩罚方面的保障力度也存在不到位的现象，不足以形成威慑作用。一般情况下，食药同源产品在食用方法和用量恰当的情况下不会造成明显的毒性或不良反应。但是，如果不恰当地长期、大量食用，就有可能造成不良反应。例如，被列入食药同源物质目录的苦杏仁和白果均含有一定量的氢氰酸，一次性食用过多可能导致呼吸抑制，甚至中毒死亡。但由于不能准确得知食药同源产品的产地、品种基源及用法用量，同时难以根据身体状况及食药同源物质的性质科学配伍，消费者往往不定量不定时食用或擅自随症加减产品剂量，极易导致不良反应发生。而食药同源企业多以中药材缺乏使用剂量准据、服用者身体情况差异等理由来逃避责任，一定程度上加大了惩罚性赔偿的落实难度。

随着科技的发展，食药同源产品也逐渐拓展了网络化销售渠道，而行政监管部门在现行法律规范不完善、技术手段落后等情况下对网络食药安全的处罚尚处于摸索阶段，且大多采取事后处罚的被动方式，还未形成立体有效的规制模式。

（三）食药同源产业监管方面的问题

1. 监管界限模糊

食药同源产品具体性质界定模糊，涉及食品、药品、保健品等不同范畴，导致食药同源产业监管权力在分配上也相应存在界限模糊的问题。食药同源原料的管理涉及农产品管理部门，食药同源产品的管理涉及食品药品监督管理部门、市场监管部门、卫生部门等。由于界限模糊，一方面，在监管实践中容易出现监管部门认为不属于自身监管范围的监管空白和真空地带；另一方面，被监管者也无法明晰自身经营过程中与哪个部门形成监管关系，不利于食药同源产业把握自身定位，明确自身权利义务界限。

2. 缺乏共享平台和标准

由于缺乏食药同源产品信息统一平台，各部门之间对食药同源产品的检测结果和信息无法实现共享，造成食药同源产品在生产、销售以及售后保障的监管上缺乏连续性，难以彻底、有效规范食药同源产品在市场上的流通。而在对可能涉嫌违规的食药同源产品的实际检测中，也会存在所适用的食品和药品安全性评估标准不完善或冲突、技术人员对检测标准和操作不熟悉、食药同源产品检测内容不全面等问题，影响检测质量和执法效率，导致行政部门排查产品不到位、处罚违法企业不及时，从而打击合法企业产品研发与生产的积极性，纵容不合规企业扰乱市场秩序、危害食品安全的不良行径，降低消费者的消费热情和产品信任度。

3. 市场监管人才稀缺

一方面，现有检测评估制度下检测机构人才稀缺。由于食药同源产业的特殊性，检测机构人员不仅需要了解相关中医药知识，还需要了解《中华人民共和国药典》《按照传统既是食品又是中药材的目录》等相关政策法规，既要了解合规成分内容，也要了解合规成分比例。另一方面，现有监管标准下监管部门人才稀缺。食药同源产业监管人员任职于食品药品监管部门、市场监管部门等相关部门，由监管不同产业的人员兼任，在食药同源产业监管方面的专业性不强，对食药同源产业了解不深，在处罚认定、人员投诉处理等方面存在极大的提升空间。

三、完善中国食药同源产业法律监管体系的策略与建议

（一）统一生产和评估标准，实现全环节可视可追溯

1. 明确资格标准，构建体系化资格界定机制

界定生产者生产食药同源产品应取得的合法资格许可和生产出来的食药同源产品应拥有的标准文号，对于食药同源产业的合规生产具有重要的指导意义。

资格界定面临的第一个问题是食药同源产品的具体定义不明，导致学界以及大众对食药同源产业生产者应该获得食品生产资格许可证、药品生产资格许可证、保健品产品注册证等许可证明及产品对应的生产标准存在争议。对此，一方面，国家在法规文件中应尽快厘清食药同源产品的定义及资格标准，可以采取将食品生产许可、卫生许可、工商管理许可作为通用准则，将药品生产许可、保健品注册作为根据产品性质不同进行不同要求的特殊规则；另一方面，可在食品安全法修订时专门设置有关食药同源企业生产的资格要求，或者由政府发布与《药食同源药膳标准通则》相似的政府规章，专门对食药同源产品进行界定，厘清“药膳、食疗、保健品”的概念，制定合理可行的资格认定标准[12]。

资格界定还面临着生产企业对自己应该获得的资格证明不了解，导致生产者在未取得相关生产资格和产品合规情况下进行生产的现象。对于这个问题，

一方面，相关资质审查机关应按照法律规定，在生产者创立企业厂家时告知其应取得的资质及证明，并定期对企业和厂家的生产资格进行核查公示；另一方面，生产者在进入食药同源生产领域时，应有企业内部法务人员根据行业标准核查企业资质，承担获得资格许可的义务。

资格界定也面临由药品生产许可等门槛高、审批时间长以及生产者追逐利益等情况导致的故意无资质生产的现象。因此，需要相关法律规定无资质生产或者是虚假资质生产行为的惩罚措施，通过“生产资格标准制定 + 生产资格合规审查 + 生产资质违规处罚”这一完备的资格界定机制，规范食药同源产业生产资格界定，规范市场秩序，保护消费者合法权益，提升消费者安全感。

2. 强化溯源管理，改良环节化问题定位系统

通过强化溯源管理，对不同生产环节的安全问题进行精准处罚是规束食药同源企业合规发展的重要手段。一方面，需要相关部门制定溯源管理的法规制度和各环节出现生产漏洞时的惩罚措施，在为管理和监督提供制度依据的同时，也让食药同源企业清楚自身权利与义务的范围界限；另一方面，可以将“大数据 +”手段用于食药同源生产的法律监督，通过信息技术定位出现漏洞的环节，保存各环节生产加工的资料，实现精准快速定位。

具体来说，在生产原料方面，原料需留样检测；在生产设备方面，设备需达到一定标准才能投入使用；在生产环境方面，企业进行生产前应提供环境合格证明；在储存运输方面，一是要全程展现物流信息，为可能出现的争议保留裁判依据，二是通过法律对厂家定期处理货存和储藏原料提出要求，严格规制不合格原料使用和不合格货物倾销的行为；在人员水平方面，一方面通过资格证明提高准入门槛，通过对技术人员提出一定要求来提高食药同源产品的安全性和可靠性；另一方面对食药同源企业的人员监管制度进行明确要求，加强企业的人员管理职责，对产品的人员经手进行技术追踪。各方可以采用基于 GS1 全球注册中心提供的全球商品数据共享平台，接入全球数据同步网络（GDSN）可互操作数据池，在数据隐私保护的基础上实现安全追溯系统、商超系统及第三方系统的数据对接，使追溯数据在多个体系内互联互通，权限开放可控，切实减轻追溯数据的录入负担，充分满足管理部门、消费者、企业等不同类型用户的差异化需求，确保追溯数据能共享至产业链追溯管理平台、产业链服务平台和产业链相关追溯链条上的企业管理系统，从而实现食药同源产品全国市场追溯数据的统一。

3. 制定风险标准，协调多样化监测评估机制

风险评估是产品生产方面的预防性举措，建立风险评估机制一方面有利于企业生产时了解相关风险控制要求，另一方面为监管部门定罚提供执法依据。

首先，中国应在制度层面完善已经制定的食品安全监测制度、食品安全风险评估制度和强制执行的食品安全标准。此外，政府可以组织建立食药同源产品原产地可追溯制度和质量标识制度，保障食药同源产品的安全[13]。同时，政府通过丰富风险评估内容（如药性评估、负面作用评估、使用者注意事项等）、采用多种风险评估手段（如生产原料检测、生产环境评价、生产规模评估等）、制定风险安全标准等方式建立健全风险评估机制，通过对生产的各个环节提出标准和要求来规范企业生产行为，也通过检测能力的进步来提高产品的实际安全性。

其次，不同地区可以出示本地区的食药同源成分添加标准，以明确的法律或政策文书告知企业可添加的生产原料的范围，可以根据不断完善的《按照传统既是食品又是中药材的物质目录》（简称《目录》）建立中医药行业交流网站，在网站上对《目录》的修改情况进行公示，方便生产者明晰可添加成分内容和范围，并通过商品二维码标签的形式方便消费者扫码查看产品合规情况。

（二）规制销售和维权方式，实现全链条可查可整治

1. 规范市场准入，打造专业化产品销售团队

随着全民大健康意识的形成和发展，消费者从被动的寻医问药变为主动的健康管理，食药同源产品更是成为新生代的消费选择。因此，严格规范食药同源企业的市场准入资格是解决销售监管困境的必经之路。应加快形成全国统一认证标准，同时鼓励行政主管部门跨部门合作，搭建“全链条”资格认证，实现认证程序高效化和规范化。鉴于当前食药同源产业准入门槛较低，建议将食药同源产品的销售列入专门的工商经营范围，规范并提高行业准入门槛，让百姓“买得放心、吃得安心”。

此外，对于食药同源企业的员工，尤其是销售人员，应当具备必要的基础

中医和食药同源相关知识储备和素养。相关行政部门应当组织统一的专业能力考核，并根据食药同源产业规模，要求企业所拥有的具备相关销售资质的员工达到一定人数，才能进行商品的购入和出售。另外，销售人员还应当熟悉各种食药同源产品的功效、适宜和不适宜人群、用法和用量等基本情况，综合购买者的身体状况、个人体质、既往病史等进行推荐和销售，同时将每日用量、食用方法、不良反应和注意事项等及时、准确地告知消费者，保障消费者的知情权。

2. 整合市场资源，搭建透明化官方销售平台

随着互联网的发展和运输效率的提高，越来越多的食药同源企业为覆盖更广泛的市场开始探索线上销售渠道。然而，互联网的虚拟性、隐匿性和跨地域性让网络交易监管不易，食药同源企业发展难以合法合规。因此，为有效整合市场资源和规制产品销售，国家市场监督管理总局应当联合国家中医药管理局共同搭建食药同源产品的官方销售平台，对已获得食药同源产品生产和销售资格许可的食药同源企业依法进行互联网交易资格授权，同时给予官方资质认证，为消费者自由选择和安心消费提供必要参考。

此外，应当加快形成食药同源产品定价标准，以减少垄断性定价行为。政府部门和官方销售平台应当对食药同源产品价格进行实时监测，开展产品成本价格调查，产品申报上市时对价格进行成本核算，同时规定流通环节的合理价格，加强对产品价格的监督检查，对价格违法行为严肃处理。

最后，国家市场监督管理总局可以组织发动食品药品、中医药领域的专家学者制定规范、科学的食药同源产品安全检测通用标准，同时加大专业人才培养力度和技术研发投入力度，守好保障消费者安全消费的防线。

3. 加大排查力度，形成多元化共同治理体系

政府部门应当完善监督监测机制和技术手段，加大对出售成分超出目录范围的食药同源产品行为的监测和排查力度，建立和公开已被取缔的不合规企业名单，提醒广大公众及时了解相关信息，自觉抵制假冒的食药同源产品。同时，应在加强普法力度、增强消费群体维权意识和维权能力的基础上，鼓励受到假冒食药同源产品生产企业、食药同源产品经营企业的误导和欺诈的消费者共同参与来维护互联网销售秩序。此外，还应当充分发挥社会公众的力量，畅通大众举报通道，拓宽诉求表达渠道，构建多渠道、全方位的维权机制。违法犯罪行为应当由行政机关立即查处或者移送有关部门，通过查办及时发布监测信息提示并予以打击，以强化联合治理力度，健全公平合理的市场信用机制。

4. 提高违法成本，探索分类化违法处罚手段

让食药同源产品消费更安心，应当提高企业违法成本。部分商家之所以为谋求更大利润不惜欺骗、误导消费者，一个重要原因是违法成本较低，诸如罚款、损害赔偿甚至惩罚性赔偿等经济处罚措施并不能从根本上遏制其滥用行为。因此，应当分级分类形成合理的处罚手段以规范企业行为。对于情节恶劣的违法主体，应当给予没收违法所得、市场禁入等严厉处罚措施。对于情节较为轻微的失信主体，除必要的罚款外，应当持续跟踪监测，同时进行反复的抽样检查、走访和征集消费者反馈等。对于其他经营者，应当构建食药同源企业的预警监督体系，密切关注消费者购买评价和使用体验，对可能存在问题的企业予以提示，加强监督和巡查。此外，各大官方权威媒体适当发挥舆论作用，公开表扬声誉良好的良心企业，及时曝光存在产品安全问题或者欺诈服务的企业，形成一定的威慑作用。

（三）健全法律和体制架构，实现全方位可诉可监管

1. 完善监管法规，提供明确化产品监管依据

药食同源产品的质量与安全是关乎消费者身体健康和产业信誉的重要问题，应当加强产品监管领域的立法工作。首先，应当对食药同源产品的概念属性进行明确界定，同时厘清相关部门的监管职责和权力范围，从而使行政部门在实际监管和执法过程中实现有法可依；其次，应当完善对药食同源产品生产流程、原料采购、生产工艺、准入许可、营销宣传、售后服务等方面的监管规定，以保障产品质量与安全，形成较为完善的食药同源产品监督检查制度；最后，国家卫生健康委员会、国家市场监管总局应当联合食药同源领域的专家和法律人士，以及拥有食品类、中医中药类优势专业的高校共同参与调研，不断更新和完善食药物质目录，促进食药同源行业走向“备案是多数，注册是少数”的新格局，从而提高监管效率和实效。

2. 设立专门机构，实现精准化产业产品监督

各省级可以建立专门的食药同源产业监督机构，县市相关行政部门也做出相应的职能调整与合并，设置相应的监督机构，有利于加强食药同源领域监

管、保障人民健康权益。专门机构负责食药同源产品和企业的全过程全方位监管，推动各环节信息共享和畅通，同时注重塑造机构的独立性，保持监督工作的科学性和严谨性，及时对食药同源产业情况进行科学判断和分析，并将监督、处罚和整改情况汇报给上级机构，切实提高监管的实际效果。此外，食药同源产业监督机构还应发挥带头作用，联合本省卫健委和中医药管理局组织探索当地的中医药特色资源，以食品安全为底线，在把握食药物质目录动态调整原则的基础上，制定地方特色食品中使用的中药材品种目录，一定程度上加快当地特色食药同源产业的布局发展，同时助推当地食药同源企业的创新发展和迅速成熟。

3. 推进专项培训，壮大高质化监管人才队伍

一方面，需要建立和完善监管人员准入制度，定期开展食药同源产业人才需求预测，通过健全公开招聘、考试考察、推荐测评等多种形式相结合的人才选拔机制，探索监管人才委任、聘任、选任机制，完善竞聘上岗和合同管理等制度，全面规范食药同源产业监管人才职业准入；另一方面，需要建立和完善人才培养开发机制，建立食药同源相关学科体系，打造食药同源监管岗位规范化培训体系，建立新任培训、日常培训、深入培训等多层次培训机制，加强培训基地、培训方式、培训内容、考核评估的规范化管理。具体来讲，各大院校管理专业、医学专业等可以针对食药同源产业开设相关选修课程，培养专门从事此行业的监管人才；食品药品监管专业学生在学习时可以选择食药同源产业作为具体研究方向，通过结合实际案例研究和实地调研，不断提高专业素质；各监管机构在招收相关专业人员时，应对人员进行专项培训，实现食药同源产业监管独立化、专业化。

4. 引入科技手段，营造数字化营商监管环境

首先，可以借鉴无人机勘察技术。

一是暗访。在食药同源产品审查工作前，预先在特定区域应用无人机扫描记录，锁定区域内的食品、药品、保健品门店位置，定位集市上以“食药同源”为宣传点的摊贩，发挥无人机的作用，弥补地面检查的不足，全面发现该区域内食药同源产品监管可能存在的漏洞，为开展专项审查工作提供帮助。

二是明查。组织开展专项审查工作时，充分利用无人机快速轻便等优势，对在审查区域内存在的与执法人员进行游击战的销售摊位，掌握其行为动向，固定违法证据，提高专项整治效果。

其次，可以探索“互联网 +”智慧监管新途径。

一是利用移动互联网在移动终端设备上实现“数据记录全在线、网格频次全覆盖、检查标准全统一、现场证据全固化、巡查监管全留痕”的监管执法模式。收集食药同源产品生产过程、运输过程、储存过程全数据；通过建立食药同源产业官方平台，对生产企业资格信息、经营企业资格信息、行业标准信息、相关法律规定等进行公开；通过食药同源产品标签实现消费者对产品合规查询自由；通过检测机构检测信息透明化和监管部门执法处罚公开化保障消费者的知情权。

二是利用区块链技术、AI 智能识别等技术，对直播销售药食同源产品进行溯源追踪和质量检测，增强消费者的信任感和安全感。

四、总结与展望

目前，中国食药同源产业法律监管总体上呈现监管制度基本建立、监管实践愈加公正的特点。完善食药同源产业法律监管就是把控产业市场准入、规范产业宣传销售、健全产业监管机制，形成全生产链法律保障，为市场主体划定权利义务界限，为消费者制造权益保护后盾，为监督者提供执法处罚依据，促进食药同源市场秩序化、规范化、法治化。本研究对食药同源产业法律监管现状进行梳理，对食药同源产业困境进行论述，对解决食药同源产业法律监管困难提出建议，仅仅是为食药同源产业法律监管发展提供一个开端，期望理论与实务界能围绕此重要命题进一步展开深入研究，推动食药同源产业进步，促进中医药文化传播。

参考文献

[1] 中共中央，国务院．中共中央　国务院印发《“健康中国 2030”规划纲要》[EB/OL]（2016 - 10 - 25）[2024 - 06 - 11]．https：//www. gov. cn/gongbao/content/2016/content_ 5133024. htm.

[2] 国务院办公厅．国务院办公厅关于印发“十四五”中医药发展规划的通知

[EB/OL]（2022－03－29）[2024－06－11]. https：//www. gov. cn/zhengce/zhengceku/2022－03/29/content_ 5682255. htm.

[3] 张瑛毓，王丹阳，孙源，等．黄精改善神经功能及产业应用进展［J］. 食品工业科技，2023，44（21）：450－457.

[4] 王晓丽，孟玉敏．大健康背景下药食同源产业发展对策研究：以安国为例［J］. 商业观察，2022（25）：26－29.

[5] 李明扬．餐饮加药法律适用问题分析［J］. 中国食品药品监管，2018（8）：54－58.

[6] 程建明，薛峰，张云羽，等．药食同源产品研发现状、技术关键与对策［J］. 南京中医药大学学报，2023，39（9）：814－826.

[7] 参见山东省高级人民法院民事裁定书（2020）鲁民申 11405 号。

[8] 丁劲文，迟湘胤，张玉，等．“食药同源”的生物学原理［J］. 药学学报，2024，59（6）：1509－1518.

[9] 中央依法治国办联合相关部门发布食药监管执法司法典型案例［N］. 人民法院报，2020－01－10（003）.

[10] 张庆业，蔡庆群，桂新景，等．《中药饮片包装规范》解读［J］. 医药导报，2023，42（11）：1664－1667.

[11] 张红兵．食药监总局通告 10 起虚假保健食品广告［N/OL］.（2017－12－20）[2024－06－02]. https：//www. chinacourt. org/article/detail/2017/12/id/3131711. shtml.

[12] 叶青，周晨，孙佳敏，等．药食同源食品的安全监管研究［J］. 食品安全导刊，2023，(30)：45－49，53.

[13] 冯佳琪．浅析食品安全风险与法律规制［J］. 现代商业，2020（2）：22－23.

HB. 04 国外食药同源及相似概念的内涵介绍与进展

鲁春丽[①] 荆雅楠[②] 彭红叶[③] 张璐婕[④]

摘　要： 随着生活水平的提高，“食药同源”思想在国内外的影响愈加深远。在国内，“食药同源”的发展可追溯到战国时期。进入 21 世纪，相关组织和机构颁布了系列文件以规范“食药同源”物质及其使用。在国外，未使用“食药同源”术语，但具有与“食药同源”含义相同的术语，如保健食品、功能性食品、膳食补充剂、食品补充剂等，不同国家和地区设立了相关组织和机构规定了其定义与种类，并且通过颁布法规的形式监察其包装、标签、成分、市场等。

关键词： 食药同源；功能性食品；膳食补充剂；政策研究

随着社会发展和生活水平的提高，人们对食药同源物质的需求逐渐加强，当前各个国家与地区对“食药同源”物质的命名、定义尚不一致，但其目的和意义相似，均期望通过合理膳食促进身体健康和预防疾病。本报告从国内、国外主要国家、国外不同地区或组织（包括欧亚经济联盟、欧洲地区、美洲地区、大洋洲地区）三个方面阐述“食药同源”的发展。

① 鲁春丽，中西医结合循证医学博士，广东药科大学广东省代谢病中西医结合研究中心（中医药研究所），糖脂代谢病教育部重点实验室，助理研究员，研究方向：循证中医药临床研究方法与评价，糖脂代谢病防治研究。

② 荆雅楠，广东药科大学广东省代谢病中西医结合研究中心（中医药研究所），糖脂代谢病教育部重点实验室，研究生，研究方向：循证中医药临床研究方法与评价。

③ 彭红叶，北京中医药大学广安门医院研究生，研究方向：代谢性疾病的综合防治。

④ 张璐婕，广东药科大学广东省代谢病中西医结合研究中心（中医药研究所），糖脂代谢病教育部重点实验室，研究生，研究方向：循证中医药临床研究方法与评价。

一、国外主要国家食药同源相似概念的内涵介绍与进展

食药同源理念在全球范围内受到广泛关注，国外相似概念的名称有保健食品、功能性食品、膳食补充剂、食品补充剂等。各个国家使用的名称也有所不同，如日本称为保健食品和功能性食品、美国称为膳食补充剂、德国称为功能性食品和添加剂、法国称为膳食补充剂、英国称为食品补充剂等，但均强调通过合理膳食达到调理身体和预防疾病的目的。本部分系统梳理国外关于食药同源领域的定义、发展历程及相关网站资源（见表1），为食药同源领域更好地发展提供参考和借鉴。

表1 国外食药同源相似概念的网站汇总

名称		网址
日本厚生劳动省	（MHLW）	https：//www. mhlw. go. jp/english/index. html
美国食品药品监督管理局	（FDA）	https：//www. fda. gov/
联邦贸易委员会	（FTC）	https：//www. ftc. gov/
美国国立卫生研究院	（NIH）	https：//www. nih. gov/
—	Ottonova	https：//www. ottonova. de/gesund – leben/ernaehrung/functional – food
法国国家食品安全局	（ANSES）	https：//www. anses. fr/en
法国卫生部	（SATNE）	https：//sante. gouv. fr/spip. php
—	LABORATOIRE – PYC	https：//www. laboratoire – pyc. com/zh/
英格兰卫生和社会保健部		https：//www. gov. uk/government/organisations/department – of – health – and – social – care
苏格兰食品标准局		https：//www. foodstandards. gov. scot/
威尔士政府		https：//www. gov. wales/
北爱尔兰食品标准局		https：//www. food. gov. uk/

（一）日本

在日本，保健食品是指并非由法律界定，而是指被广泛销售或用作有助于

养护和增强健康的食品的全部食品。相关国家机构包括“特定健康用途食品机构”和“具有营养功能声明的食品机构”，健康食品要求满足相关标准。此外，关于食品安全和有效性的法案由中央政府制定。

在食品安全方面，日本厚生劳动省对相关食品类型进行了界定，并且对营养素标签进行了规范。食品类型有保健机能食品（FHC：保健机能食品）和特殊用途食品（FNFC：营养机能食品）。健康声明食品是指符合厚生劳动省制定的规格和标准，并标明某种营养或保健功能的食品。健康声明食品根据用途和功能的不同分为两类：一类是具有营养机能食品（FOSHU：特定保健用食品），标有营养成分（维生素和矿物质）功能；另一类是特定保健用食品（FOSDU：特别用途食品），官方批准声称其对人体具有生理作用。特殊膳食用途食品是指经批准或允许显示该食品适合特定饮食用途的食品。特殊膳食用途食品分为孕妇或哺乳期妇女的配方奶粉、婴儿配方奶粉、咀嚼或吞咽困难的老年人食物、病人的医用食品和特定保健用途食品五类。

日本保健食品的发展历程为：1991 年，日本厚生劳动省[1]建立了一项法规，规定“特定保健用途食品”作为功能性食品的监管体系，率先提出“功能性食品”的概念。引入功能性食品的监管体系后，1997 年至 2007 年开发出许多具有健康益处且经过临床验证的特定保健用途食品产品，并投放市场。此时期，大多数健康声明都与使用益生菌乳酸菌、低聚糖和膳食纤维改善胃肠道健康有关，并且主要与甘油三酯、高血压、高低密度脂蛋白胆固醇和高血糖相关。2001 年 4 月 1 日，日本厚生劳动省制定并实施了有关保健食品的新的标示法规《保健机能食品制度》，以营养补助食品及声称具有保健作用和有益健康的产品为主要对象，将健康声明食品大体分为营养功能声称的食品和特定保健用途的食品两类，而且对保健机能食品的原料、生产、标签和宣传等方面有明确的法规要求。《保健机能食品制度》从法律上将保健食品与一般食品和医药品区分开，为功能性食品的发展提供了明确的法规依据。2007 年以后，可能因为特定保健用途的食品的批准与产品销售没有直接联系，特定保健用途的食品产品的市场几乎饱和。2015 年，日本在美国 1994 年《膳食补充剂健康与教育法》（DSHEA）体系的基础上，建立了一个新的功能性食品监管体系“New Functional Foods”。新体系中的主要健康要求与疲劳、眼睛、记忆、压力、睡眠、关节、血流、体温、肌肉和体重指数有关。引入新体系后，2018 年包括特定保健用途的食品产品在内的功能性食品的总销售额达到 80 亿美元，新体系在健康声明、临床研究方案和所需结果方面更加灵活。因此，新体系下产品的市场仍在增长。

在日本，医保系统对保健食品的报销政策较为特殊。虽然保健食品本身不直接纳入医保，但如果一些与特定健康条件相关的功能性食品获得政府认证并列入医保目录，会获得一定的报销或补贴。这种报销或补贴通常与特定的医疗计划或项目相关，而非普遍适用于所有保健机能食品。

综上所述，日本是功能性食品发展的先驱，功能性食品市场相对成熟，且在全球市场上占据重要地位。

（二）美国

功能性食品概念由日本开创后引入美国，在美国，“功能性食品”这一术语是一个知识概念[2]，被视为常规食品，以膳食补充剂命名，受到相同的监管审批程序的约束以确定其安全性，许多组织都提出了自己的术语定义，在法律或法规中没有定义。美国国立卫生研究院定义膳食补充剂是维生素、矿物质、草药和许多其他产品，可以作为药丸、胶囊、粉末、饮料和能量棒的形式出现，并且说明补充剂不必像药物那样经过测试。美国食品和药物管理局在《饮食补充剂健康与教育法》（DSHEA）中定义膳食补充剂为一种用于摄入的产品，除其他要求外，还含有旨在补充饮食的“膳食成分”。“膳食成分”包括维生素和矿物质、草药和其他植物药、氨基酸、作为食品供应一部分的“膳食物质”（如酶和活微生物），以及上述类别中任何膳食成分的浓缩物、代谢物、成分、提取物或组合。此外 DSHEA 表明，有“膳食成分”（上所述）和“其他成分”两种类型的成分可用于膳食补充剂。“其他成分”包括填充剂、黏合剂、赋形剂、防腐剂、甜味剂和调味剂等物质，以药丸、片剂、胶囊、软糖、软胶囊、液体和粉末等多种形式存在。

FDA 对成品的膳食补充剂产品和膳食成分进行监管，依据一套与涵盖“传统”食品［如预制食品、生鲜农产品（水果和蔬菜）、鱼类等］和药品的法规不同的法规来监管膳食补充剂。1994 年，《饮食补充剂健康与教育法》建立了膳食补充剂作为食品的监管框架，改变了美国食品药品监督管理局监管膳食补充剂的权力，美国食品药品监督管理局无权在膳食补充剂上市前批准其安全性和有效性。自《饮食补充剂健康与教育法》颁布以来，膳食补充剂市场显著增长，产品数量增长了近 20 倍。特别说明，中草药在美国被归类为膳食补充剂或药品，同样由美国食品药品监督管理局进行监管。当中草药被归类为膳食补充剂时，必须符合《饮食补充剂健康与教育法》的规定，且不得声称具有治疗、预防或治愈疾病的作用；若中草药声称具有治疗作用，则需按照药品的类目进行审批，进行临床试验，提交新药申请。

《饮食补充剂健康与教育法》概述了膳食补充剂标签要求和流程[3]。在标签方面要求产品膳食补充剂和其他产品一样必须有成分标识和营养标识，凡在营养标识中标示出的成分无须在成分标识中列出，且营养标识应在成分标识之前。同时，美国食品药品监督管理局作为一个能够为评价证据提供一致和可靠的科学依据的第三方审查程序，通过食品安全和应用营养中心管理标签和安全问题，在其监管范围内监管药品、食品和膳食补充剂，找到区分各种监管类别的界限。美国食品药品监督管理局要求膳食补充剂标签上标有产品名称和声明，表明其为“膳食补充剂”或等效术语（如铁补充剂、草药补充剂），并且所有成分都必须在膳食补充剂的标签上声明。此外，美国食品药品监督管理局禁止膳食补充剂和膳食成分的制造商和分销商销售掺假或贴错标签的产品，这些公司有责任在上市前评估其产品的安全性和标签，以确保它们符合经《饮食补充剂健康与教育法》和美国食品药品监督管理局法规修订的《联邦食品、药品和化妆品法》的所有要求；同时，美国食品药品监督管理局有权对任何掺假或贴错标签的膳食补充剂产品采取行动。

关于膳食补充剂市场监管。随着对食品和膳食补充剂促进健康特性的更多信息的兴趣和需求稳步增长，监管过程中的不公平逐渐凸显，包括对膳食补充剂和功能食品功效声明的不同处理，结构/功能、健康声明和合格健康声明之间的混淆，以及资源严重有限的限制，都对向消费者提供准确信息产生了影响。虽然各机构的努力是协调的，但不同的机构对功效声明采用不同的科学证据水平标准和不同的评估过程，因此看法不同。功能性食品声称含有有益健康的生物活性成分，而有益效果和有毒效果的区别在于剂量，任何生物活性化合物摄入过多都是有毒的。由于法律禁止分销和销售（上市）掺假膳食补充剂，制造商和分销商对确保其膳食补充剂符合膳食补充剂的安全标准负有初步责任[4]，当制造商和分销商不履行这一责任，掺假膳食补充剂进入市场时，美国食品药品监督管理局有权执行法律以保护消费者。在膳食补充剂广告监管方面，联邦贸易委员会对膳食补充剂的广告（包括信息广告）进行监管。美国食品药品监督管理局和联邦贸易委员会共同负责监督膳食补充剂和相关促销，美国食品药品监督管理局通常负责安全、质量和标签，联邦贸易委员会通常负责广告。如果美国食品药品监督管理局和 FTC 发现违规行为，有权对膳食补充剂和公司采取执法行动。

关于膳食补充剂在美国是否属于医保报销范畴。美国食品药品监督管理局建议消费者在决定购买或使用膳食补充剂之前，先咨询医生、药剂师或其他医疗保健专业人员。例如，一些补充剂可能与药物或其他补充剂相互作用。美国医保系统主要覆盖的是药物（如处方药等）和医疗服务（如诊断、手术和住院治疗等），通常不涵盖被视为“膳食补充剂”或“功能性食品”的食药同源产品，这些产品通常被视为非处方药或营养补充品，不在医保报销范围内。

综上所述，食药同源产品在美国市场规模庞大，尤其是膳食补充剂市场，在许多美国人的综合护理计划中发挥着重要作用，帮助改善和维持整体健康，提供身体运作所需的足量的必需营养素。

（三）德国

在德国，与“食药同源”内涵一致的表述与日本相似，为“功能性食品”，并限定了功能性食品不允许以胶囊或药丸的形式食用，添加剂必须包含在普通食品中，以便其成为日常饮食的一部分。此外，添加剂必须是天然来源，不能是人工合成的。然而，在欧洲目前还没有关于产品类别的统一法律法规，这使得分类和定义更加困难。德国关于功能性食品的种类仍然没有固定的规定，因此益生菌酸奶、富含植物甾醇的人造黄油等膳食食品都可以作为一般消费食品。

德国主要的功能性食品包括含有细菌培养物的食品（如酸奶、奶酪）、含纤维的食物（水溶性纤维，即益生元，如乳制品、烘焙食品、糖果）、ACE 饮料（添加维生素 A、β－胡萝卜素和维生素 E 的饮料）、添加 omega－3 脂肪酸的食物（如面包、鸡蛋、人造黄油）四类，并且其认为功能性食品含有对人们的健康有积极影响的成分，同时降低患病风险。除了其自身的营养价值外，食品中的添加剂也具有健康益处，面包、酸奶或牛奶等普通食物富含功能性成分，如脂肪酸、维生素、矿物质或植物物质（如银杏、芦荟）。这些添加剂通过改变或添加物质来实现的，如通过基因工程来实现。

（四）法国

在法国，与“食药同源”内涵一致的表述为“膳食补充剂”，作为热量限制饮食的一部分，膳食补充剂可以帮助身体调节食欲，同时有助于控制或减轻体重。膳食补充剂分为排毒产品、燃脂产品、食欲调节产品等。法国政府对具有潜在药用价值的膳食补充剂有一系列严格的监管政策和标准：法国作为欧盟成员国，其膳食补充剂的监管遵循欧盟的《食品补充剂指令》以及后续的修订和更新等相关法规和指令；法国国家食品安全局和法国卫生部根据欧盟的指令和法国的国内法规，对食品补充剂的生产、销售和使用进行监管。

法国的膳食补充剂需要获得上市许可才能在市场上销售，通常涉及对产品安全性、有效性和标签的评估。法国对膳食补充剂的标签也有严格的规定，标签上必须清晰地标明产品的名称、成分、含量、生产日期、保质期、生产商信息以及使用说明等。膳食补充剂式有口服溶解和水溶两种形式，有条装、罐装、自立袋形式的膳食补充剂包装。对于从其他国家进口的膳食补充剂，法国也有严格的要求，进口商必须确保产品符合欧盟和法国的法规要求，并提供相关的证明文件，还需要经过法国相关机构的检测和评估。

综上所述，法国对食品补充剂的监管非常严格，从上市许可、安全性评估、标签规定到进口要求等方面都有明确的规定。

（五）英国

在英国，食品补充剂被定义为“任何以补充正常饮食为目的的食品，并且是维生素、矿物质或其他具有营养或生理作用的物质的浓缩来源，单独或组合，并以剂量形式出售”。食品补充剂中含有多种营养素和其他成分，如维生素、矿物质、氨基酸、脂肪酸、纤维、植物和草药提取物等，旨在纠正营养缺乏，保持某些营养素的充足摄入量，或支持特定的生理功能。食品补充剂不是医药产品，不能发挥药理学、免疫学或代谢作用，食品补充剂的使用不是为了治疗或预防人类疾病或改变生理功能。

英国在食品补充剂的监管方面，根据英格兰、苏格兰、威尔士和北爱尔兰地区的管理不同，各地负责食品补充剂政策和立法的机构共4个，颁布了8条相关条例，各个部分依据其当地的法规监管食品补充剂市场。食品补充剂必须作为食品进行监管，并受一般食品法规定的约束。在北爱尔兰，与食品补充剂有关的欧盟食品法将继续适用。

对销售者销售食品补充剂有一定的要求，销售者必须在英国当地政府注册为食品经营者、对销售的食品补充剂可以安全食用负责并且使用信誉良好的供应商。食品补充剂需要贴有正确的标签，商品必须标示为“Food supplement”，而不是“Dietary supplement”。产品标签必须包括公司名称和地址、成分清单（必须强调常见的芹菜、含麸质的谷物、甲壳类动物等 14 种过敏原）、使用条件（推荐每日剂量的信息）、储存说明、“此日期前使用”或“此日期前最佳”、产品中存在的任何维生素或矿物质或其他具有营养或生理作用的物质的量、声明食品补充剂不应用作多样化饮食的替代品等信息，并必须位于包装上、贴在包装上的标签、通过包装清晰可见的标签三处的任一位置。

二、国外不同地区和组织食药同源概念的内涵与进展

本部分系统梳理国外不同地区和组织关于食药同源领域的定义、发展历程及相关网站资源（见表 2）。

表 2　国外不同地区和组织食药同源相关网站汇总

名称		网址
欧亚经济委员会	（EEC）	https：//eec. eaeunion. org/
欧亚经济联盟	（EAEU）	http：//www. eaeunion. org/
欧洲药品质量管理局	（EDQM）	https：//www. edqm. eu/en/
欧洲药品管理局	（EMA）	https：//www. ema. europa. eu/en/homepage
美国食品药品监督管理局	（FDA）	https：//www. fda. gov/
巴西国家卫生监督局	（ANVISA）	https：//antigo. anvisa. gov. br/en/english
澳大利亚治疗用品管理局	（TGA）	https：//www. tga. gov. au/
新西兰初级产业部	（MPI）	https：//www. mpi. govt. nz/
新西兰药品和医疗器械安全局	（Medsafe）	https：//www. medsafe. govt. nz/

续表

名称	网址
澳大利亚和新西兰食品标准局（FSANZ）	https：//www. foodstandards. gov. au/

（一）欧亚经济联盟

在欧亚经济联盟，即俄罗斯、白俄罗斯、哈萨克斯坦、亚美尼亚和吉尔吉斯斯坦地区，食药同源物质可以被分类为膳食补充剂或药品。自 2015 年 2 月 15 日起，欧亚经济联盟技术条例要求所有食品在进入欧亚经济联盟之前，必须进行统一的质量和安全标准评定，满足欧亚经济联盟技术法规标准的合格评定。合格评定以强制性的 EAC（Eurasian Conformity）认证声明或国家注册的形式进行。食品合格评定成功后，产品将贴上 EAC 合格标签。EAC 合格标签要求：①EAC 标记必须易于用肉眼阅读；②尺寸不小于 5mm；③EAC 标签应为单色，并与表面形成颜色对比；④EAC 标签可以以任何方式放置，以保证其在产品的整个生命周期内的可读性。此外，欧亚经济联盟技术条例要求所有食品标签包括的信息有名称、成分、重量、生产/包装/保质日期、储存条件、制造商/授权人或进口商的公司名称及地址、使用限制、营养价值和热量值、转基因生物信息、欧亚经济联盟统一标志。与此同时，欧亚经济联盟与中国在“一带一路”倡议下签署了多项协议，旨在促进中医药在欧亚地区的发展和推广。例如，2021 年 2 月 9 日，中国和白俄罗斯双方签署实施中医药项目意向书，旨在建立欧亚知识交流中心和中医诊断与治疗中心。

欧亚经济联盟作为一个新兴组织，为膳食补充剂或药品的质量和安全性提供了重要保障。欧亚经济联盟通过统一的技术法规和合格评定标准，确保产品在整个欧亚经济联盟内部的安全性和质量标准。此外，欧亚经济联盟还在其成员国建立了中医诊疗中心，为中医药的国际化发展提供了重要支撑[4]。这些措施不仅提升了中药的国际地位，也促进了中医药在欧亚地区的推广和应用。

（二）欧洲地区

欧洲联盟（以下简称欧盟）目前具有西方最成熟的植物药市场。中药、植物药等传统药物被称为草药药品（HMP），主要由欧洲药品质量管理局和欧洲药品管理局监管。欧洲药品质量管理局主要负责制定和维护《欧洲药典》，确保药品的质量和安全。欧洲药品管理局通过其下属机构草药产品委员会（HMPC），负责草药药品的科学评估和监管。草药产品委员会的职责是制定欧盟草药产品质量标准，草药产品申报程序，欧盟药材、药材原料及混合物目录，以及草药药品注册相关问题。1965 年欧盟第一部药品法令 65/65/EEC 将草药药品纳入药品范畴。2004 年《欧盟传统草药指令》（2004/24/EC）的颁布，标志着欧盟草药药品注册管理制度的成熟和完善。中国地奥心血康胶囊、丹参胶囊、板蓝根颗粒、豨莶草片和愈风宁心片 5 个单方产品在欧盟成员国成功获批。

在欧盟成员国，将草药药品推向市场主要有三种监管途径。

（1）传统用途注册。安全性和有效性要求：①只要有足够的安全性数据和合理的有效性证明，无须进行临床试验；②主要涉及文献安全性和有效性数据的评估；③必须使用至少 30 年，其中至少 15 年在欧盟境内使用；④无须在医疗从业人员的监督情况下使用，且不是通过注射方式给药。申请注册机构为成员国的国家主管机构。申请程序分为三种[5]：第一种是集中注册程序，即医药公司只需向欧洲药品管理局提交一份药品上市许可申请。一旦获得批准，该药品便可在欧盟所有成员国销售。第二种是相互承认程序，即某药品已经在欧盟某一成员国获得销售许可证后，便可以根据该国与其他欧盟成员国相互承认的程序获得其他欧盟成员国的销售许可，进入其他欧盟成员国销售。第三种是分散注册程序，即申请人未获得任何成员国的销售许可，计划在 2 个或 3 个欧盟成员国国内同时申请上市。

（2）成熟的上市许可注册。在欧盟使用超过 10 年，并且具有明确的定量使用数据和能充分反映草药安全性与有效性科学文献的产品。申请注册机构为成员国的国家主管机关或者欧洲药品管理局（当集中注册程序适用时）。

（3）独立的上市许可或上市许可混合注册。安全性和有效性数据来自公司研发或结合个体研究和文献数据。申请注册机构为成员国的国家主管机关或者欧洲药品管理局（当集中注册程序适用时）。

欧盟法律条文规定，对于传统用途注册的草药药品，标签和包装应该声明该产品是传统的草药药品，仅用于长期使用的特定适应症。对于独立的上市许可或上市许可混合注册产品，需要完成物理化学、生物或微生物、临床前试验（药理学、毒理学）和临床试验等所有研究。申请上市的公司必须符合良好生产规范（GMP）标准，同时取得相应的药品生产许可证，确保其生产设施和流程符合欧盟的法规。

由此可见，欧盟对中草药具有较高的认可度，并以立法形式明确了传统草药的药品地位，同时形成了规范化的草药药品准入市场的监管途径，为中医药的国际化发展提供了重要途径。

（三）美洲地区

在美洲地区，除美国外，加拿大和巴西目前并不完全承认欧洲药品管理局的相关规定，也没有全面的互认协议，这意味着药品和临床试验的审批并不互相免除。尽管在药品和生物制品方面，加拿大和美国双方会共享检查计划和监督信息，以提高监管效率，但是，加拿大的药品审批和临床试验监管仍由加拿大卫生部独立管理，并需要提交独立的申请。这包括提交临床试验申请（CTA）并遵守加拿大的法规和指导方针。在巴西，药品和临床试验的监管由巴西国家卫生监督局负责。巴西要求在其境内进行的所有临床试验都获得巴西国家卫生监督局的批准。

总而言之，加拿大和巴西在某些领域，如核查计划和监督信息，可能会与欧洲药品管理局合作，但在药品审批和临床试验方面依然维持各自独立的监管程序，没有全面的互认协议。这意味着，在这些国家进行的药品和临床试验必须分别符合各自国家的规定和要求。

（四）大洋洲地区

在澳大利亚没有“食药同源”这一说法，中草药通常被称为“补充药品”或“治疗用品”，由澳大利亚治疗用品管理局监管。补充药品包括维生素、矿物质、草药、芳香疗法和顺势疗法制剂。所有治疗用品，包括中草药、食品添加剂等，可以作为低风险登记类药物（在澳大利亚中医被称为“列册药物”）或高风险注册类药物，在澳大利亚治疗用品登记册（ARTG）中登记。登记类药物覆有“AUST L”编号标签，主要基于传统使用或已有的科学文献来支持其安全性和疗效。通常不需要完成药理和毒理研究，但必须进行有效成分的鉴定，生产需要符合良好生产规范标准。注册类药物覆有“AUST R”编号标签，需要经过严格的评估，包括临床试验数据，以支持其安全性和有效性。同时，必须进行更为严格和详细的有效成分认定，包括成分鉴定、纯度测试、稳定性评估等。

此外，澳大利亚治疗用品管理局要求治疗用品的标签必须准确反映其成分和用途，需要包括所有活性成分的名称和浓度、适应证、使用说明和可能的副作用。同时，其成分均需获得澳大利亚批准名称（AAN）。但是草药成分除外，除非这些草药成分在澳大利亚治疗用品登记册条目中被强制申报。

在新西兰没有“食药同源”这一说法，中草药可以被归类为功能性食品、膳食补充剂和药品，主要由新西兰初级产业部和新西兰药品和医疗器械安全局共同管理。

中草药作为功能性食品或膳食补充剂销售，需要符合《新西兰食品法案》、《澳新食品标准法典》（ANZFSC）、澳大利亚和新西兰食品标准局的规定，且不得暗示具有治疗疾病的效果。此外，含有动物和动物产品成分的膳食补充剂也需遵守《1999 年动物产品法》或《2014 年食品法》。若中草药声称具有治疗作用，则被归类为药品，需符合《新西兰药品法案》和相关法规的要求。药品需要经过严格的审批，包括安全性、有效性和质量的评估，通过新西兰药品和医疗器械安全局的注册和批准。

在新西兰和澳大利亚之间，功能性食品、膳食补充剂和药品的互认是通过《跨塔斯曼海互认协议》（TTMRA）实现的。《跨塔斯曼海互认协议》旨在减少两国之间的贸易壁垒，促进商品的互认。根据这一协议，在一个国家合法销售的商品可以在另一个国家销售，无须额外的合规测试或批准。澳大利亚和新西兰食品标准局是负责制定和管理两国共同食品标准的机构。尽管有《跨塔斯曼海互认协议》，但在一些特定情况下新西兰和澳大利亚可能会采用各自的标准。例如，某些天然健康产品或补充药物在进口过程中可能会面临不同的分类和处理方式，这取决于它们在各自国家中的具体规定。总的来说，新西兰和澳大利亚通过《跨塔斯曼海互认协议》实现了部分膳食补充剂和药品的互认，旨在简化跨国销售流程，降低企业合规成本，同时确保产品的安全性和有效性。

四、总结

通过系统梳理国外食药同源及相似概念的内涵和进展，发现国外在食药同源领域的发展具均有相关的研究体系，不同国家和不同地区之间均较为明确的内涵范畴和严格的市场监管机制。国外的这些经验和做法可以为未来加速中国食药同源领域发展提供有益的借鉴和参考，推动食药同源领域研究的创新和市场的发展。

参考文献

[1] IWATANI S, YAMAMOTO N. Functional food products in Japan: A review. Food Science and Human Wellness, 2019, 8 (2): 96 - 101.

[2] FALK M. The Impact of Regulation on Informing Consumers about the Health Promoting Properties of Functional Foods in the USA [J]. Journal of Food Science. 2006, 69.

[3] BAILEY R L. Current regulatory guidelines and resources to support research of dietary supplements in the United States [J]. Crit Rev Food Sci Nutr. 2020, 60 (2): 298 - 309.

[4] SIROIS, JAY, REDDY, SUDHEER, NGUYEN, TONY, et al. Safety considerations for dietary supplement manufacturers in the United States [J]. Regulatory Toxicology and Pharmacology: RTP, 2024, 147105544. DOI: 10. 1016/j. yrtph. 2023. 105544.

[5] WANG M, YAO P F, SUN P Y, et al. Key quality factors for Chinese herbal medicines entering the EU market [J]. Chin Med. 2022 17 (1): 29.

HB.05 食药同源保健食品产品审批现状

马　驰[①]　张维纯[②]

摘　要： 居民对保健食品的需求日益增强，食药同源保健食品产品审批数量稳步提升。本报告基于国家市场监督管理总局网站的保健食品数据，运用文献研究与数理统计方法，探究了1996—2024年中国食药同源保健食品产品审批情况，系统考察了保健食品的产品剂型、产品功能、营养补充剂原料使用情况、中药材与中药材提取物原料使用情况。研究发现，保健食品共获批20958件，其中：胶囊剂10197件获批，占比48.65%；片剂4919件获批，占比23.47%；口服液1714件获批，占比8.18%；粉剂1108件获批，占比5.29%；颗粒剂729件获批，占比3.48%。获批保健食品共涉及27个产品功能，主要聚焦在有助于增强免疫力、缓解体力疲劳、营养素补充等方面，同质性较严重，且产品剂型主要为胶囊、片剂与口服液。保健食品营养补充剂主要原料包括补充钙类、补充镁类、补充铁类、维生素C、补充锌类等。保健食品中药材原料主要为枸杞、西洋参、黄芪、灵芝、人参等，中药材提取物原料主要为蜂胶、灵芝提取物、西洋参提取物、银杏叶提取物、黄芪提取物等。管理部门应加快保健食品原料目录的审批进度并扩大范围，监管部门应完善现有保健食品产品审批的政策法规，企业需强化保健产品研发及产品备案工作，三方联动共同助推“健康中国”建设。

关键词： 食药同源；保健食品；审批

中国居民的健康需求日趋提高，保健食品市场需求量逐渐增加。2022年中国保健食品企业注册量高达136.7万家，2023年中国保健品行业市场规模

① 马驰，管理学博士，湖北中医药大学管理学院助教，研究方向：健康经济与管理、中医药发展战略。

② 张维纯，湖北中医药大学管理学院副教授，研究方向：健康经济与管理、中医药发展战略。

已达3282亿元，保健食品渗透率水平在55～64岁年龄段达到29%。《中华人民共和国食品安全法释义》将保健食品定义为具有保健功能或者以补充维生素、矿物质等营养物质为目的的食品。保健食品具有一般食品的共性，能调节人体的机能，适于特定人群食用，但不以治疗疾病为目的。为促进居民健康，强化老年预防保健，国家各部门提出系列政策规划促进保健品行业规范发展。在《“十四五”国民健康规划》中提出围绕健康促进、慢病管理、养老服务等需求，重点发展健康管理、智能康复辅助器具、科学健身、中医药养生保健等新型健康产品。中共中央、国务院为推进健康中国建设，提高人民健康水平，于2016年印发《“健康中国2030”规划纲要》。该纲要强调疾病预防，突出早诊断、早诊治、早治愈[1]，保健食品涵盖的多元化产品功能，提高免疫力、缓解体力疲劳、营养剂补充等功能均是实现“治未病”的高效策略[2]。

为满足消费者对于保健食品产品质量的高要求，中国保健食品监管制度逐步健全，不断推进食药同源保健食品产品审批工作[3]。1996年卫生部发布《保健食品管理办法》（卫生部第46号令），国务院卫生行政部门对于保健食品出台了审批制度。同年，卫生部发布了《保健食品评审技术规程》（卫监发〔1996〕第38号），对保健食品应如何申报和审批，如何进行功能学评价和毒理学评价进行了明确规定。中国保健食品产品审批制度已历经28年的历史。近年来，政府出台一系列政策法规以规范保健食品产业，进而满足健康市场需求。2016年《保健食品注册与备案管理办法》正式发布[4]，保健食品注册管理开启了注册与备案双轨制时代。在保健食品检验与评价方面，国家市场监督管理总局2020年10月发布了《保健食品及其原料安全性毒理学检验与评价技术指导原则（2020年版）》《保健食品原料用菌种安全性检验与评价技术指导原则（2020年版）》《保健食品理化及卫生指标检验与评价技术指导原则（2020年版）》[5]。2023年发布的《保健食品新功能及产品技术评价实施细则（试行）》，标志着保健食品行业步入全新的发展时期。

因此，考察中国保健食品产品审批情况至关重要。本报告系统探究了1996—2024年中国保健食品产品审批情况，分析保健食品的产品剂型、产品功能、营养补充剂原料使用情况、中药材与中药材提取物原料使用情况等，以期为中国保健食品在市场、产品、监管审批方面存在的问题提出政策建议，为保健食品产业的稳健发展提供数据支撑与经验证据。

一、资料与方法

（一）资料

本报告数据资料来自国家市场监督管理总局保健食品注册管理信息系统。1996 年中国保健食品首次注册批准，因此本报告统计了 1996—2024 年获批的保健食品产品信息。调查的样本符合下列条件：①1996—2024 年批准；②有清晰的产品功能信息；③有明确的主要原料信息。根据审批档案，获得已批准保健食品的批准文号、产品名称、保健功能、主要原料、批准日期等信息，用作本报告的分析材料。资料收集工作完成后，对数据进行整理筛选录入，并将原始资料进行分类汇总。

（二）方法

从国家市场监督管理总局保健食品注册管理信息系统中，对 1996—2024 年获批的保健食品总数逐年分别进行汇总、统计、分析，并对保健食品的产品剂型展开汇总分类。2023 年国家市场监管总局、国家卫生健康委员会、国家中医药局共同制定《允许保健食品声称的保健功能目录 非营养素补充剂（2023 年版）》[6]，保健功能由上一版本的 27 种调整至 24 种，“改善生长发育”“促进泌乳”“改善皮肤油分”3 种共识程度不高、健康需求不明晰的保健功能被删除。2003 年版与 2023 年版的新旧保健功能声称具有一定对应关系[7]，且管理部门为保健食品的保健功能评价衔接设定了 5 年过渡期。因此，本报告仍然依据卫生部发布的《保健食品检验与评价技术规范》（2003 年版）中规定的 27 种保健功能与营养素补充剂进行汇总整理。某保健功能的描述在新旧目录中存在差异时，若评价指标与检验方法无显著变化，以新功能名称为准；对具有两个功能某保健食品，分别进行统计。本报告对保健食品的主要原料与功效成分的采用频数展开统计分析。

二、数据分析

（一）保健食品总体数量描述

1996—2024 年，中国获批保健食品共 20958 件，其中批准数量占比排名前五的剂型：胶囊 10197 件获批，占比 48.65%；片剂 4919 件获批，占比 23.47%；口服液 1714 件获批，占比 8.18%；粉剂 1108 件获批，占比 5.29%；颗粒剂 729 件获批，占比 3.48%（见表 1）。

表 1　1996—2024 年保健食品批准情况

产品剂型	不同时间段批准数量/件						合计/件	比例/%
	1996—2000 年	2001—2005 年	2006—2010 年	2011—2015 年	2016—2020 年	2021 年至今		
胶囊	1104	2793	997	1743	2717	843	10197	48.65
片剂	490	869	421	949	1453	737	4919	23.47
口服液	344	426	131	272	350	191	1714	8.18
粉剂	179	113	61	134	391	230	1108	5.29
颗粒剂	29	81	45	115	266	193	729	3.48
茶	179	147	23	54	106	69	578	2.76
酒	233	115	19	43	88	68	566	2.70
饮料	77	46	10	17	61	47	258	1.23
冲剂	132	112	5	1	5	0	255	1.22
糖	34	28	6	41	44	60	213	1.02
丸	95	56	3	5	26	17	202	0.96
膏	31	17	9	7	15	20	99	0.47
饮品	36	14	3	5	10	21	89	0.42
糕	1	0	1	8	2	4	16	0.08
饼干	1	3	0	0	7	4	15	0.07
合计/件	2965	4820	1734	3394	5541	2504	20958	100

2001—2005 年，保健食品产品批准数量大幅提升。2000 年，审查发现，一些已经获得批准的中药保健药品具有明显问题，主要涵盖配方设计的不合理性以及命名标准的缺失。具体地说，部分原本应归类为食品或用于治疗疾病的药品被错误地批准为保健药品。更令人担忧的是，部分保健药品可能具有毒副作用，对消费者的生命健康构成严重威胁。卫生部决定对中药保健药品开展力度空前的整顿工作，发布了《关于开展中药保健药品整顿工作的通知》，各省级药品监督管理部门必须在 2002 年 12 月 31 日前撤销所有“健字”批准文号，并在 1 年后禁止继续流通。自此，“食健字”和“药健字”两种准入方式同时存在的情况宣告结束。

2011—2020 年，保健食品产品批准数量显著增加，迎来发展黄金期。其原因：2011 年 12 月 31 日国家发展和改革委员会、工业和信息化部已将保健食品和营养强化食品的发展列入中国食品工业“十二五”发展规划的核心议题，为响应这一政策号召，各地区食品生产企业与研发组织均加快保健食品的开发与注册进程，使全国保健食品的审批数量呈现出显著的增长态势。2016 年 2 月，国家食品药品监督管理总局发布《保健食品注册与备案管理办法》，并于 2016 年 7 月 1 日实施，自此，中国开启了保健食品新产品注册、备案双通道时代。食品审评中心在国家市场监督管理总局的领导下，承担开展保健食品的注册审评以及进口的补充矿物质或维生素的保健食品备案相关工作。2016 年 12 月 27 日，国家食品药品监督管理总局、国家卫生和计划生育委员会与国家中医药管理局发布了中国第一批允许保健食品声称的功能目录和保健食品的原料目录，保健产品注册与备案的相关政策促进保健食品产业健康发展，保健食品产品审批工作得以有效落地实施。2018 年底，7 个“新蓝帽”获批，象征着功能性保健食品审批逐渐步入稳定且有序的轨道，预示着保健产业即将迎来新一轮的繁荣与发展[8]。1996—2024 年，中国保健食品产品的审批变化充分体现了国家相关政策法规方面的巨大进步。

（二）保健食品功能分布

对 1996—2024 年的 27 项功能声称和营养素补充的功能声称进行统计分析，结果如表 2 所示。排名前 10 位的功能声称依次为有助于增强免疫力、缓解体力疲劳、营养素补充、有助于改善骨密度、有助于改善睡眠、有助于润肠通便、有助于维持血脂健康水平、对化学性肝损伤有辅助保护作用、有助于控制体内脂肪和有助于改善黄褐斑。其中有助于增强免疫力与缓解体力疲劳的功能声称最多，分别为 3300 个和 1036 个。1996—2024 年促进泌乳和辅助保护胃黏膜保健食品均仅有 5 项，改善皮肤油分的保健食品无注册审批。保健食品的功能声称表现为显著的分布不均衡，市场规模、消费群体与产品属性等为主要影响因素。有助于增强免疫力保健食品的产品剂型主要为胶囊、片剂与粉，合计占增强免疫力保健食品的比例为 73.48%；缓解体力疲劳保健食品的产品剂型主要为胶囊、片剂与酒，合计占缓解体力疲劳保健食品的比例为 71.91%；营养素补充保健食品的产品剂型主要为片剂、胶囊与口服液，合计占营养素补充保健食品的比例为 95.01%；有助于改善骨密度保健食品的产品剂型主要为胶囊、片剂与粉，合计占有助于改善骨密度保健食品的比例为87.44%；有助于改善睡眠保健食品的产品剂型主要为胶囊、片剂与口服液，合计占有助于改善睡眠保健食品的比例为87.21%；有助于润肠通便保健食品的产品剂型主要为胶囊、片剂与口服液，合计占有助于润肠通便保健食品的比例为61.00%；有助于维持血脂健康水平保健食品的产品剂型主要为胶囊、片剂与茶，合计占有助于维持血脂健康水平保健食品的比例为90.89%；对化学性肝损伤有辅助保护作用保健食品的产品剂型主要为胶囊、片剂与口服液，合计占对化学性肝损伤有辅助保护作用保健食品的比例为78.28%；有助于控制体内脂肪保健食品的产品剂型主要为胶囊、茶与片剂，合计占有助于控制体内脂肪保健食品的比例为83.91%；有助于改善黄褐斑保健食品的产品剂型主要为胶囊、片剂与口服液，合计占有助于改善黄褐斑保健食品的比例为87.50%。可以看出，排名前10位的功能声称保健食品的产品剂型主要为胶囊、片剂与口服液，而一般食品形态的保健食品的比例较少，这也与保健食品审批数量排名前三的产品剂型保持一致。

中国食药同源保健食品的产品功能集中性较强，同质化严重。这在一定程度反映出中国允许备案的保健食品原料受到一定限制，建议管理部门进一步扩大保健食品备案原料范围。同时，功能的同质化导致保健食品产品的市场竞争力减弱，可能造成产品销售方为获取更多利益而采取违法手段[9]。对此，企业应准确认证其保健食品的产品功能定位，在市场中确定产品的目标消费者群体，进而有针对性地进行产品宣传，促使目标消费者在获取产品信息后购买该保健食品。此外，胶囊、片剂与口服液等剂型的保健食品可能给消费者形成药物关联。值得注意的是，保健食品与药品的显著区别在于其本质是食品，不具有治疗疾病的作用，因此需要将药品与保健食品清晰区分。保健食品的27种产品功能也间接表明药品和保健食品的分界并不明显。究其原因：一是保健食品产品不能声称疗效；二是保健食品虽无法治疗疾病，但可以调节人体机能，达到相似功效。保健食品功效声称存在的偏差可能是形成保健食品市场问题的重要因素[10]。

表2　1996—2024年食药同源保健食品产品功能分布

保健功能	排名前三的产品剂型	数量/件	总计/件
有助于增强免疫力	胶囊	1413	3300
	片剂	556	
	粉	456	

续表

保健功能	排名前三的产品剂型	数量/件	总计/件
缓解体力疲劳	胶囊	445	1036
	片剂	169	
	酒	131	
营养素补充（补充维生素及矿物质）	片剂	433	801
	胶囊	308	
	口服液	20	
有助于改善骨密度	胶囊	256	645
	片剂	256	
	粉	52	
有助于改善睡眠	胶囊	259	516
	片剂	125	
	口服液	66	
有助于润肠通便	胶囊	198	500
	片剂	54	
	口服液	53	
有助于维持血脂（胆固醇/甘油三酯）健康水平	胶囊	347	472
	片剂	49	
	茶	33	
对化学性肝损伤有辅助保护作用	胶囊	218	465
	片剂	110	
	口服液	36	
有助于控制体内脂肪	胶囊	164	317
	茶	53	
	片剂	49	
有助于改善黄褐斑	胶囊	183	272
	片剂	33	
	口服液	22	
有助于维持血糖健康水平	胶囊	163	248
	片剂	42	
	颗粒	12	
辅助改善记忆	胶囊	144	236
	片剂	34	
	口服液	23	

续表

保健功能	排名前三的产品剂型	数量/件	总计/件
有助于抗氧化	胶囊	153	221
	片剂	27	
	口服液	15	
清咽润喉	片剂	102	215
	糖	49	
	膏	20	
改善缺铁性贫血	口服液	89	181
	胶囊	42	
	片剂	24	
对电离辐射危害有辅助保护作用	胶囊	81	152
	片剂	28	
	口服液	14	
耐缺氧	胶囊	81	138
	片剂	26	
	颗粒	9	
缓解视疲劳	胶囊	69	133
	片剂	43	
	颗粒	10	
有助于改善皮肤水分状况	粉	39	107
	片剂	23	
	胶囊	17	
有助于调节肠道菌群	粉	37	102
	胶囊	18	
	口服液	12	
有助于消化	口服液	28	81
	片剂	26	
	胶囊	11	
有助于维持血压健康水平	胶囊	32	56
	片剂	9	
	茶	9	
改善生长发育	胶囊	20	52
	片剂	14	
	口服液	8	

续表

保健功能	排名前三的产品剂型	数量/件	总计/件
有助于改善痤疮	胶囊	33	50
	片剂	7	
	茶	4	
有助于排铅	片剂	15	41
	口服液	14	
	颗粒	4	
促进泌乳	胶囊	2	5
	片剂	1	
	口服液	1	
辅助保护胃黏膜	胶囊	2	5
	片剂	1	
	口服液	1	

（三）食药同源保健食品营养补充剂原料使用情况分析

1996—2024 年批准的食药同源保健食品产品营养补充剂原料使用频次情况见表 3。由表 3 可以看出，营养补充剂原料使用频次排名前十的依次是补充钙类（碳酸钙、乳酸钙、醋酸钙、柠檬酸钙、磷酸钙、枸橼酸苹果酸钙等），占保健食品总数的 12. 49%；补充镁类（碳酸镁、硬脂酸镁等），占保健食品总数的 11. 72%；补充铁类（葡萄糖酸亚铁、富马酸亚铁、焦磷酸铁、乳酸亚铁、氧化铁类、氯化高铁血红素、血红素铁等），占保健食品总数的 6. 93%；维生素 C（抗坏血酸、L－抗坏血酸），占保健食品总数的 6. 78%；补充锌类（葡萄糖酸锌、乳酸锌、柠檬酸锌、硫酸锌等），占保健食品总数的 6. 67%；维生素 E（天然维生素 E、D－α－生育酚、D－α－生育酚醋酸酯、混合生育酚浓缩物、DL－α －醋酸生育酚、维生素 E 油、天然 D－α －生育酚浓缩液 E70、D－α－生育酚浓缩液 E50 型等），占保健食品总数的 6. 39%；维生素 D（维生素 D3、维生素 D3 油、维生素 D3 粉等），占保健食品总数的 5. 45%；维生素 B（维生素 B1、维生素 B2、维生素 B6、维生素 B12、叶酸、泛酸等），占保健食品总数的 4. 38%；维生素 A（醋酸视黄酯、维生素 A 醋酸酯、维生素 A 油、棕榈酸视黄酯、维生素 A 醋酸酯粉等），占保健食品总数的 3. 17%；维生素 K（维生素 K2 粉、维生素 K2 油、甲萘醌维生素 K2 等），占保健食品总数的 0. 25%。

补充矿物质的保健食品中，补充钙、镁、铁和锌的保健食品审批数量较多，补充钾、锰、铜保健食品审批数量较少。补充维生素的保健食品中，数量最多的是补充维生素 C 的产品，补充维生素 B、胆碱、烟酸、泛酸保健食品审批数量较少。保健食品中各类营养补充剂原料的使用频次存在显著差异性，值得注意的是，企业在保健食品生产过程中的原料运用具有同质化性质。为降低保健产品市场中产品原料配方的同质性，企业可以在对保健食品的消费者偏好、产品成本、产品功能等进行市场调研后，调整其产品使用原料使其适配市场需求。

表 3　1996—2024 年批准的食药同源保健食品产品营养补充剂原料使用频次情况

原料名称	数量/件	占比/%
补充钙类（碳酸钙、乳酸钙、醋酸钙、柠檬酸钙、磷酸钙、枸橼酸苹果酸钙等）	2617	12.49
补充镁类（碳酸镁、硬脂酸镁等）	2456	11.72
补充铁类（葡萄糖酸亚铁、富马酸亚铁、焦磷酸铁、乳酸亚铁、氧化铁类、氯化高铁血红素、血红素铁等）	1452	6.93
维生素 C（抗坏血酸、L－抗坏血酸）	1422	6.78
补充锌类（葡萄糖酸锌、乳酸锌、柠檬酸锌、硫酸锌等）	1397	6.67
维生素 E（天然维生素 E、D－α－生育酚、D－α－生育酚醋酸酯、混合生育酚浓缩物、DL－α－醋酸生育酚、维生素 E 油、天然 D－α－生育酚浓缩液 E70、D－α－生育酚浓缩液 E50 型等）	1339	6.39
维生素 D（维生素 D3、维生素 D3 油、维生素 D3 粉等）	1142	5.45
维生素 B（维生素 B1、维生素 B2、维生素 B6、维生素 B12、叶酸、泛酸等）	917	4.38
维生素 A（醋酸视黄酯、维生素 A 醋酸酯、维生素 A 油、棕榈酸视黄酯、维生素 A 醋酸酯粉等）	665	3.17
维生素 K（维生素 K2 粉、维生素 K2 油、甲萘醌维生素 K2 等）	52	0.25

（四）食药同源保健食品中药材与中药材提取物原料使用情况分析

将中药融入保健食品的制作，在中国拥有源远流长的历史传统。《卫生部关于进一步规范保健食品原料管理的通知》指出，共 201 种中药被采用为保健食品原料[11]，自保健食品实行审批制度实施以来，审批通过的包含中药的保健食品数量为 3000 余种。保健食品中常用中药原料采用了中药材和中药提取物两种形式，中药材原料采用一般基于可长期食用、负载某类功能且安全的考量。本报告统计了1996—2024年已批准的保健食品中药材和中药提取物原料使用频次情况，结果见表4。表4中列出的中药材与中药材提取物均是近年国内市场销售份额较大的保健食品的原料。保健食品中使用频次排名前十的中药材分别是枸杞、西洋参、黄芪、灵芝、人参、茯苓、当归、黄精、葛根和淫羊藿。保健食品中使用频次排名前十的中药材提取物分别是蜂胶、灵芝提取物、西洋参提取物、银杏叶提取物、黄芪提取物、葛根提取物、枸杞提取物、红景天提取物、人参提取物与淫羊藿提取物。

对中药材原料，中国当前依据药品批准文号、药品标准和药品生产许可证等方式组织管理。2013年10月，国家食品药品监督管理总局联合八部局对加强中药材管理下发通知，旨在加强中药材生产至流通每个环节的管理，该通知强调了对全产业链的严格监督，确保中药材基源精确、准确定位生产地区，并规范炮制流程，从而在源头上保障中药产品的安全性与质量。在中药材提取物的管理方面，国家食品药品监督管理总局于2012年发布《关于规范中药生产经营秩序严厉查处违法违规行为的通知》（国食药监安〔2012〕187号），提出强化使用中药提取物投入生产中成药的企业管理，并且激发中成药生产企业提升中药提取车间的建设水平，相关部门正积极行动。然而，当前对于保健食品提取物原料使用的相关监管政策法规尚未制定，由于保健食品提取物原料的复杂性，涉及中药与普通食品等多种原料，同时一些保健食品生产企业尚不具备提取物生产条件，因此在注册审评过程中，对于使用原料提取物的产品，要求必须提供工艺、质量标准等在内的详尽提取物资料，同时提交供货证明、生产厂家营业执照等文件，并对此进行严格审查，以确保产品质量和安全[12]。鉴于当前大多数提取物无统一国家标准且监管体系尚不完善的局面，首要任务是强化保健食品企业的自律教育，确保在产品注册上市前投入足够的研发力量。对于已获批准文号的保健食品，必须按照批准的配方和工艺进行生产，以保障产品质量的稳定性和可靠性。此外，还应增强保健食品申请人对质量安全的责任感，使其认识到为公众健康保健作出积极贡献的重要性。

表4 1996—2024年批准的食药同源保健食品产品中药材和中药材提取物原料使用频次情况

中药材			中药材提取物		
原料名称	频次	占比/‰	原料名称	频次	占比/‰
枸杞	1362	64.99	蜂胶	417	19.90

续表

中药材			中药材提取物		
西洋参	793	37.84	灵芝提取物	267	12.74
黄芪	713	34.02	西洋参提取物	246	11.74
灵芝	674	32.16	银杏叶提取物	237	11.31
人参	640	30.54	黄芪提取物	198	9.45
茯苓	617	29.44	葛根提取物	166	7.92
当归	488	23.28	枸杞提取物	159	7.59
黄精	330	15.75	红景天提取物	158	7.54
葛根	322	15.36	人参提取物	142	6.78
淫羊藿	283	13.50	淫羊藿提取物	128	6.11

三、讨论与政策建议

第一，加快保健食品原料目录的审批进度并进一步扩大范围。中国已批准的保健食品的产品功能，主要聚焦于有助于增强免疫力、缓解体力疲劳、营养素补充、有助于改善骨密度、有助于改善睡眠5个产品功能，表明国内目前允许备案的保健食品原料范围具有一定程度的限制，管理部门应扩展保健食品备案原料的涵盖范围。由于中国悠久的中医药传统和深厚的文化底蕴，中药材与中药材提取物等负载养生功能的原料构成了食药同源保健食品产品的主要生产原料部分。这一现象致使中国保健食品市场呈现类别繁多、原料类型不一的特点，原料提取和加工工艺各不相同也给标准化管理带来较大挑战，原料使用和产品功能较难形成精准的量效关系，为当前备案管理条件设置障碍。然而，伴随研究技术的提升、保健食品产品审批数量的增加与科学证据的累积，管理部门应将相关原料或原料组合及时纳入目录，并对涉及的产品实施备案管理，以确保保健市场规范并保护消费者利益。

第二，监管部门应不断完善现有政策法规，保证中国保健食品的审批工作平稳推进。保健食品审批管理政策法规日益完善，中国保健食品产业得以在稳定中寻求高速发展。然而，伴随公众健康意识的提升和保健食品消费者群体数量的扩大，传统保健食品的产品功能逐渐显现出局限性，难以满足消费者日益增长的功能需求。因此，保健食品新产品功能的研发显得尤为关键。近年来，一些研究人员在疾病和衰老等机制研究方面取得优秀成就，保健食品备案原料范围有效扩大，均为保健食品的产品功能研发提供了科学基础。监管部门应该进一步制定并发布相关政策法规，强化功能评价体系，优化检验标准的细则，持续推进中国保健食品产品审批工作。

第三，保健食品企业应根据消费者的健康需求及相关政策法规，强化保健产品研发及产品备案工作，推动健康产业发展。企业市场调查部应积极调查保健食品市场需求，精准确定目标消费者群体，加强新原料与新产品功能的探究，促进功能专一性较强保健产品的研发。同时，保健食品企业应加大力度开发具有食品特征的保健食品，注重区分保健食品与药品的功能。企业在提高自身经济利益的同时，应积极研发保健产品，并完善产品备案工作，充分发掘保健食品市场潜力，助推“健康中国”建设。

四、总结与展望

近年来，中国保健食品产业市场规模稳步扩张，预计 2024 年中国保健食品行业市场规模将增长至 3554 亿元。保健食品企业注册量逐年增长，由 2017 年的 50 万家增长至 2022 年的 136.7 万家，复合年均增长率达 22.3%。保健食品产业市场规模扩张的主要原因：第一，在老龄化时代下，截至 2021 年底，全国 60 岁及以上老年人口达 2.67 亿，占总人口的 18.9%。消费者对健康的认知、对健康生活的追求和保健食品产品的需求不断提升。同时，伴随互联网电商平台的发展和物流供应链的完善，保健食品产品的销售渠道扩张至线上，对保健食品产业飞速发展起到支撑作用。第二，国家陆续出台了多项政策鼓励保健食品产业高质量发展。自 2012 年以来，国家市场监督管理总局、食品药品监管局、国家卫生健康委员会等部门相继发布了系列政策，旨在支持、指导和规范保健产业的发展，涵盖了保健品命名和宣传规范、保健食品安全等方面。《允许保健食品声称的保健功能目录》与《保健食品原料目录》对于“食药同源”保健食品的产品审批提供了有效政策支撑。

1996—2024 年中国获批的食药同源保健食品共 20958 件，其中获批准数量占比排名前五的剂型分别是胶囊、片剂、口服液、粉剂和颗粒剂。“食药同源”保健食品的产品功能分布中有助于增强免疫力、缓解体力疲劳与营养素补充占比最大，且产品剂型主要为胶囊、片剂与口服液。保健食品营养补充剂主要原料包括补充钙类、补充镁类、补充铁类、维生素 C、补充锌类等，保健食品使用的中药材主要为枸杞、西洋参、黄芪、灵芝、人参等，主要的中药材提取物为蜂胶、灵芝提取物、西洋参提取物、银杏叶提取物、黄芪提取物等。这说明了老龄化背景下保健食品消费者群体对于增强免疫力、缓解体力疲劳与营养素补充的产品功能需求。

食药同源保健食品产业仍面临诸多问题，例如：保健食品的产品功能审核依据《允许保健食品声称的保健功能目录・非营养素补充剂（2023 年版）》存在的产品过渡与保健食品注册检验申请等问题；保健食品市场中存在保健产品定位模糊不清、消费者对于保健产品的功能认知偏差、销售方虚假宣传引诱消费者购买保健产品等问题；保健食品的监督管理体系存在产品虚假宣传、保健食品检测保证没有统一标准、缺乏精准的监督管理条例等问题。此外，保健食品产品质量标准的提升也要求保健食品企业更新研发技术与生产设备，有效把控生产原料遴选工作，严格规定保健食品服用剂量以及服用期限，生产出高质量的保健产品。总之，监管部门与保健食品企业需共同努力，改善保健食品产品审批现状，提升保健食品产品质量，优化保健食品市场经济秩序，促进保健食品产业健康发展。

综上所述，本报告探讨了 1996—2024 年中国食药同源保健食品产品的审批情况，一方面，保健食品企业应加大研发投入，从配方配伍、原料质控、工艺安全性等方面进行深入研究；另一方面，监管部门应着力建立健全从研发、审批到生产、流通、风险监测全方位的监管法律法规体系，以期促进食药同源保健食品产业的高质量发展，保证人民群众的食用安全。

参考文献

[1] 白悦彤，郭秀云，郑梦凡．中国保健食品市场现状分析及对策研究［J］．现代商业，2019（21）：7－8.

[2] 高慧宇，马姗婕，张雪松，等. 1996—2022 年中国含益生菌保健食品调查分析［J］．中国食品卫生杂志，2023，35（4）：543－549.

[3] 张纯刚，张甜甜，付慧敏，等. 2010—2020 年中国保健食品软胶囊的审批情况

分析［J］. 沈阳药科大学学报，2023，40（7）：935－940.

［4］国家市场监督管理总局．保健食品注册与备案管理办法［EB/OL］.（2019－07－02）［2022－09－26］. https：//www. samr. gov. cn/zt/bjsp/zcfg/201907/t20190702_ 303135. html.

［5］国家市场监督管理总局．关于发布《保健食品及其原料安全性 毒理学检验与评价技术指导原则（2020 年版）》《保健食品原料用菌种安全性检验与评价技术指导原则（2020 年版）》《保健食品理化及卫生指标检验与评价技术指导原则（2020 年版）》［EB/OL］.（2020－10－31）［2022－09－26］. https：//www. samr. gov. cn/tssps/tzgg/zjwh/202010/t20201031_ 322804. html.

［6］国家市场监督管理总局．关于发布《允许保健食品声称的保健功能目录 非营养素补充剂（2023 年版）》《保健食品功能检验与评价技术指导原则（2023 年版）》《〈允许保健食品声称的保健功能目录 非营养素补充剂（2023 年版）〉及配套文件解读》［EB/OL］.（2023－8－15）［2023－8－31］. https：//www. samr. gov. cn/zw/zfxxgk/fdzdgknr/tssps/art/2023/art_ 491d5c9de75e425c8cd0203027af1d93. html.

［7］张立实．中国保健食品功能的变化与发展新功能的建议：述评［J］. 中国食品卫生杂志，2022，34（3）：399－403.

［8］赵小余，杨云清，王鑫，等. 2017—2022 年已备案国产保健食品信息统计分析与思考［J］. 中国食品卫生杂志，2023，35（6）：884－891.

［9］高涛，唐华丽，孙桂菊，等．保健食品产业中存在的问题及对策分析［J］. 食品与发酵工业，2021，47（2）：311－321.

［10］房军，陈慧，元延芳，等. 保健食品乱象分析及对策研究［J］. 中国食物与营养，2019，25（6）：5－8.

［11］萨翼．浅谈含中药提取物的保健食品工艺及质量控制［J］. 中国中医药信息杂志，2013，20（6）：3－4，16.

［12］萨翼，余超．中药类保健食品审批现状分析及监督管理研究建议［J］. 中草药，2014，45（10）：1353－1357.

HB.06 食药同源产品检测技术现状与未来趋势

张燕玲[①]　乔连生[②]　刘艳霞[③]　田佳叶[④]

摘　要：《健康中国行动2023年工作要点》发布后，食药同源产品因兼有传统食品的营养性及传统中药的保健性而受到更多关注。同时，由于食药同源产品兼有“食”“药”双重属性，其质量控制会相对复杂，这也引起了广大科研工作者的注意。当前常用于食药同源产品质量控制的检测技术包括色谱法、光谱法等，这些方法具有样品用量少、灵敏度高以及信息丰富等优点。但对于食药同源产品的安全性、营养性及保健性评价技术仍缺乏统一标准，易导致流入市场的食药同源产品质量良莠不齐，从而阻碍食药同源产品的发展。开发可用于快速高效并融入智能化与个性化元素的方法，评价食药同源产品安全性、营养性及保健性，将能够极大促进食药同源产品的开发与利用。因此，本报告以此为切入点，运用文献调研方法对现有食药同源产品检测技术现状及应用进行总结，并对其未来的发展趋势进行展望，以期为开发系统高效检测食药同源产品的技术提供思路，从而促进食药产品的广泛开发利用。

关键词：食药同源；检测技术；安全性；营养性；保健性

食药同源理论在中国拥有着源远流长的历史，自古以来便与中华民族的健康观念紧密相连。自《黄帝内经》与《千金方》等古代医学典籍开始，这一理论便将食疗原则、饮食文化与中医药文化巧妙地交织在一起，形成了独具中国特色的健康养生体系[1]。随着食药同源理论的发展，越来越多的兼有“食”

① 张燕玲，博士，北京中医药大学中药学院研究员，研究方向：中药设计与优化。
② 乔连生，博士，北京中医药大学中药学院博士后，研究方向：中药设计与优化。
③ 刘艳霞，北京中医药大学中药学院在读博士研究生，研究方向：中药化学。
④ 田佳叶，北京中医药大学中药学院在读硕士研究生，研究方向：中药信息学。

"药"双重属性的中药材/产品进入大众视野，并成为健康养生领域的重要组成部分。截至2024年，已有102种兼具食品与中药材双重身份的物质正式被列入中国国家卫生部门颁布的食药同源目录中，这一目录不仅是对这些物质属性的权威认证，更是对食药同源理念在现代社会应用的深刻体现。基于食药同源目录而开发成的兼具"食""药"双重属性的产品又可分为食药同源普通食品和中药类保健食品，合称为食药同源产品[2]。这些产品不仅体现了传统中医药文化的智慧，也融入了现代科技的力量，使得食药同源的理念在现代社会中焕发出新的生机与活力。

在健康中国战略背景下，人们的健康保健意识逐步提高，食药同源产品市场逐步扩大。好的食药同源产品既具备食品的高营养性，也具备中药的保健性，因此兼具"食""药"两种属性的同时并各有侧重地采用合适的检测技术，对食药同源产品的安全性、营养性及功能性进行评价显得尤为重要。安全性检测涵盖了微生物、重金属及农药残留检测的系统筛查[3-4]；营养性检测则聚焦于产品中氨基酸、蛋白质及脂肪酸的精细分析[5]；而保健性检测则针对指标成分及保健功能进行深入评估。尽管针对这些指标的检测技术手段多样，如色谱法、质谱法等先进技术的应用，但在实际操作中仍存在着一些挑战，即样品前处理和检测操作环节的复杂性以及数据后处理的烦琐性，这在一定程度上影响了检测工作的效率与准确性。食药同源产品市场在健康中国战略的背景下迅速扩大，消费者对产品质量要求日益提高。然而，市场上食药同源产品质量参差不齐，迫切需要科学、有效的检测手段保障产品质量。为挖掘和改进食药同源产品的优势特色检测技术，本报告基于中国知网、万方、超星等数据库进行了文献调研，从安全性、营养性及保健性三个方面对现有检测技术进行总结，并展望其未来发展趋势，旨在为未来检测技术的发展提供方向和建议，确保食药同源产品的安全、营养和保健功能，以促进其进一步开发与利用。

一、食药同源产品检测技术现状

食药同源产品在安全性、营养性及功能性检测方面均取得了系列进展。在安全性检测方面主要针对微生物、重金属和农药残留等指标，在营养性检测方面主要针对蛋白质、氨基酸及脂肪酸等关键营养素，在功能性检测方面主要针对中药活性成分及保健功能。食药同源产品主要检测技术现状如图 1 所示。除上述外，有关食药同源产品的防伪鉴别检测及风味检测技术也在逐步发展。

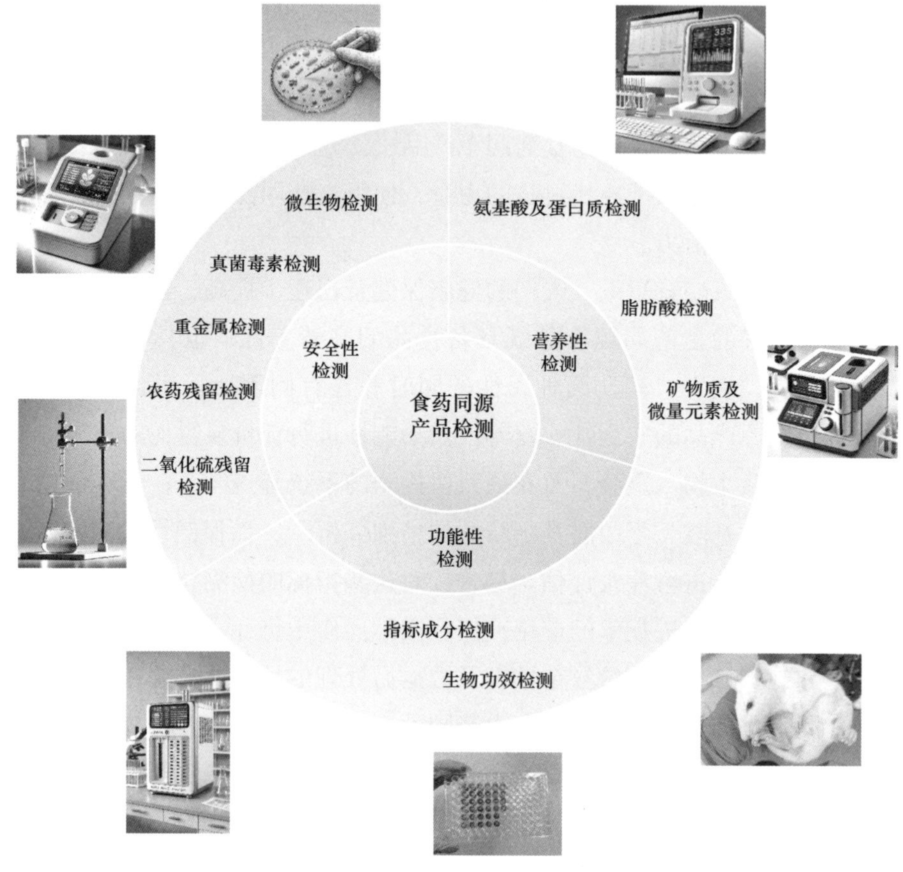

图 1　食药同源产品主要检测技术现状

（一）食药同源产品安全性检测技术

食药同源产品的安全性检测，不仅是对其食品属性的保障，更是对其药用价值的严格把控。检测过程中需全面考量其“食”与“药”的双重标准，确保产品安全无虞。截至 2024 年，中国食品安全标准与监测评估司共公布 1610 项食品国家安全标准，其中食药同源产品的对应检测指标常见聚焦于微生物、真菌毒素、重金属污染、农药残留及二氧化硫残留等关键领域，其对应的检测技术包括但不仅限于传统的生物检测法识别并控制菌落、色谱法或色谱 - 质谱联用技术检测重金属及农药残留，确保中药材等食药同源产品的安全性。

1. 微生物检测

食药同源产品在种植、生产、储存的过程中均存在微生物污染的风险，2024 年公布的食品安全国家标准目录中的 15 项通用标准中有 2 项针对食品的微生物标准，即 GB 31607—2021 及 GB 29921—2021。沙门氏菌、金黄色葡萄球菌及李斯特氏菌等有害致病菌在人体内具有显著繁殖能力，它们不仅会损伤肠胃，严重时会危及人类的生命健康[6]。因此，建立科学合理的食药同源产品微生物检测体系，选择适当的检测技术，提高检测范围和检测频次，对保护消费者健康具有重要意义。

传统上对食品微生物的检测主要基于近现代显微镜的快速发展并依赖微生物培养技术，常见的为菌落计数法。例如，GB 4789. 2—2022 中详细记录了采用菌落计数法对食品中微生物进行检测的流程及菌落计数的规则，菌落计数以菌落形成单位（CFU）表示。但该方法实际操作过程中需要的时间较长、操作较为烦琐，并且受到多种因素的影响[7]。因此，新型微生物检测技术，如分子生物学技术、免疫学技术、生物传感技术、光谱技术及代谢学技术等得以发展[8]。分子生物学技术包括聚合酶链式反应技术、基因芯片技术和基因探针检测技术，相比于传统检测方法，其大大提高了准确性，并且可以实现对微量微生物的检测。免疫学技术包括免疫荧光法、酶联免疫吸附法、免疫层析法和免疫磁珠法，此方法特异性和灵敏度高，可以实现现场的快速检测。生物传感技术包括电化学生物传感器和光学传感器，可以快速并高效地对微生物进行检测。

2. 真菌毒素检测

真菌毒素为真菌产生的有毒代谢产物，常见的真菌毒素包括黄曲霉毒素、赭曲霉毒素、玉米赤霉烯酮等。当食用被真菌毒素污染后的食品，会对人们身体健康带来影响，严重时可能会导致死亡。食品及中药中真菌毒素的检测方法有薄层色谱法、液相色谱法、液相色谱 – 串联质谱法、酶联免疫法及免疫层析法等。薄层色谱法具有成本低、操作简单等优点，常用于真菌毒素的初筛；但由于无法对真菌毒素进行定量，使其应用受到限制。在食药同源产品真菌毒素的检测中多采用除薄层色谱法外的其他方法，例如采用液相色谱 – 串联质谱法对黄精和麦冬中伏马毒素等 10 种真菌毒素进行测定[9]，该方法精密度和准确度都较高。另有研究人员通过酶联免疫法测定了大枣、莲子等 26 个中药共计 31 批次的中药饮片中黄曲霉毒素 B1 和黄曲霉毒素总量[10]，该方法快速、简便，但结果容易出现假阳性。还有研究人员将荧光纳米颗粒与免疫层析技术相结合，建立了药食同源药材中三种真菌毒素（黄曲霉毒素 B1、玉米赤霉烯酮和赭曲霉毒素 A）的快速检测方法，然后分别用此方法和高效液相色谱法对 30 个样品进行了检测，发现两者结果一致，证明此方法同样可用于中药材中真菌毒素的检测[11]。

3. 重金属检测

重金属污染来源于植物本身的吸收、土壤，以及工业生产过程中排出的废水、废气和废渣等。重金属的蓄积会对人体的健康带来一定的影响。对重金属的限量要求可参考 GB 2762—2022《食品安全国家标准　食品中污染物限量》和《中华人民共和国药典》（2020 年版）等标准。原子吸收分光光度法和电感耦合等离子体质谱法为《中国药典》（2020 年版）中收载用于中药材中重金属及有害元素的两个测定方法，其中原子吸收分光光度法又分为（铅和镉元素采用）石墨炉法、（砷元素采用）氢化物法、（汞元素采用）冷蒸气吸收法、（铜元素采用）火焰法。有研究人员通过石墨炉原子吸收法测定了中药中铅和镉的含量[12]，其中食药同源的五味子的铅含量为 1. 60mg/kg、镉含量为 0. 15mg/kg，桔梗中铅含量为 0. 65mg/kg、镉含量为 0. 19mg/kg，均符合药典标准。还有研究人员从市场上购买了 20 批次的栀子，通过电感耦合等离子体质谱法测定铅、镉、砷、汞、铜的含量[13]，检测结果均未超过药典标准，表明以上 5 种重金属在栀子药材中得到了良好的控制。相较于原子吸收分光光度法，电感耦合等离子体质谱法检出限更低，还可以在同一时间检测多种元素；但检测设备昂贵，检测成本较高，并且操作有一定难度。

4. 农药残留检测

农药是在中药材种植过程中用于预防和控制病虫害必不可少的，在中药材或食品原材料中的残留也在所难免，其限量检测常见 GB 2763—2021《食品安全国家标准 食品中农药最大残留限量》，共记载了食品中 564 种农药及其对应的 10092 项最大残留限量。对于中药来讲，根据《中华人民共和国药典》（2020 年版）记载，中药材中常见的农药残留包括 31 种有机氯类、12 种有机磷类及 3 种拟除虫菊酯类，它们的残留量均通过气相色谱法进行检测。在食药同源中药的检测中，研究人员通过气相色谱法对 6 批人参样品中 9 种有机氯农药（五氯硝基苯、六氯苯、七氯、环氧七氯 A、环氧七氯 B、艾试剂、顺氯丹、反氯丹、氧化氯丹）进行了检测，结果显示其中有 2 批含有五氯硝基苯、

3 批含有六氯苯，但均低于农药残留规定标准[14]。随着对检测结果的更高追求以及检测技术的发展，人们逐渐将色谱技术和质谱技术联合应用，相较于单一的液相色谱法或气相色谱法，其大幅度提高了准确性和灵敏性。例如，有研究人员采用高效液相色谱－串联质谱法测定了灵芝药材中氨基甲酸酯类（如 3－羟基克百威）、烟碱类（如环氧虫啶）、杀菌剂类（如三唑酮）等 29 种农药残留[15]。此方法相关系数均大于 0.995，加样回收率为 79.5% ~ 108.7%，能够满足对中药材中农药残留检测的相关要求。此外，还有研究人员采用气相色谱－三重四极杆串联质谱法对铁皮石斛、黄芪和灵芝中氧乐果、甲拌磷等 10 种农药的残留情况进行了检测[4]。结果表明，在铁皮石斛中检测到苯醚甲环唑，但符合 GB 2763—2021 中的限量要求。上述方法均能用于多种农药的检测，不仅为其他食药同源物质的农药残留检测方法提供了借鉴，也为综合分析食药同源物质的农药残留情况提供了有力的数据支持。

5. 二氧化硫残留检测

中药材熏硫是一种传统的中药加工方式，可以起到防虫、防霉、增白等作用。二氧化硫也可用作食品添加剂，有防腐剂、抗氧化剂和漂白剂等作用，但需低于其最大限量。摄入二氧化硫超标的食物，会引发腹泻、呕吐、呼吸困难等，对人体的脏器有一定的损伤。目前，酸碱滴定法、气相色谱法和离子色谱法为《中华人民共和国药典》（2020 年版，四部）中二氧化硫残留量测定方法。有研究人员分别采用酸碱滴定法、气相色谱法、离子色谱法测定苦杏仁、桃仁、郁李仁等中药中二氧化硫的残留量，并对比其检测结果，发现在线性关系、仪器精密度、重复性、检出限、加样回收率均是离子色谱法结果最优[16]。从测定结果看，离子色谱和酸碱滴定法结果相近，均好于气相色谱法。酸碱滴定法成本低、操作简单，但耗时较长，可作为常规检测；气相色谱法虽检测时间短，但检测结果准确率较低，可作为二氧化硫残留检测的初筛；离子色谱法检测结果最好，但成本较高，可作为仲裁方法。此外，在食品安全国家标准中对于二氧化硫的测定方法还有分光光度法，此方法灵敏性较好，但容易受到样品基质和纯度的影响。

（二）食药同源产品营养性检测技术

食药同源产品的营养性检测，核心在于深入剖析其作为食品的本质属性，即侧重于其理化指标。对于食品理化指标的检测，在 2024 年中国食品安全标准与监测评估司公布1610项食品国家安全标准中共有256项。当前，食药同源产品的理化指标检测过程关注产品的营养构成，涵盖蛋白质、氨基酸、脂肪酸、矿物质及微量元素等关键营养元素等。氨基酸及蛋白质常用传统凯氏定氮法、氨基酸自动分析仪法、新兴蛋白芯片法和电化学免疫传感器法检测[17,18]；其他营养元素常用色谱法、质谱法及光谱法检测。

1. 氨基酸及蛋白质检测技术

氨基酸及蛋白质是食品中重要的营养元素，承载着维持人体生命活动的重要使命。其中，氨基酸不仅是蛋白质的基本构成单元，还是多种生理过程中不可或缺的小分子，如酶的催化、神经递质的传递、激素的合成等；蛋白质是生物体内各种组织和器官的主要构成成分，具有维持渗透压、提供能量、参与免疫反应等多种功能。因此，食品中蛋白质及氨基酸的含量和种类直接关系到食品的营养价值和健康效益。在食品加工和生产过程中，确保食品中蛋白质及氨基酸的充足和平衡对于保障食品的质量和安全至关重要。通过对食药同源产品中蛋白质及氨基酸含量的检测，可以有效地评估食品的营养价值和质量水平。例如，在乳制品行业，蛋白质是牛奶、奶酪等产品的主要成分之一，而不同的氨基酸含量和比例会影响乳制品的口感、营养价值和消化吸收效果。因此，通过对产品进行蛋白质及氨基酸的检测，可以确保其符合营养标准，满足消费者的需求。

在氨基酸检测领域，《中华人民共和国药典》（2020年版）记载，离子色谱法、安培检测器均可用于氨基酸的检测。氨基酸自动分析仪是一种基于离子交换色谱柱实现氨基酸分离，然后利用电化学或光度法对其进行检测，具有高度的自动化和智能化水平，能够大大提高检测效率和准确性的，被广泛应用的检测方法。在对食药同源中药龙眼中的氨基酸进行检测时，仅需20μL样品便能完成氨基酸组成及含量分析[19]。

在蛋白质检测方面，《中华人民共和国药典》（2020年版）及国家食品标准GB 5009. 5—2016中收录的检测技术有凯氏定氮法、福林酚法、双缩脲法、二辛可酸（BCA）法、考马斯亮蓝法等试剂法，以及紫外分光光度计。凯氏定氮法能够基于蛋白质中氮元素的含量来间接测定蛋白质的含量，通过一系列化学反应将样品中的氮元素转化为易于检测的氨态氮，再通过特定的检测手段进行定量分析。其具有操作简便、结果可靠的特点，在食品、农业、医药等多个领域占据了重要地位。例如，在对于位列食药同源的紫苏蛋白质进行分析时，仅通过凯氏定氮仪进行自动加液便可实现对蛋白质的含量进行检测[20]。然而，随着食品检测技术的日益发展，凯氏定氮法的工作效率低的弊端日渐显现。为了弥补这一不足，一些快速检测技术应运而生，如蛋白质芯片技术和传感器技术。这些新兴技术不仅具有高效、准确的特点，还具有灵敏度高、操作简单等优势，能够快速地对食品中的蛋白质进行检测和分析。

2. 人体必需脂肪酸的检测技术

食品中脂肪酸的测定可参考食品国家安全标准 GB 5009. 168—2016，其中记录了食品中总脂肪酸、饱和脂肪酸及非饱和脂肪酸的检测标准及测定方法，其中非饱和脂肪酸中的 ω－3 和 ω－6 脂肪酸为人体必需氨基酸。其中 α－亚麻酸为 ω－3 系列的代表性脂肪酸，其在人体中能够合成影响大脑细胞活性因子的二十二碳六烯酸及二十碳五烯酸，具有降血脂、降血压及改善记忆等保健功能，在紫苏、火麻仁及沙棘等食药同源产品中均有存在[21]。在对 α－亚麻酸进行检测时常见为定性、定量分析，基于脂肪酸挥发性能力强的特点，气相色谱法被广泛用于 α－亚麻酸及其他人体必需脂肪酸的定性、定量检测中。例如，在食药同源产品中，产地分布的不同常造成内在成分差异，脂肪酸含量及组成也不例外。基于此，有研究人员利用气相色谱技术对 20 个产地的火麻仁油的组成及含量进行测定与分析，结果表明火麻仁油中 α－亚麻酸与亚油酸含量最高，前者平均含量 19. 3%[21]。一般而言，通过气相色谱法能够获得目标物种的多种化学物质，处理方法多样，仅用传统方法对成分进行识别无法实现对目标物质进行综合评价。因此，有研究人员为解决上述问题，尝试将化学计量学中的常见方法聚类分析、主成分分析及正交最小二乘判别分析结合气相色谱法对沙棘籽油中的脂肪酸进行综合的质量评价，最终筛选获得引起沙棘籽油质量差异的脂肪酸为油酸、亚油酸及 α－亚麻酸[22]。

3. 矿物质及微量元素检测技术

常见的矿物质（如 Ca、Mg、K、Na 等）及微量元素（如 Fe、Zn、Cu、Mn、I、Se 等）均为人体所需的重要营养物质，其在人体内的含量异常或者失衡会导致多种疾病，如贫血、骨质疏松及甲状腺功能异常等。因此，对食药同源产品中的矿物质及微量元素的组成与含量进行检测是决定其营养性的一个重要指标，根据国家标准当前对于矿物质及微量元素的检测方法，有原子吸收光谱法（含火焰原子吸收光谱法、石墨炉原子吸收光谱法）、原子荧光光谱法、原子发射光谱法、电感耦合等离子体发射光谱、电感耦合等离子体质谱、X 射线荧光光谱及新型的中子活化分析法等。火焰原子吸收光谱法是一种能够根据待测物所含不同元素所具备的不同特征光而实现对待测元素进行快速检测的方法，因其具有高灵敏度而应用于在多种元素的检测中。例如，已应用于食药同源产品桂圆核的钙、锰及铜的含量检测[23]。但原子吸收光谱总体上具有分析元素单一的缺点，在一定程度上限制了它的应用，随之电感耦合等离子体发射光谱及电感耦合等离子体质谱法被广泛接纳，研究人员同时利用两种方法对不同产地芡实中 15 种矿质营养元素进行测定，该方法操作简单、高效快捷、结果准确，证实了芡实富含人体必需的常量元素 Na、Mg、K、Ca、P 和微量元素 Si、V、Cr、Mn、Fe、Ni、Cu、Zn、Se、Mo[24]。

（三）食药同源产品功能性检测技术

食药同源产品功能性检测主要是侧重其“药”的属性，检测指标主要为质量控制所针对的指标性成分及食药同源中药材和中药类保健产品保健功能的检测。《中华人民共和国药典》（2020 年版，一部）共收录 74 种食药同源中药材（如栀子、玉竹及余甘子等）的指标性成分及其对应的检测技术，成分检测主要以色谱法为主，根据成分的挥发性能灵活应用高效液相色谱法或气相色谱法，确保检测结果的精准与可靠。随着质谱技术的发展，液相色谱 – 串联质谱法、气相色谱 – 串联质谱法也成为成分检测的新选择，进一步提升检测的深度和广度。在保健功能检测方面主要以细胞学、动物学与分子生物学的检测技术，通过多学科交叉融合，全方位评估食药同源产品的保健性。

1. 指标性成分的定性、定量检测技术

食药同源产品中的指标性成分指能够代表质量控制的评价性成分，一般包括挥发性成分和非挥发性成分。根据《中华人民共和国药典》（2020 年版）记载，芳香食药同源中药的指标成分多为挥发性成分，常用的检测方法为气相色谱法。例如，科研人员将药食同源中药（栀子、玉竹、余甘子、荷叶和甘草）与火锅底料相结合，并用气相色谱 – 质谱联用法检测其中的挥发性成分，共检测到 37 种挥发性物质，芳樟醇为含量最多的成分[25]。非挥发性成分相较挥发性成分分布更为广泛，即使是芳香食药同源中药也存在大量稳定的非挥发性成分，其常用检测方法为高效液相色谱法。例如，科研人员通过高效液相色谱技术对芳香食药同源八角茴香中的非挥发性成分莽草酸、原儿茶酸、对羟基苯甲酸及对甲氧基苯甲酸进行评价，结果表明该方法能快速准确实现上述指标

的检测以评价八角茴香的品质[26]。

非挥发性功能性成分常见为多糖类、黄酮类及多酚类等。在对于食药同源产品中的一类或几类功能性成分的检测场景中，分光光度计法被广泛应用。例如：以食药同源中药芡实为原料制成的芡实露酒，在对总多酚含量及总黄酮含量进行检测时便采用了福林酚法与分光光度计结合的方式，以测得结果衡量芡实露酒的品质[27]；以食药同源中药大枣、生姜及甘草为原料制备的饮料，结合分光光度计法对还原糖及总酸进行测定[28]。

2. 保健功能检测技术

食药同源产品本身具有“药”的属性，使得部分中药类保健食品具有保健功能。利用其特性，市场上总有商家打着具有多重保健功能的幌子欺瞒消费者，从该角度看，食药同源产品的保健功能检测具有潜在意义。根据 2023 年 6 月 15 日国家市场监督管理总局通过的《保健食品新功能及产品技术评价实施细则（试行）》内容规定，体外实验、动物实验可作为功能评价的辅助和间接证据。体外实验主要采用细胞模型、酶学反应等方法，在模拟生物体内环境的基础上评估产品对特定细胞或生物过程的影响。该方法成本相对较低，实验周期相对较短。例如，在研究以山药和枸杞等食药同源中药为原料制备的组方的免疫调节功能时，使用 CCK-8 法来评估这些产品对 RAW264.7 细胞的生长和存活影响[29]。除 CCK-8 法外，细胞毒性还可以通过四甲基偶氮唑盐（MTT）比色法和流式细胞术等进行评估。此外，研究人员在上述研究中还应用了酶联免疫法来分析该食药同源产品对 RAW264.7 细胞一氧化氮、活性氧及细胞因子释放量的影响，从而全面评价其免疫调节作用。然而，由于环境简化，体外实验的结果无法完全反映生物体内的复杂情况。

体内实验与体外实验相比则更接近真实情况，通过动物实验或人体临床试验，能够直接观察产品对生物体的影响。这类实验可以评估产品的多种药效学特性，如抗疲劳、降低血糖、调节血脂、改善肝功能等。例如，在研究以食药同源产品黄精及昆布为主要原料的组方产品时，研究人员选用昆明小鼠进行力竭游泳试验，试验结束后对小鼠的体重、脏器指数进行记录，并对生物样本进行生物学指标检测[30]。另外，对于食药同源产品的生物药效也可结合其食品属性，采用人体试吃的方法进行评价。例如，研究人员在研究以覆盆子、枸杞及山药等为主要原料的食药同源饮料时，便采用人体试吃法评价食药同源产品对事先招募的 90 名干眼症志愿者的缓解效果[31]。但是，生物体试验成本高、时间长、过程烦琐，为了更全面地评估试验效果，生物指标相关试验应运而生。通过分子生物学技术、生物化学技术、免疫学技术等检测生物体内外特定指标的变化，能够更精确地了解试验对试验对象的影响，为科学研究和临床应用提供有力支持。例如，分子生物学技术可以通过检测基因表达、蛋白质表达等分子水平的变化，评估产品对生物体内特定生物过程的影响。有研究人员发现，药食同源复方（芹菜籽、蒲公英、菊苣和玉米须）通过调节相关基因的表达来发挥对斑马鱼高尿酸模型的降尿酸作用[32]。生物化学技术可以通过检测生物体内的代谢产物、酶活性等指标，评估产品的生物活性。有研究人员通过液相质谱联用法检测大鼠血清的代谢产物，发现药食同源组（葛根、夏枯草、杜仲叶、菊花、山楂和芹菜）与高血压模型组的血清代谢产物间存在差异，对其具有一定的调控作用[33]。此外，随着组学技术的快速发展，基于高通量测序、蛋白质组学、代谢组学等技术的保健功能检测方法也逐渐应用于食药同源产品的检测中。这些技术能够全面、系统地分析生物体内的分子变化，为产品的保健功能评价提供更加准确、全面的数据支持。

（四）其他检测技术

综上所述，色谱法是用于检测食药同源产品安全性、营养性及功能性的常见技术，此外，还常用一些生物学方法。除了上述检测外，由于食药同源产品品类广泛，且不乏存在不法分子以次充好的掺假行为，因此目前对食药同源产品的原料鉴别也越来越普遍。八角茴香是一种既属于已公布的食药同源物质，也是日常生活中常用作调味品的物质，应用于多种食品中。由于八角茴香应用广泛，消费需求大，因此与其他调味原料相比价格较高。在此背景下，八角茴香在全球范围内普遍出现掺假现象，为保障消费者合法权益以及人们的用药和饮食安全，显微鉴别技术及颜色反应鉴别技术等基础鉴别技术及光谱法、色谱法用于对八角茴香及其掺伪品进行鉴别[34]。另外，随着科学技术的逐步发展，机器视觉技术、气味指纹分析技术及 DNA 分子标记技术等检测方法也应用于食药同源产品的鉴别与品质检测。

保证食药同源产品安全性、营养性及功能性，除注意减少和避免掺假行为的发生外，随着人们生活质量的提高，其口感与风味也应迎合消费者需求逐步提升。传统上风味检测主要是由专业感官评价小组打分评测，随着科学技术的发展，色谱法、质谱法及电子鼻、电子舌等也逐渐应用于此。上述方法存在预测范围小等缺点，有研究尝试在此基础上结合机器学习，实现对药食同源产品进行更大范围的预测，提高食药同源产品的风味。

二、食药同源产品检测技术的未来趋势

食药同源产品作为连接传统智慧与现代科学的桥梁，其安全性、营养性与功能性的检测始终是科研与工业领域不懈探索的重点。当前，食药同源产品的安全性、营养性及功能性检测技术不断进步，涵盖了色谱分析、质谱检测、光谱技术等多种方法，它们不仅能够精准测定产品的化学成分、营养成分及活性物质，而且极大地提升了产品质量的可靠性与安全性。尽管这些技术取得了显著成效，但依然存在挑战，高昂的设备成本、复杂的操作流程，以及对复杂体系全面分析的局限性都成为技术发展及实现食药同源产品高效、高质检测的瓶颈。因此，寻找新的突破点对于推动食药同源产品检测技术迈向更高效、更智能及更加个性化的新时代显得尤为重要和紧迫。

（一）检测方法的高效化

提高检测效率是检验检测行业永恒的追求，其在食药同源产品检测方面体现得更为迫切，尤其是在食药同源产品安全事故、进出口贸易等多场景下，提高食药同源产品检测效率对保障人民群众健康与安全具有至关重要的作用。在此背景下，食药同源产品的检测技术朝着高效化方向迈进是行业发展的必然趋势。高效化检测技术不仅能快速响应市场需求，还能确保食品安全和消费者健康。高效化检测技术包括高通量测序技术、物联网、纳米技术与电化学和传感器检测技术，其特点是高效、快速。目前，它们已在多种食品检测中得到了广泛应用，取得了显著成效。利用高通量测序技术，可以高效、准确地检测在乳及乳制品的微生物群落及其相关生物学信息[35]。其他已有应用的快速检测技术一般以联用形式出现。纳米技术是基于纳米材料和生物分子的特殊性质而实现对产品中微小成分的高灵敏度检测，在食品检测场景常与传感器技术联用。例如，应用纳米传感器技术检测预制菜，预制菜与纳米传感器相互作用引起特征信号的变化，从而判断产品质量[36]。考虑食药同源产品“食”的属性，更多、更好的高效化检测技术也将有望拓展至食药

同源产品的检测场景中。

（二）检测技术的智能化

智能化技术能提升生产效率、优化产品质量、保障安全性，因此食药同源产品检测朝智能化发展的必要性日益凸显。食药同源产品检测的智能化方向发展一方面应包含检测设备的智能化，另一方面包含数据后处理的智能化处理。前者表现在已有仪器设备的性能提升以及新型智能仪器设备的开发；后者通常是指机器学习及大数据等在数据后处理中的应用，即智能算法及成熟软件的智能化。机器学习能够通过模式识别与数据分析挖掘食品生产和供应链的关键信息，而大数据支持处理大规模数据，提供更全面的决策视角，能够实现对检测数据进行深度挖掘和分析，提高检测结果的准确性和预测性。需要注意的是，智能化检测技术在食品检测领域的应用也多为联合形式。例如，机器学习算法与近红外光谱技术联合应用能够对奶酪、巧克力及肉类的感官特性和所含微生物等进行快速、准确及无创检测[37]。

（三）检测方向的个性化

在食品检测技术日新月异发展的过程中，高效、智能化手段必然推动着检测过程朝更迅速、更精确的方向迈进，能够极大地提高检测效率，并且能够有效降低人为误差。随着食药同源产品市场近年来呈现出的快速增长态势，高效智能化检测技术扩展至这一领域已是大势所趋。然而，从长远角度来看，单纯聚焦于产品品质的保障难以满足日益复杂多变的市场环境和日益精细化的消费者需求，因此，为了增强食药产品的市场竞争力，检测技术必须顺应这一趋势朝个性化方向演进，以满足不同消费者的体质差异与个性需求。例如，针对不同产品特性和消费者需求开发具有针对性的检测方法和指标，利用基因测序、代谢组学等个性化检测技术为消费者提供更精准的健康建议和食药同源产品推荐。另外，质量标志物是指中药中固有的或加工过程中形成的，与保健功能密切相关的化学物质。功效标志物在质量标志物基础上更加强调中药与中药功效整体关联性，能够协助食药同源产品的功能性评价。基于食药同源产品“药”的属性，除对已有规定特定成分的食药同源中药及产品的检测外，通过发现并挖掘食药同源产品的质量及功效标志物成分对于食药同源检测技术的个性化发展，同样具有潜在重要价值[2]。

三、总结与展望

食药同源产品作为结合了中国传统食疗与中医药文化的独特产物，在现代大健康产业中扮演着越来越重要的角色。消费者健康意识的提升和市场的不断扩大，对食药同源产品的品质、安全性和功能性要求也日益提高。尽管当前食药同源产品检测技术已取得了显著进展，涵盖了安全性、营养性和功能性等多个方面的检测，但是仍然面临着检测场景多样复杂化的挑战。针对此问题，食药同源产品的检测技术进步成为保障产品质量、促进产业健康发展的关键。随着科技的进步和方法的创新，未来的食药同源检测将更加高效化、智能化及个性化，为食药同源产品的质量控制、保健功能评价及市场拓展提供更加有力的支持。

参考文献

[1] 安小雯，李帅，王玲玲，等．中国药食同源物质保健食品的发展现状及对策研究［J］．中国果菜，2024，44（5）：15－19，72.

[2] 刘超群，任越，张燕玲．药食同源食品质量控制的研究现状及策略［J］．中国中药杂志，2022，47（14）：3963－3967.

[3] 陆智，娄新曼，田怀香，等．中国 54 种“药食同源”植物中总砷和无机砷的含量分析［J］．农业工程学报，2024：1－9.

[4] 张秋萍，王春民，吴春霞，等．气相色谱：三重四极杆串联质谱法测定食药同源物质中 10 种农药残留［J］．现代食品，2023，29（19）：204－207.

[5] 靳梓微，张荣华，赵春娇，等．鹿皮胶氨基酸成分及其药食同源组方的免疫增强作用［J］．现代食品科技，2024：1－11.

[6] 邵悦．食品微生物检测技术应用及质量控制研究［J］．食品安全导刊，2024（9）：42－44.

[7] 刘珂，余希．平板计数法与纸片法检测食品微生物菌落总数的比较分析［J］．现代食品，2023，29（2）：191－193.

[8] 沈丽，金刚．食品微生物检测新技术研究与应用进展［J］．广东化工，2024，

51（7）：147－150.

［9］沈立，汤燕，陈铁柱，等．固相萃取液质联用测定川产道地药材黄精、麦冬中10种真菌毒素［J］．药物分析杂志，2023，43（8）：1369－1380.

［10］周颖琴，熊瑛，吴愫青．酶联免疫吸附法测定药食同源中药饮片中黄曲霉毒素的研究［J］．现代食品，2022，28（18）：163－168.

［11］霍炳帆，马骉，厉佳丽，等．基于荧光纳米颗粒的免疫层析技术同步快速检测药食同源药材中的3种真菌毒素［J］．现代食品科技，2024，40（7）：227－235.

［12］文紫纯，刘雨晴，宋佳盛，等．微波消解：石墨炉原子吸收法测定中药中铅镉含量［J］．牡丹江医学院学报，2021，42（5）：12，22－24.

［13］陈秀敏，马恩耀，周劲松，等．栀子药材中重金属污染现状评价研究［J］．中国民族民间医药，2024，33（8）：61－64.

［14］倪兴婷，樊佳，张雪元，等．QuEChERS结合气相色谱法快速测定人参中9种有机氯农药残留［J］．中国卫生检验杂志，2022，32（13）：1540－1543.

［15］平文卉，史玉坤，杨清华，等．高效液相色谱：串联质谱法测定药食同源中药材中29种农药残留［J］．化学分析计量，2023，32（11）：47－52.

［16］丁晴，孙鹏飞，李龙囡，等．中药材及饮片中三种二氧化硫残留量测定方法的比较［J］．中国药品标准，2017，18（6）：423－427.

［17］石春哲．食品分析中蛋白质检测及应用研究［J］．现代食品，2023，29（24）：37－39.

［18］徐依琳，黄冬梅，汤云瑜，等．食品中氨基酸的检测方法研究进展［J］．农产品质量与安全，2024（3）：55－62.

［19］胡文舜，陈秀萍，郑少泉，等．“立冬本”龙眼果实游离氨基酸组分的测定与分析［J］．东南园艺，2020，8（6）：7－11.

［20］张品，余顺波，朱文秀，等．紫苏饼粕分离蛋白中蛋白质含量测定方法比较［J］．粮食与油脂，2021，34（11）：150－154.

［21］陈福妮，王卫飞，穆利霞，等．6种富含α－亚麻酸食用油脂的主要组成成分及消化特征研究进展［J］．中国油脂，2024，49（1）：60－66.

［22］吴晓云，谢强胜，李启艳，等．基于7种脂肪酸含量测定和化学计量学的沙棘籽油质量评价研究［J］．食品安全质量检测学报，2021，12（20）：8128－8135.

［23］吴丹丹，廖明聪，朱丹琛．原子吸收光谱法测定龙眼果肉中钙、锰、铜微量元素［J］．怀化学院学报，2021，40（5）：34－38.

[24] 杨永学，陈毛华，刘坤，等. 基于 ICP – MS/ICP – OES 及主成分分析法研究不同产地芡实 15 种元素的差异 [J]. 中国食品添加剂，2024，35 (3)：254 – 262.

[25] 黄艳，杨浩，胡婷婷，等. 一种药膳火锅底料的研制及挥发性成分分析 [J]. 中国调味品，2023，48 (4)：96 – 100.

[26] 欧敏，潘宇，陈路，等. HPLC 法测定广西不同产地八角茴香中 4 种有机酸的含量 [J]. 广西中医药大学学报，2024，27 (1)：53 – 57.

[27] 王静，侯文静，刘延波，等. 响应面法优化芡实露酒浸提工艺 [J]. 粮食与油脂，2024，37 (5)：104 – 107.

[28] 左亚锋，董润泽，王成，等. 大枣生姜甘草复合饮料制备及抗氧化研究 [J]. 商丘师范学院学报，2024，40 (6)：47 – 52.

[29] 郭海云，王子纯，王成祥，等. 药食同源组方对 RAW 264.7 巨噬细胞的免疫调节作用 [J]. 食品工业，2024，45 (5)：141 – 148.

[30] 岑燕霞，梁玉才，曾江赢，等. 食源复方黄精组合物水提液对小鼠抗疲劳作用的研究 [J]. 食品工业科技，2024，1 – 13.

[31] 尹融昕，游燕，李桦军，等. 一种有助于缓解干眼症固体饮料的研究开发 [J]. 现代食品，2023，29 (13)：67 – 73.

[32] 金灵泰，张铭，方双琪，等. 基于斑马鱼模型探究药食同源复方降尿酸作用及成分分析 [J]. 食品工业科技，2023，44 (19)：410 – 416.

[33] 郭丽娜，盛雯，何盈犀，等. 药食同源中药复方改善肠道菌群结构和调节血清代谢物对高血压大鼠治疗作用 [J]. 中草药，2023，54 (20)：6743 – 6752.

[34] 陈赛赛，徐民，吴琼，等. 八角茴香真伪鉴别研究进展 [J]. 食品安全质量检测学报，2023，14 (13)：126 – 133.

[35] 孙苗，邵伟，刘政宇，等. 乳及乳制品中嗜冷菌多样性的研究进展 [J]. 食品工业，2024，45 (1)：201 – 206.

[36] 孟文，金鹏，叶莉敏. 预制菜食品安全现状与食品检测技术的应用 [J]. 现代食品，2024，30 (3)：89 – 91，95.

[37] 丁浩晗，田嘉伟，谢祯奇，等. 机器学习和大数据在食品领域的应用 [J]. 食品与发酵工业，2024，1 – 11.

HB.07 萃饮技术在食药同源生活化实践中的应用

宋胜利[①]

摘　要： 随着以中医理论的持续普及，食药同源类植物的使用需求增加，其对人类生命健康的影响日益深刻。但现阶段常见的对食药同源产品的有效成分和营养物质提取和利用仍停留在泡、煮、闷、磨、反复萃取浓缩等手段。以上方法采用的各类家电存在效率低、时间长、操作麻烦、营养释放低、闲置率高等诸多不便。萃饮机的出现或能为改变以上现状提供创新思路和开拓新产业。这是一款基于高压脉冲，结合热水萃取待萃取物的设备，反复萃取率在70%～90%。萃饮机独创3分钟以内即萃即饮的操作方式，并且适用于全植物干基萃饮的创新技术，显著提高了使用体验、频次、效果和普适人群，有利于全民养成食药同源产品常态化使用的生活方式，结合以“萃”为中心的产业规划，助力中医的科技化、生活化、数据化，推动食药同源产业的健康发展。

关键词： 黑蟾猫；萃饮机；即萃即饮；中医科技化

食药同源理念一直是中国传统医学和饮食文化的重要组成部分，发展和利用食药同源类产品，使其成为居民的生活方式，对于全民身体健康和全面实施“健康中国”战略发展有着不可替代作用。同时，随着国内外中医文化的广泛传播和认同，消费者对于食药同源类植物产品的使用已经呈现发展势头，但目前处理方式、效率、普适程度以及设备匹配不了日益加快的生活节奏与多样化需求，对新型设备的科技创新是下一步食药同源全民生活化的关键。本报告从政策、行业、设备创新三个方面描述关于食药同源背景下处理设备的科技创

① 宋胜利，工商管理硕士，黑蟾猫萃饮机品牌创始人，国萃时代控股有限公司董事长，研究方向：萃饮技术、企业管理、产业布局。

新，以萃饮机为主要代表和抓手，通过深入剖析发展现状，阐述在生活化实践中的应用。

一、国家战略和市场潜在需求

（一）国家战略

2015 年政府工作报告首次提出“健康中国”概念，报告指出“健康是群众的基本需求，我们要不断提高医疗卫生水平，打造健康中国”。2016 年是健康中国战略元年，《“健康中国 2030”规划纲要》出台，提出积极促进健康与养老、旅游、互联网、健身休闲、食品融合，以及催生健康新产业、新业态、新模式。2020 年，基本建立覆盖全生命周期的健康服务业体系，健康服务业总规模达到 8 万亿元以上。2023 年 4 月 19 日，国家卫生健康委员会联合八部委颁布的《中医药文化实施工程实施方案》指出，充分发挥其作为中华文明宝库“钥匙”的独特作用，加大中医药文化保护传承和传播推广力度，推动中医药文化贯穿国民教育，融入群众生产生活，为中医药振兴发展厚植文化土壤，为健康中国建设注入源源不断的文化动力。

由此可见，复兴中医文化作为重要国家战略之一，除了需要有对其继往开来的传承和弘扬，还重在如何使中医走入百姓生活，由原来治病医疗方向变为日常的生活方式。由此，以中医文化为精神内核的食药同源类植物，结合生活方式中的饮水习惯，利用科技创新将高效、科学、健康、有效地带动其全民化、生活化。

（二）饮水设备市场潜在需求

1. 市场规模和增长预期

不管在商用还是家用的场景中，与喝水或制作饮品相关的机器，如咖啡机、豆浆机、果汁机等市场份额和普及率都非常高。全球市场豆浆机 2023 年销售额达到了 1559 亿元，预计到 2030 年将达到 2290 亿元，年复合增长率（CAGR）为 6.6%（2024—2030 年）。冷萃概念咖啡机在 2022 年疫情过后显示出强劲的增长势头，预计到 2031 年市场规模将达到 1.2428 亿美元，复合年增长率为33.7%。全球台式净饮机市场在2023年的销售额达到了18亿元人民币，预计到2030年将达到26亿元人民币，年复合增长率为5.7%[1]。这一数据进一步证实了净饮机市场的稳定增长，尤其是在中国市场，在过去几年中变化较快，预计2030年将占全球市场的一定比例。

2. 应用食药同源植物设备产业分析

从产业角度分析食药同源的植物的生活化应用，一款设备能够满足以下标准才能够做到全民生活化：

（1）材料普适性强。植物从部位可以大致分为根、茎、叶、花、豆、果，各个部位的细胞致密程度和营养成分各不相同，需有相应的技术能够将其有效释放。

（2）营养流失率低。正常植物原料在高温作用下超过5分钟，其中的营养成分便开始被破坏和流失，另外养成一个生活方式的最长时间不能超过3分钟。故在保证营养的提取前提下，时间也要尽可能地控制在3分钟以内。

（3）成分提取高效。当消费者使用食药同源类植物时，如果单纯从食物的角度来追求的大多为是否安全性、口感好、有营养，但涉及药用的板块考虑更多的是其是否对身体有益处和作用，故而各类食药同源产品能否高效提取成分也是该设备的很重要参数指标。

（4）个性化需求。食药同源的植物品种广泛，涉及消费者日常使用层面更是需求多种多样，故而不能只适用于单种原料抑或是配制好的原料，而应该满足消费者的个性化需求。

综上所述，食药同源的科技创新，不仅只是一个设备或某项技术的突破，还要立足于整个产业进行布局，唯有从产业的角度布局，前期的战略定位、中期的产业整合、后期的全面推动才能够成为实现食药同源产业全民生活化的新契机。

3. 消费者需求和偏好

通过饮水设备市场的销售金额和市场增长比例，不难了解到消费者在饮水方面的需求从原安全干净（烧开水）到快捷（瓶装水）再到营养高效（各种设备），是一个逐步升级的过程。同时，在健康经济的背景下，消费者越来越注重饮品的健康价值，也开始将食药同源类植物纳入日常饮用中，但专业知识的不足、处理方式的单一和麻烦无法形成一种生活方式。萃饮机作为能够高效和便捷地提供植物饮品的设备，其市场需求得到了进一步增长，能满足消费者对植物饮品在科学、美观、便捷、安全、有效方便的需求。

二、萃饮机成果概述

（一）技术背景和功能介绍

萃饮技术相较萃取技术在概念和技术层面，既有相似之处又存在较大不同。相似之处在于两者均通过液相方式提取对应被提取物的有效成分，不同点在于萃饮技术通过技术革新在萃取技术面临的提取时间长、设备占地大、应用产业单一等方面做出相应优化，创新即萃即饮的方式节约食药同源类植物产品较泡煮产生的时间成本。同时，萃的技术手段减少国民使用食药同源类植物产品的消费成本，助力其融入于国民日常生活的一杯饮品中。

萃饮技术起源于2011年，经过超过10万次的反复试验，萃饮机研发成功。2019年注册品牌为“黑蟾猫萃饮机”（以下简称萃饮机，见图1），并且已经在美国、日本、加拿大、中国和欧洲一些国家申请了十几项发明专利，获得中国首个“萃饮机”名称的3C认证，目前已累计投入超过1亿元。

黑蟾猫萃饮机是基于压力、脉冲、温度和水流四种技术，作用于放入专用萃饮杯中的食药同源类植物干基，达到对其有效成分萃取和营养精华释放。原料放入操作：序号7即为萃饮杯放置位置，序号8为单个萃饮杯外观展示，取下萃饮杯顶盖后，放入相应原料并合上，打开序号5机器顶盖，放入萃饮杯即完成萃饮前准备工作。

萃饮机工作时可通过图1中序号1、2、3按键选定对应的出水量和原料所需要的功能。选定完成后，将自动匹配相应的温度、压力、水流和脉冲，加速植物有效成分的提取，整个工作过程的时间在3分钟以内，仓处于高压密封的状态，将最大限度地减少营养成分的氧化和高温失活。机器附带自动抽水和缺水检测的功能，提高使用的便捷性。图1中序号11即为其水管安装口。图1中序号6、9、10、11、12、13分别为顶盖、接水拖盘盖、接水拖盘、外置水管插口、电源线插口以及水管插头。

压力作为萃饮机核心技术的代表之一，峰值能够达到200千帕。得益于萃饮杯（见图2）自身独特的专利技术和选用USA－PPSU（聚苯硫醚）的杯身材质，这是一种高性能的工程塑料，以其优异的耐高压、耐热性、耐化学性、耐水解、食品接触性和透明性而著称，配合底部专利的压力阀能够在保压的同时保证持续出水，从而达到即萃即饮的使用目的。这与传统萃取技术中涉及需要反复提取进行浓缩，从而导致耗时较长，是有明显区别的。

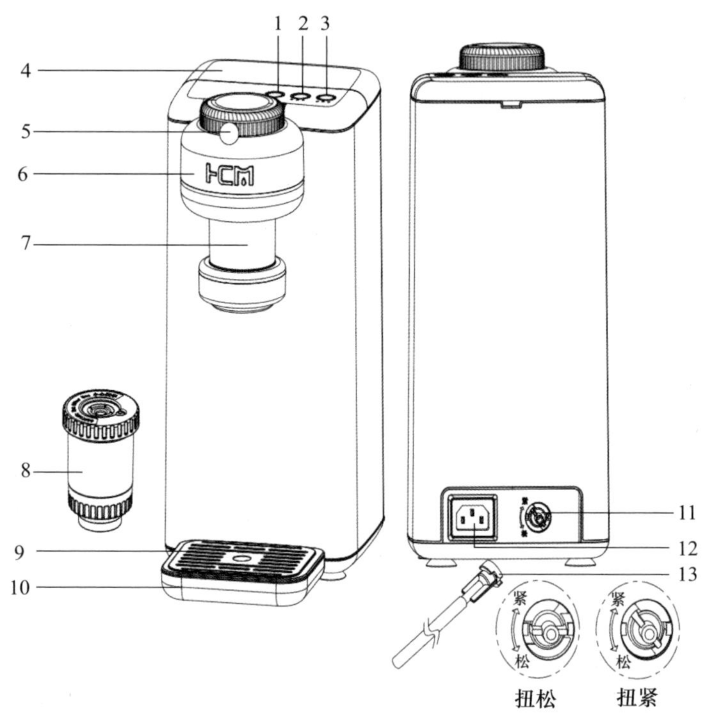

图 1 黑蟾猫萃饮机外观示意图

从时间上来看，在整个萃饮程序启动时，通过内部芯片和相关部件的配合，能在 1 秒匹配相应的水温，3 秒匹配对应的压力。以萃饮 300 毫升灵芝饮品为例，从开始到结束不超过 3 分钟，相比于正常炖煮的时间 15～30 分钟，时间和成本大大减少。

另外，与气压爆破型对外的压力有所区别，在整个工作过程中，萃饮杯中作用于食药同源植物的压力为水压，既不影响在其他因素作用下的成分提取，又保证所萃材料的受压力是向内的作用方向，满足不同细胞致密程度的食药同源材料的提取效果。图 2 中各部件（序号 1～13）名称分别为喷嘴密封圈、萃取长针、萃饮杯顶盖、泄压阀密封圈、滚珠、泄压阀、顶盖密封圈、萃饮杯杯身、超微滤网、圆盘、密封圈、圆盘底盖以及萃饮杯底盖。

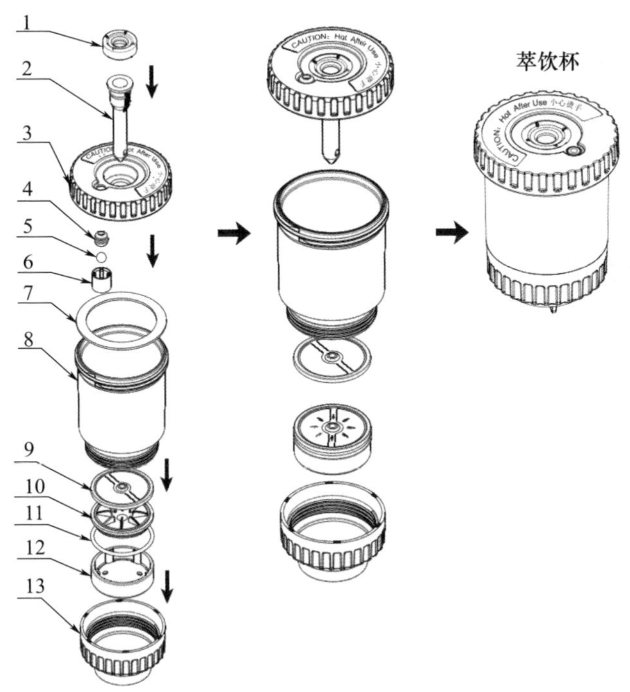

图2　萃饮杯结构

（二）实验数据说明

对于食药同源的产品利用的价值，如果仅停留在定性式的是否有功效、作用、营养价值等方面并不可取，下面通过定量化的数据来介绍萃饮机。

1. 萃取率数据

萃饮机适用于萃取植物的各个部位，包括但不限于根、茎、叶、花、豆、果。因其水萃的萃取方式，尤以干品效果为佳，图3、图4、图5对应人参（人参皂苷）、灵芝（灵芝多糖）、黄精（黄精多糖）反复的萃取率分别为70.5%、94.9%、88.9%，而正常的泡煮闷最高仅20%，两者在有效成分析出率上有显著的区别，另外原料在萃饮杯中没有因长时间处于高温状态而氧化失活，从人体吸收营养价值层面来分析也不在同一个范畴。

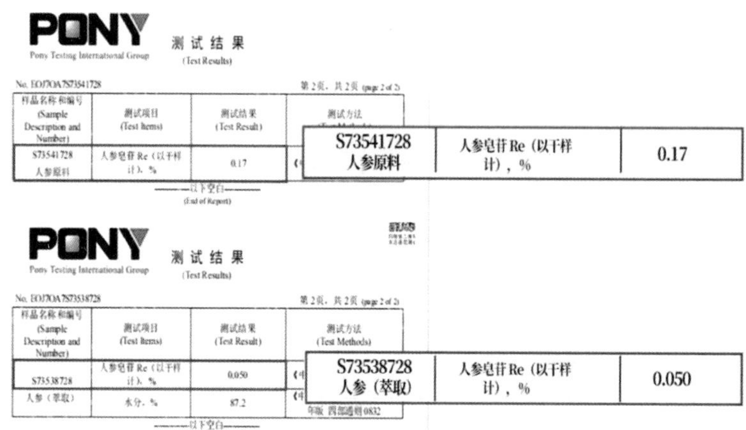

图3　人参——萃饮机萃取有效成分留存值对比

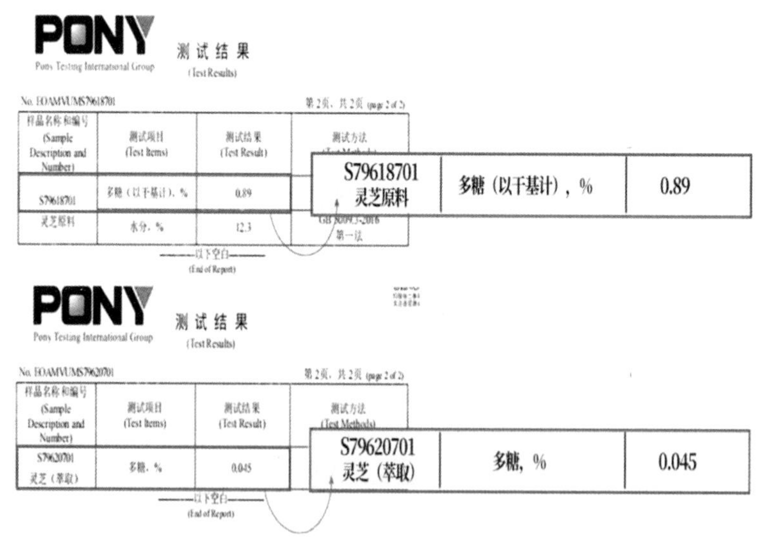

图4　灵芝——萃饮机萃取有效成分留存值对比

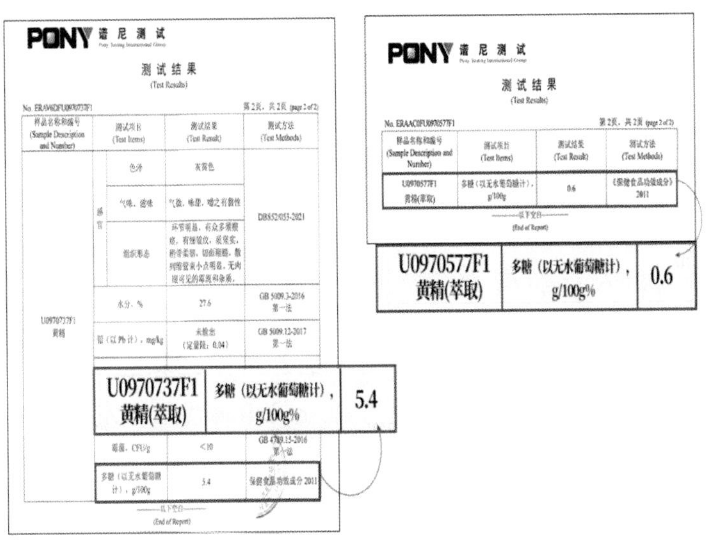

图 5　黄精——萃饮机萃取有效成分留存值对比

2. 水分子团检测数据

检测萃取后水分子团的半幅宽为 88.57 赫，符合小分子团水的界定标准。

3. 知识产权类成果

作为一家在萃饮机赛道深耕的企业，黑蟾猫萃饮机有一定的先发优势和技术壁垒，目前已有 8 项发明专利、1 项实用新型专利、7 项外观专利、6 项软著、17 项版权、100 多商标知识产权，已于 2021 年荣获国家高新技术企业。

（三）市场化方向

1. 市场竞争策略

新产品、新理念的普及必不可少需要利用其商业价值，才能维持其可持续发展。在创新的同时，对于新技术的推广以体验为主，例如利用线上支付技术，冻结客户相应机器款，消费者免费使用 30 日的权益，如不需要可在 30 日内随时申请退机并解冻价款，实现对用户初步的筛选。线上的社群、抖音、淘宝、小红书等公域私域的运营也将会是重要的板块，以持续的价值输出塑造品牌形象，带动产品普及。

2. 品牌建设

品牌建设一直是黑蟾猫萃饮机着重投入的板块之一。黑蟾猫萃饮机荣获2019年中国品牌科技创新奖和中国品牌金reveal奖，并与中央电视台合作展播，提升了品牌的知名度和影响力。此外，黑蟾猫萃饮机在2023年还入选《好样的！国货》，科技创新助力国民健康，要将“慢”中医文化驶入“快”节奏生活。

（四）应用人群和场景

萃饮机能针对不同的场景和人群，如客户接待、家庭饮用、门店接待、办公白领、养生茶客、儿童果茶，提供个性化的植物饮品服务。下面以茶台和家庭两个场景来进行分析。

1. 茶台

茶台一直是作为商务洽谈、客户接待、社交聊天中的重要环节，尤其在广东、福建等地，饮用以植物原料组成的凉茶传统由来已久。在商务活动中，一杯适合客户的饮品在无形当中会拉近双方的距离，促进合作的达成。目前的茶台主要是以各种茶叶为主，其他食药同源材除非是相关产品经营者，很少出现在茶台当中，但有萃饮机的加持，会有越来越多的原材料出现在茶台中。

2. 家庭

咖啡机、豆浆机或果汁机无法同时满足家庭成员需求，而通过萃饮机均可以更换萃饮杯原料的方式实现。

另外，在家庭使用中机器价值的体现除了使用频率高外，使用成本低也是决定能否常态化使用的一个重要因素。

三、萃饮机转化及产业化路径

（一）科技创新与中医文化的结合

黑蟾猫萃饮机能够高效地将植物有效成分萃取成纯植物饮品，这一技术不仅体现了科技创新，也融入了中医文化的理念。因此，在推广时应强调科技与传统的结合，以及如何通过现代科技手段传承和发扬中医文化。

（二）健康养生的市场定位

黑蟾猫萃饮机强调的是健康养生的概念，通过提供小分子弱碱性水，帮助用户更好地吸收营养。在推广策略上，目前经销商通过健康养生相关的活动、讲座、中医进课堂等方式，吸引对健康生活有追求的潜在消费者。

（三）食药同源原料基地累积

俗话说“药材好，药才好”，这样的观点同样适用于道地的食药同源原料，萃饮机的产业化和全民的普及需要大量的原材料供使用者消费。萃饮机物理水萃会放大食药同源产品品质不好的缺点，造成对消费者感观，尤其是口感的冲击。故而，对原材料基地的储备和辨别显得尤为重要。黑蟾猫萃饮机的灵芝基地（见图6），坐落在大山深处，仿野生的人工种植，能够最大限度平衡药效和药性，保证品质的稳定。

图6　有机灵芝基地实拍图

（四）利用大数据和AI技术提升用户体验

拥有啄医鸟中医AI智能大数据健康体检功能，能够实时动态体检，匹配解决方案。这种结合大数据和AI技术的应用，为用户提供更加个性化、精准的服务，从而提升用户体验和满意度。通过手机拍摄面部、舌部图像，在5分钟以内进行大数据筛选，给出目前客户整体的体检报告，解决客户因缺乏专业知识而导致不正确使用相应食药同源材料的问题（见图7）。

图7　啄医鸟中医AI自检报告

综上所述，萃饮机的技术推广思路和策略应聚焦于科技创新与食药同源为载体的中医文化的结合、健康养生的市场定位、利用大数据和AI技术提升用户体验、打造线下体验等方面。通过这些策略的实施，可以有效地提升萃饮机的品牌知名度和市场占有率。

四、风险评估

（一）市场和技术风险

黑蟾猫萃饮机作为萃饮机市场的先行者，具有一定的先发优势。然而，随着市场的不断发展和技术的不断进步，可能会有更多企业关注并进入这一领域，增加市场竞争压力。同时，生产依赖于特定的原材料，如果这些原材料的价格波动大或者供应不稳定，也可能影响到黑蟾猫萃饮机的成本控制和产品供应。此外，如果黑蟾猫萃饮机在技术创新或产品质量上不能持续领先，也可能面临来自竞争对手的挑战。

针对以上挑战，已完成“萃饮机”相关知识产权的累积，同时参与萃饮机国家标准的制定，确保在激烈的市场竞争中有主动权。另外，在一款成熟的产品上市后，对于新一代机器的立项和研发工作已经开始，确保在萃饮方面的技术处于领先的地位。最后，黑蟾猫萃饮机有自己的生产工厂和研发团队，确保能够自主控制生产和运营成本，并及时对市场的变动作出反应。

（二）出口风险

目前，萃饮机已经着手出口认证的相关事宜，并包括熟谙国际市场的需求、国际贸易规则的遵守、出口产品的标准认证等。

针对此项挑战，萃饮机本身拥有美国、加拿大、日本等国家专利技术，在出口认证方面具有一定的优势。萃饮机家电的属性在前期海外市场的调研中也曾接到过 Amazon 近万台的意向订单，增加萃饮机能够走出国门、让世界爱上中国萃的信心。对于国外的消费者，根据 *Investigating Consumer Preference for Organic, Local, or Sustainable Plants* 的研究，消费者对本地生产、有机种植的植物有较高的兴趣[2]。萃饮机加中医传统文化理论，结合当地的特色植物，也将迸发出符合当地的萃饮新生活方式。

五、总结与展望

中医文化是中华民族的瑰宝，食药同源作为中医文化中离群众最近，同时也是接触最多的组成部分，对其进行专业和深入浅出的弘扬与科普至关重要。文化的传承需要被不断地科普，科技创新引发的萃饮科技革命可以在食药同源生活化的产业需求和国民生活方式之间架起一座桥梁。

未来以“萃”为中心，喝好一杯水，就像今天以车为中心，随时随地出行，必将成为亿万人的生活方式。萃饮机为中国植物而生，让中医回归生活，让食药同源从宣传册中走出，融入国民饮食结构中。黑蟾猫萃饮机挖掘中医文化的精神内涵和时代价值，充分发挥其作为中华文明宝库“钥匙”的独特作用，以“科技＋植物＋大数据＋商业连锁＋互联网”五维一体的方式，推动中医文化贯穿国民教育，融入生活，为中医发展厚植文化土壤，为食药同源稳固产业基础，为健康中国的国家战略建设注入源源不断的文化动力，为铸就社会主义文化新辉煌贡献力量。在传承和创新两端齐发力，以“萃”为中心，缔造千元级萃饮垂直产业链，通过中医科技化实现食药同源全民生活化，为国民健康加油，为健康中国助力。

参考文献

［1］中国报告大厅．2023—2029 全球与中国台式净饮机市场现状及未来发展趋势［EB/OL］．（2023－4－13）［2024－08－15］https：//www. chinabgao. com/report/print13066792. html.

［2］CHENG Y Y. Investigating Consumer Preference for Organic，Local，or Sustainable Plants［J］．HortScience，2011（4）：610－615.

叁

市场开发篇

HB.08 食药同源产品开发技术现状及发展趋势

欧阳竞锋[1]　贾永森[2]　杨昕祺[3]　高瑞轩[4]

摘　要： 本报告深入分析了食药同源产品开发技术现状及发展趋势，内容涵盖了两个方面：首先介绍了食药同源产品开发技术现状，即食药同源产品基于活性成分的加工技术现状、基于产品形式的加工技术现状、基于消化吸收的加工技术现状，并结合当前市场上的产品予以解析说明；其次总结了产品开发技术的未来趋势，如适老化、食用方便、营养匹配、成本低廉及绿色健康等。通过系统的分析和全面的总结，本报告为食药同源产品研发发展提供了有力的参考和指导。

关键词： 食药同源；技术现状；发展趋势

一、开发技术现状

（一）基于活性成分的加工技术现状

植物中的营养物质主要来自初生代谢产物，如糖类、脂类、蛋白质、维生

① 欧阳竞锋，博士，研究员，中国中医科学院医学实验中心实验室副主任，研究方向：中医药防治神经退行性疾病及食药同源功能食品研发 。

② 贾永森，博士，教授，华北理工大学中医学院基础部主任，研究方向：中医肿瘤方证基础研究及食药同源功能食品研发。

③ 杨昕祺，华北理工大学在读硕士研究生，研究方向：中医药防治神经退行性疾病及食药同源功能食品研发。

④ 高瑞轩，中国中医科学院医学实验中心在读硕士研究生，研究方向：中医药防治神经退行性疾病及食药同源功能食品研发。

素和纤维素。次生代谢产物包括苯丙素类、醌类、黄酮类、单宁类、萜类、甾体及其苷、生物碱。这些“天然产物”构成了研究天然药物和中药功效的主要基础[1]。

1. 中药粉碎

中药粉碎是指借机械力将大块固体物质粉碎成规定细度的操作过程，也可以是借助其他方法将固体药物碎成一定粒度的粉体的操作[2]。中药粉碎技术包括普通粉碎、超微粉碎及破壁粉碎。

（1）普通粉碎

普通粉碎技术是中药加工中的一种基本技术，它主要通过物理方法将中药材破碎成粉末。普通粉碎包括干法粉碎和湿法粉碎。

干法粉碎是指将药物经过适当干燥后再粉碎，它包括混合粉碎和单独粉碎。混合粉碎适用于处方中质地相似的群药粉碎，能够克服单独粉碎中的困难。根据药物性质和粉碎方式，混合粉碎又分为串料粉碎、串油粉碎、蒸灌粉碎。单独粉碎适用于贵重中药、毒性或刺激性强的中药、氧化性与还原性强的中药及质地坚硬不便与其他药物混合粉碎的中药。

湿法粉碎是指往药物中加入适量水或其他液体并与之一起研磨粉碎的方法。它适用于一些干法粉碎易黏结成块的药物，如冰片、樟脑等。它的优点在于可以降低药物分子间的引力而易于粉碎，以及避免粉尘飞扬。

（2）超微粉碎

超微粉碎是指利用机械或流体动力的方法提供外力，将粉粒物料磨碎到粒径为微米级以下的操作[3]。超细粉体通常有微米级（大于 1μm）、亚微米级（0.1～1μm）以及纳米级（1～100nm）。虽然中药超微粉碎技术优势明显，但挥发性组分易挥发损失，粉碎设备表层微量金属剥脱造成的污染等。

常见的超微粉碎机械设备有气流磨、高速机械冲击磨和振动磨。气流磨适用于质地松脆、热敏性和低熔点的中药，不适用于含有挥发性成分的药材。高速机械冲击磨广泛用于中、低硬度中药的粉碎，但会产生热效应，因此不适用于热敏性和低熔点的中药。振动磨适用于不同硬度的中药粉碎，可实现对热敏性、低熔点和挥发性成分中药的低温粉碎，但噪声较大，对研磨棒质量要求高。

（3）破壁粉碎

破壁粉碎是一种先进的中药加工技术，核心在于打破植物细胞壁，使得药材中的有效成分能够更充分地释放出来，从而提高中药的疗效和人体对药物的吸收率[4]。目前，该技术采用的破壁方法有物理法、机械法、综合法、生物法、化学法。其中，物理低温粉碎法适用于在常温下粉碎困难的物料，软化点低、熔点低及热可塑性物料，如树脂、树胶、干浸膏等；适用于含水、含油虽少，但富含糖分，具有一定黏性的药物，可获得更细粉末且能保留挥发性成分。

2. 分离提取技术

浸提是指采用适当的溶剂和方法浸出中药材所含有效成分或有效部位的操作。提取技术包括水提、醇提、冷冻等。

（1）水提法

水提法是一种常用的提取物质的方法，利用水作为溶剂将目标物质从原料中提取出来。药材中的苷类、有机酸盐、蛋白质、色素、多糖类以及酶和少量的挥发油均能被水浸提。水提法经济易得，极性大，溶解范围广。但是水提法针对性或选择性差，容易浸提出大量无效成分；同时，还会引起一些有效成分的水解，或促使某些化学变化的发生。

（2）醇提法

醇提法是一种利用有机溶剂（通常是醇类，如乙醇、甲醇等）作为溶剂来提取植物或其他天然产物中有效成分的方法。常用乙醇作为浸提溶剂，可以通过调节乙醇的浓度，选择性地浸提药材中某些有效成分或有效部位。乙醇含量在不同范围内具有不同的应用特性：乙醇含量超过90%适用于提取挥发油、有机酸等；乙醇含量50%～70%适用于提取生物碱、苷类；乙醇含量低于50%适用于提取苦味质、蒽醌苷类化合物；乙醇含量40%以上的乙醇浓度有助于延缓苷类、脂类药物的水解，增加制剂的稳定性；乙醇含量20%以上的乙醇含量具有防腐作用[5]。

（3）冷冻法

冷冻法是一种利用低温条件来提取中药中有效成分的技术。这种方法通常涉及将中药材在低温下冷冻，然后通过冷冻过程中的物理变化来提取和浓缩中药中的活性成分。在冷冻过程中，中药材中的水分会形成冰晶，而药材中的有效成分被浓缩在未冻结的液体中。这个过程可以提高提取效率，避免出现碎片多、粉性大、拉丝、黏连、结块、黏刀等现象，影响质量和片型特征。

3. 浓缩技术

浓缩技术[6]是指在沸腾状态下，经传热过程，利用汽化作用将挥发性不同的物质进行分离，从液体中除去溶剂得到浓缩液的工艺操作。目前，常见的浓缩技术有蒸发浓缩、膜浓缩、冷冻浓缩等。

（1）蒸发浓缩

蒸发浓缩有以下三种：

① 常压蒸发又称常压浓缩，是指料液在 1atm 下进行蒸发的方法。它适用于待浓缩料液中的有效成分是耐热的，而溶剂又无燃烧性、无毒害者。但常压蒸发，浓缩速度慢、时间长，药物成分易破坏，且常压浓缩时应注意搅拌以避免料液表面结膜，影响蒸发，并应随时排走所产生的大量水蒸气。

② 减压蒸发：又称减压浓缩，是指在密闭的容器中，抽真空降低内部压力，使料液的沸点降低而进行蒸发的方法。其常用设备有减压蒸馏装置、真空浓缩罐。减压浓缩能防止或减少热敏性物质的分解，排除溶剂蒸气，但相较于常压浓缩，消耗的加热蒸汽量多。

③ 薄膜蒸发：又称薄膜浓缩，是指使料液在蒸发时形成薄膜，增加汽化表面积进行的蒸发方法。薄膜浓缩具有蒸发速度快，受热时间短，不受料液静压和过热影响，成分不易被破坏，能将溶剂回收重复利用等优点。

（2）膜浓缩

膜浓缩是一种低能耗的处理方法，利用物理筛分、渗透扩散等原理将溶液中的溶质与溶剂进行分离。该技术逐渐应用于中药提取物、食品饮料等物料的浓缩过程。膜浓缩技术与热浓缩技术相比，具有操作温度低、能耗低、成分损失少等优势，适用于物料，尤其是热敏性物料的浓缩处理。将膜技术应用于中药制药的浓缩过程中，能有效提升中药制药工艺水平，提高中药产品质量。从实际应用的角度看，当反渗透浓缩法处理营养物质含有较多糖类、蛋白质等营养成分的食品时，虽然能保留物质的感官和物理性质，但是存在提浓效果上限低的问题。此外，膜浓缩还存在低分子组分分离困难、运行成本高、周期操作短等问题。

（3）冷冻浓缩

冷冻浓缩是用冰与水溶液之间固液相平衡的原理，将溶液中的水分以固态冰的形式去除的一种浓缩方法。冷冻浓缩全程处于低温状态，其天然营养成分及风味物质破坏程度较低，所得产品质量高，因此该技术非常适合热敏性液体食品的加工。冷冻浓缩有渐进式冷冻浓缩和悬浮式冷冻浓缩。渐进式冷冻浓缩也叫作层状冷冻法或规则冻结，其特点是装置中的热传递为单一方向。渐进式冷冻浓缩过程中，通常先在冷却面上形成结晶层，之后溶液的新结晶层依次沉积在先前形成的结晶层上，随着冰层在冷却面上生长，界面附近的溶质被排除到液相侧，因此，液相中溶质质量浓度逐渐升高。渐进式冷冻浓缩具有设备简单、制造成本低、控制方便等优点。悬浮式冷冻浓缩过程中，悬浮液始终处于搅拌状态，冰晶悬浮在体系中，而不在冷却面沉积。其特征是小冰晶成长为大冰晶并不断排除，使母液浓度增加而实现浓缩。但悬浮式冷冻浓缩法中种晶生成、结晶成长、固液分离三个主要过程分别在不同装置中完成，导致装置设备投资大，需要精确控制再结晶罐过冷度，大量清洗液回流再浓缩，增加了能耗，故限制了此方法的实际应用范围。

4. 膜分离技术

膜分离技术是利用特定的膜渗透作用原理来实现选择性成分分离、浓缩、纯化的技术，在很多传统抗生素及氨基酸生产工艺中有着广泛的应用。膜分离技术能提高药物有效成分的提取率，但在实际应用过程中会存在膜材料质量以及污染等问题，需要克服和优化。

（1）微滤

膜微滤是膜分离技术的重要组成部分，主要基于筛分原理，它的孔径一般为0.1～1.0μm，介于常规过滤和超滤之间，微滤膜分离技术以静压差为推动力进行膜筛分，可以从气相和液相的物质中去除和截留各种直径大于半透膜孔径的物质，从而实现分离、净化和浓缩。技术优点为：孔径均匀，过滤精度高，可以全部截留大于孔径的微粒；孔密度高，膜阻力小，孔体积占膜体积的70%以上，过滤速度快；孔膜厚度不超过150μm，吸附量极少；微滤膜为高分子材料，不会有脱落介质，过滤纯度高[7]。

（2）超滤

超滤膜的过滤精度为0.01μm，可截留微粒子、胶束、蛋白质、病毒等各类大分子，一般在常温、低压下操作，对于热敏性、保味性和对化学物质有反应的体系比较实用。在实践中，以其浓缩、提纯以及高效分离等优点，逐渐成为中药行业发展的有力推手[8]。

（3）反渗透

该技术是利用反渗透膜对溶液的选择透过性以及外界推动力的作用而克服

渗透压，使溶剂通过渗透膜的逆向分离过程。反渗透分离的核心是半透膜，即反渗透膜。反渗透膜技术具有效率高、成本低和环境友好等优点。反渗透技术是目前最先进的分离技术之一，应用比较广泛；但反渗透过程与溶液的渗透压有关，溶液浓度越高，渗透压越大，所需操作压力也越大，所以反渗透难用于浓缩高浓度的溶液[9]。

5. 保鲜技术

保鲜技术是指为了保持中药材的药效、质量和价值，采用各种方法和措施来延长其保质期和防止变质的技术。现代常用保鲜技术包括气调储藏法、速冻保鲜法、保鲜剂保鲜法等[10]。

（1）气调储藏法

气调储藏法是指采用塑料薄膜袋将鲜药密封起来，控制袋内外的气体交换，促使药品通过自身代谢活动吸收氧气、呼出二氧化碳来降低氧气的浓度，使袋内的各种气体含量达到适宜的比例，从而达到使药品保鲜的目的。气调储藏操作较简单，投入成本较少；但只适合短期储藏，时间较长时储藏效果不理想。

（2）速冻保鲜法

速冻保鲜法是使鲜药中的水分快速结晶、迅速降低鲜药温度的一种加工技术。此技术需先将药品清洗干净，然后将其表面的水分晾干。为方便储藏，可将药材切片或切段，然后放入包装袋里，抽真空后封口，置于－30℃下速冻，随后放入－18℃冰箱内储藏。速冻保鲜法能保证鲜药的原有成分和性质不变，而且该法成本较低，保鲜效果较好。

（3）保鲜剂保鲜法

保鲜剂保鲜法是指将由蔗糖、淀粉、脂肪酸和聚酯物调配成的半透明乳液喷雾，涂刷或浸渍在鲜药的表面，在鲜药表面形成一层膜，阻止氧气进入鲜药的内部，从而延缓鲜药成熟及衰老的过程，起到保鲜作用。保鲜剂可食用，但部分鲜药在使用保鲜剂后会出现变色等现象，长时间储藏会改变鲜药的部分性能。

6. 干燥技术

干燥是指利用热能除去含湿的固体物质或膏状物中所含的水分或其他溶剂获得干燥物品的工艺操作[2]。新鲜中药材含水率普遍较高，给微生物的生长繁殖提供了有利环境，导致药材在储藏过程中易发霉腐烂，且高含水率不利于药材的运输以及炮制、粉碎等后续加工，所以必须通过干燥降低药材所含水分。目前，中国仍然多采用晒干、阴干等传统的自然干燥方式对中药材进行干燥。

自然干燥无须干燥装备，具有操作简单、成本低廉等优点；但由于过度依赖自然条件，无法对干燥过程进行控制，导致干燥周期漫长且药材干燥品质良莠不齐，严重制约了中药产业发展。为增强中药材干燥效果，各类现代化干燥技术相继被运用到中药材干燥加工中，主要有热风干燥、喷雾干燥、热泵干燥、红外干燥、微波干燥、真空干燥、冷冻干燥等[11-12]。

（1）热风干燥

热风干燥是指利用加热后的空气充当干燥介质，并借助温度差将空气中的热量传递给物料，一部分热量供物料表面水分蒸发，另一部分热量在温度梯度作用下向物料内部传递；同时，物料表面水分蒸发使其内部与表面之间形成内高外低的湿度梯度，推动内部水分向表面扩散并继续在表面蒸发，最终实现对物料的干燥。热风干燥技术成熟、投资成本低、干燥规模大等，在目前中药材产地加工中应用广泛。但是，高温多氧的干燥环境容易降低药材品质，因此比较适用于无特殊要求或廉价中药材的大规模干燥。

（2）喷雾干燥

喷雾干燥是指直接将浸出液喷雾于干燥器内，使之在与通入干燥器的热空气接触过程中，水分迅速汽化，从而获得粉末或颗粒的方法。其优点是物料受热表面积大，传热传质迅速，几秒内即可完成雾滴的干燥，适用于热敏性物料的干燥，且喷雾干燥制品质地松脆，溶解性能好，能保持原来的色香味。但喷雾干燥技术能耗较高，控制不当会出现干燥物黏壁现象，且成品收率较低，设备清洗较麻烦。

（3）热泵干燥

热泵干燥是指利用气体充当干燥介质与物料进行热质交换从而实现干燥的目的，属于对流干燥。热泵干燥满足了市场对中药材的品质要求，且干燥过程节能环保，符合绿色低碳的发展理念，在中药材产地加工中有着良好的应用前景。但目前装备投资及维护成本较高，比较适合用于富含热敏性、挥发性成分且附加值较高的中药材。

（4）红外干燥

红外干燥是指利用红外线辐射器产生的电磁波被含水物料吸收后转变为热能，进而使物料中水分汽化而干燥的一种方法。物料内部分子遇红外线吸收其能量并发生高频震动，引起内部温度上升，水分蒸发并自内向外扩散。红外干燥技术的优点是干燥均匀、能耗低、干燥后产品质量高等，适用于热敏性药物干燥，特别是熔点低、吸湿性强的物料，以及某些物体表层的干燥。

（5）微波干燥

微波干燥是指把物料置于高频交变电场内，从物料内部均匀加热，迅速干燥的一种方法。微波干燥具有穿透力强、可以使物料的表面和内部同时吸收微波、物料受热均匀、加热频率高等优点，因而干燥时间短，干燥速度快，产品质量好。它适用于含有一定水分而且对热稳定药物的干燥或灭菌，中药较多用于饮片、药物粉末、丸剂等干燥，但微波干燥设备投资和运行成本高。

（6）真空干燥

真空干燥是指将物料放置于负压环境中，使水的沸点降低，并通过对物料加热，使物料中水分在较低温度下发生蒸发与沸腾，并在压力梯度和水分梯度作用下迁移至表面。负压环境与物料之间的压力差促使水分从物料表面快速脱离，加速了干燥过程。真空干燥后的药材色泽、气味等感官品质更佳，且有效成分得到了较好保留；同时，还可降低环境的氧气浓度，从而有效抑制了药材褐变以及有效成分氧化。真空干燥提供的低温低氧环境充分保证了药材品质，适用于热敏性或高温下易氧化物料的干燥；但由于目前装备干燥效率低，且投资与运行费用很高，所以限制了真空干燥的使用。

（7）冷冻干燥

冷冻干燥是指将浸出液浓缩至一定浓度后预先冻结成固体，在低温减压条件下将水分直接升华除去的干燥方法。它适用于极不耐热物品的干燥，在高度真空及低温条件下可避免成分高热而分解变质，干燥制品外观优良，质地多孔疏松，易于溶解，且含水量低，有利于药品长期储存。冷冻干燥也有一定的不足，如需要高度真空及低温、设备特殊、耗能大、成本高等。

7. 发酵技术

发酵技术是指利用微生物菌种对中药原料进行发酵，通过微生物的代谢活动，改变中药中的活性成分的结构和含量。现代中药发酵技术是中药炮制学与生物工程学结合应运而生的一种前沿交叉学科技术。中药药用成分复杂，包括多糖类、黄酮类、生物碱、皂苷类、挥发油和有机酸等，利用微生物发酵可使中药活性物质发挥最大的利用价值。中药材经合适的发酵菌种和发酵条件处理后，发酵菌代谢酶可消化中药植物细胞壁以释放药物活性成分，生物转化中药毒副成分以降解毒副作用，生成更多生物活性小分子以提高药效。在部分中药发酵的过程中，中药中的化学成分可以通过微生物代谢被进一步转化或修饰，得到新的活性成分，为新药开发提供了新的途径。微生物产酶丰富，具备超强的合成转化功能，能生成大量的初级、次级代谢产物，大部分产物也具备很好的药理作用。现代研究发现，发酵对中药所含苷类化合物的影响更为突出。但也存在一些问题，如中药自身体系的模糊、微生物生长特性的多样性等。目前，中药发酵技术主要有固体发酵、液体发酵和双向固体发酵三种方式[13]。

（1）固体发酵

传统发酵技术采用的是固体发酵，固体发酵运用历史悠久，技术成熟，是将药物废料或中药材作为基质，采用单一菌种或复合菌种进行发酵，得到目的发酵产物。固体发酵相较于液体发酵，其采用天然菌种进行发酵，具有成本低、污染小、发酵条件要求低等优点；但也存在反应条件不易控制、发酵速度慢、自动化程度低、难以大规模生产等局限性。

（2）液体发酵

采用富含营养的液体培养基来培养菌种，通过控制温度、时间、起始 pH 等条件，培养得到既定目标的发酵产物。液体发酵技术可以实现大规模生产，条件容易控制，而且能够有效提高生产效率和产量。微生物在发酵过程中其自身酶系可以对细胞壁进行有效的分解，使植物细胞破裂，有效物质较易溶出，并且可以有效降解分子量较大的活性物质，提高了活性成分的浓度。发酵法不仅可以提高药物的生物利用度，而且发酵过程中产生的代谢产物可与药物的活性成分相互作用，增强药效。目前，采用的液体发酵工艺条件，中药有效成分转化率低，相对成本高，发酵后的药渣依旧含有蛋白质等营养成分。此外，发酵过程中易受到杂菌的污染，因此还需对液体发酵工艺及发酵设备进行优化。

（3）双向固体发酵

双向固体发酵是指将中药材作为药性基质，与微生物组成发酵体系药性基质与微生物相互作用，基质提供营养影响着微生物的生长与代谢，同时，微生物代谢作用可以改变基质的成分，使之产生新的性味与功效。这种相互作用称为双向性。双向固体发酵技术优势明显，对中药具有减毒增效的作用，然而不同菌种、中药组合产生的代谢产物是有所不同的，选择正确的发酵组合，探索真菌和中药之间的作用机制都是研究的重点。

8. 酶学技术

酶学技术是通过各种酶的生物学效应进行生物转化，在密闭环境中将酶作为反应催化剂，对底物进行催化操作。酶学技术常应用于食品加工及质量检测中[14]。

在食品加工过程中添加特定酶，可以转化食品的某些组分，降低反应所需的活化能，将底物转化为易反应的活化分子。从食品加工使用的酶种类来看，主要包含蛋白酶和果胶酶。蛋白酶在植物果实、茎叶和动物内脏中广泛存在。在食品加工中，可以使用内源蛋白酶、微生物分泌蛋白酶或人造蛋白酶制剂。在酶的催化作用下，食品中蛋白质分子的酰胺键断裂，导致游离氨基酸出现。酶和底物的反应使水解活化能有所降低，确保裂解过程相对温和，并能够持续进行。果胶酶属于复合酶的一种，能够对高等植物中富含的果胶物质进行分解。按照作用机理又分为裂解酶、脂酶、多聚半乳糖醛酸酶等类型，分别发挥反式消去、-OCH 基随机切除、α-1，4 糖苷键切断等作用。通过切断果胶分子中的不同化学键，能够促进整个催化反应，以满足不同食品的加工需求。

酶学技术在食品安全检测中的运用包括酶联免疫分析法和酶生物传感器法。在食品质量检测领域，酶联免疫技术为最常用的技术，能够用于食品毒素、微生物、重金属污染、残留农药等检测工作。由于抗体抗原反应敏感且具有专一性，可在食品未分离提取状态下开展定性和定量分析，实现缩减食品检测步骤的目标。酶生物传感技术属于融合性技术，需将酶和生物电极组合在一起，用于对食品底物含量进行测定。酶对特定底物可以产生专一催化性，同时电化学分析法具有快速、便捷等特点，因此两者的结合能够满足食品质量检测需求。在食品中亚硝酸盐检测方面，可利用亚硝酸还原酶的生物传感器进行定量检测；在发酵工业中，利用酶电极测量特定底物浓度；在酒精中氨基甲酸乙酯检测方面，考虑该物质由尿素和乙醇反应获得，可利用固定化脲酶膜的酶电极对尿素含量进行测定。在酶电极中，电极表面覆盖敏感的酶凝胶膜，能够通过在膜面扩散促使底物受到酶的催化作用，然后通过离子选择电极对催化产物进行测量，换算为待测底物浓度值。

9. 调配技术

调配技术是将各种原料按照特定比例和方法混合，以达到预期的口感、外观、功效或性能的技术。它是从中药材前处理向成品加工过渡的关键工序，通过添加稳定剂、矫味剂等各类辅助原料，优化中药品质的过程。

（1）稳定性

中药制剂的稳定性是指在生产到使用过程中，药物化学、物理和生物学特性发生变化的速度和程度。这种稳定性直接关系到药品的质量和疗效，因此提高中药制剂的稳定性至关重要。为了防止药品变质或减缓变质速度，应根据中药的特性选择合适的生产条件、储存条件和保管方法。制剂的配方、外部因素和稳定性之间存在密切关系，稳定化措施包括延缓水解和防止氧化等方法。

① 延缓水解：延缓水解的方法包括调节适宜的 pH 值、降低温度、改变溶剂、制成干燥固体。由于药物的氧化作用受 H^+ 或 OH^- 的催化，对于易氧化分解的药物，可采用酸（碱）或适当的缓冲剂调节，使药液保持在稳定的 pH 值范围；对于热敏感药物，降低温度可以使水解反应减慢；对于水中不稳定的药物，可采用乙醇、丙二醇、甘油等溶剂，或在水溶液中加入适量的非水溶剂，从而延缓药物的水解；对于极易水解的药物，可将其制成固体制剂以增加稳定性。

② 防止氧化：防止氧化的方法包括降低温度、避免光线照射、驱逐氧气等。在提取、浓缩、干燥、灭菌等工艺过程中，对于含热敏性成分的制剂，应根据情况选用不经高温过程的前处理和灭菌工艺，成品应低温储存；对于光敏感的药物制剂，可制成 β－环糊精包合物或胶囊，采用棕色玻璃瓶包装或包装容器内衬垫黑纸，避光储存；驱逐氧气是防止药物氧化的根本措施，可采用排氧、添加抗氧剂和金属离子络合剂等方法，排氧措施主要包括煮沸排氧、通入惰性气体（如二氧化碳、氮气）、采用真空包装。

除延缓水解、防止氧化等方法外，还可采用将药物制备成稳定的衍生物、制成微囊或包合物，或改进工艺条件等方法增加制剂的稳定性。

（2）矫味技术

现阶段的矫味技术可针对不同的剂型，采用物理或生物化学方法进行包合、掩埋等实现矫味。中药的口感是制约患者用药依从性的重要原因，同时也是中药制剂处方设计时的重要考察因素，因此改善中药口味，使患者更易于接受，对中药的应用与发展具有重要意义。中药传统矫味技术包括炮制掩味、辅料掩味及药引子掩味，现代矫味技术包括矫味剂矫味、物理矫味和生物化学矫味[15]。

① 传统矫味：是根据药材自身性质及临床用药需求，对药材进行特殊处理的技术，在起到减毒增效的同时可以掩盖中药产生的不良气味和味道。炮制、醋炙法、酒制法、蜜制法及姜制法是常用的改善中药气味的炮制方法。在传统中药制剂制备时，通过加入蜂蜜、蔗糖等来矫正口感，即为辅料掩味。药引子矫味常应用黄酒、红糖等药引子进行处理。

② 模式矫味

a. 矫味剂矫味：其为最简单的矫味方法，主要的掩味剂有甜味剂、芳香剂、胶浆剂、泡腾剂、化学调味剂等。天然甜味剂有糖类、糖醇类和苷类，糖类是最常用的。芳香剂通过干扰嗅觉来混淆味觉，常见的芳香剂有天然挥发性芳香油及其制剂和人工合成香精两类。常用的芳香剂是水果味香精香料，其柔和的香味受大众喜爱。高分子胶浆剂可以干扰味蕾的味觉，用于矫正刺激性药物的刺激性，降低涩酸味。常见的胶浆剂有淀粉、羧甲基纤维素钠及阿拉伯胶等。泡腾剂是指酸式碳酸盐与有机酸混合后产生二氧化碳，溶于水呈酸性，能够麻痹味蕾，常用于苦味制剂。化学调味剂如麸氨酸钠可矫正鱼肝油的腥味，消除铁盐制剂的金属味。

b. 物理矫味：物理矫味中，聚合物膜或脂质屏障可减缓苦味物质的释放，它包括包衣、微胶囊与微球。包衣通过在固体表面按特定的工艺包裹上糖料或其他材料，可形成保护层，阻止苦味物质的释放，从而掩盖药物的苦味。常用包衣材料包括高分子脂质和糖类等胃溶性、肠溶性和非 pH 依赖型不溶性高分子材料。微胶囊是应用载体材料包裹药物如挥发油等形成微型球体或胶囊，可掩盖药物异味。

c. 生物化学矫味：主要用于苦味成分明确的中药，通过分子间相互作用或静电吸附与一些中药成分结合，产生水溶性较差的复合物，从而掩盖它们在口腔中的苦味。生化矫味包括环糊精包合和离子交换树脂。环糊精包合是常用的包合技术，它可以将活性物质包埋在载体中，使其转化为其他存在形式，并在敏感的生物活性物质与外界环境之间提供屏障。β－环糊精是常用的环糊精，它可以单独使用或与另一种聚合物联合使用，包合多种中药成分，以掩盖其苦味并提高其溶出率。离子交换树脂是一种经功能化修饰的网状不溶性惰性聚合物，是带有酸性或碱性功能基团的高分子材料，它不仅能通过静电作用或弱离子键与带相反电荷的药物形成复合物，掩盖口腔中的难闻味道，还能通过胃肠道离子交换过程释放电离药物，提高药物的生物利用度。目前，离子交换树脂已广泛应用于掩盖各种中药的不良味道。

10. 杀菌技术

杀菌技术是指使用热力杀菌、非热力杀菌方法来消灭或抑制微生物（包括细菌、病毒、真菌、孢子等）的生长和繁殖，以达到保护产品、环境和人类健康的目的[16－17]。

（1）热力杀菌

热力杀菌是通过控制温度达到杀菌的目的，主要有干热灭菌和湿热灭菌两种方式。干热灭菌多指火烤或干烤，湿热灭菌主要是通过控制水温或食品温度来达到灭菌效果。广泛应用的热力杀菌技术有低温杀菌、高温短时杀菌和超高温瞬时杀菌。

① 低温杀菌：一种利用较低的温度既可杀死病菌又能保持物品中营养物质风味不变的方法。其常被广义地用于定义需要杀死各种病原菌的热处理方法。巴氏杀菌的热处理温度较低（68～70℃），并保持此温度30min以后急速冷却到4～5℃。

② 高温短时杀菌：是指食品经100～130℃的杀菌。其主要应用于pH＞4.5的低酸性食品的杀菌。高温杀菌主要有间接式和连续式。高温杀菌在罐头领域有很好的应用，既能保证罐头的风味，又能延长保质期。

③ 超高温瞬时杀菌：在135～150℃的温度下保温2～8s，后，再迅速冷却到30～40℃的杀菌。这个过程中，微生物细菌的死亡速度远比食品质量受热发生劣变的速度快，因此能够实现食品的高效灭菌，同时几乎能完全保留食品原有的品质与风味。超高温瞬时杀菌通常应用于流体或半流体食品杀菌。

（2）非热力杀菌

非热力杀菌也称为冷杀菌，是指在低温条件下对食品或其他物品进行杀菌。非热杀菌相较于热杀菌，其能够在较低的温度下进行杀菌，减少了热处理过程对食品的损伤，更好地保留了食品的营养成分、口感、色泽和风味等。非热杀菌通常能够在较短的时间内完成，高效节能，并且不产生热污染。非热力杀菌通常分为化学杀菌和物理杀菌两种。

① 化学杀菌：用化学药品直接作用于微生物而将其杀死的方法。其作用机制包括作用于菌体蛋白质，使其变性死亡，与微生物的酶系统结合，影响其代谢功能，提高菌体膜壁的通透性，促使细胞破裂或溶解。化学杀菌有化学气体灭菌法和消毒剂消毒法。气体灭菌法是指利用化学药品产生的气体或蒸气杀灭微生物的方法[2]，适用于不能采用加热灭菌、滤过除菌等灭菌方法的药品、空气及环境的灭菌。常用的气体灭菌剂有环氧乙烷、甲醛、臭氧等，其优点是由于被灭杀物品不经过加热、辐射、消毒剂的涂擦和浸泡等，药物性质几乎不受影响；缺点是灭菌时间较长，需要密闭条件，且大多数气体灭菌剂对人体皮肤、黏膜会造成损害，少数气体灭菌剂易燃易爆，所以要注意防护。消毒剂消

毒法是指将化学药品配成一定浓度的液体消毒剂，通过喷雾、涂擦或浸泡杀灭微生物的方法。常用消毒剂有醇类、酚类、季铵盐类、氧化剂等。该方法能够有效地杀死细菌繁殖体，减少微生物数量；但不能杀死芽孢，且高浓度消毒剂具有腐蚀性。

② 物理杀菌：物理因素作用于病原微生物并将其杀灭或清除的方法。其采用辐照杀菌、紫外照射杀菌、微波杀菌、电阻杀菌、脉冲磁场杀菌、低温等离子体杀菌、超声波杀菌等技术来灭杀细菌微生物。辐照杀菌也称电离辐射、冷杀菌，射线直接作用于细菌蛋白质、脂类和核酸，使其发生断裂、交联、降解等一系列化学反应。同时，辐照使细胞中水分子分解，产生水合电子、氢原子、羟基自由基、过氧化氢等带电物质作用于生物大分子，导致其结构破坏，从而杀死细菌。紫外线照射可造成微生物细胞质变性，导致微生物死亡。用于灭菌的紫外线波长一般为200～300nm，适用于物品表面的灭菌、无菌室空气及蒸馏水的灭菌。微波灭菌是用微波照射杀灭微生物和芽孢的灭菌方法，采用的微波频率通常为300MHz～300GHz，适用于以水为溶剂的液体药剂、中药饮片及固体制剂的灭菌，具有低温、常压、省时、高效、均匀、保质期长、节约能源、不污染环境、操作简单、易维护等优点。电阻杀菌又称欧姆杀菌，是利用电流通过食品时，食品中的极性分子在电极极性的高频变化下不断地旋转摩擦而产生热量，达到杀死活菌体的作用。脉冲磁场是一种动态磁场，微生物细胞受到磁场和诱导电场的影响产生磁性穿孔，导致细菌内物质外流，使细菌死亡。在低温时，等离子体能释放高能电子和活性氧等物质，这些活性物质与微生物细胞表面接触时，会对细胞膜、蛋白质等生物大分子造成损伤，导致细胞死亡。超声波可以杀菌，是因为其具有的高能量几乎能够将所有的微生物细胞破坏并致碎。在实际应用中，单一非热物理杀菌技术可能需要较长时间或较高能量消耗才能达到理想的杀菌效果。此外，部分细菌、病毒或孢子可能对某一杀菌技术有一定的抵抗性，进而无法完全灭杀细菌，因此通常需要综合运用多种非热杀菌技术。

（二）基于产品形式的加工技术现状

1. 液体饮料处理技术

药食同源液体饮料是指结合了药用植物和食物成分，通过特定的加工工艺制成的饮料。这类饮料不仅具有良好的口感，还具有一定的保健功能，满足现代人追求健康生活方式的需求。食药同源液体饮料的开发和应用，体现了中医药理论与现代食品科技的结合。液体饮料加工通常应用提取、粉碎、浓缩、调配及杀菌等技术，在保留原料的有效成分的同时，保证产品良好的口感以及产品质量和稳定性，从而满足消费者需求。

（1）果蔬汁

果蔬汁既具水果和蔬菜所含的丰富营养成分，又易于保藏，将果蔬复合制成饮料能满足人体健康的需求。果蔬汁制备应用了破碎榨汁、过滤澄清、调配、均质、浓缩、灭菌等技术[18]。

① 破碎榨汁：在混合果蔬汁榨汁过程中，果蔬中所含纤维素、果胶及淀粉等物质降低了果蔬的出汁率。应用酶技术处理原料，既可提高产品出汁率，又可提高产品的澄清度，防止果汁产生沉淀。该技术已由添加纤维素酶或果胶酶等单一酶作用转为使用两种或两种以上的复合酶对果蔬进行酶解。

② 过滤澄清：传统的澄清技术主要有酶澄清法和澄清剂法。酶澄清法是利用不同酶的作用机制，对影响感官质量的成分进行酶解，从而达到澄清效果。澄清剂法在保证汁液中营养成分保持的前提下，针对不同的果蔬汁添加不同类型的澄清剂。膜分离技术作为一种新型高效过滤技术，采取错流过滤，在保存果蔬汁的营养成分前提下除去影响果蔬汁变质的细菌。目前，中国有关膜分离技术也以较快的速度发展，并广泛应用于各种果蔬汁产品的澄清中。

③ 调配：为满足消费者的需求，需对部分果蔬汁饮料的风味进行调配。比如，柑橘汁、苦瓜汁中苦味的去除，目前主要的脱苦方法有屏蔽脱苦、代谢脱苦、吸附脱苦、酶法脱苦、固定化细胞脱苦、超临界 CO_2 脱苦、膜分离脱苦、基因工程脱苦等。

④ 均质：通常使用高压均质机对果蔬汁进行均质，一般在常温下进行，从而最大限度地维持果蔬汁原有的营养。均质压力影响悬浮颗粒的大小，压力越高，果肉颗粒越小，越有利于果汁中功能性活性成分的溶入和产品的稳定。均质技术成本较低、效果较好，已广泛应用于果蔬汁加工生产中。

⑤ 膜浓缩：膜浓缩技术对果蔬汁进行浓缩性价比较高，通过调整膜的参数以达到对果蔬汁的有效浓缩，可较好地保留果蔬中的营养成分，而且对风味物质的影响也微乎其微。

⑥ 杀菌：采用超高温瞬时杀菌，能保留食品原有的品质与风味，是处理最易受高温而影响风味和口感的果汁杀菌的常用方法。

（2）汤液形态液体饮料

汤剂也称汤液，是指将饮片加水煎煮，去渣取汁而得到的液体制剂，具有吸收快、奏效速的特点，能够充分适应中医辨证施治的需要，故广泛应用于中医临床。汤剂制备过程应用了煎煮、过滤、浓缩等技术。

① 煎煮：在饮片中加入适量水浸渍后，加热至沸，并维持微沸状态一定时间，滤出煎煮液，药渣再依法加水煎煮 1～2 次，合并各次煎液。煎煮时应防止药液溢出、煎干或煮焦。

② 过滤：过滤在中药制备中至关重要，药物煎煮后，药渣会吸附药液，若不及时处理，则会导致有效成分损失，尤其是遇热易损失的药物。因此，在最后一次煎煮后，应及时滤出药液，然后用双层纱布包好药渣，绞取剩余药液。

③ 浓缩：应用减压浓缩或薄膜浓缩等方法将过滤后的药液进行浓缩，浓缩时应不断搅拌，防止药液烧焦。

（3）膏滋

膏方也称煎膏、膏滋，是指饮片用水煎煮，取煎煮液浓缩，加炼蜜或糖制成（或转化糖）的半流体制剂[2]。其具有药物浓度高、易保存、服用方便等优点。膏方制备应用了煎煮、浓缩、炼糖（炼蜜）、收膏等技术[19]。

① 煎煮：饮片一般以煎煮法浸提，加水煎煮 2～3 次，每次 2～3h，滤取煎液，静止澄清后滤过。处方中若含胶类，如阿胶、鹿角胶等，除发挥治疗作用外，还有助于药液增稠收膏，应烊化后在收膏时加入。贵重细料药可粉碎成细粉待收膏时加入。

② 浓缩：将头煎、二煎合并后浓缩，水沸腾后去浮沫。在药汁浓缩后，兑入细料继续加热浓缩成清膏，当药液变少到总量的 30% 左右时改为小火，慢慢使其蒸发，并不停搅拌。浓缩程度判断方式主要有水印法、滴水成珠、挂旗法、手捻法等，出锅要及时。

③ 炼糖（炼蜜）：制备膏滋通常用蔗糖，将蔗糖加入糖量一半的水及 0.1% 的酒石酸，加热溶解保持微沸，炼至“滴水成珠，脆不黏牙，色泽金黄”，即成。炼蜜是将蜂蜜加水稀释溶化，滤过，加热熬炼至一定程度的操作，能除去杂质，降低水分含量，破坏酶类，杀死微生物，增强黏合力。

④ 收膏：浓缩的清膏中加入规定量的炼糖或炼蜜，不断搅拌，继续加热，并捞除液面上的泡沫，熬炼至规定的稠度。收膏时阿胶、鹿角胶等胶类可先用

少量黄酒或水浸泡一定时间使胶块软化，再隔水加热烊化后趁热加入清膏中混匀收膏，扯拉膏状药液成旗，或者滴在牛皮纸上成珠状即可收火。

2. 固体饮料处理技术

固体饮料是将各种原料糖、果汁、植物抽提油以及其他原料调配、浓缩、干燥，或将各种原料粉碎、混合后经过加工制作成的粉剂状、微粒状或块状固体饮料。常见固体饮料有含乳饮料、植物蛋白饮料、果汁粉饮料和咖啡粉等。

（1）含乳饮料

含乳饮料是一种含有一定比例乳成分的饮料，它结合了牛奶的营养和各种口味，适合不同年龄层的消费者。含乳饮料不仅口感丰富，而且具有一定的营养价值，是日常生活中受欢迎的饮品之一。发酵型含乳饮料颇为常见，发酵型含乳饮料加工处理主要应用发酵、调配、均质、灭菌、干燥等技术[20]。

① 发酵：将乳粉水合，无菌条件下加入直投式发酵剂，在培养箱中保温发酵，待发酵乳滴定酸度达到预定要求，取出冷却，备用。

② 调配：要注重发酵型含乳饮料稳定性，通常在其中加入一定量的稳定剂。将发酵乳加入已经选好的稳定剂溶液中混合，并加入适量的甜味剂，用均质乳化机中速搅拌混匀。

③ 均质：通过均质处理使调配好的混合物充分混合，泵入均质机进行均质。

④ 灭菌：发酵型含乳饮料杀菌采用列管式换热器加热至95℃，保温5min，升温及降温时间应在10min内完成。

⑤ 干燥：将混合好的液体通过喷雾干燥或冷冻干燥等方法制成粉末或颗粒状。

（2）植物蛋白饮料

植物蛋白饮料是以富含蛋白的植物为原料，经过加工、调配、杀菌或无菌包装制得，能提供人体需要的蛋白质、维生素和矿物质，且具有良好保健作用，在中国饮料市场上发展势头较好，深受消费者欢迎。植物蛋白饮料加工处理包括粉碎磨浆、提取、调配、均质、干燥和灭菌等技术[21]。

① 粉碎磨浆：将植物果仁、果肉、大豆等原料进行粉碎处理得到浆液，对浆液进行磨浆处理。磨浆过程是对原料致密组织破坏的过程，使原料中的蛋白质和不饱和脂肪酸充分释放出来，从而提高蛋白质饮料的营养价值。

② 提取：将粉碎磨浆处理后的原料进行酶解浸提，根据不同的原料选择不同的酶用量、酶解温度和酶解时间等酶解条件。

③ 调配：为确保植物蛋白饮料的稳定性，加入乳化稳定剂、增稠剂等适宜的稳定剂，再加入合适的矫味剂，使饮料的风味更自然、口感清爽润滑。

④ 均质：生产植物蛋白饮料时，均质是关键步骤，因为植物果仁、果肉及大豆等原料中含有大量油脂，均质后可使油脂乳化分散，在调配成功后，能保持产品的稳定性，避免蛋白颗粒聚沉或脂肪上浮等。

⑤ 干燥：植物蛋白饮料加工常采用喷雾干燥方法。

⑥ 灭菌：植物蛋白饮料是中性的蛋白饮料，并且脂肪、蛋白质和糖的含量丰富，所以经调配和均质后的料液应该尽快灭菌；灭菌结束之后应该快速冷却至室温，从而避免长时间高温条件蛋白质发生变性。

（3）果汁粉

果汁粉是一种将新鲜果汁经过干燥等工艺处理后制成的粉末状产品，它具有便于储存、运输和使用的特点，同时保留了果汁的风味和营养成分。果汁粉制备应用了破壁打浆、澄清、过滤、调配、均质、干燥等技术[22-23]。

① 破壁打浆：经预煮处理后的果肉用打浆机打成果浆。

② 澄清：淀粉、果胶和纤维素等多糖是水果的天然成分，会导致果汁混浊，也会对储存稳定性产生不利影响，去除这些物质有助于过滤和提高果汁出率和澄清度。在食品工业中，常使用果胶酶法澄清果汁，添加果胶酶后利用高速均质机混匀酶解。

③ 过滤：酶解完成后用四层细纱布过滤收集果汁。

④ 调配：果汁中含有较多的糖类和有机酸，直接喷雾干燥容易黏壁，需添加合适的助干剂，如碳水化合物（淀粉、环糊精、纤维素等）、脂质（石蜡、甘油二酰基等）、树胶（黄原胶、阿拉伯树胶等）和蛋白质，以及各种助干剂之间的组合，再根据口味加入白砂糖、甜蜜素等进行调味。

⑤ 均质：将调好的果汁进行高压均质，使助干剂、调味剂与果汁充分混合。

⑥ 干燥：水果含水量高，且存在后熟效应，极易腐烂，粉末形式是其保存较好的选择。它的保质期长，稳定性好，可以添加到食品中。常采用喷雾干燥，去除果汁中绝大部分水分，获得水分活度低的果汁粉，提高水果中所含有的生物活性物质的储存稳定性。

（4）咖啡粉

咖啡不仅具有独特的风味，还具有改善心血管功能、抗炎等健康功效，目前已成为最受世界各地消费者喜爱的饮料之一。咖啡粉具有较好的水溶性、储运携带便利、货架期较长等优点。咖啡粉加工应用了粉碎、提取、调配、浓缩、干燥等技术[24-25]。

① 粉碎：将咖啡豆在特定的温度和时间下进行烘焙，以发展出咖啡特有的风味和香气，将烘焙好的咖啡豆研磨成细粉，以便于后续的提取过程。

② 提取：使用热水或蒸汽对咖啡粉进行提取，将咖啡中的可溶性成分溶解出来。这个过程通常在高压下进行，以提高提取效率。

③ 调配：在制备速溶咖啡的过程中，咖啡中的大量风味成分会因温度高而散失或被破坏，所以在咖啡制品加工工艺中需要香气回收、调香等调控手段保证咖啡制品的香气品质。目前，常见调控手段有香气回填、酶技术增香、微胶囊包埋技术保香等。

④ 浓缩：将咖啡提取液通过蒸发器进行浓缩，去除大部分水分，得到浓缩咖啡液。

⑤ 干燥：咖啡粉在制备过程中应用的干燥技术有喷雾干燥、冷冻干燥等。应用喷雾干燥技术时，要注意在干燥咖啡液的过程中，流动性随着液体浓度增加而变差，喷雾过程容易堵塞喷嘴；若浓度过低，黏度变低，表面张力增加，不利于干燥颗粒的形成，所以咖啡液固形物含量应控制在30%～40%；使用冷冻干燥技术干燥咖啡，原料通常选用含40%固形物的咖啡浓缩提取物。为了防止芳香类物质的挥发、减少烘干机过载，初级冷冻阶段中的咖啡浓缩物处于0～3℃的低温条件。

3. 软胶囊（非保健食品类的普通功能性食品称为糖果）

软胶囊指将一定量的液体原料药物直接包封，或将固体原料药物溶解或分散在适宜的辅料中制备成溶液、混悬液、乳状液或半固体，进而密封于软质囊材中的胶囊剂[2]。软胶囊具有有效成分含量高、吸收迅速、稳定性好、能掩盖中药挥发性成分不良气味、服用量小、外形美观等优点。制备工艺需要综合考虑中药的特性和药效，以及胶囊壳的材料和制备技术，以确保最终产品既安全又有效。软胶囊加工应用了提取浓缩、调配、胶囊壳制备、填充、干燥等技术[26]。

（1）提取浓缩：应用水提法或醇提法等进行提取，为避免含有挥发油成分的药材处理过程中挥发油的损失，先将其中挥发油提取出来，再分别水提、醇提，将有效成分充分提取出来，以达到“去粗取精”的目的。水提、醇提后常压加热浓缩后真空干燥。

（2）调配：将中药提取物与适宜的辅料（如分散介质、润湿剂、助悬剂等）混合均匀，制成适合填充的药物填充物。辅料中常用的软胶囊分散介质主要是有药用植物油和聚乙二醇400（PEG400）等；润湿剂如吐温类、司盘类等，助悬剂如蜂蜡、单硬脂酸甘油酯、乙基纤维素等，润湿剂和助悬剂一般需配合使用，可以避免出现内容物分层、形状不均匀等缺点。

（3）胶囊壳制备：选择适宜的软胶囊壳材料，囊材主要由胶料（明胶或阿拉伯胶）、增塑剂（甘油、山梨醇或两者的混合物）、附加剂（防腐剂、遮光剂、色素、芳香剂等）和水组成。防腐剂常用对羟基苯甲酸甲酯－羟基苯甲酸丙酯（4∶1），用量一般为明胶量的0.2%～0.3%，色素常用食用规格的水溶性染料。香料常用0.1%的乙基香兰醛或2%香精。遮光剂常用二氧化钛。加1%的富马酸可增加胶囊的溶解性。加二甲基硅油可改善空心胶囊的机械强度，提高防潮防霉能力。

（4）填充：将药物填充物填充到空心胶囊壳中，由于囊壁以明胶为主，对蛋白质性质无影响的药物和附加剂、各种油类或对明胶无溶解作用的液体药物或混悬液，甚至固体药物均可填充。填充方法有手工填充和机械填充等。

（5）干燥：填充药物后，对胶囊壳进行封口处理，确保胶囊壳的密封性，将填充好的软胶囊进行干燥处理，以去除水分，提高产品的稳定性。

4. 乳液加工技术

乳剂[2]是指两种互不相容的液体经乳化制成的非均相分散体系的液体制剂，一种往往是水或水溶液，另一种是与水不相容的有机液体（又称为“油”）。一种液体以细小液滴的形式分散在另一种液体中，分散的液滴被称为分散相、内相或不连续相，包在液滴外的另一种液体被称为分散媒、外相或连续相。乳剂分为水包油和油包水两种，也可以形成复乳，如水包油包水型或油包水包油型。乳剂的制备应用了提取浓缩、油水相制备、乳化、均质、调配等技术。

（1）提取浓缩：将中药原料进行水提或醇提等提取过程，得到中药提取物，提取液进行浓缩，以提高有效成分的浓度。

（2）油水相制备：选择适宜的植物油或油脂，如杏仁油、葡萄籽油等作为油相，将油性成分加热至适宜温度，以降低其黏度，便于后续混合；将中药提取物与水、保湿剂、稳定剂等混合，制成水相。

（3）乳化：添加乳化剂可以促进乳剂的形成，以及提高乳剂的稳定性和功能性。

（4）均质：根据需要添加具有特定功效的成分，如抗氧化剂、美白剂、抗炎剂等，通过高压均质机对乳剂进行均质处理，以减小油滴的粒径，提高乳剂的稳定性。

（5）调配：影响乳剂稳定性的因素有乳化剂的性质和用量、分散相的浓度与乳滴大小、油相水相的密度差、电位、黏度与温度等。添加降低界面张力的乳化剂或能形成较牢固界面膜的乳化剂有利于乳剂的稳定。乳剂中油水相的密度差越大，乳滴越容易分层。通常采用加入附加剂以增加外相黏度和密度，调节油水相的密度差，有利于乳剂的稳定。

5. 茶饮料

茶饮料是指饮片或提取物与茶叶或其他辅料混合制成的产品。茶饮料有速溶茶和保健药茶两类。

（1）速溶茶

速溶型固体纯茶饮料是以成品茶、半成品茶、茶叶副产品或鲜叶为原料，将茶叶中的有效成分提取出来，然后通过干燥技术制成粉末或颗粒状，以便于快速溶解于水中，其含有传统茶叶中能够进入茶汤的营养保健成分和风味物质。速溶茶的制备应用了提取、过滤、浓缩、干燥、粉碎、调配、包装等技术[27]。

① 提取：速溶型固体纯茶饮料在加工过程中多用水作为提取茶叶有效成分的溶剂，主要浸提方法有高温浸提、低温浸提和微波、超声波辅助浸提三种。高温提取的茶固型物提取率高，但茶汤明度低。低温浸提和低温超声波辅助浸提茶汤明度高，而且低温超声波辅助浸提的茶固型物提取率较高，其中茶多酚、氨基酸、咖啡碱的浸出率分别达到或超过常规浸提法。

② 过滤：主要方法有陶瓷膜过滤、茶饮料膜过滤、离心过滤与转溶，可净化处理碎末茶和悬浮杂质。陶瓷膜具有热稳定性好，适用于高温、高压体系，化学稳定性好，耐酸、碱及有机溶剂，pH 值适用范围宽，抗微生物能力强，清洁状态好，孔径分布率窄，分离精度高。茶饮料提纯型超滤膜过滤通道比较短，分为过滤层与疏松加强层，确保无效分子量的物料能轻松透过去。离心过滤通过布滤袋除去颗粒大的杂质，再进行减压过滤，在热溶型速溶茶中不

会产生沉淀，其茶汤明亮，滋味浓醇。在冷溶型速溶茶中，必须对“茶乳酪”进行转溶，才能成为冰茶和冷饮料的原料，转溶的方法主要有酶促降解和碱法转溶。

③ 浓缩：经过净化处理的低浓度提取液必须浓缩才能进行干燥，否则将降低速溶茶的干燥效率，增加加工成本。目前，常用的速溶茶浓缩方法有加热真空浓缩、常温膜浓缩、冷冻浓缩和反渗透浓缩技术。前两种是生产上广泛应用的方法，成本低，效率高，缺点是对茶叶品质有影响；后两种对茶叶品质有利，但生产成本较高。

④ 干燥：在速溶型固体纯茶饮料的生产中，使用较多的是喷雾干燥，将茶浓缩液雾化成很小的微粒，增大了液体蒸发的表面积，具有瞬间干燥的特点。产品干燥后成为粒径不同的空气球，制品疏松。产品在密封的容器中干燥不会污染，生产过程简单，操作方便。

⑤ 粉碎：将干燥后的茶块进行粉碎，得到更细的粉末。

⑥ 调配：将茶叶粉末与其他辅料（如糖、香精等）混合均匀，根据需要，可以添加适量的调味剂，以改善速溶茶的口感。

（2）保健药茶（袋泡茶）

保健药茶是一种结合了中药材和茶叶的饮品，旨在通过饮用达到保健和预防疾病的目的。根据保健药茶的配方选择合适的中药材和茶叶。保健药茶的制备工艺需要综合考虑中药材的特性和药效，以及茶叶的品质和口感，以确保最终产品既安全又有效。保健药茶袋泡茶的制备应用了干燥、粉碎、调配等技术。

① 干燥：干燥处理，以降低水分含量，便于保存和冲泡。原料放在通风处自然晾干或使用烤箱低温烘干。

② 粉碎：将原料粉碎成适宜的粒度，以便于有效成分的提取。将粉碎后按配方比例混合均匀。

③ 调配：根据需要，可以添加适量的冰糖、香料等调味剂，以改善药茶的口感。根据口味和保健需求，调整药茶的甜度、酸度等。

（三）基于消化吸收的加工技术现状

临床药效与多种因素有关，其中剂型会对消化吸收方面有很大的影响。

1. 闪释片

闪释片由能在口中迅速崩解的微粒构成，因而使活性成分在体内快速安全地释放，无须饮水和咀嚼，避免了肝脏的首过效应，既便于服用，改善了以往服药困难及口味差等缺憾，又减少药物对食管和胃肠道的刺激作用。闪释片的制备工艺主要有直接压片、湿法制粒压片、冷冻干燥压片、真空干燥压片、固态溶液压片、喷雾干燥压片、预处理后压片等[28]。

（1）直接压片：泛指将有效成分和适宜的辅料的混合物直接加压而成，不需经过湿颗粒或干颗粒处理过程。直接压片工艺成本低，制备技术简单，可提高难溶药物的溶出速度，缺点是药物剂量不能过大，而且要控制辅料的流动性。直接压片技术已能解决硬度、崩解时限等技术问题，在提高药物溶出度方面已呈现出很好的前景，而且该方法成本低、制备简单，更适合中国等发展中国家。

（2）湿法制粒压片：在主药与辅料中加入水、乙醇等湿润剂促进颗粒间的黏连，改善物料的粉体学特性，使其形成颗粒整体，制备完成后再经干燥、压片获得成品闪释片。湿法制粒压片在直接压片前多了将药剂与溶剂混合制成软料、再制粒、干燥的步骤。此方法可直接由湿法制粒机完成，已有大量工艺成熟的湿法制粒机投入使用。湿法制粒的颗粒具有流动性好、压缩成形性好等优点，压缩成片时裂片、硬度低、含量均匀度差等片剂生产常见问题均得到有效改善。直接压片工艺受到辅料流动性、可压性以及活性药物性质的影响较大，若主药流动性差且剂量较大，可采用湿法制粒结合直接压片工艺制备闪释片。

（3）冷冻干燥压片：冷冻干燥（全称为真空冷冻干燥，简称冻干，又称升华干燥）是通过将物料冻结到共晶点温度以下，在低温状态下，通过升华除去物料中水分的干燥方法[29]。这项技术优点是在保留产品生物活性的同时，提高了溶解度和生物利用度，从而达到更高的治疗效果或营养补充效果。其缺点是所得的产品呈开放性网状骨架结构，强度不高，易碎，较难保持片剂的完整性，并且冷冻干燥技术成本高，制备中控制条件要求严格。

（4）真空干燥压片：真空干燥是在冷冻干燥的基础上进行改进，在初次干燥去掉非结合溶剂过程中，使用低气压（一般为0.060～1.333kPa），并保持温度在崩塌温度以上、平衡冷冻点以下，使非结合性溶剂从固态经过液态转为气态，而不是从固态直接升华成气态。骨架结构在崩塌温度时会部分崩塌，这样得到的产品孔隙率比冷冻干燥产品要小，而密度大，片的强度和完整性都有所提高，但崩解时间较冷冻干燥片略有延长。

（5）固态溶液压片：固态溶液法是指采用两种溶剂制片，先加入第一种溶剂将载体物质完全溶解，冷冻后加入第二种溶剂，将第一种溶剂置换出来，然后再挥发掉第二种溶剂，获得高孔隙率的载体骨架。主药必须在骨架成形之后加入，因为在制备过程中要使用水、醇等溶剂，而大多数药物都可溶于水或醇等溶剂，若在骨架形成前加入，则会导致主药的损失。此技术对溶剂、载体、药物的选择十分严格，工业化生产难度较大，成本过高，采用有机溶剂时，溶剂的残留及安全问题也不可忽视，目前市场上少有此类产品。

（6）喷雾干燥压片：喷雾干燥是将含有静电荷的聚合物及增溶剂、膨胀剂等加入乙醇及缓冲液等，以喷雾干燥的方法制得多孔性颗粒作为片剂的支持骨架，再加入填充剂、矫味剂等直接压片，也可最后包一层薄膜衣。由于此工艺是利用喷雾干燥制备高孔隙率颗粒骨架，然后再压片，故主药可选择在喷雾干燥之前或选在形成骨架后再同其他辅料一起加入，混合压片。喷雾干燥法生产出的闪释片强度大，完整性好；但药物选择有一定范围，辅料范围有限，而且工艺较复杂。

（7）预处理后压片：在制备闪释片时，先将药物以天然或合成的高分子聚合物（明胶、纤维素、丙烯酸聚合物或乙烯共聚物等）包裹成微米级小颗粒，然后加入60%～95%（质量分数）的填充剂（如甘露醇、山梨醇等），再加入泡腾剂、引湿剂、矫味剂等混合30～50min，均匀后加入1.5%～2%润滑剂，再混合5～10min，压片，即为预处理技术。此方法制得的闪释片可在40s内完全崩解，且硬度和脆碎度合格，口感良好。

2. 胃溶片

胃溶片是指在胃液中崩解或溶解的药物，尤其适用于某些必须在胃酸环境中作用与吸收的药物。胃溶胶囊最为常见，控制胃溶胶囊在胃中崩解的主要是胶囊外壳。除胶囊外还有片剂，影响其崩解或溶解的主要因素为外层薄膜包衣，较为常用的材料有羟丙基甲基纤维素（HPMC）、聚丙烯酸树脂等，其在胃液中的崩解速率均可观[30]。

3. 肠溶片

肠溶片是指在胃中保持完整而在肠道内崩解或溶解的制剂。这类制剂主要用于治疗肠道感染，便秘等。肠溶技术通过特殊包衣材料和处理工艺，以抵抗胃酸侵蚀，确保食药物在肠道中释放或溶解。常用的肠溶包衣材料有丙烯酸树脂类和纤维素类，其中聚醋酸乙烯苯二甲酸酯（PVAP）、羟丙甲纤维素邻苯二甲酸酯（HPMCP）等是目前较新型的包衣材料。肠溶片及胶囊的制备方法和胃溶片大致相同，只是将包衣材料更换为肠道中溶解的物质。市场上现有产品有三七总皂苷肠溶缓释片、复合乳酸菌肠溶胶囊等。

4. 舌下给药剂

舌下含化是指将药片放置于舌下含服，使药物通过舌下黏膜不通过胃和肝脏直接吸收进入体循环，避免首关消除直接吸收的服用方式[31]。与传统的口服给药途径、注射给药途径等相比，舌下给药吸收迅速、生物利用度高、给药方便，成为制剂研究的热点。

舌下给药的剂型包括片剂、贴膜剂、喷雾剂、水凝胶、脂质体等。[32]溶液制剂一般比固体制剂吸收更好。片剂是口腔黏附制剂中使用最广泛的剂型，包括单层片、双层片、核心片等。单层黏附片将药物与黏附辅料混合后制粒压片，药物容量大，但释放的药物可随唾液进入胃肠道。多层黏附片有2～3层结构，是将药物和黏附剂组成黏附层，外覆不含药物的惰性层，限制药物向黏膜释放。黏附层直接口腔黏膜接触，通过调节黏附层的处方，可调节黏附片在口腔黏膜停留的时间。喷雾剂具有分布广、吸收快、减少药物降解的特点，十分常见。

为了增加药物在舌下黏膜的吸收，常需要在制剂中加入一些辅料。加入的辅料主要包括三类：

（1）pH调节剂：唾液pH为6.2～7.2，随着唾液的pH上升，能降低一些碱性药物的解离度和提高弱酸性药物的解离度，促进有机弱碱性药物吸收，而不利于弱酸性药物的吸收。因此，在制剂中加入一些pH调节剂，可以改变吸收的微环境，增加药物吸收。

（2）黏附性材料：为了增加药物在舌下的滞留时间，控制药物的释放速度与释药量，使药物得到充分吸收，常使用一些生物黏附性材料将药物制成黏附制剂。此类制剂常用辅料有天然和合成两大类，天然高分子材料有明胶、果胶、阿拉伯胶、海藻酸钠等，合成高分子材料有卡波姆、羧甲基纤维素钠（CMC-Na）、羟丙基甲基纤维素（HPMC）、羟乙基纤维素（HEC）、聚乙烯吡咯烷酮（PVP）、聚乙二醇（PEG）等。其中卡波姆的研究报道较多，常用作黏附片材料。

（3）吸收促进剂：加入促透剂，可以改善口腔黏膜的通透性。在促透剂的作用下，膜的流动性增加，促进药物渗透，另外，促透剂与肌纤蛋白丝的结合也能增加药物在细胞间的渗透。蛋白与多肽类药物舌下给药，因其渗透系数较小，生物利用度较低，加入适当的促渗剂可以提高生物利用度。常用的吸收促进剂有螯合剂（如依地酸盐、水杨酸钠）、表面活性剂（如十二烷基硫酸钠、聚氧乙烯十二烷基酯）、胆盐（如脱氧胆酸钠）、脂肪酸（如油酸、辛酸）、非表面活性剂（如月桂氮卓酮）[33]。

二、产品开发技术的发展趋势

药食同源产品的开发应遵循产品开发与市场需求紧密结合的原则，产品开发要与市场需求紧密结合，在产品开发前就需要进行市场调研。通过市场调研和分析发现、挖掘目标用户，精准把握市场需求，了解市场及用户需求，有助于更好进行产品研发布局。

（一）适老化

就目前来看，食药同源产品第一类目标人群依然是中老年人。目前老龄化加剧，很多老人也愿意选择食药同源产品进行养生。老年人群受生理机能减退或失能、易患病、病程长、病种复杂等多种因素影响，老年人群容易出现营养不良；老年人群受增龄性生理改变影响，食欲普遍欠佳，消化道可耐受食物总量有限，普通膳食及食品难以满足老人营养需要。从市场调研来看，中国适老食品相关概念可追溯至20世纪80年代，但其归类尚未明确，研究进展也极为缓慢，现售适老食品品种少，可选择性不多，主要以调制乳粉、糕点、饼干、芝麻糊、藕粉等淀粉类食品为主，风味和口感较为单一。鉴于老龄化形势严峻，急需研发供给适老食品，这就要求产品必须简单、适应老年人体质，比如更加清晰明了的使用说明，易咀嚼、易吞咽，不应有肉眼可见的外来异物等。

（二）食用方便

随着养生概念的兴起，越来越多的年轻人开始注重养生，尤其是上班族。由于他们的生活节奏很快，这就要求产品食用起来更加方便，如果蔬脆片、鲜榨果汁、闪释片、饼干、巧克力、麦片或棒状食品等。

（三）营养匹配（类似于特医食品）

随着绿色健康观念的普及，人们对于食品的营养要求越来越高。低糖、低盐、低脂肪、低热量，高蛋白、高纤维素、高维生素的食品有益健康，因此，食药同源类行业应将研究重点从过去的单纯追求饱腹或者口感风味，转向口感风味与营养健康调理并重，即从“好”吃转向吃“好”，主动为市场提供优质食药同源产品，回归食药同源其作为药用功效及食疗的安全性和日常性。

（四）成本低廉

当前食药同源类食品主要受众为关注健康的中老年人群，这一群体规模庞大、购买力强，对提升身体健康的需求强烈，为功能食品市场提供了巨大市场需求，但这不是价格高企的理由。因为，除特殊食品及保健食品外，其他食药同源食品不可宣称功效，产品溢价较高在当下价格敏感的市场环境中，可能影响产品市场竞争力；另外，部分人可能会被食药同源产品过高的价格劝退，因此需要在有效用的范围内尽量控制成本。

（五）绿色健康

《中华人民共和国食品安全法》对食品类原料与微生物、重金属、农药残留等安全性相关指标提出了要求[34]。

（六）个性化需求

不同消费者对营养健康产品的需求存在差异化，企业需要根据不同人群需求研发满足个性化需求的食药同源功能性食品，增加了研发难度和成本，需要企业从消费端和科技端持续发力。

参考文献

[1] 王小菁．植物生理学［M］．8 版．北京：高等教育出版社，2019：20 –45.

[2] 杨明．中药药剂学［M］．北京：中国中医药出版社，2016：63 –306.

[3] 杨艳君，邹俊波，张小飞，等．超微粉碎技术在中药领域的研究进展［J］．中草药，2019，50（23）：5887 –5891.

[4] 王欣宇，车成来，林花，等．灵芝孢子粉破壁技术的研究进展［J］．中国林

副特产，2017（6）：93－94，96.

[5] 赵春杰．中药学专业知识（一）[M]．北京：人民军医出版社，2009：18－55.

[6] 马梦琪．梨汁的冷冻浓缩过程研究 [D]．天津：河北工业大学，2021：25－60.

[7] 李新红，李忠．微生物检验过程中微滤膜分离技术的应用价值 [J]．中国卫生标准管理，2024，15（2）：92－95.

[8] 武红娜．超滤在药物分析中的应用与进展 [J]．临床合理用药杂志，2020，13（4）：179－181.

[9] 杨晨．反渗透集成真空膜蒸馏浓缩中药水提液的膜传质过程研究 [D]．南京：南京中医药大学，2017.

[10] 汤海燕，向超，李润虹．中药保鲜技术应用研究 [J]．亚太传统医药，2013，9（10）：72－73.

[11] 毕宏伟，吴立国，苗振坤，等．中草药干燥技术现状及探究 [J]．林业机械与木工设备，2023，51（3）：29－34.

[12] 王乐意，李长河，刘明政，等．中药材干燥技术与装备研究现状 [J]．农业工程学报，2024，40（2）：1－28.

[13] 海梅，何正有，肖文艳，等．中药发酵技术研究现状与展望 [J]．国外医药（抗生素分册），2023，44（6）：361－366，378.

[14] 马芳．基于在食品加工与食品质量检测中酶学技术的应用探索 [J]．现代食品，2021（21）：115－117.

[15] 闫景辉，余银芳，李泽，等．矫味技术及其评价方法的研究进展 [J]．中华中医药杂志，2023，38（7）：3258－3263.

[16] 艾麦提·巴热提．杀菌技术在食品加工中的应用与发展探究 [J]．农产品加工，2024（2）：81－83，92.

[17] 王潇栋，孔阳芷，张艳玲，等．杀菌技术的作用机制及在食品领域中的应用 [J]．中国酿造，2022，41（2）：1－8.

[18] 石超．一种新型果蔬汁饮料的加工技术及其稳定性研究 [D]．锦州：渤海大学，2016：30－55.

[19] 裴河欢，姚宝农，朱开昕，等．医院制剂中药膏方制作工艺探讨 [J]．中国处方药，2017，15（3）：31－32.

[20] 王润博，刘思琪，王林山．发酵型含乳饮料研究概况及新产品开发 [J]．漯河职业技术学院学报，2024，23（1）：34－40.

[21] 宋美玲，侯丁琳，杜俊民，等．药食同源欧李与核桃植物蛋白饮料研制［J］．农产品加工，2023（11）：9－12，19.

[22] 毛迪锐，高晓旭，陈建光，等．五味子果汁粉的研制［J］．食品与机械，2012，28（5）：213－215.

[23] 许世亮．青梅喷雾干燥果汁粉制备工艺及特性研究［D］．成都：成都大学，2023：45－65.

[24] 柳新荣，王炜清，周云，等．不同加工工艺速溶咖啡香气差异研究［J］．饮料工业，2021，24（6）：15－20.

[25] 刘铖珺，黄晓燕，刘丽敏，等．咖啡产品的加工技术研究进展［J］．食品工业科技，2021，42（4）：349－355.

[26] 王健，张壮丽，杨海燕，等．艾附暖宫软胶囊制备工艺研究［J］．天津中医药，2018，35（10）：783－788.

[27] 胡善国，雷攀登，袁自春，等．速溶型固体纯茶饮料加工技术概述［J］．中国茶叶加工，2011（2）：33－36.

[28] 张毅，乌兰坦娜．口腔速崩片的研究进展及临床应用［J］．职业与健康，2011，27（19）：2254－2256.

[29] 李宝磊，张丽，陈苏，等．真空冷冻干燥技术在食品和中草药行业的应用［J］．饮料工业，2019，22（6）：71－74.

[30] 许芝彬，赵文昌，宋丽军，等．药用薄膜包衣材料的研究新进展［J］．中国医药导报，2011，8（8）：11－13.

[31] 陈黎，高永良．舌下给药研究进展［J］．中国药物应用与监测，2008，5（6）：42－45.

[32] 程海兴，王君平，孙海燕，等．国内口腔黏膜粘附给药剂型的研究进展［J］．中国药业，2006，15（7）：59.

[33] 汤菁菁．格列美脲舌下喷雾剂的研究［D］．合肥：合肥工业大学，2009：35－66.

[34] 中国老年医学学会．适老营养配方食品通则：T/CGSS 004—2019［S］．北京：中国老年医学学会科技成果转化工作委员会.

HB.09 食药物质固体类开发现状与发展趋势

张　聪[①]

摘　要： 食药物质是中医食养食疗理论的重要组成部分，固体类食药物质产品的发展在大健康产业发展中占有重要位置。本报告围绕近年来固体类食药物质产品的发展开展相关研究，围绕产品市场需求、人们对于食药物质的认知、市售食药物质类产品满意度等角度开展问卷调查和产品试吃，并根据研究结果分析了目前存在的问题，对于下一步发展提出了展望。

关键词： 食药物质；产品；现状；展望

随着传统食药物质在大健康产业发展中受到越来越多的关注，围绕食药物质也开发了若干产品，其中固体类产品的开发占有重要的位置。本报告围绕食药物质固体类产品的开发开展了相关研究，对固体类食药物质的开发现状作介绍。

一、固态类食药物质类产品市场需求

围绕市售固态类食药物质，通过网络问卷的方式，针对普通民众开展了固态类食药物质产品的需求及认知调查，共回收218份有效问卷，内容包括基本情况、产品需求、食药物质认知等。

（一）市场目标人群

在产品上市之前，厂家对产品的目标人群都会有一定的评估。针对食药物

① 张聪，医学博士，北京中医药大学中医学院副教授，主要研究方向：中医养生康复的理论与实践研究。

质产品的市场销售目标人群，从消费者角度也做了一定的调查。从问卷结果看，针对不同的劳动性质（脑力劳动、体力劳动），66. 97% 的人认为人群普遍需要服食食药物质类产品，19. 72% 的人认为脑力劳动为主的人群更需要服用此类产品，9. 63% 的人认为体力劳动为主的人群更需要服用此类产品，3. 67% 的人认为完全没必要服用此类产品。从这项调查结果可以看出，接近七成的调查对象还是比较认同食药物质类产品的，相信此类产品对身体可以产生良性影响；脑力劳动者用脑较多，比照体力劳动者，脑力劳动者更需要补充一定的食药物质。

针对不同年龄层人群，调查对象普遍认为，老年人及中年人较为需要服用食药物质类产品，青年人次之，中小学生及学龄前儿童不太需要。这种调查结果较为符合现实社会中，中老年人群随着年纪增长，体质逐渐下降，免疫力逐渐降低，容易出现健康问题的现状。而由于生活和工作方式的改变，久坐的生活方式影响了多数人，青年人现在的健康问题也不容忽视。并且，随着人们健康意识的逐渐提升，青年人对个人健康的关注度也逐年增长。这就导致以往并不需要特殊关注的青年群体现在也成为调查对象认为的需要补充一定食药物质类产品的人群。

（二）购买和使用需求

从购买需求看，调查对象中 54. 13% 的人近半年内购买过食药物质类产品。在近半年曾经购买过食药物质类产品的调查对象中，38. 53% 的人近半年并没有食用，43. 58% 的人偶尔食用，16. 06% 的人经常食用，1. 83% 的人每天食用。没有食用的购买者购买食药物质类产品可能是赠送他人。

在日常生活中购买者决定购买食药物质类产品送礼时，关注的因素从“重要”到“不重要”排序依次为效果、品牌价值、价格、包装、配方、口感、使用方便和宣传。对比自用，购买者在送礼时对于品牌价值、包装的关注度大幅提高，对于“效果”“价格”依然较为关注。调查对象中 51. 83% 的人认为食药物质类产品价格较高，36. 24% 的人认为价格合适，6. 42% 的人认为价格非常高，4. 13% 的人认为价格比较低，1. 38% 的人认为其价格非常低。

从调查结果可以看出，对于食药物质类产品的食用率并不是特别高，购买者中 1. 83% 的人每天食用，43. 58% 的人偶尔食用。这说明，食药物质类产品并不是像一日三餐那样必需，这受到健康因素、产品用途、价格、口味、剂型等因素的综合影响，导致人们不能长期坚持使用。无论是主观原因还是产品本身的问题，都需要对人们的购买和使用需求进一步分析，以便于做出针对性的改进。

通过对市售食药物质类产品常见宣传效用的统计分析，常见的效用有 16 种。从使用需求看，目前现代人失眠是比较明显的影响生活的健康问题；消化系统问题较为突出，脾胃虚弱导致一系列健康问题；对防病抗衰、美容养颜的需求也较为突出。

调查对象中 82.57% 的人认为购买和使用食药物质类产品时需要专业指导，5.50% 的人认为不需要指导，11.93% 的人不清楚是否需要。总体来看，非医学专业人购买和使用食药物质类产品时大部分认为需要专业指导。

二、民众对于食药物质知识的认知

食药物质辨识：选取阿胶、当归、人参和乌梢蛇四味食药物质，以及银耳、燕窝、花胶、绿豆、桃胶和葱白 6 种普通食材进行调查。调查对象中，73% 以上的人能辨清阿胶、当归、人参的食药属性，34.5% 的人能辨清乌梢蛇的食药属性。对后 6 种普通食材，48.2% ~32.4% 的人认为属于食药物质。

调查对象 63.59% 的人认为食药物质类产品可“调整亚健康”，17.05% 的人认为其可“辅助治疗疾病”，12.44% 的人认为其可“在健康的基础上锦上添花”，6.91% 的人认为食药物质类产品对于改善健康问题是无效的。

对中医食养食疗的关注度：调查对象中 48.53% 的主动关注中医食养食疗科普，25.41% 的人关注过但不确定是中医食养食疗科普，26.06% 的人不会主动关注中医食养食疗科普。

关于是否能区分食品、保健食品、药品：调查对象中 55.05% 的人能够区分，40.07% 的人能够部分区分，4.89% 的人不能区分。

5 个食养食疗科普问题中，关于喝牛奶是否伤阳气：调查对象中，57.65% 的人否认，19.54% 的人认同，22.8% 的人不确定。关于以形补形的认知：调查对象中，49.91% 的人认同，42.72% 的人否认，12.38% 的人不确定。关于红糖比白糖营养高：调查对象中，50.16% 的人认同，37.79% 的人否认，12.05% 的人不确定。关于过午不食：调查对象中，56.35% 的人否认，28.34% 的人认同，

15.31%的人不确定。关于辟谷的认知：调查对象中，69.71%的人认同，15.96%的人否认，14.33%的人不确定。

食养食疗知识日常应用：调查对象中，81.43%的人会将食养食疗知识应用于日常生活中；55.05%的人能区分清食品、保健食品和药品。

得出结论：调查对象整体对食养食疗的认可度较高，但认知水平尚且不高，易混淆食药物质，且近半数难以分清食品、保健食品、药品。同时，对于常见食养食疗科普问题的回答结果含糊，对食养食疗基本知识的认知欠缺。在认知不足的情况下，错误应用食养食疗知识或错误食用食养食疗产品很可能没有功效，甚至影响健康。

三、市售食药物质类产品满意度

为了解民众对市场在售食药物质产品的满意度，我们在前期市场调研基础上，选取饼干类（米稀饼干、酥性饼干、苏打饼干）3个、蜜饯类（莲子、黄精）2个、糕点（八珍糕、阿胶糕）2个、其他类（陈皮丸、黑芝麻丸、八仙丸、玫瑰花球）4个、饮品类（枸杞原浆、红参石榴饮、红豆薏米果茶、猴菇米稀、越光米稀、红糖姜茶、秋梨膏）7个等5类18个食药物质类产品，相关调查对象分别试吃，并填写问卷进行调查。每个问卷共计13个题目，包括口味相关5题、价格相关2题、卖相相关2题、使用对象相关2题、自觉食用效果与宣传一致性相关2题。共收集了196份试吃后有效问卷。

对于产品口味相关评价：调查对象中，各类产品中，饼干类评价最高，总体好评率73.40%；蜜饯类、饮品类、点心类偏低，分别为47.24%、41.98%、41.42%。

食药物质味道接受度方面：接受及喜欢的比例接近九成，排在前5位的依次是黑芝麻丸（97.96%）、玫瑰花球（95.45%）、陈皮丸（92.86%）、八珍糕（89.28%）和八仙丸（80.1%），均为固态类产品。

甜度方面：八成以上试食者对食药物质类产品的甜度较为满意，但部分产品如八珍糕（70.92%）、八仙丸（67.35%）等满意度相对较低，理由多为甜度不足。

质感方面：接受（包括喜欢及一般）糕点类产品质感比例超过八成，以阿胶糕最高（93.87%），黄精次之（83.17%）（喜欢占比 37.76%，一般占比 45.41%）。近八成试食者认为饮品类产品稀稠合适（78.57%），排在前 3 位的是枸杞原浆（84.69%）、越光米稀（79.08%）和秋梨膏（71.94%）。总体上看，大多数受试者能够接受该类产品的质感。

价格方面：各类试食者中，认为物有所值的比例均超过六成。

卖相方面：多数试食者认为现有包装偏大，倾向于更小包装以方便食用，超过半数的试食者对产品外观设计不满意。

使用对象方面：各类食品中，总体倾向于送人比例者均高于五成，自食者仅接近四成。

自觉食用效果与宣传一致性方面：大多数受试者基本认可各类食药物质类产品的效用。

得出结论：民众对在售食药物质类产品满意度较高，对其中的食药物质也基本能接受其口味，但在食用甜度认知上与现代营养学要求还有一定差距，需要在科普宣传时正确引导。另外，个别试食者反映在试吃过程中出现流鼻血、起痘子、月经量多等情况，提示我们市售食药物质类产品是以食品形式呈现出来的，虽然并未强调材料中食药物质的功效，但是如果能根据辨证应用此类产品可能效果更佳，也避免服用不当造成的潜在不利因素。

四、现状分析及未来展望

（一）着力精准目标人群开发产品有助于产品销售

研究得知，接近七成的调查对象认同食药物质类产品的作用，说明此类产品的开发具有一定前景。不同年龄段人群对食药物质类产品有人同的需求，中老年人尤其是老年人，是食药物质类产品的重点需求人群，青年群体工作和生活压力增大以及健康意识的增强，对于食药物质类产品也有一定的需求。脑力劳动者相对于体力劳动者来说，对于食药物质类产品有更进一步的需求。但从目前市场销售的食药物质类产品看，产品对于目标人群的精准界定尚存在一定差距，这一方面受制于广告法等相关法律法规的限制；另一方面受限于传统食养食疗知识科普宣传力度不够，相关知识尚未达到深入人心，消费者无法凭借配料表判断产品的效用。即使如此，对于食药物质类产品目标人群的精细划分仍有助于此类产品的开发和销售。

（二）加强科研是食药物质类产品发展的根本

消费者对于产品效用的关注不容忽视。调查结果显示，调查对象对于食药物质类产品的效用十分关注，这是影响其购买的一个重要因素。调查对象围绕个人最关注的养生保健类问题对食药物质类产品的开发提出了要求，如助眠安神、祛湿健脾、暖胃散寒、润肠通便、益智、美容等数十种，这些对于产品的需求对标反映了消费者目前重点困扰的一些健康问题。解决这些健康问题绝不仅仅是依赖食药物质类产品，但有了这些食药物质类产品的辅助有利于解决或改善相关健康问题。在调查中发现，食药物质类产品的宣传多数是基于传统中医食养食疗理论基础，尚缺乏有利的试验数据支撑。人们对于健康意识的提高以及科学素养的提升，对于科研数据会越来越敏感。强大的科研力量和科研数据的支持无疑是食药物质类产品销售的极大助力。从社会需求看，消费者确实需要一些科学数据的支撑，这样才有助于食药物质类产品持续、科学、快速发展，也有利于销售端精准目标人群的确定。

（三）科普宣传是助力食药物质类产品开发和销售的有利途径

“知信行”的统一一直是建设健康中国过程中努力达到的目标，对健康知识的知晓是“知信行”的第一步。厂家对于食药物质类产品的开发动力源于持续的市场需求，而持续的市场需求依赖食药物质相关知识的深入人心。随着自媒体的兴起，目前对于食药物质的科普宣传可谓良莠不齐，以博眼球方式宣传的自媒体比比皆是，而恰恰又是这些自媒体有着较为众多的关注度，这也造成很多错误的知识在群众中泛滥，导致对健康知识的认知出现了问题。调查结果显示，调查对象中84.36%的人认为通过中医食养食疗科普宣传可以增加相关食药物质产品的销售。因此，做好相关科普宣传，无论是对于提高民众的健康意识，还是助力食药物质类产品的开发和销售，都有一定的现实意义。

科普宣传要注意科普内容的科学性、宣传人员的素质、传播媒介的权威性、科普内容的新颖性等，同时也要注重科普宣传传播途径的有效性。网络及新媒体时代对于大众传播提出了更高的要求，科普宣传不仅要巩固传统宣传途径，如电视媒体、线下健康讲座、传统纸媒等，还要注意利用小红书、抖音等新媒体进行传播，占领传播阵地。积极利用融媒体的发展搭载健康科普是目前科普宣传的有效途径。此外，人工智能（AI）技术的发展推动了具有一定网络检索能力的人群自由获取知识，在 AI 新时代更好地利用新技术发展健康科普，是未来的重要发展方向。

（四）厂家应专注消费者体验

调查对象购买食药物质类产品自用时，更加关注产品的效用、口感、价格。从调查结果看，食药物质类产品的口感不尽如人意，且部分产品的价格偏高，限制了一部分消费者的购买。因此，生产厂家应考虑适当将重心移至增强产品效果、改善产品口感方面，并下调价格，使多数人可以接受。当然，考虑到人们对效果、口感的关注程度要高于价格，因此下调价格绝不能以降低产品品质、牺牲口感为代价。

若生产厂家将产品的主要用途定位为“送礼”，则可将重心移至品牌价值、包装方面，通过邀请有影响力的明星代言、慈善捐款等途径提高“品牌价值”，请专业团队设计美化产品“包装”。当然，无论是“品牌价值”还是“包装”都属于锦上添花，本质上仍应以提高产品效用为主。

此外，消费者对于食药物质类产品在改善亚健康和辅助治疗疾病方面有较大需求，大部分非医学专业人士认为在购买食药物质类产品时需要专业指导，专业指导已经成为市场所需。商家可以与医学、营养学等相关专业人士进行合作，使产品购买与专业指导一体化，刺激消费者的购买欲望。相关从业者也可针对此现象，在日常科普宣传中对大众予以正确的宣传和引导，从专业的角度助力产业发展。

HB. 10 改善睡眠类食药同源物质分析报告

王丽彦[①]　卢艳丽[②]　啜啊丹[③]　高思妍[④]　林禹舜[⑤]

摘　要： 睡眠是人体的重要生理功能，对人体健康有重要的作用，基于食药同源物质的安全性高和获得方便，很多人会选择食药同源物质来帮助睡眠，所以我们筛选了 11 种对睡眠具有影响作用的食药同源物质，并通过全网文献检索，从基本信息、古籍记载、产地成分到市场应用现状及展望，针对对睡眠有影响的食药同源物质进行全面的总结描述，并分析市场现状，提出展望。通过对这些资料的分析发现：这 11 种食药同源市场知晓率高，物质种植广泛，产品多样，容易获得；但是，由于其食品特性，产品缺少标准与规范，同时对其睡眠功效的描述很少。

关键词： 睡眠类；食药同源物质；分析

人的一生中大约有 1/3 的时间在睡眠中度过，充足的睡眠可以帮助机体恢复精力和体力，是身心健康不可缺少的组成部分。有研究显示，机体在醒着的时候会受到一定程度的神经系统损伤，睡眠有助于修复这种损伤并促进脑中代谢废物的清除。因此，睡眠不足对健康有很多负面影响。据统计，每年由睡眠障碍造成的医疗费用总额高达 1000 亿美金。《中国睡眠研究报告 2023》对中国居民睡眠状况进行了全面研究，调查显示，2022 年中国民众每晚平均睡眠时长为 7.4 小时，近半数民众的每晚平均睡眠时长不足 8 小时（47.55%），16.79% 的民众的每晚平均睡眠时长不足 7 小时，民众睡眠时长依然有待增加，

① 王丽彦，中医学博士，北京市第六医院主任医师，研究方向：中医药治疗心身疾病。
② 卢艳丽，公共卫生与社会医学管理专业硕士，北京市第六医院院长，研究方向：医院管理。
③ 啜啊丹，中医内科硕士，北京市第六医院主治医师，研究方向：中医药治疗心身疾病。
④ 高思妍，中医诊断学硕士，北京市第六医院副主任医师，研究方向：中医内科肿瘤。
⑤ 林禹舜，中医内科硕士，北京市第六医院副主任医师，研究方向：中医药治疗心身疾病。

所以增加睡眠时间、改善睡眠质量是以上睡眠问题人群的期盼。在改善睡眠的方法中，安全无风险同时获益多无疑是大家的首选，因此食药同源物质成为大家的新宠。为此，我们对2023年国家卫生健康委员会、国家市场监管总局发布（2023年第9号）的102种食药同源物质进行古籍查证，确定对睡眠有影响的食药同源物质共13味，并分别对这13味食药同源物质进行文献查阅，分析总结如下。

一、百合

（一）基本信息

百合[1]为百合科植物卷丹、百合或细叶百合的干燥肉质鳞叶，秋季采挖，洗净，剥取鳞叶，置沸水中略烫，干燥。

（二）古籍记载

百合之名始载于《神农本草经》[2]："百合，味甘，平。主邪气腹胀，心痛，利大小便，补中益气。"并将其列为中品，后世皆用此名称。明代李士材《雷公炮制药性解》[3]中记载："百合，味甘，性平无毒，入心肺大小肠四经。主鬼魅邪气，热咳吐血，润肺宁心，定惊益志。"《中华人民共和国药典（2020年版）》[1]中记载："百合，甘，寒。归心、肺经。养阴润肺，清心安神。"

（三）产地

全球百合资源丰富，主要分布在亚洲东部、北美洲和欧洲，其中以亚洲东海岸、北美西海岸和地中海地区的百合资源最为丰富。中国约有55种百合资源，其分布广、种类丰富，是全球野生百合的多样性中心。明代以前，百合以野生为主，清代开始出现栽培品。如今百合全部为栽培品，主产于湖南黔阳、邵阳及湘西土家族苗族自治州，浙江长兴、吴兴、龙游，江苏江浦、宜兴，陕西蓝田、大荔，四川中江、合川以及安徽安庆等地区。其中以湖南品质最好，江浙产量最大。

（四）成分

百合含有多种营养成分，蛋白质、粗脂肪、直链淀粉、粗纤维、果胶、可溶性糖、还原糖、总皂苷、维生素 C，以及钾、镁等丰富的矿物元素[4]。其中百合鳞茎中含有水、蛋白质、脂类、碳水化合物、矿物质、维生素和膳食纤维七大营养素。百合的活性成分包括 84 个酚类化合物，其中黄酮及其苷类 20 个、酚酸甘油酯类 14 个、酚甘油类糖苷 13 个、酚类糖苷 4 个、苯丙素蔗糖酯类 23 个和单体酚酸类 10 个[5]。

（五）市场应用状况

百合早在南朝就已被作为食物应用，蒸法作为食用百合的一种加工手段，也从某种程度上加速了百合食用的发展进程。现代日常生活常用百合制作药膳，如百合粥、百合饼、百合糕、百合蒸豆腐等[6]。国家市场监管总局特殊食品信息平台可查询到以百合为主要原料的保健食品共有 134 条，以胶囊、口服液、酒、茶、片、粉等为主要类型，但均为复合成分，没有以百合作为单独原料的保健食品。目前，百合市场以百合干为主，也有百合粉、百合发酵品[7]、百合果膏等部分深加工产品。

（六）目前市场应用问题和展望

目前，市场上百合的主要产品形式仍为鲜百合、百合干等，形式相对单一。百合干的包装与储藏环节也存在褐变、虫蛀和腐烂等变质现象，需要探索并制定科学统一的标准操作规程，从多个环节对百合质量进行全过程控制。百合开发方面的实际应用也有欠缺，使得百合产品的附加值低，从而制约了百合产业的发展。目前，针对百合及其植物化学成分功能活性的研究较多，具有较大的开发利用潜力，可以基于此研发相关的产品，以拓展百合应用。同时，通过建立百合产品标准体系，建设百合规范化生产基地和产业加工储藏体系，打造区域产业品牌，加大宣传力度，使百合市场从生产到营销形成完整产业链，促进百合市场健康有序发展。

二、阿胶

（一）基本信息

阿胶别名傅致胶、盆覆胶、驴皮胶等。阿胶[8]为马科动物驴的干燥皮或鲜皮经煎煮、浓缩制成的固体胶。将驴皮浸泡去毛，切块洗净，分次水煎，滤过，合并滤液，浓缩（可分别加入适量的黄酒、冰糖及豆油）至稠背状，冷凝，切块，晾干，即得。

（二）古籍记载

阿胶始载于《神农本草经》[9]："味甘，平，主心腹内崩，劳极洒洒如疟状，腰腹痛，四肢酸疼，女子下血，安胎。久服轻身益气。一名傅致胶。"但并未指出由何种动物皮制成。在唐朝中期之前，阿胶的原料均以牛皮为主。《名医别录》[10]记载"阿胶生平东郡，煮牛皮作之，出东阿"。唐代中后期，驴皮也逐渐成为制作阿胶的原料[11]。自明代起，驴皮逐渐成为制作阿胶的主要原料。《本草蒙筌》[12]记载："汲东阿井水……用驴皮耳。"而以牛皮制成的胶称为黄明胶。《中华人民共和国药典（2020 年版）》[8]中阿胶的功能与主治为"补血滋阴，润燥，止血。用于血虚萎黄，眩晕心悸，肌痿无力，心烦不眠，虚风内动，肺燥咳嗽，劳嗽咯血，吐血尿血，便血崩漏，妊娠胎漏"。

（三）产地

阿胶的原产地在东阿，即现在的山东省聊城市东阿县、阳谷县区域。目前，黑龙江、吉林、辽宁、内蒙古、山东、河北、北京、河南、安徽、甘肃、湖南等地都有生产，以山东产量最大。

（四）成分

阿胶的主要成分有蛋白质、氨基酸、糖类物质、脂肪酸、多种微量元素等。其蛋白质种类主要有驴血清白蛋白、驴胶原蛋白 α_1（Ⅰ）型和驴胶原蛋白α_2（Ⅰ）型3种。其氨基酸含量中以甘氨酸、脯氨酸、羟脯氨酸和丙氨酸4种为主。其糖类物质以寡糖为主，还含有硫酸皮肤素、硫酸乙酰肝素、糖胺聚糖等。其脂肪酸中以亚油酸和棕榈酸含量较高。微量元素除铁含量较高外，还包括铜、锌、锰等。

（五）市场应用状况

阿胶是药膳养生食品的重要原料之一，很早就被开发应用于保健食品市场。国家市场监督管理总局特殊食品信息平台可查询到以阿胶为主要原料的保健食品共有307条，以口服液、片、粉、膏、胶囊等为主要类型，多为复合成分，以阿胶作为单独原料的保健食品共22种，多为阿胶块、阿胶片、阿胶粉。目前，较为常见的保健食品有阿胶糕类、阿胶膏类、阿胶饮品类等。

（六）目前市场应用问题和展望

阿胶的生产过程复杂且各生产企业工艺不同，阿胶的质量受多种因素影响，目前，仍然缺乏能够反映其质量属性的评价标准，存在着质量安全隐患[13]。大部分阿胶生产企业仍停留在块状产业阶段，创新能力不足，存在产品同质化、低端化等问题，且阿胶类保健食品中的阿胶真实投料量较低。只有不断优化阿胶类保健食品的配方，提高阿胶类保健食品的感官体验，提升质量、开发新型多样化产品，才能使阿胶市场拥有更美好的前景和未来。

三、茯苓

（一）基本信息

茯苓，别名云苓、茯灵、茯菟，是多孔菌科植物茯苓的干燥菌核。它寄生在松树根上，形状像甘薯，外皮黑褐色，里面白色或粉红色。通常在秋春间采挖，栽培品则需要在接种后3年采挖，之后，将其置阴凉处晾至半干，再分部切制并阴干，生用。

（二）古籍记载

茯苓首载于《神农本草经》，列为上品，曰：“味甘，平。主胸胁逆气，忧恚，惊邪，恐悸，心下结痛，寒热烦满，咳逆，口焦舌干，利小便。久服安魂养神，不饥，延年。”

《名医别录》记载：“茯苓，无毒。止消渴，好唾，大腹淋沥，膈中痰水，水肿淋结，开胸府，调藏气，伐肾邪，长阴，益气力，保神守中，其有根者，名茯神。”

根据清朝陈修园《神农本草经读》之著述：“凡上品，俱是寻常服食之物，非治病之药，故神农另提出‘久服’二字……凡上品之药，法宜久服，多则终身，少则数年，与五谷之养人相佐。”[14]可见，茯苓早在东汉时期以前已有可食用之说。经考证，茯苓作为普通食品在中华大地上已有上千年的历史，在本经之后的历代多部医著中有较多的记载，且大多强调其“可久服”。

（三）产地

茯苓主要产地有安徽、湖北、河南、云南、四川、贵州、广西、福建、湖南、浙江、河北等地，以及越南、泰国和印度等地也有生产。目前，茯苓的人工栽培区域较为集中在云南产区、湘黔地带和大别山地带，各区域都有着独具特征的产业基础。在福建、河南、广西等地也有茯苓的人工栽培[15][16]。

（四）成分

现代研究发现，茯苓含三萜类、多糖类、甾醇类、挥发油类等多种化学成分，其中以茯苓多糖和三萜类为主。三萜类主要存在于茯苓菌核和茯苓皮中，多糖类主要来自茯苓子实体、茯苓菌丝体及其液体发酵液[17]。

（五）市场应用状况

1. 普通食品

茯苓这一中药材在食疗领域大放异彩，各种以茯苓作为食材的食品层出不穷。目前，市场上以茯苓为主要原料的食品涵盖了膏、粉、丸、粥、茶、饮、汤料和超微破壁粉等[18]。用茯苓制作的茯苓饼、茯苓膏、茯苓糕、茯苓酸奶等都是很常见的食疗佳品[19]。茯苓制作的食品巧妙地将传统中药茯苓的药食两用特性与现代流行的食物结合起来，不仅继承了食物的丰富营养，还融入了茯苓的多种健康益处。

2. 特殊食品

以茯苓为主要成分制成的特殊食品种类繁多，市场对茯苓的需求更是持续增长，根据国家市场监督管理总局特殊食品信息查询平台的数据，以主要成分“茯苓”为检索词，在国家市场监督管理总局特殊食品信息查询平台进行查询，排除部分含有“土茯苓”的结果，共有826个以茯苓为主要成分的保健食品获得了国家市场监督管理总局的注册备案，其主要以胶囊、片剂、丸剂、颗粒剂、口服液为主，其次是膏、粉、粥、茶等。这足以证明茯苓在特殊食品领域的受欢迎程度和市场需求。

（六）目前市场应用问题和展望

茯苓作为一种传统中药材，拥有悠久的历史和广泛的应用。它不仅在中国传统医学中占据重要地位，还在现代食品和保健品行业中发挥着重要作用。茯苓在安神助眠方面的应用也正逐渐受到现代研究的关注。茯苓市场在未来有着广阔的发展前景，可以结合现代科技手段，开发茯苓助眠贴片、茯苓助眠精油等产品。在茯苓的应用方面还需要加强研究、创新产品、提高品质、降低成本，才能有望实现更加健康和可持续的发展。

四、龙眼肉

（一）基本信息

龙眼肉别名龙眼、益智、比目、木弹、骊珠、燕卵、鲛泪、圆眼、蜜脾、桂圆、元眼肉、龙眼干。龙眼肉[20]为无患子科植物龙眼的假种皮。夏、秋两季采收成熟果实，干燥，除去壳、核，晒至干爽不黏。

（二）古籍记载

龙眼肉最早记载于《神农本草经》，名为“龙眼”：“龙眼，味甘，平。主五脏邪气，安志，厌食。久服强魂聪明，轻身不老，通神明。一名益智。生山谷。”[21]编入木部中品。南北朝陶弘景在《本草经集注》中将其编入草木上品：“味甘，平，无毒。主治五脏邪气，安志厌食，除虫去毒。”[22]宋代严用和《严氏济生方》首次提出“龙眼肉”：“归脾汤治思虑过度……龙眼肉、酸枣仁（炒，去壳）各一两……”[23]明代陈嘉谟《本草蒙筌》首次以“龙眼肉”为正名收录，编入果部，“味甘，气平。无毒……取肉入药，因甘归脾”。[24]此后的本草著作均以“龙眼肉”为正名。

（三）产地

龙眼喜温暖湿润气候，能忍受短期霜冻，对土壤的适应性很强。龙眼产地最早可追溯至汉代，其最初产于广东省，后传至福建、广西，至宋朝时福建和两广地区都成为龙眼的主产区，四川也有一些地区产龙眼[25]。如今，福建、广东、广西和海南等省份是龙眼的主要产地。泰国、越南等亚热带地区也有栽培。其中以广西、福建两地为龙眼肉的道地药材产区。

（四）成分

龙眼肉的主要营养成分有糖类、脂肪、蛋白质、膳食纤维、胡萝卜素、维生素 K、视黄醇、视黄素、维生素 C、尼克酸、硫胺素等[26]。龙眼肉含化学成分 256 种、活性成分 32 种，其中多糖是龙眼果肉的主要活性成分之一，此外还有多酚类、挥发性成分、氨基酸类成分等[27]。

（五）市场应用状况

目前，龙眼市场以鲜食为主，随着保鲜技术的成熟和推广，新鲜龙眼的出口也在逐年增加。目前，在国家市场监督管理总局特殊食品信息平台可查询到以龙眼肉为主要原料的保健食品共有 111 条，以口服液、酒、胶囊、颗粒等为主要类型，但均为复合成分，没有以龙眼肉作为单独原料的保健食品。市场上较为常见的龙眼肉加工产品包括龙眼干、龙眼膏、龙眼罐头、龙眼酒、龙眼茶、龙眼果汁等[28]。

（六）目前市场应用问题和展望

虽然龙眼在中国的种植面积和产量上都处于较高水平，但中国仍是龙眼果实的进口大国。近十几年，大部分国家认为中国龙眼存在重金属污染、农药残留等食品安全问题，这对中国龙眼作物的出口量造成了严重影响[29]。同时，中国龙眼干制行业存在技术落后、设备老化、果干品质低和能源利用效率低等问题，而市场对高品质果干产品的需求逐渐增大[30]。龙眼肉的深加工仍存在技术单一、产品种类较少等问题，虽然也有如龙眼超微粉含片[31]等新型加工品，但仅处于试验阶段，并未市场化。随着近年来研究的不断深入，龙眼核的价值被逐渐发现，其具有丰富的营养成分和较为广泛的用途，有良好的开发价值。今后也可以通过开发龙眼核相关产品以拓展龙眼市场。

五、灵芝

（一）基本信息

灵芝别称“仙草、还魂草、瑞草”，共有 131 个品种[32]，为多孔菌科真菌赤芝或紫芝的干燥子实体，全年采收，除去杂质，剪除附有朽木、泥沙或培养基质的下端菌柄，阴干或 40～50℃烘干。

（二）古籍记载

灵芝使用历史最早可追溯至距今 6800 年前的新石器时代（河姆渡文化时期）[33]。其生长和药用最早记载可追溯至 2000 多年前的春秋战国时代[34]，《列子·汤问》记载：“朽壤之上，有菌芝者。”《神农本草经》写道：“赤芝，苦，平，无毒，主治‘胸中结’‘益心气’‘补中’‘增聪明，不忘’。”首次出现“五色神芝”，将灵芝列为上品的药材[35]。东晋葛洪的《抱朴子·仙药》，将灵芝分为“五芝”。李时珍的《本草纲目》记载：“赤芝又名丹芝。生霍山。气味平、苦，无毒，主治胸中结，益心气，补中，增智慧，不忘，久服轻身不老。”赤芝即为后世常说的灵芝。

（三）产地

灵芝一般生长在栎、壳斗科等多种阔叶树和松棵松属等木桩旁或根际地上，也生长在铁杉等针叶树上。灵芝属真菌，大多生长在有散射阳光、树木较稀疏的地方或者空旷地带。灵芝在世界各大洲均有分布，绝大部分生长在热带、亚热带和温带地区。中国是灵芝真菌资源分布广泛的地方，其主要分布于北京、河北、山东、江苏、浙江、福建、江西、湖北、湖南、广西、广东、河南、云南、四川、贵州、海南、台湾、陕西、山西、安徽、甘肃、西藏、香港等地。

（四）成分

灵芝的主要化学成分有多糖类、三萜类化合物、甾醇、氨基酸类、生物碱、核苷类、脂肪酸类以及微量元素等[36－37]，其中多糖和三萜是其主要活性成分。灵芝多糖主要由葡萄糖、甘露糖、阿拉伯糖等组成。相关研究[38－39]表明，三萜类化合物主要提取物为灵芝酸 C2、灵芝酸 B、灵芝酸 A、灵芝酸 D2 和灵芝酸 F、灵芝烯酸 D、灵芝酸 G 等。

（五）市场应用状况

1. 国外市场应用

在日本，由于深受消费群体的喜欢，经常将经过加工后的灵芝加入药膳、饼干、挂面、啤酒、饮料、洗发、护发香波和美容制品中[40]。韩国有“灵芝片”“灵芝袋泡茶”“灵芝易拉罐饮料”等与灵芝相关的产品。

2. 国内市场应用

据统计，国内生产及销售灵芝或灵芝孢子粉类保健品企业有 300 多家。灵芝破壁孢子粉胶囊及灵芝孢子油等各种灵芝类保健品，在中国已经形成一个新产业。

在国家市场监督管理总局注册的以灵芝为原料制作的保健食品种类共有 1269 种，以胶囊、颗粒、口服液、粉、茶、酒等为主要类型。当作为食品原料使用时，传统的灵芝服用方法有水煎法、泡水法、煲汤、浸酒、泡茶、药膳、沐浴等。现代研究进一步开发灵芝服用方法，比如：从灵芝提取出胆烷甾体，制成啤酒、香槟、乳酸饮料；灵芝与酒米共同发酵、酿制成米酒；特定氮源配制培养基栽培灵芝制作提神醒脑的保健饮料；制作灵芝醋与灵芝酱油。还开发了既有药用价值又达到补碘的双重效果的灵芝碘盐。

（六）市场应用问题和展望

目前，国内外有关赤灵芝活性成分的研究在其他蛋白质、维生素、生物碱等方面较少，可以对这些组分进行高效分离提纯，实现灵芝全组分的高效利用。对赤灵芝的有效利用主要集中在医疗保健领域，而对日常生活中的可食用性和食用方法缺少深入研究。可通过响应面法优化原料配比，研发更多相关产品，更好地满足消费者的多样化需求，促进灵芝产业的可持续发展。

六、莲子

（一）基本信息

莲子为睡莲科植物莲的干燥成熟种子，又称莲实、莲米、莲肉、莲蓬子。莲子为小坚果，呈椭圆形、卵形或卵圆形。秋季果实成熟时采割莲房，取出果实，除去果皮，除去莲子心后干燥[41]。

（二）古籍记载

在《神农本草经》莲子被列为上品。其“味甘，平。主补中，养神，益气力，除百疾”。《本草新编》记载为“莲子，入心、脾、肝、肾四脏，养神定志，能交君相二火，善止泄精，清心气，去腰疼，禁痢疾”。

（三）产地

莲子在中国种植面积广泛，主要分布在湖南、江西、湖北、福建、江苏、浙江、河北等地[42]，而以湖南产者最佳。江西广昌县素以产莲著称，其所产的白莲品质居全国之冠。此外，福建的白莲、湖北的红莲以及杭州产的莲子均很有名[43]。

（四）成分

莲子含有较多的碳水化合物、维生素、蛋白质及人体必需的多种氨基酸和钙、铁、磷、锌等微量元素，另外有多酚类、多糖类、生物碱、维生素、氨基酸、膳食纤维及多种微量元素[44-45]。

（五）市场应用状况

人们对养生、保健的意识逐渐提高，以莲子为原料加工的食品越来越受消费者的青睐。根据国家市场监督管理总局特殊食品信息查询平台的数据，以主要成分“莲子”为检索词进行查询，共有66个以莲子为主要成分的保健食品获得了国家市场监督管理总局的注册备案。现阶段市面上已经有多种形式的莲子食品销售，主要集中莲子饮料、莲子酱、莲子酸奶、莲子其他加工食品。

（六）目前市场应用问题和展望

随着人们对健康饮食和生活品质的追求，人们对于天然、健康、营养的食品需求不断增加，莲子作为一种天然药物，具有安神、镇静的作用，可以改善睡眠质量。莲子与传统药物治疗相比，具有较低的副作用风险，并且得到了科学研究的支持。未来，随着人们对健康生活方式的追求以及对自然疗法的偏好增加，莲子在治疗失眠方面的市场应用有望进一步扩大。

七、牡蛎

（一）基本信息

牡蛎又称蛎蛤、牡蛤、蛤蛎、海蛎子、蚝壳、蚝山等[46]，为牡蛎科动物。长牡蛎、大连湾牡蛎或近江牡蛎的贝壳[47]，全年均可捕捞，去肉，洗净，晒干。长牡蛎呈长片状，背腹缘几平行。大连湾牡蛎呈类三角形，背腹缘呈八字形。近江牡蛎呈圆形、卵圆形或三角形等。可食部位为牡蛎壳内部。

（二）古籍记载

牡蛎始载于《神农本草经》[48]："气味咸、平、微寒，无毒。主伤寒寒热，温疟洒洒，惊恚怒气，除拘缓，鼠，女子带下赤白，久服强骨节，杀邪鬼，延年。"《长沙药解》[49]记载："味咸，微寒，性涩，入手少阴心、足少阴肾经。降胆气而消痞，敛心神而止惊。"《中华人民共和国药典（2020年版）》[47]记载："生牡蛎气微，味微咸，功效为重镇安神，潜阳补阴，软坚散结。用于惊悸失眠，眩晕耳鸣，瘰疬痰核，癥瘕痞块。"

（三）产地

牡蛎的产地分布遍及全球，是世界性广布类群，分布于热带、亚热带和温带各海区，寒带种类很少，两极尚未发现。全世界有100余种，中国已发现20余种。牡蛎是世界第一大养殖贝类，也是中国沿海最常见的贝类之一，其中长牡蛎是最重要的养殖物种。中国的牡蛎资源丰富，渤海、黄海、东海、南海均有牡蛎生产基地，目前主要产地为福建、广东、山东、广西、辽宁、浙江等。

（四）成分

牡蛎具有丰富的营养价值及多种功能活性。其可食部位即牡蛎肉中营养组成的特点[50]：蛋白质含量高，氨基酸种类齐全且组成合理；牛磺酸、糖原含量高；虽然脂肪含量低，但不饱和脂肪酸占比高；锌元素含量丰富。牡蛎肉的功能活性成分主要有活性肽、多糖和锌。牡蛎壳主要由90%以上的碳酸钙和5%以下的骨架蛋白组成，壳内富含钙、磷、钾、钠等微量元素。

（五）市场应用状况

牡蛎具有较高的营养价值和广泛的功能活性，是开发营养及功能食品的优质原料。国家市场监督管理总局特殊食品信息平台可查询到以牡蛎为主要原料的保健食品共有108条，以胶囊、片、冲剂、口服液等为主要类型，多为复合成分，以牡蛎作为单独原料的保健食品共3种。目前，市场上仍以生鲜牡蛎占主导，也有一部分初加工成牡蛎肉干，或进一步加工成冷冻牡蛎、即食牡蛎制品、牡蛎调味品、牡蛎饮料等产品。采用现代工艺，通过发酵、酶解等手段从牡蛎肉中获取易于吸收、功能各异的牡蛎肽等活性成分，制成保健食品[51-52]。

（六）目前市场应用问题和展望

目前，市场上牡蛎加工品种类较少，相对单一，生鲜牡蛎和冷冻牡蛎也存在病毒感染[6]等食品安全问题。虽然牡蛎肽等活性成分是牡蛎营养及功能食品的主要基料，可被应用于营养及功能食品的开发，但在许多功能活性物质的产业开发方面还存在一些技术难题和瓶颈，如牡蛎多糖目前仍停留在实验室研究阶段。牡蛎营养及功能食品具有营养滋补及功能保健的双重作用，可满足当前人们对营养健康食品的巨大需求，随着技术水平的不断提高和牡蛎加工品种的不断研发，牡蛎加工制品的市场前景十分广阔。

八、桑葚

（一）基本信息

桑葚又称桑枣、桑果、桑子、乌葚等，为桑科植物桑的干燥果穗。4—6月果实变红时采收，晒干或略蒸后晒干。

（二）古籍记载

桑葚在《新修本草》列于木部中品。《雷公炮制药性解》记载：“开关窍，利血脉，安神魂，黑须发，明耳目。”《随息居饮食谱》记载：“滋肝肾，充血液，止消渴，利关节，解酒毒，祛风湿，聪耳明目，安魂镇魄。”

（三）产地

桑葚主要分布于北半球的温带地区并扩展至亚热带至热带山区，但除大洋洲和南极洲之外的各大洲均有分布，在中国大部分地区均有产出。桑树在江苏、浙江、四川、陕西、湖北等26个省、自治区都有种植，陕西桑园面积已达10万亩，广东在佛山、番禺、韶关等地建立了近万亩果叶两用桑园，北京大兴也有千亩桑园[53]。

（四）成分

桑葚的主要化学成分有水分、糖分、粗蛋白、灰分、粗纤维、游离酸、可溶性无氮物等，其营养成分有游离氨基酸、维生素、微量元素、矿物质、挥发性油、生物碱和黄酮类等 。迄今为止，已经分离并完成结构解析的达150余种，其中主要的活性物质为花色苷类化合物、白藜芦醇、芦丁、多糖等[54]。

（五）市场应用状况

桑葚作为一种食药同源的水果，其应用领域不断拓宽，随着加工技艺的精进，各式桑葚制品层出不穷，如桑葚果干、桑葚酒、桑葚果醋、桑葚酸奶等。

随着现代食品加工技术的飞速进步，桑椹食品已经超越了传统的干、膏、酒、醋等形式，此外还有桑葚咀嚼片、桑葚颗粒状冲泡茶、桑葚冻干果脯和桑葚酸奶等创新产品。

（六）目前市场应用问题和展望

桑葚作为一种食药同源的草药，其“安神魂”的功效往往被忽略。桑葚在安神助眠方面缺乏科学研究和临床证据，因此需要更多大规模、随机对照的试验来验证桑葚治疗失眠的效果和安全性。随着科学研究的深入和人们对自然疗法的兴趣增加，桑葚治疗失眠的市场前景仍然乐观。

九、山药

（一）基本信息

山药又称为薯蓣、山薯，为薯蓣科薯蓣属藤本植物薯蓣的干燥根茎。

山药植物形态：春生苗，赤茎（紫茎）细蔓，叶有三尖似牵牛而更厚有光泽；夏开细白花（亦有淡红花），开花成穗；结荚成簇，荚有三棱，其子别于结叶旁，状似雷丸，大小不一。

山药入药部位特点：根中白，皮黄，类芋，生时掷地如粉，干则内实不虚，其色洁白如玉，根细如指，形长者是也，青黑者不堪入药。

（二）古籍记载

山药的原名“藷薁”，最早见于《山海经·北山经》，曰：“又南三百里，曰景山，南望盐贩之泽，北望少泽，其上多草、藷薁。”[55]从宋代开始，因避讳改名山药。此外，山药还有白苕[56]、白药子[57]、佛掌薯[56]、怀山药[56]、九黄姜[58]、山板薯[59]、山薯[60]、山羊[61]等几十个易名。本草中指出山药可分药用山药及食用山药，《本草原始》[62]和《本草纲目》[63]曰：“薯蓣入药，野生者为胜”“生山谷者入药为胜”。《植物名实图考》[64]曰：“生怀庆山中者细白坚实，入药用之，种者根粗。”药用山药多指家园种薯茨及以薯预种相近野山药，而食用山药多称为薯，野生的山药比家种的色白、根细，质地紧实，质量较好，更适合入药。

（三）产地

山药喜温耐旱，适宜在疏松肥沃土壤中生长。其广泛分布于热带和亚热带地区，在热带地区山药种植主要集中在尼日利亚、加纳、贝宁、科特迪瓦共和国等国家。目前，中国山药产区主要分布在东部和南部地区，如湖北、江苏、浙江、福建、河南、山东、河北、山西等地。

（四）成分

山药的基本营养成分主要有淀粉、多种氨基酸和蛋白质、维生素和矿物质元素。山药中淀粉含量高，食用时饱腹感较强，具有较高的食用价值，是重要的粮食作物。相关研究表明，山药中测定出的必需氨基酸和维生素、矿物质占比较高，说明山药的营养品质较好。此外，山药中含有大量的生物活性物质，主要包括多糖［16%～20%（湿基）[65]］、皂苷［0.032%～0.092%（干基）[66]］、尿囊素［0.62%～1.49%（干基）[66]］、多酚［2.00～2.89mg/g（干基）[67]］等，这些活性成分具有降血糖、清除自由基、调节胃肠道、提高免疫力等功效，能够辅助治疗疾病，改善机体状况。

（五）市场应用状况

1. 淀粉制食品

将山药粉或山药泥与其他功能性食物混合添加到面条、面包、饼干等淀粉制食品中，可改善食品风味、口感和营养价值。

2. 饮料制品

现在市场中流行的山药饮料制品大致可分为山药原汁饮料、复合型山药饮料、山药发酵饮料和山药固体饮料[68]。山药肉质脆爽，含有丰富的汁液，可以做成山药原汁饮料。另外，还可以将山药制成罐头、果酱、果冻等固体饮料。

3. 发酵类产品

目前，市场前景广阔，食品发展的趋势与热点是发酵类产品。山药含有多种活性成分，通过微生物发酵，对天然的活性成分进行修饰，不但可以提高特定有效成分含量，还有可能转化为价值更高的新功效成分。相关研究表明，已陆续研发出了兼具调味和保健的山药发酵食醋[69]，特有风味的功能性酸奶，山药发酵的啤酒、清酒、黄酒、果酒、米酒、奶酒等。此外，研究人员还开发出了山药植物酵素，是以一种或多种新鲜果蔬、山药等药食同源食材为原料，外加或不加糖类物质，经长时间发酵而成的产品[70]。它含有黄酮类、多糖类、酚类、有机酸类及酶类等物质，具有很好的抗氧化活性，可以改善人体机能[71-72]。

（六）市场应用问题和展望

目前，对山药功能特性及其作用机制的研究大多来自动物实验或体外实验，对功能特性、作用机制、产品开发的研究仍不够系统和深入，食品加工应用也只是停留在低附加值产品的开发。山药除了传统药用作用，还有安神的功效，未来在山药产品开发应用研究中，还可以增加提高睡眠治疗等高附加值产品的开发。

十、酸枣仁

（一）基本信息

酸枣仁又称枣仁、酸枣核，为鼠李科植物酸枣的干燥成熟种子，呈扁圆形或扁椭圆形，长5~9毫米，宽5~7毫米，厚约3毫米；表面紫红色或紫褐色，平滑有光泽，有的有裂纹；有的两面均呈圆隆状突起，有的一面较平坦，中间有 1 条隆起的纵线纹，另一面稍突起。酸枣秋末冬初采收，去除果肉和核壳后取种，晒干，生用或炒用，用时捣碎。

（二）古籍记载

酸枣仁始载于《神农本草经》："主心腹寒热、邪结气聚、四肢酸痛湿痹。"距今已有 1800 多年的药用历史。《本草撮要》记载："功专安神定志。"可与麦冬、制何首乌、茯苓等同用；炒用性平偏温，敛阴止汗力胜[73]。《名医别录》记载："主治烦心不得眠，脐上下痛，血转，久泄，虚汗，烦渴，补中，益肝气，坚筋骨，助阴气，令人肥健。"《本草经集注》写道："味酸，平，无毒。主治心腹寒热，邪结气，四肢酸疼湿痹。烦心不得眠，脐上下痛，血转、久泄，虚汗、烦渴。补中，益肝气，坚筋大骨，助阴气，令人肥健。久服安五脏，轻身，延年。"明代著名医药学家李时珍在《本草纲目》中记载："主治虚汗烦渴，烦心不得眠，久服，可安五脏。"将其列为上品，可作为失眠治疗的首选。

（三）产地

本品一般生长在向阳的山坡、山谷、丘陵、平原、路旁以及荒地，主产于河北、陕西、辽宁、河南等地，山东、内蒙古、甘肃、山西、安徽等地也产，以邢台产的邢枣仁为"道地药材"[74]。

（四）成分

目前，相关研究已从酸枣仁提取物中鉴定分离出 130 多种化合物，除了含有维生素、微量元素和氨基酸等营养成分外，还有具有镇静催眠作用的活性成分皂苷、生物碱、黄酮类，如酸枣仁皂苷 A、酸枣仁皂苷 B、酸枣仁碱 A、斯皮诺素等，以及还有三萜类化合物、甾体化合物、酚酸化合物、有机酸类等多种成分[75-76]。

（五）市场应用状况

酸枣仁为宁心安神之上品，不仅是中药原料，而且是中药保健食品的原料，其在药品、保健食品中的广泛应用，已引起人们越来越多的关注。目前，在国家市场监督管理总局注册的以酸枣仁为原料制作的保健食品种类共有168种，以胶囊、颗粒、口服液、饮料等为主要类型，但均为复合成分，在所有中药材中排名第20位[77]。另有以酸枣仁为主要材料的药膳、茶饮。

由于酸枣耐贫瘠、抗干旱、收益高，而成为地方政府在推进乡村振兴进程中大力扶持的特色产业。据不完全统计，优质酸枣仁目前全国年产量仅约1万吨，而市场需求量约1.5万吨，未来3～5年可望达到3万吨，产值600亿元以上[78]，显然酸枣仁具有广阔的市场前景。

（六）市场应用问题和展望

在巨大的市场需求和政府政策的引导下，酸枣仁成为道地产区未来产业化发展的重要中药材品种，但迄今为止，中国在酸枣仁产业化发展进程中仍存在一些问题，如在规范种植、质量标准和法规等方面还不健全，对其具体功效、药理的研究还不透彻等。这些问题影响酸枣仁的产量和品质，成为制约其产业化发展的主要障碍。为了保障食品、药品的安全，应大力加强这些方面的研究，同时为酸枣仁产品打入国际市场奠定基础。

十一、酸枣

（一）基本信息

酸枣又名棘、棘子、野枣、山枣等，为鼠李科枣属植物酸枣的成熟果实。果实圆形或扁圆形、椭圆形等，果皮红色或紫红色，果肉较薄、疏松，味酸。

（二）古籍记载

酸枣作为中药，始载于《神农本草经》，列为上品。“味酸，平。主心腹寒热，邪结气聚，四肢酸疼，湿痹。久服安五藏，轻身，延年。”《名医别录》曰：“主治烦心不得眠，脐上下痛，血转，久泄，虚汗，烦渴，补中，益肝气，坚筋骨，助阴气，令人肥健。”

（三）产地

目前，酸枣供应主要依赖野生酸枣，其主要分布于辽宁、内蒙古、山东、河北、山西、河南、陕西、甘肃、新疆、江苏、宁夏、安徽等。常生于向阳、干燥山坡、丘陵、岗地或平原。主产区位于太行山一带，以河北南部的邢台为主，素有“邢台酸枣甲天下”之美誉，是中国最大的酸枣产业基地[79]。

（四）成分

现代研究表明，酸枣中含有大量的三萜类、黄酮类、有机酸类、多糖、氨基酸类等成分。酸枣果实营养丰富，不仅含有大量的维生素 C、脂肪、蛋白质和有机酸，还富含铁、钙、镁、磷、锌等微量元素[80-81]。

（五）市场应用状况

酸枣作为一种具有丰富营养价值和药用价值的水果，在市场上有着广泛的应用。酸枣具有独特的口感和丰富的营养成分，常用作食品加工的原料。目前，食品工业已推出多种酸枣系列保健品，如酸枣汁、酸枣醋、酸枣酒、酸枣露、酸枣面、酸枣汽水等系列产品[82]。

（六）目前市场应用问题和展望

随着人们健康意识的增强，越来越多的人倾向于选择自然疗法和传统中药来改善睡眠问题，使酸枣的消耗量逐年增加。目前，酸枣的供应主要依赖野生酸枣，但由于过度采伐和生态环境的破坏，野生酸枣资源量锐减，造成了酸枣相关产品价格持续攀升，解决酸枣产业发展的问题变得尤为重要。在加强对野生酸枣资源的保护和管理的同时，提高枣种植栽培技术研发和推广，提高酸枣的产量和品质。推动酸枣产业的可持续发展，满足人们对酸枣产品的需求。

十二、西红花

（一）基本信息

西红花又名番红花、藏红花，为鸢尾科，番红花属多年生球茎花卉[83]。

西红花为多年生草本，球茎扁圆球形，直径1~3厘米，外有黄褐色的膜质包被；叶基生，条形，灰绿色，长15~20厘米，宽2~3厘米，边缘反卷；叶丛基部包有4~5片膜质的鞘状叶。花茎甚短，不伸出地面；花1~2朵，淡蓝色、红紫色或白色，有香味，直径2.5~3厘米；内、外轮花被裂片皆为倒卵形，顶端钝，长4~5厘米；雄蕊直立，长2.5厘米，花药黄色，顶端尖，略弯曲；花柱橙红色，长约4厘米，上部3分枝，分枝弯曲而下垂，柱头略扁，顶端楔形，有浅齿，较雄蕊长，子房狭纺锤形。蒴果椭圆形，长约3厘米[84]。

（二）古籍记载

唐代以前，藏红花被称为“郁金（香）”，主要用于礼佛、调酒色、做香薰料香衣、香酒等，如西晋张华《博物志》言：（郁金）“气味甘，平，无毒。主治心忧郁积，气闷不散，活血。久服令人心喜。又治惊悸。”西晋才女、贵嫔左芬著有《郁金颂》：“伊有奇草，名曰郁金。越自殊域，厥珍来寻。芳香酷烈，悦目怡心。明德惟馨，淑人是钦。”至宋代，藏红花主要作为香料使用。元代可入药又兼做肉食调料。明代起主要药用，《本草纲目》中记载：“番红花，出西番回回地面及天方国，即彼地红蓝花也。元时以入食馔用……活血，主心气忧郁，又治惊悸。”至现代，1977年出版的《中药大辞典》、1999年出版的《中华本草》《中华人民共和国药典》均收载有西红花（藏红花、番红花）。

（三）产地

番红花是典型的地中海物种，为喜阳植物，主产于伊朗、印度、阿塞拜疆、中国、法国、希腊、埃及、以色列、意大利、墨西哥、摩洛哥、西班牙和土耳其等国。中国在20世纪60年代引种于浙江、上海等地，目前，国产西红花主要来自安徽、河南、上海、浙江等省市。

（四）成分

西红花的主要化学成分有萜类、黄酮类、酚酸类、多糖类、生物碱，以及其他类如挥发油、多取代单苯环类、呋喃类、蒽醌类等化合物。萜类作为西红花柱头中最重要的活性成分为，共有39种，包括单萜类20种[85-86]、二萜类12

种、三萜类 2 种（azafrine 1 和 azafrine 2）以及四萜类成分 5 种[85]。四萜类成分西红花苷是一种水溶性类胡萝卜素，可以抗炎、抗氧化、抗肿瘤等[87]；二萜类成分西红花酸是一种天然的类胡萝卜素二羧酸，可以保护心血管、治疗结肠炎、抗氧化和抗肿瘤等[88]；单萜类化合物的代表性成分藏红花苦苷和藏红花醛不仅是西红花中苦味和香味的来源，还能够抗氧化、抗抑郁、治疗糖尿病等[89]。

（五）市场应用状况

1. 保健品应用

西红花作为保健食品的应用主要以茶饮、酒和口服液、膏等为主，在国家市场监督管理总局注册的以西红花为原料制作的保健食品共有 5 种。此外市场上还有一些口服及外用的产品，例如以西红花、石斛为主要成分的养生保健茶，以及一些含有西红花成分的保健液、保健眼贴和术后康复用的茶油[90]。

2. 化妆品应用

西红花中含有多种活性成分，作为天热的香料和中药，目前广泛应用于水乳、面霜、面膜、精华液等护肤品中，还有以纯天然植物提取物为主的牙膏、香皂、沐浴露、洗发液等清洁类产品也大量加入西红花。

（六）市场应用问题和展望

目前，西红花相关产品的研发大多将西红花的干燥柱头直接用作辅料，又因西红花柱头的比重小、产量低，其功能成分的提取与应用难以实现规模化和产业化，因此，西红花的综合开发与利用还存在较大的发展空间。另外，西红花还具有解郁安神之效，市面上几乎没有针对西红花此功效进行研发的产品，产品种类单一，创新性少，缺乏深度研发。未来还需根据市场需求与规则，对产品特色与定位、产品加工工艺、产品质量及标准等方面进行深入探究，实现西红花资源的充分开发，促进产业可持续发展。

十三、益智

（一）基本信息

益智是姜科植物益智的干燥成熟果实[91]。为“四大南药”之一，于夏、秋两季果实由绿变红时采收；晒干后的益智呈椭圆形，两端略尖，表面棕色或灰棕色，果皮薄而韧，种子为不规则扁圆形，具芳香气味。

（二）古籍记载

“益智”最早出现在《神农本草经》中，曰：“龙眼，味甘平。主五脏邪气，安志厌食。久服，强魂魄，聪察，轻身，不老，通神明。一名益智。”[92]但其为龙眼的别称，与现在所用的益智不同。直到《本草经集注》和《新修本草》指出益智和龙眼的不同，后续本草著作才逐渐将两者区别开来。至唐代，陈藏器编著的《本草拾遗》首记载其功效：“止呕哕……含之摄涎秽。”之后《医学启源》《本草原始》《本草纲目》等均描述了其性味归经及暖肾固精缩尿，温脾止泻摄唾之功效。叶天士《本草经解》中记载：“气温，味辛，无毒。主遗精虚漏，小便余沥，益气安神，补不足，利三焦，调诸气。”提出益智有益气安神之功。

（三）产地

益智喜温暖、潮湿的气候，生产在林下阴湿处，主要产于海南、广东、广西、福建、云南等省份，其中又以海南为其道地产区，现普遍为人工栽培。

（四）成分

益智主要含有挥发油、萜类、黄酮、二苯基庚烷、甾体、核苷及核酸碱基、脂肪酸等化学成分。截至2023年，共报道了149个化合物[93]。相关研究表明，益智发挥药效主要活性成分为挥发油、倍半萜、黄酮、二苯基庚烷类成分。

（五）市场应用状况

目前，益智的保健功能已经得到人们的肯定。在国家市场监督管理总局注册的以益智为原料制作的保健食品种类共有10种，以胶囊、颗粒、片饮料等为主要类型，如“生命一号”牌益智仁桂圆饮料、蜜饯益智、九制益智、糖沙益智、甜酸益智等。

（六）市场应用问题和展望

到目前为止，益智主要经过晒干或低温干燥处理后用于药品市场和中医临床，或将嫩果简单加工食用，加工方式较为单一。益智除了传统药用作用，还有安神的功效，未来在益智产品开发应用研究中，还可以增加提高睡眠治疗等高附加值产品的开发。

由上面报告分析显示，11 种对睡眠有影响的食药同源物质由于其食品特性，在种植上产地多，品种丰富，没有统一的标准；同时，产品多为单方食品，对其睡眠功能描述较少，西红花的影响睡眠的功能只是古籍记载，其产品少，说明大家对睡眠类食药同源物质认识还不够充分，有很大的发展空间。

参考文献

［1］国家药典委员会．中华人民共和国药典（2020 年版）：一部［M］．北京：中国医药科技出版社，2020：138.

［2］吴普．神农本草经［M］．南宁：广西科学技术出版社，2016：79.

［3］郭霞珍，王志飞，孙彩霞．《雷公炮制药性解》评注［M］．北京：人民军医出版社，2010：212.

［4］卢堃，林玉红．兰州百合营养成分分析及产地差异研究［J］．贵州农业科学，2023，51（11）：55－67.

［5］于鑫，李润根．百合鳞茎中酚类化合物及药理活性研究进展［J］．昆明学院学报，2023，45（6）：44－54.

［6］宋阳，刘理想，赵凯维，等．百合药用食用考略及其药食两用关系探讨［J］．中国中医基础医学杂志，2023，29（2）：276－279.

［7］任富慧，乔舒敏，李绪久，等．中国药食同源物质发酵产品研究进展［J］．中国果菜，2024，44（5）：8－14.

［8］国家药典委员会．中华人民共和国药典（2020 年版）：一部［M］．北京：中国医药科技出版社，2020：197.

［9］佚名．神农本草经［M］．北京：北京科学技术出版社，2016：28.

［10］陶弘景．名医别录［M］．北京：中国中医药出版社，2013：64.

［11］李金洋，胡婷婷，俞莹，等．阿胶的本草考证［J］．辽宁中医药大学学报，

2024，26（5）：156－162.

[12] 陈嘉谟．本草蒙筌［M］．北京：中医古籍出版社，2009：345.

[13] 孔浩，田汝芳，曹桂云，等．阿胶质量安全分析研究进展［J］．畜牧与饲料科学，2023，44（4）：109－115.

[14] 陈修园．神本草经读［M］．北京：人民卫生出版社，1959：10－11.

[15] 修慧迪，程磊，王文全，等．基于智能感官分析技术探讨茯苓药性理论及其产地差异［J］．文山学院学报，2023，36（5）：7－12.

[16] 梁士伟．中药茯苓的功能及其应用前景［J］．黑龙江医药，2014，27（5）：1089－1092.

[17] 路平，史汶龙，杨思雨，等．茯苓化学成分及药理作用研究进展［J］．中药，2024，46（4）：1246－1254.

[18] 金剑，钟灿，谢景，等．中国茯苓炮制加工和产品研发现状与展望［J］．中国现代中药，2020，22（9）：1441－1446.

[19] 崔向清．学做茯苓美食，助您健脾安神［J］．大众健康，2021（11）：66－67.

[20] 国家药典委员会．中华人民共和国药典（2020年版）：一部［M］．北京：中国医药科技出版社，2020：100.

[21] 神农本草经．清顾观光重辑本［M］．北京：人民卫生出版社，1955：68.

[22] 陶弘景．本草经集注辑校本［M］．北京：人民卫生出版社，1994：187.

[23] 严用和．严氏济生方［M］．北京：人民卫生出版社，1980：29.

[24] 陈嘉谟．本草蒙筌［M］．北京：人民卫生出版社，1988：317.

[25] 胡家虎，李国平，包朗．龙眼肉的本草考证［J］．中国野生植物资源，2021，40（6）：73－77.

[26] 张百川．龙眼肉的营养成分和功能性研究及质量鉴别［J］．食品界，2021（5）：129.

[27] 冯婷，杨涛．龙眼肉化学成分库构建及其治疗贫血机制的网络药理学研究［J］．中国现代应用药学，2023，40（6）：751－764.

[28] 王莲．龙眼在食品加工中的应用研究进展［J］．现代食品，2023，29（6）：23－25.

[29] 邵小艳，陆春梅，邓金兰，等．中国龙眼农药最大残留限量制定及农药残留现状分析［J］．食品安全导刊，2022（21）：28－30.

[30] 陈子民，莫江婷，陈广生，等．现代水果干制工艺技术研究进展［J］．保鲜

与加工，2024，24（2）：80－90，96.
[31] 刘佳梦，王梓涵，林丽静，等．龙眼超微粉含片的配方优化及品质评价［J］．食品研究与开发，2022，43（21）：99－107.
[32] XING J H，SUN Y F，HAN Y L，et al. Morphological and molecular identification of two new Ganoderma species on Casuarina equisetifolia from China［J］．MycoKeys，2018（34）：93－108.
[33] 袁媛，王亚君，孙国平，等．中药灵芝使用的起源考古学［J］．科学通报，2018 63（13）：1180－1188.
[34] 赵继鼎．中国古籍中记载六芝的初步考证［J］．微生物学通报，1989，16（3）：36－43.
[35] 李明焱．《神农本草经》中灵芝的品属及功效：灵芝研究溯源及其评价［C］．中医经典理论内涵与临床应用学术研讨会暨医史文献分会，中医经典与传承研究分会（筹）学术年会文集．杭州：浙江省科学技术学会，2012.
[36] GONG T，YAN R Y，KANG J，et al. Chemical components of Ganoderma［J］．Adv Exp Med Biol，2019，1181：59－106.
[37] BABY S，JOHNSON A J，GOVINDAN B. Secondary metabolites from Ganoderma［J］．Phytochemistry，2015，114：66－101.
[38] 周旭，庄思远，李彦杰，等．赤灵芝中三萜类活性成分的提取筛选和质谱分析［J］．现代食品科技，2022，38（6）：169－178.
[39] 王波，陈建新，林剑豪，等．灵芝中灵芝三萜的提取方法研究［J］．广州化学，2022，47（6）：83－88.
[40] 饶发元．灵芝的临床应用与国内外研究［J］．四川中医，2001，19（12）：17－18.
[41] 焦红．中国药典［M］．北京：中国医药科技出版社，2020：285.
[42] 齐欢欢，祖明艳，杨平仿．莲子食用价值研究进展［J］．植物科学学报，2020，38（5）：716－722.
[43] 陈芳珠．浅谈莲子的性状及其功效［J］．饮食保健，2018，5（48）：261.
[44] 杨惠，裴娟娟．莲的生物活性成分及生理功能研究进展［J］．生物资源，2024，46（2）：112－125.
[45] 皮晓娟，李亮，杨敏，等．莲子深加工及其功能活性研究进展［J］．农产品加工，2023，（24）：81－84，89.
[46] 张睿彤，李文林，段金廒．牡蛎药性升降浮沉与功效的本草考证［J］．中医

药学报，2024，52（1）：81－85.
［47］国家药典委员会．中华人民共和国药典（2020 年版）：一部［M］．北京：中国医药科技出版社，2020：180.
［48］陈德兴，张玉萍．神农本草经［M］．福州：福建科学技术出版社，2012：40.
［49］黄元御．长沙药解［M］．北京：中国中医药出版社，2016：172－173.
［50］章超桦．牡蛎营养特性及功能活性研究进展［J］．大连海洋大学学报，2022，37（5）：719－731.
［51］施恬，李东萍．牡蛎的营养价值及加工利用［J］．中国水产，2023（6）：95－96.
［52］宋旭岩，叶兵，林滢，等．山东省沿海地区市场销售贝类诺如病毒、甲肝病毒、轮状病毒和星状病毒污染状况调查［J］．中国初级卫生保健，2024，38（5）：65－68.
［53］杨海玲，刘紫轩，苏锦松，等．特色药食两用资源桑椹的开发利用与发展趋势研究［C］．第三届中国民族医药学会药用资源分会年会暨 2018 年民族药资源学术交流会论文集，2018：304－312.
［54］翁金月，金利思．药食两用桑椹的研究与开发［J］．中国药业，2013，22（2）：88－90.
［55］洪镇涛．山海经［M］．上海：上海大学出版社，2012：50.
［56］四川中药志协作编写组．四川中药志［M］．成都：四川人民出版社，1979.
［57］魏朝卿．滋补佳蔬——山药［J］．中国保健营养，2003，12（2）：28.
［58］王浩．山药漫记［J］．食品杂谈，2005，12（4）：25.
［59］广西壮族自治区卫生厅．广西中药志［M］．南宁：广西壮族自治区人民出版社，1959.
［60］苏颖．本草图经研究［M］．北京：人民卫生出版社，2011：82.
［61］吴普．吴普本草［M］．北京：中医古籍出版社，2005.
［62］李中立．本草原始［M］．北京：人民卫生出版社，2007.
［63］李时珍．本草纲目［M］．哈尔滨：黑龙江美术出版社，2017.
［64］吴其浚．植物名实图考［M］．北京：中医古籍出版社，2008.
［65］徐子妍，董凯璇，苏亚东，等．山药的营养功效及加工利用研究进展［J］．中国果菜，2019，39（8）：52－57.
［66］WU Z G，JIANG W，NITIN M，et al. Characterizing diversity basedon nutritional and bioactive compositions of yam germplasm（Dioscoreaspp.）commonly cultivated

叁 市场开发篇

in China [J]. Journal of Food &Drug Analysis，2016，24（2）：367－375.

[67] 黄梦甜，胡安阳，张正茂，等. 不同产地山药功能成分的比较 [J]. 湖北工程学院学报，2018，38（6）：30－34.

[68] 蒋萌蒙，贾彦杰，钱志伟，等. 响应面法优化香蕉山药酸奶发酵工艺研究 [J]. 中国乳品工业，2018，46（6）：51－54.

[69] 吴震. 铁皮石斛醋的酿造及功能研究 [D]. 贵阳：贵州大学，2021.

[70] 程勇杰，陈小伟，张沙沙，等. 柘树植物酵素中氨基酸分析及抗氧化性能研究 [J]. 食品工业科技，2018，39（6）：1－7.

[71] 黄海，王莹，郭云瑕，等. 黑果腺肋花楸酵素的抗氧化活性研究 [J]. 食品工业科技，2016，37（22）：336－339.

[72] 张思，王蕾，张志旭，等. 16种市售酵素食品功能分析与评价 [J]. 食品与机械，2016，32（9）：196－200.

[73] 张冰，林志健. 临床中药学理论与实务研究 [M]. 北京：中国中医药出版社，2022：6.

[74] 国家药典委员会. 中华人民共和国药典：第一部 [M]. 北京：中国医药科技出版社，2020：123－125.

[75] 刘世军，唐志书，崔春利，等. 酸枣仁化学成分的研究进展 [J]. 西部中医药，2016，29：143－146.

[76] 闫艳，张敏，崔小芳，等. 酸枣仁化学成分体内过程及其质量标志物研究思路探讨 [J]. 中草药，2019，50：299－309.

[77] 黄红，吕静薇，陈颖，等. 中国中药健康产品管理及市场概况 [J]. 中草药，2021，52（3）：902－908.

[78] 宫丽，解军波，赖长江生. 酸枣仁及其副产物综合利用的研究进展 [J]. 中国实验方剂学杂志，2021，27（3）：222－230.

[79] 束靖，王信宏，马晓君. 酸枣产业生产现状及发展趋势 [J]. 落叶果树，2023，55（6）：8－12.

[80] 解玉军，李泽，崔小芳，等. 酸枣化学成分及药理作用研究进展 [J]. 中成药，2021，43（5）：1269－1275.

[81] 刘淑怡，毛永民，王晓玲，等. 酸枣种质资源性状调查 [J]. 北方园艺，2023（16）：34－42.

[82] 施丽丽，耿新杰. 邢台市酸枣产业发展现状及对策 [J]. 现代农村科技，2023（12）：4－5.

[83] 周琳，杨柳燕，蔡友铭，等．基于番红花转录组的碳氮代谢基因挖掘［J］．植物生理学报，2020，56（2）：265－274.

[84] 李颖，佘金兰．中国植物志：16（1）卷，第一分册［M］．北京：科学出版社，1985，122.

[85] 王平，童应鹏，陶露霞，等．西红花的化学成分和药理活性研究进展［J］．中草药，2014，45（20）：3015－3028.

[86] FANG Q W，FU W W，YANG J L，et al. New monoterpenoids from the stigmas of Crocus sativus［J］．Journal of Natural Medicines，2022，76（1）：102－109.

[87] MORADZADEH M，KALANI M R，AVAN A. The antileukemic effects of saffron（Crocussativus L.）and its related molecular targets：amini review［J］．Journal of Cellular Biochemistry，2019，120（4）：4732－4738.

[88] BATHAIE S Z，FARAJZADE A，HOSHYAR R. A review of the chemistry and uses of crocins and crocetin，thecarotenoid natural dyes in saffronwith particular emphasis on applications as colorants including their use as biological stains［J］. Biotech and Histochemistry，2014，89（6）：401－411.

[89] VAHEDI M，GOVIL S，KUMAR S，et al. Therapeutic applications of Crocus sativus L.（saffron）：areview［J］．The Natural Products Journal，2016，6（3）：162－171.

[90] 管敏，管天球，管斌，等．一种增强癌症患者术后康复效果的茶油及其制备方法：CN112568296A［P］．2021－03－30.

[91] 国家药典委员会．中华人民共和国药典（2020年版）：第一部［M］．北京：中国医药科技出版社，2020：303－304.

[92] 佚名．神农本草经［M］．北京：学苑出版社，2008：32.

[93] ZHANG Qiao，ZHENG Yunliang，HU Xingjiang，et al. Ethnophar－macological uses，phytochemistry，biological activities，and thera－peutic applications of Alpinia oxyphylla Miquel：A review［J］．JEthnopharmacol，2018，224：149－168.

HB.11 降糖类食药物质的市场现状与应用前景

张玉苹[①]　孙　瑞[②]　郭紫薇[③]　赵云松[④]　蔡泽楷[⑤]

摘　要： 食药物质可用于糖尿病等慢性代谢类疾病的控制和调理，在患者饮食中可加入食药物质原料或根据配伍制作药膳。食药物质产品安全性高，无副作用；性质稳定，作用温和；与现代化学药物相比，除了降低血糖水平之外，还能够有效预防或延缓糖尿病多种并发症。近年来，食药物质的降糖作用的研究引起重视，其中包括皂苷、黄酮类、萜类、生物碱和多糖等活性成分及其降血糖作用的机制研究越发广泛。国家对糖尿病等慢性病的重视程度逐步提高，近年来关于糖尿病、控糖饮食的科普宣传工作也在大力发展，图书、公众号、短视频等各种渠道均在大力科普。降糖食药物质用于研发新产品的空间潜力大，需要企业、高校、市场等多方协同研发推广。

关键词： 降糖；食药物质；市场现状

自健康中国战略实施以来，中国居民健康素养水平稳步提升，对健康的呼声与要求越来越高。国家卫生健康委提出，应当不断增加优质健康科普产品供给，开展全民健康素养提升主题宣传活动。食药同源物质对现代医学治疗糖尿

---

① 张玉苹，医学博士，北京中医药大学副教授，副主任医师，主要研究方向：中医养生治未病的传统与现代研究、中医药生活方式的建立与推广。

② 孙瑞，中医学硕士在读研究生，北京中医药大学中医学院，主要研究方向：中医养生治未病的传统与现代研究、中医药生活方式的建立与推广。

③ 郭紫薇，中医学硕士，图书编辑，中国医药科技出版社，主要研究方向：中医养生治未病的传统与现代研究、中医药生活方式的建立与推广。

④ 赵云松，中医学硕士在读研究生，北京中医药大学中医学院，主要研究方向：中医养生治未病的传统与现代研究、中医药生活方式的建立与推广。

⑤ 蔡泽楷，中医学硕士在读研究生，北京中医药大学中医学院，主要研究方向：中医养生治未病的传统与现代研究、中医药生活方式的建立与推广。

病起到积极的补充作用，除降低血糖外，能有效改善糖尿病多种并发症，具有不良反应小、作用温和的优势。本报告以降糖食药物质为切入点，研究其目前的研究现状、市场现状与应用前景，旨在进一步推动降糖食药物质的普及推广，提高中医药防治慢性疾病，提高人民健康素养的能力。

一、降糖类食药物质的市场现状

（一）单品种降糖类食药物质的市场现状

不同品种降糖类食药物质在市场上流通的形式各异，但大体都有中药饮片和破壁粉 2 种，部分有鲜品流通，其余详列如下。

山药：山药鲜品、山药片、山药粉。

乌梅：乌梅干（中药饮片）、乌梅粉、九蒸九制品。另有乌梅条等蜜饯类形式，但不适用于降糖。

玉竹：玉竹片、玉竹干品、玉竹粉。

枸杞：枸杞干、枸杞粉。

桑葚：桑葚鲜品、桑葚干、桑葚汁（原浆、NFC 果汁）、桑葚粉、桑葚膏、桑葚酒。

黄精：黄精片、黄精粉九蒸九制即食品、黄精膏。

葛根：葛根鲜品、葛根块、葛根粉。

党参：党参干品、党参段、党参粉。

西洋参：西洋参片、西洋参粉。

黄芪：黄芪片、黄芪粉。

山茱萸：山茱萸干品、山茱萸粉。

生地黄：生地黄鲜品、生地黄干品、生地黄片、生地黄粉。

熟地黄：熟地黄片、九蒸九制即食品、熟地黄粉。

麦冬：麦冬干品、麦冬粉。

天冬：天冬干品、天冬粉。

铁皮石斛：铁皮石斛鲜品、铁皮石斛干品、铁皮石斛粉。

芦根：芦根鲜品、芦根段、芦根粉。

白茅根：白茅根鲜品、白茅根干品、白茅根粉。

淡竹叶：淡竹叶干品、淡竹叶粉、淡竹叶茶。

荷叶：荷叶干品、荷叶粉、荷叶茶。

青果：青果鲜品、青果干品、青果粉。另有蜜饯类形式，但不适用于降糖。

酸枣仁：酸枣仁干品、酸枣仁碎品、炒酸枣仁、酸枣仁粉。

阿胶：阿胶块、阿胶粉。

余甘子：余甘子鲜品、余甘子干品、余甘子粉。另有蜜饯类形式，但不适用于降糖。

百合：百合鲜品、百合片、百合粉。

（二）降糖类食药物质复合衍生产品的市场现状

市场上现有的降糖类食药物质复合衍生产品较为杂乱，目前大体可以分为以下六类。

1. 茶包类

市场上现有多种将降糖作为主要宣传功效的代茶饮茶包售卖，配方种类数不胜数，主要成分大多为玉米须、桑叶、黄芪、西洋参、苦瓜等，原材料以纯食物或食药物质为主。例如：青钱柳玉米须桑叶茶，配料为橘皮、大麦、桑叶、牛蒡根、栀子、蒲公英、玉米须、青钱柳叶；青钱柳银杏玉米须桑叶茶，配料为桑叶、大麦、决明子、玉米须、青钱柳叶、甘草、橘皮、牛蒡根、蒲公英、栀子、莲子、荷叶、葛根、苦瓜、茯苓、黄精、白果等；灵芝枸杞袋泡茶，配料为葛根、枸杞子、生地黄、黄精、灵芝、绿茶。

另有一些以降糖食药物质为主要原料配制的代茶饮茶包，但其主要宣传功效并不是降糖，如熟地黄精桑葚茶以补肾填精为主要宣传点，酸枣仁百合茯苓茶以养心安神为其主要宣传点。

2. 冲服粉类

市场上还有一些粉状形式的降糖食品，供食用者冲调成糊状作代餐食用。例如：某品牌的益生菌驼乳高钙粉，除了驼乳粉和益生菌外，还添加了燕麦、玉米、苦荞、山药、葛根、苦瓜、枸杞、黑豆成分，可作为代餐食用；纤缘降糖粉以苦荞粉、大豆蛋白粉和膳食纤维为主要成分，以降糖、降血脂为其主要宣传点，可餐前冲饮或在制作面食时按比例添加使用。

3. 膏方类

现有的以降糖食药物质为主配料的膏方也很多样，如黄精桑葚膏、酸枣仁膏、阿胶膏等，但膏方类产品主要宣传功效并不是以降糖为主，一般为滋阴强肾、养心安神等。考虑到膏方熬制到最后需要添加蜂蜜或麦芽糖收膏，可能并不适合糖尿病患者用来降糖。

4. 直饮饮品类

以降糖食药物质为主要原料的复方直饮饮品类有阿胶浆、阿胶口服液，许多品牌都有各自研发的阿胶浆或阿胶口服液产品，配方各异，总体配料仍以黄芪、熟地黄、枸杞、红枣、党参、山楂、桑葚、茯苓为主，但是并不以降糖为主要宣传功效，而是补气养血。

5. 即食食品类

市场上现有的以降糖食药物质为主要原料的即食食品也很多样，但大多为蜜饯、甜点形式，不适合用来降糖，如桑葚山楂条、阿胶糕等。

6. 胶囊类

还有一些以食药物质为主配料制作的胶囊，以辅助降血糖为宣传卖点。例如：苦瓜荞麦桑叶胶囊，主要成分就是苦瓜、荞麦、桑叶；苦瓜洋参软胶囊，主要成分除苦瓜、西洋参外，还添加了西药成分吡啶甲酸铬。

（三）降糖类食药物质的宣传普及现状

近年来，中国大力实施健康中国战略，出台了一系列政策措施，开展健康知识普及行动，取得了积极成效。监测显示，中国居民健康素养水平持续增长，“每个人是自己健康第一责任人”的理念正逐步深入人心。

近年来，中国居民健康素养水平在稳步提升，特别是健康中国战略实施以来，提升幅度明显增大，目前已经接近了《“健康中国2030”规划纲要》提出的“到2030年，居民健康素养水平达到30%”的目标。另外，中国居民健康素养水平在不同地区、不同人群中仍存在不平衡的现象。健康素养的提升不可能一蹴而就，需要政府、社会、家庭、个人共同行动起来。国家卫生健康委于2024年6月开展“全民健康素养提升三年行动”，不断增加优质健康科普产品供给，不断净化健康科普信息传播环境，不断加强健康教育人才队伍建设，不断动员社会各界广泛支持参与。后续还将于每年6月集中开展全民健康素养提升主题宣传活动，来推动提升素养，收获健康[29]。

2024年5月28日，国家卫生健康委办公厅印发《中国公民健康素养——基本知识与技能（2024年版）》，其中第17条即“关注血糖变化，控制糖尿病危险因素，糖尿病患者要做好自我健康管理”，由此可见国家对糖尿病等慢性病的重视程度[30]。

近年来，关于糖尿病、控糖饮食的科普宣传工作也在大力发展，图书、公众号、短视频等各种渠道均在大力科普，仅搜索“糖尿病”或“降糖”就能出现大量的文章、视频供人参阅。但是，在网络信息极其丰富的同时，信息的准确性、权威性值得令人关注，所以有必要加强对健康知识科普内容的审核，严格把关，确保大众可以获得可靠的信息。

二、降糖类食药物质的应用前景

（一）着重控制食药物质科普宣传的准确性、权威性

现今网络上健康相关的资讯极其丰富，形式多种多样，但是网络信息的准确性、权威性值得令人关注，有必要对发布到公共网络上的健康知识科普内容严格把关。各网络平台应加强对发布信息的审核环节，如增加审核轮次、完善审核标准、增添相应专业的审核人员等。监管部门应做好监督工作，督促网络平台确保向公众传播的知识是准确可靠的。参与科普活动的各方应相互配合、相互监督，以确保大众可以获得可靠的信息。

（二）企业、高校应加强对降糖类食药物质的临床疗效研究，为推广应用提供支持

对降糖类食药物质具体降糖效果的临床研究仍具较高的研究价值。企业、高校应补充这方面的研究，以支持降糖类食药物质的推广应用。可从三大方面切入：一是降糖类食药物质单品种应用的效果研究，优势在于结论确切，可以避免与其他食药材相互作用的影响；二是降糖类食药物质的多品种复合应用效果研究，可探究不同食药材之间的相互作用，为新降糖配方的研发提供依据；三是对已有的具体降糖配方的临床效果进行研究，可以对产品的推广产生积极的作用。

（三）研发形式多样的降糖新产品，既要保证功效，又方便使用、口感良好

市场调研可知，现今市场上降糖食药物质已经有很多品类，但仍有开发的

空间。单品种类可补充研发 NFC 果汁的形式，如乌梅、枸杞、青果、百合等。复方种类开发空间更大，一方面可以在配方上增加研发力度，如研发不同配方的代茶饮茶包、不同配比的混合 NFC 果汁，也可将食药物质做成即冲粉、破壁粉形式再按配方组合在一起，还可以参照降糖控糖家常菜食谱研发炖汤包、煮粥包、预制菜包或糕点、饼干等即食食品；另一方面可以对同一配方使用不同的形式，如降糖代茶饮的配方也可用于开发煮粥料包，粉剂形式的配方既可以直接冲服代餐使用，又可以用来制作糕点、饼干。总之，降糖食药物质用于研发新产品的空间还很大，需要各方面一起努力。

（四）加强降糖食药物质和降糖保健食品的宣传监管，确保大众能获得可靠产品

降糖食药物质及其衍生产品在市场上流通的同时，一些乱象也逐渐出现。在市场调研的过程中笔者就多次发现在某些电商平台上销售的某些产品存在“挂羊头卖狗肉”现象，有些商品封面主图上是一种产品，商品名称只截取了主图产品包装上的部分文字，弱化产品实际生产厂家和品牌，着重宣传商品名称中的其他字眼，存在误导消费者的行为。还有些商品的详细信息处填写的是其他商品的数据，比如在某降糖茶包的产品参数处挂着某胶囊的品名、组成、功效等信息，这种产品是否符合销售标准、是否通过某种方式逃避了监管，值得深思。

因此，相关部门十分有必要加强对电商商品尤其是食品的监管，规范商品上架的审核流程。可联合大品牌打造可靠的专用于购买食药物质及其衍生产品的平台，给大众提供值得信赖的渠道。

三、降糖类食药物质的市场产业现状

（一）产业现状问题分析

1. 基础研究严重不足，企业研发投入较少，技术转化不利

降糖类食药物质产品的开发面临不少挑战。其中，食药物质降糖功效成分

研究欠缺，产品配伍组方研究不足，先进加工技术的转化不力，这些问题限制了降糖类食药物质产品的开发创新与附加值的提高；企业在新产品开发上的投入不足，导致市场上低水平重复类产品多，缺乏竞争力，进一步造成产品的市场生存周期短，造成资金、资源的浪费[3]。

产学研方面的合作交流断层，制约了产业技术的创新发展，导致降糖类食药物质的基础研究难以落地转化为产品成果。目前，对于食药物质降糖效用的研究机制在逐步增加，但是在产品加工过程中，食性、药性的提取精制和结构改造等工业化转换，会影响产品后续的食用效用。对于这方面，企业在科技工艺转化中投入的研发仍有欠缺[4]。

2. 生产工艺创新性不足，产品同质化现象严重，品种结构失调

食药物质产品在理论研究和生产工艺方面缺乏创新性，对于降糖类食药物质的产品研究品种单一，产品品种结构失调。据研究统计，蜂产品、灵芝、枸杞子、洋参、黄芪这 5 种原料占据了保健食品主要地位[5]。注册保健品开发主要集中在灵芝、人参、西洋参、黄芪、阿胶、酸枣仁、葛根、铁皮石斛、茯苓、当归、沙棘和黄精上，这 12 种成分的保健产品占总量的 76. 67%，其他成分仅占 23. 33%[6]。可见，目前保健品开发方向比较集中，企业在新品开发方面投入不足，造成食药物质产品品种不够丰富。这造成市场上产品同质化现象严重，在市场上极易被模仿，导致恶性竞争，也降低了相关生产企业预期的经济效益。

3. 市场发展不规范，法律法规缺失，商家缺乏食品安全管理意识

国内对食药物质产品研发和生产的法规体系不健全。产品市场发展不够规范，监管力度不足，相关规章不健全，这些都制约了食药物质产业的发展。我国对世界各国关于中医药相关政策和法规的了解也不够深入，制约了食药物质相关产品的境外宣传推广[7]。

标准化体系建设不足是导致产业规模发展受限的一个重要原因[8]。产品的标准体系不能覆盖产业链的全过程，标准体系不健全、更新滞后，这些问题都直接影响了产品的质量。特别是小生产厂家、手工作坊，对标准的执行不到位，对产业规模化发展肯定会产生不良影响。

由于降糖类食药物质具有食品的特性，造成市场上各类降糖食药产品蜂拥而出，但质量参差不齐，一些资质不全的机构也趁势而起，造成了市场乱象。部分企业不遵守保健食品管理规范，食品安全检测不达标、检测设备落后，使得检测结果受到影响，不良商家或私自更改生产工艺，生产假冒伪劣产品，甚至非法添加违规物质，使得降糖类食药物质产品的安全性难以保障[8]。

（二）市场产业发展建议

1. 加强基础研究投入，增强多方合作能力，提升产业的工艺科技水平

政府需要加强对降糖类食药物质基础研究投入，加强科技转化的政策扶持。企业也需要增加新品开发的投入，提升加工技术，增进产品的科技化现代工艺水平。这需要政府、企业、高校、商家的良好合作，加强产学研合作交流，促进技术创新，实现科研成果转化，提高产品的科技含量和附加值，避免低水平同质化的重复生产。

2. 增强对小众类降糖食药物质的开发，避免同质化竞争

加强理论研究和生产工艺的创新性，开发出更具特色的食药物质产品。具有降糖效用的食药物质的种类繁多，《中华人民共和国药典（2020 年版）》[9]中所记载的具有防治消渴病的食药物质总数在 25 种以上，乌梅、玉竹、山茱萸、生地黄、芦根、白茅根、淡竹叶、荷叶、青果、余甘子、百合等食药物质在市场上相应的降糖产品较少，仍具有较大的开发空间。高校和企业可以加强对这些小众类食药物质在机制研究和理论创新上的投入，挖掘更多有开发潜力的降糖类食药物质。选取小众类降糖食药物质进行开发，可以避免同质化竞争，具有一定的发展优势。

3. 加强法规体系建设，完善研发和生产的规章制度

政府与市场部门需要完善法律法规的建设，加强对市场的监管力度。加强对企业生产的监管力度，尤其对小生产厂家、手工作坊的监管力度，确保按照标准生产，打击违规生产行为，打击资质不全的机构，规范市场秩序。同时，需要完善降糖类食药物质产品研发和生产的规章制度。加强标准化体系建设，制定和完善覆盖产业链全过程的标准体系，推动产业规模化发展。提高保健食品检测技术和设备水平，确保检测结果的准确性和可靠性，保障消费者的权益和生命安全[10]。另外，消费者也得提高自我保护意识，选择正规渠道购买保健食品，避免购买假冒伪劣产品。

四、降糖类食药物质的产品研发建议与市场应对策略

（一）产品研发建议

1. 重视中医理论的运用，发挥中医药优势特点

降糖类食药物质产品具有中医药的优势特点，同时含有多种降血糖活性成分，安全性高、无副作用，性质稳定、作用温和。食药物质除了能够降低血糖水平之外，还能够有效预防或延缓糖尿病多种并发症，且不良反应与毒性较低。其中，基于中医辨证论治、体质学说、经方配伍等开发的食药物质产品，最能够体现中医药特色[11]。

在降糖产品研发过程中，要遵循中医学理论，合理选择食药物质原料配方。加强对其科学理论配伍配方、物质组成及食药用机制的研究。寻求理论支撑，中医古籍记载的有效治疗“消渴”的食药物质，合理参照其性味归经、中医功效、核心配伍关系。结合现代降糖机制研究与临床试验证实，与现代营养学建立关联。在传统的养生理论支持下，运用现代科学进行深层次研究，并基于原方煎服法、加工技艺、协同介质等，来确定其最适合的产品形式，创制具有中医药特色和优势的降糖类食药物质产品。[12]

2. 加强产品制备工艺创新，建立技术壁垒

食药物质产品制备工艺方面也存在一些问题，如制备工艺落后、质量控制方法简单、功能因子不明确、功效不明显等。在基础研发投入上，需要加强降糖类食药物质功效因子与营养因子等的研究，明确功能效用和营养成分的作用机制和相互关系。在制备工艺方面，需要与食品产业高校研发技术相接轨，采用一些先进的现代食品工艺技术，如稳定化技术、膜分离纯化技术、挤压膨化熟化技术、微胶囊矫味技术等，以提高产品的质量和延长生命周期，避免产品同质化，建立技术壁垒。[13]

（二）市场应对策略

1. 企业端既要重视研发投入，又要打造品牌意识

对于已经有一定规模和经济实力的企业，更应该重视降糖类食药物质的产

品研发，提高产品的附加值，实现新产品规模化、产业化经营。这样不仅能满足国内市场需求，还能逐步走向国际市场。提高产品技术含量，从低端转向高端，从广告策略转向技术和服务策略，这些都是必不可少的。

打造品牌意识，完善营销与服务意识。企业需要加强品牌建设与营销推广，提升产品的知名度和美誉度。可以通过参加展会、举办中医药文化节等活动，加强营销推广力度，提高市场占有率。现在人们的消费观念和健康理念都趋向成熟，消费者通常都认为知名企业生产的名牌产品更有质量保证。从企业的长远发展来看，树立品牌意识、打造名企效应、以质量求生存、以质量求发展，这些都是至关重要的[14]。

2. 重视差异化发展思路

差异化战略有助于企业在市场中获得竞争优势。依托不同地区的中医药特色资源，通过创新和创造，在降糖类产品、食药物质文化和服务等方面形成显著的特色，这样才能获得产业竞争优势。首先，差异化发展离不开构建差异化质量标准和监管体系。根据食药物质的不同用途（食用、药用、保健品等），制定差异化的质量标准和检测方法，确保在不同领域的应用中都能达到相应的质量要求。其次，在市场销售中注重差异化思路，拓宽差异化、多元化的市场销售渠道，依托电商平台、跨境电商等新兴渠道，可以将降糖类食药物质销往更广阔的市场。另外，企业应加强与国内外食品、保健产品市场的联系和合作，拓宽销售渠道向国际化发展。[15]

五、总结

降糖食药物质的临床疗效确切，作用温和，安全有效，且不良反应少，在临床研究中得到了有力证实。降糖类食药物质市场前景良好，产品开发的空间大，但需要加强宣传普及力度，要求科普各方相互配合、相互监督，以确保大众获得权威可靠的信息；高校、企业应当加强对降糖类食药物质的临床疗效研究，为其推广应用提供支持；企业与市场研发形式多样的降糖新产品，保证功效可靠、使用方便、口感良好；监督部门应加强对食品和保健食品的监管，确保食药物质产品安全有效。降糖食药物质产品研发的市场的潜力大，前景广阔，具有较高的研发价值和意义。

参考文献

[1] 国家卫生健康委宣传司. 国家卫生健康委员会2024年6月6日新闻发布会文字实录[EB/OL]. (2024-06-06)[2024-06-11]. http://www.nhc.gov.cn/xcs/s3574/202406/e129bd8c67b54c7d9d37e61ade790b79.shtml.

[2] 国家卫生健康委办公厅. 国家卫生健康委办公厅关于印发中国公民健康素养——基本知识与技能（2024年版）的通知[EB/OL]. (2024-05-30)[2024-06-11]. http://www.nhc.gov.cn/xcs/s7852/202405/91fc9d0866bb4d87842b6a264745a71e.shtml.

[3] 王玲. 关于促进药食同源产业发展的几点思考[J]. 中国新药杂志，2017，26(15)：1755-1757.

[4] 贾慧杰. 我国药食同源的发展与应用概况分析[J]. 现代食品，2022，28(4)：33-35.

[5] 贾华. 基于功效的保健食品趋同性浅析[J]. 管理现代化，2013(3)：27-28.

[6] 余强，郑冰，聂少平，等. "食药同源"食品产业现状与发展趋势浅析[J]. 中国食品学报，2023，23(9)：1-11.

[7] 苑翼楠，周威. "药食同源"类食品国内外研究现状及展望[J]. 现代食品，2021(14)：118-121.

[8] 姜泽稳. 药食同源视角下保健食品研发探究[J]. 食品安全导刊，2022(13)：138-140.

[9] 国家药典委员会. 中华人民共和国药典：一部[M]. 北京：中国医药科技出版社，2020.

[10] 邵振，祝龙，田侃. 药食同源食品监管的法律依据探讨[J]. 中国卫生法制，2013，21(2)：26

[11] 段彦青，门九章，张希春. 基于经方开发药食同源功能食品的研究进展和展望[C]//中国营养学会营养与保健食品分会. 第十四届全国营养与保健食品科学大会暨研发科技创新专题研讨会会议论文汇编. 山西中医药大学基础医学院，山西中医药大学中药学院，2018：1.

[12] 杨明，胡彦君，王雅琪，等. 基于中医药理论与优势的中药保健产品设计思路[J]. 中草药，2017，48(3)：419-423.

[13] 唐雪阳，谢果珍，周融融，等．药食同源的发展与应用概况［J］．中国现代药，2020，22（9）：1428－1433.

[14] 刘国锋．药企泛消费转型主打药食同源［N］．北京：中国中医药报，2012－09－21（7）.

[15] 程建明，薛峰，张云羽，等．药食同源产品研发现状、技术关键与对策［J］．南京中医药大学学报，2023，39（9）：814－826.

HB.12 食药同源餐饮发展报告

姜 慧[1] 毛诗梦[2]

摘 要： 食药同源物质在中国饮食文化中历史源远流长，本文通过文献分析法、调研法等从食药同源物质的概念、发展历史、产品种类、市场现状、政策、创新、挑战与机遇等方面分析了中国食药同源餐饮行业整体情况，发现食药同源餐饮行业整体呈现好态势，但也面临基础研究薄弱、品牌建设难度大、质量不稳定、专业人才缺乏、产业链整合难度大、消费者需求变化快等挑战。同时，该行业也面临诸多发展机遇，如市场需求旺盛、政策支持力度大、科技创新赋能、消费趋势转变、国际市场潜力大等新机遇，食药同源产品将呈现出更加多元化的发展趋势。企业需要更加注重产品的创新性和差异化，以满足不同消费者的需求。

关键词： 食药同源；餐饮行业；创新

2021 年 11 月，国家卫生健康委员会发布的《按照传统既是食品又是中药材的物质目录管理规定》指出：食药物质是指传统作为食品，且列入《中华人民共和国药典》的物质。纳入食药物质目录的物质应符合有传统上作为食品使用的习惯，已经列入《中华人民共和国药典》，安全性评估未发现食品安全问题，符合中药材资源保护、野生动植物保护、生态保护等相关法律法规规定。

食药同源的认识与应用历史源远流长，早在周朝王室就有“食医”一职掌管饮食调配，而“疾医”也要“五味、五谷、五药养其病”。《黄帝内经》是现存最早系统论述中医及养生理论的典籍，书中有大量篇幅阐述了饮食对养

---

① 姜慧，博士，北京联合大学旅游学院副教授，食品科学与工程硕士生导师，研究方向：餐饮科学、功能性食品、食品科学与营养。

② 毛诗梦，北京联合大学生物化学工程学院硕士研究生，研究方向：功能性食品。

生保健的影响，认为“人以水谷为本，故人绝水谷则死……五谷为养，五果为助，五畜为益，五菜为充，气味合而服之，以补精益气”，明确了食物的功能偏向，为后世的食养理念奠定了基础。《黄帝内经太素·调食》：“五谷、五畜、五果、五菜，用之充饥谓之食，以其疗病则谓之药，是以脾病宜食粳米即其药也，用充饥虚即为食也。故但是入口资生之物，例皆若是。”[1]《神农本草经》是现存最早的药物学专著，也是一部食物学专著，书中将食物与药物一同收录[2]。在传统生活中，人们自然地将中医本草的著作视为饮食指南，这从各种留存的文字中就可显见，如宋代儒家学者钱时在《当食自喜二首》中写道：“饮食无他止养身，人间多少不惺惺。朝晡细嚼家常饭，一卷神农本草经。”[3]宋代官方颁发的《太平圣惠方》中收录了 170 剂药膳，以粥、饼、茶等形式出现，且可医治病症 30 余种，说明到宋代人们已经可以灵活地应用食药物质，调制出经典的药膳[4]。

2002 年《卫生部关于进一步规范保健食品原料管理的通知》（第 51 号文件），公布了 87 种食药物质目录，后将槐米和槐花合并为一种，调整至 86 种。2019 年 11 月，《关于当归等 6 种新增按照传统既是食品又是中药材的物质公告》中将当归、山柰、西红花、草果、姜黄、荜茇 6 种物质纳入按照传统既是食品又是中药材的物质目录管理，但仅作为香辛料和调味品使用。2023 年 11 月，国家卫生健康委、国家市场监督管理总局发布了《关于 9 种新增按照传统既是食品又是中药材的物质公告》，新增了党参等 9 种食药物质。2024 年 8 月，地黄、麦冬、天冬、化橘红 4 种物质纳入按照传统既是食品又是中药材的物质目录。截至 2024 年 8 月，中国食药通源物质共 105 种。这些食药物质既丰富了餐饮原材料种类，又为餐饮产品提供了药效。2024 年 4 月，《食药同源预制菜营养与质量标准规范》发布，为食药同源预制菜产业的健康发展保驾护航。药食同源正从酒饮、药膳的传统领域向烘焙、零食等新兴领域拓展。

一、食药同源产品种类

食药同源产业是健康中国战略中不可或缺的一环，其产品可发挥中医药“治未病”的独特优势。近年来，食药同源餐饮食品历经了长足的发展，衍生出了许多不同类型的食品[5]，主要包括药品、保健类食品、休闲食品和食品添加剂等。目前，纳入食药同源目录的物质有110种，广泛应用于用于餐饮行业，见表1。

表1　食药同源原料在餐饮中的应用

产品种类	所用食药同源原料
食品添加剂	丁香、八角、茴香、淡豆豉、小茴香、白芷、芫荽、花椒、香橼[6]、橘红、橘皮、薤白[7]、肉豆蔻、肉桂、姜、香薷[8]、砂仁、高良姜、山柰、草果、姜黄、黑胡椒、藿香、栀子、甘草等
药品	人参、枸杞、茯苓、当归、杜仲、山楂、甘草、姜黄、陈皮等
餐饮原料	刀豆、白扁豆、赤小豆、淡豆豉、香橼、槐花和槐米、芫荽、当归、菊苣、蒲公英、山药、山楂、木瓜、覆盆子、玫瑰花、马齿苋、火麻仁、桑葚、佛手、玉竹、百合、白果、龙眼肉、枸杞、芡实、荷叶、莲子、薏苡仁、昆布、海带、枣、枳椇子、酸枣和酸枣仁、罗汉果、金银花、山银花、青果、代代花、鱼腥草、茯苓、灵芝、紫苏、紫苏子、薄荷、桔梗、党参、黑芝麻、乌梢蛇、牡蛎、鸡内金、蜂蜜、蝮蛇、人参、西洋参、西红花、铁皮石斛、天麻、鲜白茅根、白茅根、益智仁、夏枯草、栀子、余甘子、白扁豆花、甘草、刀豆、莱菔子、黄芥子、荜茇、布渣叶、肉苁蓉、山茱萸、葛根、粉葛等
保健食品	甘草、决明子、黄芪、菊花、蒲公英、山楂、乌梅、玫瑰花、桑叶、代代花[9]、佛手、黄精、枸杞、沙棘、莲子、麦芽、淡竹叶、鲜白茅根、白茅根、酸枣和酸枣仁、罗汉果、金银花、山银花、胖大海、薄荷、党参、蜂蜜、人参、西洋参、松花粉、西红花、杜仲叶、余甘子、甘草、刀豆、布渣叶等
休闲产品	葛根、粉葛、杏仁、桃仁、龙眼肉、昆布、海带、枣、姜、茯苓、榧子、阿胶、鸡内金、甘草等

（一）食品添加剂

天然提取物是全球食品添加剂研发的热点，而因部分食药同源原料的特性，天然食品添加剂也是食药同源中药开发的重点。

以食药同源物质为原料制成的天然食品添加剂主要有天然香辛料、天然色素、天然甜味剂3种。小茴香、丁香、当归、肉桂、胡椒等可直接用作香辛料，这些原料的提取物如精油、浸膏等也允许添加在食品中。栀子、沙棘、黑芝麻、桑葚等可用于提取天然食用色素。从食药同源原料中提取的甘草酸、罗汉果苷、紫苏醛等是目前较受欢迎的天然非糖甜味剂，具有甜度高、持续时间长、热量低、可与其他甜味剂混合使用、改善食品风味等特点，可作为传统糖类的替代品[10]。

（二）药品

食药同源植物在传统中药领域中应用已久，具有十分悠久的历史。中国第一本本草学专著《神农本草经》记录了许多药食两用植物，并将它们分成上、中、下三品，为食药同源理论提供了坚实的物质基础[11]。唐代药王孙思邈著有《千金要方》《千金翼方》[12]。其中，《千金翼方》中的当归建中汤用到当归、甘草、生姜等食药同源植物；《千金要方》提出了有关食疗、食养、药膳等方面的理论，为古代营养学理论的完善作出了巨大贡献。明代的张景岳著有《景岳全书》，书中的暖肝煎用到枸杞、茯苓等药材[13]，此外，他创制的“天麻鱼头”“人参生脉鸡汤”“附片羊肉汤”“归芪鸡汤”等都是著名的食疗方，至今仍在使用。

此外，食药同源植物在现代中成药中如今有也较为广泛的应用。例如，茵陈五疸丸含有茯苓、陈皮、枳椇子、山楂、甘草等原料，朱砂安神丸含有朱砂、黄连、当归、甘草等原料，乌军治胆片含有乌梅、佛手、枳实、姜黄、甘草等原料。

使用食药同源原料制作而成的药品用来治疗患有疾病的人群，利用药品中所含有原料的药效对病人进行治疗或起到预防疾病的作用，患病人群需遵照医嘱在有效期内进行服用。药品必须安全，在推荐用量内对人群无害或危害较小。

（三）餐饮原料

在中国，食药同源原料用于餐饮产品生产中历史悠久，已经深深嵌入中华儿女血脉中。粤菜中的煲汤，用料讲究，注重用新鲜的时令食材，加入生姜、胡椒粉等调味料，提升汤品的口感和层次感；同时食药同源的食材煲成的汤还能起到祛湿排毒、清补滋润、美容养颜等功效。中餐传统的调味品，尤其是动物性菜肴制作中，常用到芫荽、紫苏、薄荷、黑芝麻、白芷、砂仁、高良姜、山柰、草果、黑胡椒、甘草等。日常菜肴中会用到山药、红小豆、百合、白果、枸杞、芡实、荷叶、莲子、薏苡仁、昆布、海带、枣、鱼腥草、党参、黑芝麻等。这些食药同源原料已经融入国人的日常饮食中，为保障人们的身体健康提供营养素和功能成分。

（四）保健食品

保健品是目前药食同源资源最主要的研究与开发方向，包括保健用品和保健食品两方面。保健食品是具有特定保健功能的食品，适于特定人群食用，具有调节机体功能，不以治疗疾病为目的，并且对人体不产生任何急性、亚急性或慢性危害的食品[14]。保健食品并非药品，不能代替药物治疗疾病。

目前，国内可用于中药保健品的药材超过 200 种，其中食药同源的中药有 110 种。在保健食品原料排名前 20 位的中药材中，有近 70% 的在食药同源目录中[15]。食药同源原料具有丰富的功效，常用于保健类食品的研发，例如，枸杞子、甘草、枳椇子等的提取物广泛用于对化学性肝损伤有辅助保护作用的产品中，紫苏油、薏苡仁油、姜黄素等在增强免疫力产品中多有应用[16]。

（五）休闲食品

养生休闲食品是一种根据中医理论，利用食药同源物品进行食养或具有养生功能的传统休闲食品制成品。这些休闲食品在一定程度上受到了从古至今的食养理论的影响，并继承了古代食治方剂的思想[17]。比如，添加了生姜、山楂等原料制成的乳制品，利用山楂、大枣制成的果脯、菊花茶、沙棘汁等。休闲食品的消费者主力为年轻人，这类人群不要求休闲食品具有过多的功能性，强调的是休闲食品的风味佳、营养足等特性。

二、市场现状

（一）市场规模持续增长

中国拥有庞大的人口基数，并且老龄化日趋严重，慢性疾病和亚健康人群呈明显增加趋势。根据中华中医药学会数据，“90 后”疾病状态的比例约为 38.6%，在各年龄段中占比最高；其次是“80 后”和“95 后”。食药同源作为中国传统饮食文化和传统医学的重要理念，其深厚的文化底蕴和养生智慧吸引着越来越多的消费者。这种传统文化的复兴为食药同源餐饮市场提供了强大的文化支撑。这些因素都为食药同源餐饮市场提供了巨大的潜在消费市场和增长动力。据统计，2000 年到 2023 年，中国食药同源产品市场规模持续增长，增速明显加快。例如，淘宝、天猫食药同源市场 2022 年 3 月至 2023 年 2 月的销售额近 230.8 亿元，市场规模同比增长 1.9%。据魔镜洞察数据，2022 年 3 月至 2023 年 2 月，在食药同源添加成分中，人参销售额达 52.4 亿元，枸杞销售额达 22 亿元，蜂蜜销售额达 19.5 亿元，阿胶、黑芝麻、灵芝、西洋参都稳居 10 亿元销售榜。根据《2023 药食同源保健品滋补品行业分析报告》，在 2022 年健康养生人群改善健康的方式中，64% 的人愿意购买保健品，57% 的人愿意购买滋补品，57% 的人选择食疗养生。"中药酸梅汤"的火爆侧面反映了人们对食药同源产品的认可和潜在的食疗期望心理。随着消费者需求的不断升级和个性化需求的增加，药食同源产品将呈现出更加多元化和个性化的发展趋势。企业需要更加注重产品的创新性和差异化，以满足不同消费者的需求。

（二）消费者需求增加

随着消费者对健康需求的不断升级和个性化需求的增加，食药同源产品市场呈现出更加多元化的发展趋势。消费者对食药同源产品的需求显著增加，推动了市场规模的持续增长。食药同源产品客户群由中老年群体扩展到中青年，尤其是青少年群体，这种消费主力军的转变为食药同源餐饮市场带来了更广阔的市场空间。例如，千瓜数据显示，在小红书平台上关于药食同源的笔记数量在 2024 年 3 月至 6 月达到 16.03 万篇，引发互动量高达 1614 万次，显示出行业热度的不断高涨。中药茶咖也是这股年轻养生潮催生出的新赛道。2018 年，北京同仁堂开设子品牌"知嘛健康"，将中药带上"轻量化""日常化"的道路。目前，"知嘛健康"已在北京、上海、成都、杭州等多地开店。店内产品不仅有枸杞拿铁、罗汉果美式等中药与咖啡的奇妙搭配，还有"熬夜水""晚安水"等网红爆款。"知嘛健康"也推出了众多联名产品，如"知嘛健康"与天猫"双 11"联名推出新品人参美式，采用人参、龙眼、甘草等食药同源物质搭配阿拉比卡咖啡豆，将"朋克养生"进行到底。东阿阿胶也曾通过联名方式进入茶饮赛道。东阿阿胶与奈雪的茶联名，推出阿胶奶茶，这款产品上线当日就受到了众多年轻人的追捧，"东阿阿胶奈雪联名奶茶"的话题当天冲上微博热搜，获得了超 2 亿次的阅读量，东阿阿胶通过联名方式正式进入茶饮赛道。

食药同源的浪潮呼唤着药企巨头下场逐鹿，如哈药集团推出了水饮料和苗条瘦身饮料，华润三九推出了罗汉果茶凉茶饮料，香雪制药推出“上清饮”饮料，修正药业斥资打造功能茶饮“修真茶园”品牌。“食药同源”产业是一片“蓝海”。据艾媒咨询预测，2024 年中国大健康产业总收入规模将达到 9 万亿元，相较于 2021 年 8 万亿元的总额实现了显著跃升。天猫健康的统计数据也显示，2023 年该平台购买用户数近 3 亿，人均年度购买频次超过 5 次，达成了千亿元级的交易规模[18]。

（三）市场细分领域的增长

中药茶饮、中药零食、中药保健品等细分领域实现了显著增长。这些细分领域的发展不仅丰富了食药同源产品的种类，也满足了消费者多样化的需求。以茶叶为载体，加入各种具有食药同源物质，如红豆、薏米、菊花等，满足消费者对健康饮品的需求，尤其是祛湿和降压功效的养生茶市场尤为旺盛。另外，食药同源物质的功效成分提取制备，以胶囊、片剂、粉剂等形式为消费者提供功能食品，如燕窝、枸杞、阿胶等。特别是在电商平台上药食同源产品的销售额增长迅速。例如，在抖音、快手、小红书等平台上，药食同源食品类目的销售额增长显著，显示了线上市场的巨大潜力。

（四）政策支持与监管加强

国家出台了一系列政策，《“健康中国 2030”规划纲要》和《国民营养计划（2017—2030 年）》等，明确提出要加强食药同源中药材的种植及产品研发与应用，开发适合当地环境和生活习惯的保健养生产品。这些政策为食药同源产业的发展提供了明确的指导方向，促进了产业的健康发展。2019 年，国家药品监督管理局（国家药监局）在复函中指出，对于食药同源目录范围内的产品，应本着既方便群众购买又保证药品使用安全的原则进行管理。江西、甘肃、湖北、北京、苏州、常州、福州等地发文，放宽中药饮片经营，允许开架销售药食同源品种，无须处方。

“健康中国”战略的推进为药食同源行业的发展提供了政策保障。同时，随着行业标准的不断完善和监管力度的加强，市场秩序将得到进一步规范，保护消费者权益和促进行业的健康发展。国家不断完善食品安全和药品监管相关法规和政策，如《中华人民共和国食品安全法》和《关于促进健康服务业发展的若干意见》等，为加强监管提供有力保障。

（五）国际化推广

随着中医药国际影响力的提升，食药同源行业与国际社会的合作与交流越来越频繁。青岛自贸片区管委会联合多部门印发《关于在中国（山东）自由贸易试验区青岛片区开展药食同源商品进口通关便利化改革的试行意见》，开启了贸易类企业药食同源商品进口通关便利化改革，这使得符合条件的企业进口药食同源试点商品时，可以更加便捷地办理进口商品通关手续。2023 年澳门科技基金专门设立重点研发项目，促进药食同源健康产品研发和产业转化，推动食药同源产业与中医药产业国际化发展[19]。

（六）食药同源物质应用于餐饮市场的学术研究现状

2017 年 7 月，由农业农村部农产品加工局、科技教育司、农产品质量安全监管局指导，中国农业科学院农产品加工研究所牵头组建的国家食药同源科技创新联盟在北京正式成立。联盟聚集全国农业、食品、医疗、中药、餐饮及相关行业单位共 380 多家科研机构、高校和企业组成，旨在继承和弘扬中国传统食疗养生文化精华，引领食药同源产业研发及生产技术创新，促进农食医药四位一体协同发展[20]。联盟建立了“1 + N”运行模式，即以联盟为主体，陆续创立 13 个产业专业（黄精、黄花菜、天麻、牛蒡、百合、枣、葛根、茶等）委员会，以及正在组建的黑米产业专委会、3 个特色农产品（黄精、牛蒡、天麻）之乡、2 个产业（牛蒡、黄精）研究院。

《中华人民共和国食品安全法》第三十八条规定：生产经营的食品中不得添加药品，但是可以添加按照传统既是食品又是中药材的物质。餐饮加药的特殊情形是药膳。药膳源于中国传统的饮食文化和中医食疗文化，是严格按药膳配方，将中药和某些具有药用价值的食物相配伍，采用中国独特的饮食烹调技术和现代科学方法制作而成的具有一定色、香、味、形的美味食品[21]。

关于“药食同源”类研究的文献主要集中在食品产业开发类研究、药食两用品种内成分的检测，以及古谚语中医饮食文化和药食同源理念的科普类文献[22]。邓诗意等对 2010—2021 年食药同源发文量进行了统计，发现食药同源发文总量为 1902 篇（除蜂蜜外），年平均 173 篇，并且在 Web of Science 和 Pub Med 数据库检索的文献有 383 篇，2020 年为 82 篇，相较于 2010 年的 16 篇增长了 412.5%，可见，国内外学者对食药同源产品越发重视。其中，国内对食药同源物质开展溯源技术及溯源模型研究的食药同源产品仅有15种，分别是当归、枣、人参、葛根、金银花、西红花、百合、枸杞、铁皮石斛、天麻和黄芪[23]。余强等对2000—2023年“药食同源”聚类关联的文献有519篇，主要集中于多糖、分子对接分析、生物活性物质的提取、保健食品、生物活性作用、正交试验分析、栽培技术等，与“药食两用”聚类关联的文献有127篇，研究内容涉及原料的开发利用、化学成分分析、中医食疗、质量评价等[24]。王一帆等对食药同源中药材发展进行了SWOT分析，从优势、劣势、机会和竞争威胁四方面进行了全面整理和分析[25]，为中国食药同源的发展奠定理论基础。

据统计，国内外已注册的含“食药同源”成分命名的保健品产品有5890个，其中，主要集中在灵芝、西洋参、人参、黄芪、阿胶、葛根、酸枣仁、铁皮石斛、当归、茯苓、沙棘和黄精，这12种成分共有注册保健品产品4516个。由此可见，目前保健品开发方向相对固定，造成功能食品品种不够丰富[24]。

三、食药同源相关政策

随着国内经济的发展与人们生活水平的提高，国家对食药同源餐饮行业的重视程度越发提高，并逐步颁布了一系列有关食药同源餐饮行业的政策与法律法规。这些法令的颁布，一方面体现了国家对食药同源产业的关注；另一方面规范了以食药同源中药为原料制成的餐饮产品的市场，保障市场运行有序，促进了行业进一步健康发展。

在中华人民共和国成立初期，对于食品与药品的监管制度尚处于探索阶段，于1965年颁布的《食品卫生管理试行条例》暂未明确对药食同源物质的界定问题。在1979年实施的《中华人民共和国食品卫生管理条例》也并未对药食同源物质进行专门规定[12]。

1982年，颁布了《中华人民共和国食品卫生法（试行）》，其中第二章第八条中规定：“食品不得加入药物。按照传统既是食品又是药品的以及作为调料或者食品强化剂加入的除外。”这是首次在管理法规中提出药食同源物质的管理问题。1984年，颁布了《中华人民共和国药品管理法》，此项法规将中药材及中药饮片列为药品。1987年，《中华人民共和国食品卫生法（试行）》修订为“食品不得加入药物，但是按照传统既是食品又是药品的作为原料、调料的除外”；同年，卫生部出台了《禁止食品加药卫生管理办法》，对“既是食品又是药品的品种名单”和中药材作为食品新资源的要求进行了明确规定，此管理办法的附表中公布了第一批《既是食品又是药品的品种名单》，其中收录了33种药食同源物质。1988年，公布了《既是食品又是药品的品种名单》，药食同源物质增加至61种（1种重叠）。1991年，卫生部卫监发〔1991〕第45号文和1998年卫监发〔1998〕第9号文，分别增加8种，至77种。1995年，《中华人民共和国食品卫生法》第二章第十条规定：“食品不得加入药物，但是按照传统既是食品又是药品的作为原料、调料或者营养强化剂加入的除外。”2002年，卫生部卫法监发〔2002〕51号文，增加至86种。2014年，《按照传统既是食品又是中药材物质目录管理办法（征求意见稿）》，增加至101种。2015年修订的《中华人民共和国食品安全法》第三十八条规定：“生产经营的食品中不得添加药品，但是可以添加按照传统既是食品又是中药材的物质。按照传统既是食品又是中药材的物质目录由国务院卫生行政部门会同国务院食品药品监督管理部门制定、公布。”2021年《按照传统既是食品又是中药材的物质目录管理规定》的出台，明确了药食同源物质的定义、管理部门为国家卫生健康委员会和国家市场监管总局、申请渠道为省级卫生健康委员会向国家卫生健康委员会提出，还明确了资料包括物质的基本信息、证明材料、加工和食用方法、安全性评估、质量规格、食品安全指标等。2023年11月17日，国家卫生健康委员会、国家市场监管总局发布《关于对党参等9种物质开展按照传统既是食品又是中药材的物质公告》（2023年第9号），至此共计110种物质。

近几年，国家推出了一系列有关健康中国战略的决策和部署，颁布了《“十四五”中医药发展规划》《按照传统既是食品又是中药材的物质目录管理规定》等，在规划中，药食同源行业被赋予了重要的战略地位；规划明确将药食同源产业作为推动大健康产业高质量发展的重要组成部分，鼓励跨界融合，创新研发，推动产业转型升级。同时，中国中医药信息学会以《健康中国行动（2019—2030年）》为指南，以药食同源健康管理基本理念和成熟举措为引领，联合了国内医疗机构、体育部门、协（学）会组织、社区健康服务部门及健康领域专家学者，共同编制了《药食同源健康管理行动指南（2021—2030）》（简称“行动指南”）。全国人大代表司富春、陈玮等也提出了关于加快大力发展药食同源产业的建议。

2019年，国家药品监督管理局（国家药监局）在复函中指出：对于药食同源目录范围内的产品，应本着既方便群众购买又保证药品使用安全的原则进行管理。如果仅是简单的净制、切片、包装，且包装标签上不标明“炮制规范、功能主治、用法用量”，就可以按照食品安全法第三十八条内容中“中药材”进行分类、管理，药店可开架销售，群众在药店选购时无须处方即可购买。此后，江西、甘肃、湖北、北京、苏州、常州、福州等地发文，放宽中药饮片经营，允许开架销售药食同源品种，无须处方。

这些利好药食同源行业和相关企业的法规、政策的颁布，不仅体现了国家政府和有关部门的重视与支持，也体现了在如今的大健康产业背景下，开发研究食药同源产品具有广阔的发展前景；不仅能维护人们身体健康，也同时能够推动国家健康产业的发展。在国家政府和有关部门的扶持下，各地政府和有关部门也会顺应时代发展趋势，不断推出相关政策法规，使食药同源行业在规模扩张的同时，其产品品质也得到显著提升；同时，各企业响应政策号召，加大对食药同源产品的研发力度，在促进国内市场繁荣的同时走向国际，成为展示国家软实力的窗口。

四、食药同源行业创新

（一）技术创新

利用基因工程、细胞培养等现代生物技术对食药同源物质的植物性来源、功能因子及因子群进行深入研究，发掘食药同源物质的新用途。通过分子生物学、细胞学、体内药代动力学、药效学等多种生物技术证明食药同源物质的安全性以及营养功能性机制[26]。采用超临界流体萃取、超声波提取、微波萃取连续动态逆流提取、膜分离技术、分子整理等先进的提取技术[27]，酶工程、物理场强化提取技术等新兴技术的出现，建立了高效、低能耗和环境友好型的提取工艺[24]。

（二）生产工艺创新

引入自动化生产线、智能控制系统等现代生产工艺和设备，提高药食同源产品的利用率、提取率、生产效率和品质稳定性，对相应因子的稳定性、重现性建立功能因子质量控制方案及质量标准体系[26]。近红外光谱技术应用食药同源物质的真伪掺假、产地种类鉴别、成分含量测定以及质量安全检测等领域[28]，减少人为因素对产品质量的影响。

（三）产品形式创新

将食药同源物质开发成各种形式的产品，如茶饮、酒类、粥类、汤料、菜肴、糕点、饮料、糖果、蜜膏、冻干型方便食品等，以满足消费者的多样化需求。人参咖啡、黄精功能性饮食伴侣产品[29]、红糖姜枣茶、玫瑰红糖姜茶、铁皮石斛茶等，不仅具有食药同源的功能，还具有很好的口感和趣味性。

（四）市场应用创新

利用互联网和大数据技术建立食药同源产品的线上销售平台，拓宽市场渠道并提升品牌知名度。如阿胶糕、黑芝麻丸、枸杞原浆等产品通过互联网平台，消费者可以方便地了解产品信息、购买产品和享受售后服务。

五、消费者行为与市场策略

（一）消费者行为

近年来，随着生活水平的提高，人们对身体健康方面的要求逐步升高，张伯礼曾表示，当前，中国民众从以满足温饱、疾病治疗为中心的传统健康需求，转向包括疾病预防、养生保健和延年益寿等在内的多层次、多元化和全生命周期的健康服务需求；同时，因为当代生活方式的改变和生活压力的增加，多数年轻人的身体为“亚健康”状态。随着国家对健康产业发展的不断推进和“食疗”理念的广泛传播，这些较为年轻的消费群体主动追求身体健康，养生成为近些年消费者的新追求，而含有“药食同源”物质的食品也就顺理成章成为消费者的新型选择。

年轻人作为食药同源产品消费的主力军，对于这类产品的接受度高且对于新产品有较为强烈的尝试意愿。例如，如今许多年轻人习惯于泡枸杞、吃芝麻丸来进行简单的养生。但年轻人对于产品的口感、品质、外观等方面也有更高的要求。近年来，不仅是年轻人，作为传统的养生保健产品消费群体的中老年人对食药同源产品的消费也在逐步增加。中老年人相较于年轻人，对养生保健具有更为强烈的意愿，对食药同源物质的功效的认知也更为深刻。

（二）市场策略

在消费渠道方面，线上购物平台是食药同源产品销售的重要平台。一方面，得益于互联网的快速发展，线上销售的方便快捷为消费者提供了便利，提高了消费者的购物体验，消费者可足不出户获得品质高、包装好的食药同源产品；另一方面，网络社媒的宣传促进了广大消费者对食药同源产品的购买，网络社媒作为一种重要的传播渠道与手段，采取多种营销方式和直播带货等销售方式对食药同源产品进行了有效宣传，吸引大量消费者的关注，增加了产品的销售量。

针对目前食药同源产品的主要受众人群和消费市场，食药同源企业应在满足现有消费需求的基础上更深层次地挖掘消费者的潜在需求，针对这些需求做出适时有效的决策。企业在保证自身产品品质过硬之外，还可根据消费者群体的不同做出相应的个性化定制，譬如对年轻人和中老年人消费群体，可在外包装上进行区分，有些品牌，比如老金磨方、杞里香、“姥姥现蒸”包装趋向年轻化，而同仁堂、正官庄、固本堂、东阿阿胶等仍保持传统风格。在传统药食同源产品中，人参、枸杞和阿胶是应用最为广泛、认知度最高的原材料，但相较于这 3 种材料，其他药食同源物质被人们忽视，各企业可对被人们忽视的药食同源物质进行挖掘，研发出新产品并加以宣传。2019—2022 年，药食同源产品中低价格段市场被挤占明显，500 元以上价格段产品占比增长 1 倍，除原材料成本上涨因素外，传统滋补的高端化需求增加也有影响。企业应顺应市场趋势，为自身产品做出符合消费者心理预期与产品品质的定价。

六、挑战与机遇

（一）食药同源餐饮行业面临的主要挑战

1. 食药同源基础研究薄弱

虽然中国目前列入食药同源目录已有 110 种食药同源物质，但是关于这些食药同源物质的配伍、营养成分、开发利用等仍不全面、不充分，如食药同源物质中功能因子的提取制备工艺、安全性评价、生物活性研究体系等方面不健全[24]，食药同源餐饮产品研发动力不足，有很多的科学壁垒需要去攻克，技术难题亟须解决。企业在研发创新方面存在不足，缺乏具有自主知识产权的产品和技术。这导致企业在市场竞争中难以形成核心竞争力，难以满足消费者日益多样化的需求。

2. 品牌建设难度大，同质化竞争严重

消费者对食药同源产品的认知程度相对较低，品牌影响力有限。同时，由于市场上存在大量同类产品，品牌建设需要更多的时间和资源投入。目前，国家对于药食同源产品是以食品批号来进行管理的，食品不允许直接宣传功效。这在一定程度上限制了企业对于产品功效的宣传，增加了品牌建设的难度。

随着健康意识的提升和需求的增加，越来越多的企业涌入食药同源餐饮行业，导致市场竞争日趋激烈。这种激烈的竞争环境要求企业在产品创新、服务质量、品牌塑造等方面不断提升，以在市场中脱颖而出。市场上存在大量类似的产品和服务，缺乏独特的卖点，导致消费者难以区分不同品牌之间的差异。这要求企业在产品设计和研发上投入更多精力，打造具有差异化和竞争力的产品和服务。

3. 质量安全问题频发

食药同源餐饮行业涉及食品和药品两个领域，对产品质量和安全性的要求极高。然而，一些企业在生产过程中存在违规添加、质量不稳定等问题，严重影响了消费者的信心和企业的信誉。部分食药同源产品可能存在虚假宣传、夸大功效等问题，误导消费者购买。行业标准极其不明确，目前食药同源餐饮行业缺乏明确的行业标准或规范，导致从业人员在制作过程中缺乏明确的指导，缺乏专业的消费者教育，消费者对食药同源餐饮产品的认知存在误区，这也间接影响了该行业的正常有序发展。目前，中国现有与食药同源产品相关的标准整理见表 2，只有团体标准，没有地方标准、行业标准、国家标准等相关标准。

表 2 中国现行的食药同源相关标准

标准名称	标准类别	标准发布单位	标准发布日期
TY 001—2020《中国食药同源好产品评价通则》	团体标准	中国民族贸易促进会	2020－10－26
T/ZGSCLT 003—2024《食药同源预制菜营养与质量标准规范》	团体标准	中国蔬菜流通协会	2024－4－7
T/OTOP 1018—2022《食药同源产品经营规范》	团体标准	中国民族贸易促进会	2022－12－10
T/GVEAIA 010. 1—2019《药食同源 果桑 第1部分：果桑栽培技术规程》	团体标准	中关村绿谷生态农业产业联盟	2019－5－16
T/GVEAIA 010. 2—2019《药食同源 果桑 第2部分：蜂蜜桑葚干质量标准》	团体标准	中关村绿谷生态农业产业联盟	2019－5－16
T/CGSS 009—2019《适老药食同源药膳配方食品通用要求》	团体标准	中国老年医学学会	2019－11－22
T/CI 317—2024《药食同源及药膳配方食品生产加工技术规范》	团体标准	中国国际科技促进会	2024－3－28
T/CIET 255—2023《药食同源发酵质量技术规范》	团体标准	中国国际经济技术合作促进会	2023－10－25
T/SGIPA 007—2022《药食同源食品枳椇子果实蒸馏酒生产技术规程》	团体标准	深圳市绿色产业促进会	2022－12－28
T/CHAA 015—2022《抗氧化评价方法 第2部分：药食同源物质抗氧化活性评价》	团体标准	中国健康管理协会	2022－3－30
T/CI 147—2022《药食同源及药膳配方食品通用要求》	团体标准	中国国际科技促进会	2022－12－12
T/CAB 0159—2022《药食同源食品认定通则》	团体标准	中国产学研合作促进会	2022－7－19
T/CIET 167—2023《药食同源类食品质量要求》	团体标准	中国国际经济技术合作促进会	2023－7－27
T/HNYJNYXH 006—2020《优质药食同源产品标准》	团体标准	海南省有机农业协会	2020－9－4

4. 缺乏专业人才

食药同源餐饮行业的发展需要具备专业技能和管理能力的人才。食药同源餐饮行业对人才的跨学科知识需求高，制作人才需要涉及中医学、中药学、食品科学、营养学、烹饪学等多个专业学科理论，这种跨学科的知识结构使得合格的专业人才相对稀缺。并且人才培养需要经过系统的学习，包括理论学习、实践操作等多个环节，需要较长的时间，而且由于该行业的特殊性，对人才的综合素质要求较高，同时薪资水平、职业发展空间等方面与其他行业相比存在差距，导致人才流失严重，企业往往面临人才短缺的困境。

全国开设药膳与食疗专业的高等院校有石家庄人民医学高等专科学校、山西药科职业学院、长春健康职业学院、淮北职业技术学院、安徽中医药高等专科学校、顺德职业技术学院、广东食品药品职业学院、四川中医药高等专科学校、贵州健康职业学院等，虽然职业教育院校作为技能型人才输出的重要培养基地，但目前试点开设药膳专业的院校数量有限，且与企业联合培养的模式尚未普及，导致市场上合格的食药同源餐饮产品制作人才供不应求，成为行业发展的瓶颈之一。

5. 产业链整合难度大

食药同源产品的产业链比较长，从上游的原料采购到中游的产品研发生产、下游的销售渠道等多个环节都需要密切配合。每个环节都涉及不同的企业和利益主体，它们之间的协调与配合是产业链整合的关键。由于这些环节之间存在信息不对称、利益不一致等问题，整合难度较大。

第一，食药同源餐饮行业对原材料的需求具有多样性，包括各种中药材、食材等。这些原材料的来源、品质、价格等因素都会影响最终产品的质量和成本。同时，原材料市场的价格波动也会对企业的经营造成一定的影响。因此，实现产业链的有效整合，就需要建立稳定的原材料供应渠道，确保原材料的品质和供应稳定性。

第二，食药同源餐饮产品的研发生产涉及多个学科的知识和技术，如中药学、食品科学、营养学、烹饪学等。这需要企业具备专业的研发团队和技术实力，才能开发出符合市场需求的高品质产品。目前市场上的很多企业在研发方面投入不足，缺乏自主创新能力和核心技术，导致产品质量参差不齐，难以满足消费者的需求。

第三，食药同源餐饮产品的销售渠道包括电商平台、商场超市、各大药房、自营门店、餐厅等，不同的销售渠道具有不同的特点和优势，但也需要企业投入大量的人力、物力和财力进行开拓和维护。同时，由于销售渠道的多样性，也增加了企业管理和协调的难度。

第四，食药同源餐饮行业目前缺乏统一的行业标准和规范，这导致市场上的产品质量参差不齐，消费者难以判断产品的真伪和优劣。同时，行业标准的缺失也给企业的产品研发、生产和销售带来了一定的困难。因此，建立完善的行业标准和规范是食药同源餐饮行业产业链整合的重要前提。

6. 消费者需求变化快

食药同源物质作为中国传统文化的瑰宝，消费者对其文化价值的认同也在不断增强，更加关注产品的文化内涵和历史背景，希望通过食用食药同源产品来传承和弘扬中国传统文化。这要求食药同源餐饮行业在产品研发和营销中更加注重文化元素的融入和传播。随着消费者对健康生活追求和健康意识的提升，食药同源餐饮行业中的养生产品需求明显增加。这促使行业更加注重研发和生产具有天然、安全、营养和功效性特点的产品，以满足消费者对健康食品的需求。并且消费者对于食药同源产品的个性化需求越来越强烈，不再满足于传统的、单一的食品选择，而是追求具有独特口味、健康功能和个性化标签的食药同源产品。这要求食药同源餐饮行业在产品研发、生产和营销等方面更加注重创新和差异化。消费者对食药同源产品的品质要求也日益提高，更加关注产品的原材料来源、生产工艺、产品质量以及是否经过科学验证等方面。这促使食药同源餐饮行业加强质量控制，提高产品的科技含量和附加值，以满足消费者对高品质产品的需求。

（二）食药同源餐饮行业发展的机遇

1. 市场需求旺盛

随着人们健康意识的增强，对于既能满足味蕾又能调理身体的食药同源产品需求不断增长。《2023 中国大健康消费趋势报告》数据显示，近 80% 的消费者认为自己存在亚健康问题，需要从饮食方面进行调理。这为食药同源餐饮行业提供了巨大的市场潜力。

2. 政策支持

国家持续更新“药食同源”物品名单，为行业的发展提供了明确的政策依据。同时，随着《“健康中国 2030”规划纲要》等国家战略的出台，大健康产业被提升至前所未有的高度，食药同源餐饮行业作为其中重要组成部分，迎来前所未有的发展机遇。

3. 科技创新赋能

科技进步为食药同源餐饮行业的产业升级提供了强大动能。现代生物技术、提取分离技术、功能评价技术等的应用，使得有效成分的高效提取、精准定量化以及功效验证成为可能，大大提升了产品的科技含量与市场竞争力。

4. 文化认同感增强

随着中国综合国力的稳步提升和国家文化建设的深入推进，新一代年轻人对民族文化的自豪感与文化自信心日益增强。中医“治未病”的理念逐渐深入人心，推动了国潮文化的热烈复兴，食药同源餐饮行业作为承载着深厚民族文化底蕴的产业，借此东风迅速崛起。

5. 消费趋势转变

随着经济的发展和生活水平的提高，消费者对于食品的需求从单一的口感享受转向追求天然、安全、营养、功效性。食药同源餐饮行业恰好迎合了这一市场需求，提供了一系列既美味又养生的菜品，深受消费者喜爱。

6. 行业前景广阔

食药同源餐饮行业具有营养健康和财富共享的双重优势。未来，随着市场需求的不断增长和政策的持续支持，该行业有望实现持续健康发展，为创业者提供更多的商业机会和财富空间。

7. 国际市场潜力大

对目标市场的消费者需求、饮食习惯、文化背景以及法律法规进行深入调研。根据调研结果，明确产品或服务的市场定位，为产品设计独特的品牌标志和广告语，突出食药同源的特点和优势，在目标市场进行有效的品牌宣传和推广，提高品牌知名度和美誉度。根据目标市场的文化和口味习惯，对产品进行调整和定制，引入具有当地特色的食材和烹饪技术，创新产品种类和口味，增加产品的吸引力。制订符合目标市场特点的营销策略和推广计划，利用社交媒体、博客、论坛等网络平台进行线上推广活动，同时线下也要制定营销策略进行宣传和推广，提高产品的曝光度和知名度。尊重并融入目标市场的文化元素，与当地消费者建立情感联结，在保持食药同源特色的基础上，进行产品创新和服务升级，满足消费者的多元化需求。

纵观中国食药同源餐饮行业市场，历史悠久，文化底蕴深厚，完全融入了人们的日常生活中，随着民众健康意识的进一步提升和中医药文化的国际传播，市场规模有望持续增长。同时，随着消费者对健康需求的不断升级和个性化需求的增加，食药同源产品将呈现出更加多元化的发展趋势。企业需要更加注重产品的创新性和差异化，以满足不同消费者的需求。此外，随着政府对行业的监管力度不断加强，市场秩序将得到进一步规范，这将有助于保护消费者权益和促进行业的健康发展。

参考文献

[1] 杨上善. 黄帝内经太素 [M]. 北京：中医古籍出版社，2016：13.

[2] 谢果珍，唐雪阳，梁雪娟，等. 药食同源的源流内涵及定义 [J]. 中国现代中药，2020，22（9）：1423－1427，1462.

[3] 刘慧鸿，曾慧梅，张高传，等. 从精神嬗变角度分析食药同源本草描述的变迁 [J]. 中华中医药杂志，2022，37（10:）：6123－6126.

[4] 程建明，薛峰，张云羽，等. 药食同源产品研发现状、技术关键与对策 [J]. 南京中医药大学学报，2023，39（9）：814－826.

[5] 李峰杰，石贺，马晓娟. 药食同源产品开发思路探讨 [J]. 中国药业，2024，33（1）：1－4.

[6] 何沐，李娜，李梅，等. 昆布香橼马齿苋固体饮料联合低脂饮食对高脂血症（痰浊内阻证）的效果研究 [J]. 系统医学，2024，9（4）：165－168.

[7] 黄攀，王玉香，张晴晴，等. 枳实薤白桂枝汤对低氧性肺动脉高压大鼠肺动脉平滑肌细胞表型转化的影响 [J]. 中国中药杂志，2024，6：12.

[8] 王秋亚，胡悦. 香薷挥发油的化学成分分析、生物活性剂应用研究进展 [J]. 中国调味品，2023，48（11）：203－209.

[9] 孙靖，黄子怡，李思齐，等. 市售药食同源保健花茶物种鉴定研究 [J]. 药学学报，2024，59（9）：2612－2624.

[10] 朱建平，邓文祥，吴彬才，等. "药食同源"源流探讨 [J]. 湖南中医药大学学报，2015，35（12）：27－30.

[11] 杨光，苏芳芳，陈敏. 药食同源起源与展望 [J]. 中国现代中药，2021，23（11）：1851－1856.

[12] 程建明，薛峰，张云羽，等. 药食同源产品研发现状、技术关键与对策 [J]. 南京中医药大学学报，2023，39（9）：814－826.

[13] 胡思，王超，孙贵香，等．大健康产业背景下药食同源资源开发的现状与对策研究 [J]．湖南中医药大学学报，2021，41（5）：815－820.
[14] 什么是保健食品？https：//www. samr. gov. cn.
[15] 黄红，吕静薇，陈颖，等．中国中药健康产品管理及市场概况 [J]．中草药，2021，52（3）：902－908.
[16] 唐雪阳，谢果珍，周融融，等．药食同源的发展与应用概况 [J]．中国现代中药，2020，22（9）：1428－1433.
[17] 丁莹．养生休闲食品对古代食治方剂的传承和创新研究 [J]．粮油食品科技，2021，29（3）：125－133.
[18] 陈凯姿，赵叶苹．大健康产品和服务消费不断升温 机构预测 2024 年中国大健康产业总收入将达 9 万亿元 [N]．新华社客户端，2024－04－24.
[19] 吕欣．食药同源推动产业变革“寓养于膳”引发健康共鸣 [N]．广西日报，2023－07－17（8）.
[20] 国家食药同源产业科技创新联盟在京成立 [J]．北方牧业，2017（14）：17.
[21] 李明扬．餐饮加药法律适用问题分析 [J]．中国食品药品监管，2018（8）：54－58.
[22] 王旭东．“药食同源”的思想源流、概念内涵与当代发展 [J]．南京中医药大学学报，2023，39（9）：809－813.
[23] 邓诗意，殷萍，张强，等．食药同源产品产地溯源技术研究进展 [J]．食品与发酵工业，2022，48（14）：328－335.
[24] 余强，郑冰，聂少平，等．“食药同源”食品产业现状与发展趋势浅析[J]．中国食品学报，2023，23（9）：1－11.
[25] 王一帆，吴媛，修凡超，等．药食同源中药材的溯源及发展研究 [J]．中国野生植物资源，2023，42（增刊）：65－71.
[26] 苑翼楠，周威．“药食同源”类食品国内外研究现状及展望 [J]．现代食品，2021（14）：118－121.
[27] 陶林，宋怡，罗舒等．药食同源中药植物饮料产业及加工技术现状分析 [J]．四川农业科技，2023（2）：74－77.
[28] 李佳磊，管立军，王崑仑，等．近红外光谱技术在药食同源品质评价中的应用进展 [J]．中国调味品，2018，43（5）：189－193.
[29] 战戈，马丽红，满广军，等．黄精功能性饮食伴侣产品的开发研究 [C]．第三届全国医药研究论坛论文集．西安：陕西人民出版社，2013，874－880.

HB.13 食药同源功能性食品市场分析

张喜梅[①] 张妍妍[②]

摘　要： 生活节奏的加快、环境污染的加重，以及亚健康和患慢性疾病人群数量增多，导致带有功能性的食药同源食品需求越来越旺盛。目前，全球范围内兴起崇尚回归自然、返璞归真之风。食药同源食品不仅在中国有很大需求，而且越来越受到国际上的重视。本文通过分析我国食药同源功能性食品市场的现状，推动我国当前食药同源功能性食品未来的发展，为提高食药同源功能性食品产业的核心竞争力、扩大中医药文化的国内国外影响力提供参考。

关键词： 食药同源产业；市场；发展

健康是促进人的全面发展的必然条件，人民健康是民族昌盛和国家富强的重要标志，预防是最经济、最有效的健康策略。推进健康中国建设是全面建成小康社会、基本实现社会主义现代化的重要基础，也是积极参与全球健康治理、履行2030年可持续发展国际承诺的重大举措。食药同源食品不仅在中国有很大需求，而且越来越受到国际重视。[1]充分发挥食药同源独特优势，提高中医药服务能力，发展中医养生保健治未病服务，推进中医药守正创新。与此同时，《“十四五”中医药发展规划》也明确要求进一步推动中医药养生保健服务有序发展，丰富中医药健康产品供给，促进中医药与食品健康领域持续融合发展[2]。因此，随着卫生健康工作方针的深入实施和国人生活水平的提高，食药同源产业发展迎来新风口，产业前景广阔，引发广泛关注，成为近年来中医药及食品健康领域的热点研究对象。

---

① 张喜梅，华夏药食同源供应链（北京）有限公司董事长，中国中药协会药食同源物质评价与利用专业委员会副秘书长，主要研究方向：药食同源市场研究。

② 张妍妍，中科康智美（北京）生物科技有限公司总经理，主要研究方向：药食同源市场。

一、食药同源功能性食品概述

到目前为止，食药同源还没有统一的定义，通常是指“许多食物即药物”，它们之间并无绝对的界限。古代医学家将中药的“四性”“五味”理论运用到食物之中，认为每种食物也具有“四性”“五味”。食药同源是说中药与食物是同时起源的。《淮南子·修务训》称：“神农尝百草之滋味，水泉之甘苦，令民知所避就。当此之时，一日而遇七十毒。”可见，神农时代药与食不分，无毒者可就，有毒者当避。

（一）食药同源的物品

国家卫生健康委员会公布的《关于进一步规范保健食品原料管理的通知》对食药同源物质、可用于保健食品的物品和保健食品禁用物品做出具体规定。物品名单为《既是食品又是药品的物品名单》《可用于保健食品的物品名单》《可用于保健食品的物品》《保健食品禁用物品名单》。

（二）食药同源理论来源

唐朝时期的《黄帝内经太素》中写道“空腹食之为食物，患者食之为药物”，反映出“药食同源”的思想。随着经验的积累，药食才开始分化。在使用火后，人们开始食熟食，烹调加工技术才逐渐发展起来。在食与药开始分化的同时，食疗与药疗也逐渐区分。

《内经》对食疗有非常卓越的理论，如“大毒治病，十去其六；常毒治病，十去其七；小毒治病，十去其八；无毒治病，十去其九；谷肉果菜，食养尽之，无使过之，伤其正也”，这可称为最早的食疗原则。由此可见，在中医药学的传统之中，论药与食的关系是既有同处也有异处。但从发展过程来看，远古时代是同源的，后经几千年的发展，药食分化，若再往今后的前景看，也可能返璞归真，以食为药，以食代药。

中国中医学自古以来就有药食同源（又称为医食同源）理论。这一理论认为许多食物既是食物也是药物，食物和药物同样能够防治疾病。在古代原始社会中，人们在寻找食物的过程中发现了各种食物和药物的性味与功效，认识到许多食物可以药用，许多药物也可以食用，两者之间很难严格区分。这就是“食药同源”理论的基础，也是食物疗法的基础。

二、食药同源功能食品市场发展的必要性

（一）健康产业的变革升级

无论是从国际市场看，还是从国内市场看，带有功能的健康食品需求越来越旺盛，最近国际和国内出现的粮食问题也将抬高食药同源食品的整体需求，从消费者不断发出对食药同源食品的追求与食品本身衍生出来的话题来看，已经开始影响到消费行为的整体变化，包括营养食品、功能食品、有机食品、保健食品等。健康产业无论从政府行为到企业行为，正经历一场前所未有的大变革中，食药同源食品将是这个变革中的首膳之区。因此，我们关注健康产业新的动向，必然将关注一些突破产业格局的产品，以及调整后的行情趋势。

（二）国家相关政策的推动

国家相关政策的陆续出台，国务院2016年12月印发《关于进一步促进农产品加工业发展意见》中提出：“重点支持开发营养均衡、养生保健、食药同源的加工产品”，以及“加强新食品原料、食药同源食品开发和应用”。国务院办公厅2017年7月发《国民营养计划（2017—2030年）》强调：“大力发展传统食养服务，进一步完善我国既是食品又是中药材物品名单。要深入调研，筛选一批具有一定使用历史和实证依据的传统食材和配伍产品，对接信息化共享平台。”

（三）医药产品与保健品市场的调整

随着医药产品与保健产品市场在不断挤压与调整，行业政策的不断重复，新药审批难度加大，保健品经营整顿规范，整体健康产业市场在飘摇中艰难行进。医药企业与保健品企业想要突破，在努力创新自身技术、科研、资源、销售等方面的基础上，需要着重看准目前整体消费行为的变化与趋势，医药系统政府监管强化，企业主导作用力在下降，保健品信任度需要给消费者一段时间调整，那么食品方面又如何呢？尤其是国内大量中药为主导的“药食同源”

产品消费潜力日益强大，保健由单纯的滋补转向食补。从现实的意义出发，企业需要审视市场在转变的进化过程中，“食药同源”将成为我们下一个阶段整个健康产业的爆发点。

（四）消费者市场的需求

国家卫生健康委员会公布的食药同源物质、“食药同源”产品是以药食同源理论为依据，精选食药同源物质中最地道的无任何工业、农业、人为污染过的药食两用原生中药材，利用现代制药技术精制而成，保持了天然药材原始的生物活性，是源于自然高科技的“原生”中药产品。根据消费需求统计，目前国内消费食药同源的产品市场主要以固体饮料、代用茶、压片糖果、液体饮料、代餐类别与初级农产品的形式存在。人们消费以滋补养身为主，随着保健业市场的日趋成熟，人们在追求健康上更加注重产品的原生药材，并配合常规的食物，也备受消费者关注，尤其是中老年消费者的青睐[3]。

由于保健品市场引发的信任危机迟迟没有消退，中药市场也存在混乱局面，引导消费出现新的困惑，到底什么样的产品才符合当今保健产业需求。由于我国消费群体对新的合成保健产品使用比较谨慎，传统中药保健产品的恢复成为必然的途径。食疗有着广泛的群众基础，同时也便于宣传与推广，还有着产品深厚的文化底蕴。

三、国内食药同源功能食品市场发展现状

（一）国外食药同源食品企业的威胁

国外食药同源食品企业已经成为我国食药同源食品行业中的重要竞争对手，并带来了一定的威胁。这些企业具备先进的技术和丰富的经验，能够生产出高质量的食药同源食品产品。他们在产品研发、生产、销售等方面具备较高的能力和规模优势，并且在国外市场上享有一定的知名度和影响力。

首先，国外食药同源食品企业在技术方面相对成熟，具备领先的研发能力和创新水平。他们在产品的配方、工艺技术以及生产设备上投入了大量资金和人力资源，使得其产品的质量和安全性得到有效保障。而我国的食药同源食品

企业在技术上相对滞后，缺乏核心技术和创新能力，无法与国外企业形成有效的竞争优势。

其次，国外食药同源食品企业在基础研究环节方面更加注重，拥有先进的研究设施和专业的研发团队。他们通过不断的科学研究和探索，开展更深入的食药同源食品研究，能够更好地理解食药同源食品的功效和作用机制。相比之下，我国的基础研究环节相对薄弱，缺乏足够的投入和专业人才支持，限制了我国食药同源食品的创新能力和发展潜力。

最后，国外食药同源食品企业拥有先进的生产设备和成熟的生产管理体系，能够实现规模化生产并确保产品品质的稳定性。他们在市场定位和产品包装上也相对成熟，能够有效地满足消费者的需求并提高产品的竞争力。这使得国外食药同源食品企业在国内外市场上具备较强的竞争力，对我国食药同源食品企业构成了一定的威胁[4]。

综上所述，国外食药同源食品企业对我国食药同源食品行业构成了一定的威胁。他们在技术、研发和生产等方面具备优势，拥有较高的市场份额和知名度。为了应对这一威胁，我国食药同源食品企业应加强技术创新、加大研发投入，提升产品质量和安全性，同时积极开拓国外市场，提升自身的竞争力和影响力。只有通过不断的创新与发展，才能够在激烈的市场竞争中取得更大的发展空间[5]。

（二）国内企业技术含量低，基础研究环节薄弱

随着社会对健康食品的需求增加，食药同源食品作为一种具有预防调理功能的新型食品类型受到了广泛关注。然而，目前我国食药同源食品行业的技术含量相对较低，并且基础研究环节相对薄弱。

首先，我国食药同源食品行业的技术含量相对较低。从产品创新角度来看，我国食药同源食品的研发与创新水平较为有限。大部分企业仍然依赖传统的经验积累，对于科学研究的投入较少。这导致了在产品功能、配方和工艺等方面的创新相对受限。与国外企业相比，我国食药同源食品在技术上存在一定的差距。

其次，我国食药同源食品行业的基础研究环节相对薄弱。基础研究是食药同源食品行业发展的重要基础，也是实现技术突破和创新的核心。然而，我国在食药同源食品的基础研究方面投入不足，研究机构相对较少，研究人员数量也相对不足。这导致了我国食药同源食品行业在核心技术方面的创新能力较弱，无法与国外企业形成有效的竞争优势[6]。

针对这一问题，我国食药同源食品行业需要加强技术含量的提升和基础研究的加强。企业应该增加研发投入，加强对新技术和新方法的探索和研究。同时，要加强与研究机构和高校的合作，共同开展基础研究，提高科技创新能力。此外，政府也应加大对药食同源食品行业的扶持力度，加强行业的科研支持和资金投入，为行业的创新提供支持和保障。

在未来的发展中，我国食药同源食品行业需要加大技术含量的提升力度，加强基础研究的建设，以提高企业的创新能力和核心竞争力。只有通过技术创新和基础研究的不断推进，才能够实现食药同源食品行业的长期健康发展，为人民群众提供更多更好的健康食品。

（三）消费人群发生转变，产品更细化

社会人口增加带来了就业、学业竞争的高速增长，许多亚健康问题逐渐由长期生活压力产生，一些亚健康问题的发生率不断表现年轻化的迹象，这也暗示了中医治未病的重要性，养生成为年轻人的热潮，功能性食品消费人群向"90后""00后"甚至"10后"不断靠近。全球大部分的年轻人几乎都有过睡眠质量差、焦虑、免疫力低、记忆力衰退、脱发等亚健康问题，全球食药同源功能性食品的设计也从以往的简单的调理肠道、补充维生素、提高免疫力慢慢扩展到更具针对性的解决或预防生活问题。目前市场上的食药同源食品推出了有针对性的产品，具有一定的调理效果。针对相应症状推出的产品大多是通用型产品，老少妇幼皆宜，这和我国的中医理论和"一人一方"的辨证论治的养生观念存在差异，所以依据同类产品的开发应更细化到性别、年龄和季节，并结合各阶层消费人群的体质、适应度、喜爱度、购买力等来设计相应的产品。

四、食药同源功能食品市场发展策略

（一）积极研发，实现规模化经营

积极研发是我国食药同源食品行业的关键策略之一，其目标是提高产品的技术含量和创新能力，以满足市场需求。在实现规模化经营的同时，积极研发还可以增强企业的竞争力，促进行业的快速发展。

首先，积极研发可以提高产品的技术含量。目前，我国食药同源食品的技术含量相对较低，大多数产品还停留在传统工艺和简单配方的阶段。通过积极研发，可以引入先进技术和研发手段，提高产品的质量和功能性，满足消费者对高品质产品的需求；同时，还有助于发现新的功能性成分和有效的调理配方，为产品的创新开发提供支持。

其次，积极研发可以实现规模化经营。规模化经营是企业实现持续发展和竞争优势的重要手段。通过积极研发，可以提高生产效率和产品质量，降低生产成本，从而实现规模化生产。规模化经营还有助于企业拓展市场份额，提升品牌知名度，增加销售收入；同时，还可以加强企业的供应链管理和市场适应能力，提高产品的市场竞争力。

为了实现积极研发和实现规模化经营，企业需要采取一系列措施。一是企业应加大对研发的投入，建立健全研发团队和研发体系；二是企业应与科研机构和高校进行合作，共享研发资源和技术成果；三是企业还需要加强市场调研，把握消费者需求，为产品的研发提供指导；四是企业应加强知识产权保护，提高自主创新能力，确保研发成果的转化和商业化。总之，积极研发是我国食药同源食品行业的关键策略之一。通过积极研发，企业可以提高产品的技术含量和创新能力，实现规模化经营，从而加强竞争力，推动行业的快速发展。在未来的发展中，我们期待看到更多企业积极投入研发，并实现规模化经营，为我国食药同源食品行业的创新和发展贡献更多力量。

（二）发挥自身优势，开拓国外市场

在我国食药同源食品行业的发展策略中，发挥自身优势，开拓国外市场是一个重要且必要的举措。

首先，我国食药同源食品具有丰富的资源和独特的传统文化，这些都是我们的优势所在。通过发挥这些优势，可以在国外市场上寻找新的商机。例如，可以利用国内闻名的中药材资源，开发出适合国外消费者的食药同源食品产品。同时，还可以将中国传统文化与产品相结合，打造出具有独特特色的品牌形象，吸引更多国外消费者的关注。

其次，在开拓国外市场时，需要注重市场调研和分析。了解各国市场的需求和消费习惯，可以帮助我们更好地定位产品，并制定适合当地市场的营销策略。同时，与国外企业建立合作关系也是一个有效的方式，通过与国外企业的

合作，可以借助在国外市场的渠道和资源快速推广和销售我们的食药同源食品。此外，还可以利用国际展会、推介会等平台，积极参与国际交流与合作，扩大国外市场的影响力。

最后，还需要加强技术研发和创新能力，在产品质量和功能性上做出突破。国外市场对产品质量和安全性有着较高的要求，因此需要在生产过程中严格控制质量，并加强食品安全管理。此外，在功能性方面，也需要加大研发力度，开发出更多具有预防调理作用的食药同源食品产品，以满足国外消费者的需求。

在市场开拓的过程中，品牌建设也是一个重要的环节。通过树立品牌意识，可以打造出可信赖和有竞争力的品牌形象，提高产品市场竞争力。可以通过品牌推广活动、广告宣传等方式，加强品牌影响力，吸引更多国外消费者选择和购买产品。

总之，发挥自身优势，开拓国外市场是我国药食同源食品行业的重要发展策略。通过加强市场调研，与国外企业合作，加大技术研发和创新能力，并注重品牌建设，可以开拓更广阔的国外市场，提升我国食药同源食品行业的竞争力和影响力，为其未来的发展提供有力的支持。

（三）树立品牌意识，打造品牌效应

在我国食药同源食品行业发展的过程中，树立品牌意识并打造品牌效应是非常重要的一步。品牌意识代表着企业对自身产品的价值和信誉的认同，而品牌效应则是通过良好的品牌形象和口碑带来的市场竞争力提升和销售增长。

首先，在树立品牌意识方面，企业应该明确自己的核心竞争力和独特价值，以此为基础构建品牌形象。这不仅包括产品的效果和功效，还包括产品的安全性、质量保障以及与消费者的沟通和互动。

其次，打造品牌效应需要进行有效的市场推广和宣传。企业可以通过广告、公关活动、媒体报道等多种方式提升品牌能见度和形象认知度。此外，与消费者的互动也是非常重要的，可以通过网络平台和社交媒体与消费者进行互动，解答他们的问题，获取他们的反馈和意见，进一步加深品牌与消费者的关系。

在打造品牌效应的过程中，企业还需要注重产品质量的控制和改进。只有产品质量过硬，才能从根本上赢得消费者的信任和忠诚度。因此，企业要严格把控原材料的选择和生产工艺，保证产品的质量和安全性。

最后，企业还可以通过合作伙伴关系来提升品牌效应。与有专业知识和资源的合作伙伴进行合作，可以共享资源、互补优势，提升品牌的竞争力和市场影响力。

通过树立品牌意识和打造品牌效应，食药同源食品企业可以走出国门，拓展国际市场。品牌的国际化是企业实现全球化发展的重要途径。企业可以通过参加国际性的展会和展览，与国外买家和经销商进行洽谈和合作，将食药同源食品推向国际市场。同时，在品牌国际化过程中，企业还要关注不同地区的食品安全标准和法规要求，确保产品可达到当地的法律法规标准。

综上所述，树立品牌意识并打造品牌效应对于食药同源食品行业的发展具有重要意义。企业应该明确自身的核心价值和优势，确立品牌形象，并通过市场推广和宣传、产品质量控制和改进、合作伙伴关系等方式提升品牌效应。通过这些努力，企业可以赢得消费者的信任和忠诚度，拓展国际市场，实现食药同源食品行业的持续创新和发展。

（四）市场流通体系和应用终端市场

尽管目前食药同源被普遍关注，但我国食药同源产业还处在起步阶段，有些问题亟待解决。按食品分类的食药同源的食品，不能标识和宣传任何的功能，也不能明确说明适宜的人群，给消费者的选购增加了难度；相应法律法规缺乏也成为食药同源食品产业持续发展的瓶颈。

食药同源功能性产品目前的市场流通主要依托现有的电商平台、直销渠道、线下渠道，每种市场流通体系均按照食品的类别。为了快速推动食药同源的市场发展，应建立食药同源的市场流通体系，形成食药同源的市场流通标准及市场的应用，搭建食药同源的电商平台、终端门店，让消费者更好、更便捷地购买。

五、食药同源功能食品市场未来

食药同源食品在我国具有广阔的发展空间，但也面临着一定的挑战。国家应明确“食药同源”食品的确切定义和相关标准，将传统中医理论与现代营养学相结合，传统食疗配方与现代食品工艺相结合，以普通食品形态为载体，生产出有效预防、控制甚至医疗慢病，调理亚健康状态的营养食品。同时，加强中药基础研究与人才培养，促进多学科的交叉，加强营养功能因子的研究以及加工关键技术的研发，使药食同源和中医、中药理论相一致。目前的中药材种植大多照搬农作物的高产模式，但药品中药材的研发积累不足以支撑一个高产模式，首要的是应该确保中药材的疗效而不是产量，提高中药材的质量，通过解析中药材生长发育的遗传特性，研究最适合生态环境和生长发育的种植模式。我们应该加大投入，加强技术研发，提高产品质量，加强与国外企业的合作，拓展国际市场，树立品牌意识，打造品牌效应。只有这样，我国药食同源食品行业才能实现创新发展，迎来更加美好的未来[7]。

参考文献

[1] 魔镜洞察．2024 年药食同源行业研究分析报告．https：//max. book118. com/html/2024/0915/6040000113010222. shtm.（2024－06）[2024－8－1]

[2] FDL 数食主张（ID：foodatalink）．药食同源目录再“扩编”，内卷下的新滋补赛道如何焕发新机．[EB/OL]．https：//zhuanlan. zhihu. com/p/675779514.（2024－01－03）[2024－8－1]

[3] 魔镜分析师团队．药食同源保健品滋补品行业分报告．微信（2022－10－17）[2024－8－1]

[4] 国内外展览资讯．大健康产业热潮下，药食同源如何发挥创新优势．知乎. https：//zhuanlan. zhihu. com/p/674640000.（2024－01－19）[2024－8－1]

[5] 王鹤松．2022 药食同源保健品/滋补品行业分析报告．知乎．https：//zhuanlan. zhihu. com/p/601466396.（2023－01－28）[2024－8－1]

[6] 余强，郑冰，聂少平，等．“食药同源”食品产业现状与发展趋势浅析 [J]. 中国食品学报，2023，23（09）：1－11.

[7] 知乎用户 wtBWXF. 药食同源的发展与未来．知乎．https：//zhuanlan. zhihu. com/p/161829875.（2020－07－20）[2024－8－1]

HB.14 海南自贸港食药同源资源与产业研究报告

陈小勇① 郑妙好② 陈嘉璐③ 刘禹杞④

摘　要：远古时代神农尝百草，人们已经有意识、有目的地寻求“食药同源”，其作为中国传统医药文化的重要组成部分，在国际上具有重要的地位和影响力。根据中医“食药同源”药食共用的理论，本报告收录29种海南地方特色鲜明、食药同源属性的动、植物资源，以古籍、现代文献的资料为基础，结合现代产业发展趋势进行阐述。对每一味材料的来源分布、性味归经、功效与主治、食养食疗和产业前景等方面做了详细的归纳和阐释。报告可以促进海南中医药健康旅游与药膳产业发展，推动海南道地药材的种植、养殖、品种保护、生产、加工、销售行业的发展，助力海南国际旅游消费中心建设及提档升级，为药膳产品开发等提供理论依据和实践参考。

关键词：食药同源；自贸港；产业前景

神农尝百草的传说，表明远古时代人们已经有意识、有目的地寻求“食药同源”“医食同源”。《淮南子》记载神农“尝百草之滋味，水泉之甘苦，令民知所辟就”。知辟就，就是懂得百草的基本性能，这也是“食药同源”的最早缘起。原始社会时期逐步区分食物、毒物和药物。奴隶社会逐渐形成烹饪技术，熬制成羹和汤液，研发出汤药和酒，进一步将酒运用于药物领域，丰富医药。且因酿酒业而衍生的醋、酱、豆豉、饴等，出现了世界最早的专职营养

---

① 陈小勇，中医学学士，三亚学院健康产业管理学院、健康医学院院长，研究方向：中医学临床与交叉学科研究、基于大数据分析赋能开展健康旅游、健康管理和智慧康养的应用基础研究。

② 郑妙好，公共卫生硕士，三亚学院健康医学院教师，研究方向：公共卫生、健康服务与管理。

③ 陈嘉璐，医学检验技术学士，三亚市中医院健康管理师，研究方向：医学检验、健康管理。

④ 刘禹杞，护理学本科，三亚健康管理协会行政秘书、三亚学院健康医学院临床教学秘书，研究方向：临床护理、健康管理。

师——食医。战国时期出现了中国第一部医学理论专著《黄帝内经》，它不仅奠定了食疗的理论基础，而且收录了食疗方剂；汉代的《神农本草经》是中国第一部药物学专著；医圣张仲景的《伤寒论》《金匮要略》记载了“猪肤汤”“当归生姜羊肉汤”等食疗方剂；唐代孙思邈的《备急千金要方》中专解“食治”篇，是现存最早的中医食疗专论，第一次全面系统地阐述了食疗、食药结合的理论；宋代的《太平圣惠方》的“食治论”记载了28种疾病的食疗方，《养老奉亲书》记述了老人饮食保健与治疗；元代忽思慧的《饮膳正要》是一部完整的营养学专著；明清时期，有关饮食保健的著作大量涌现，还出现了一些野菜类著作，扩大了食物来源。

一、食药同源之药膳的现代研究与产业开发

经过几千年的发展，药膳积累了数千种药物、植物、食物的药和食用知识，以及难以计数的药膳食疗效方。随着科技进步，药膳食疗研究者对古代药膳方的探讨、新药膳方的开发、药膳食疗的机理研究、单味药或食的食疗原理等进行了广泛的实验和临床研究。如“康宝饮料对高血脂大鼠模型血清甘油三酯、胆固醇和高密度脂蛋白的影响”“胎芝毓麟散治疗无排卵性不孕症”“生精茯麟餐治疗精子减少性不育”“白萝卜所含微量元素对人体的营养保健作用研究”“萝卜汤促进剖宫产术后肌门排气的临床效果观察”“四季康饼防治感冒”“全鳖冲剂治慢性肝炎”等课题，从不同角度进行了实验和临床观察[1]。对单味药膳原料大蒜、生姜、蜂产品、灵芝、花粉等也进行了深入的研究，为进一步的开发奠定基础。为了有组织、有计划地对药膳食疗进行研究，很多地方建立了专门的药膳食疗研究机构，使研究工作能够持续规范化地发展。2017年，三亚学院成立药膳食疗研究院，能够持续规范化地开展海南药膳食疗的研究工作。

药膳从理论走向临床，从书本走向应用，近数十年来日见兴盛。一些传统药膳产品一直被人们所喜爱，如茯苓饼、山楂片（糕、饼）、陈皮梅、绿豆糕及各种药酒。新开发的药膳保健产品也如雨后春笋般涌现，20世纪80—90年代即达数千种，常见有蜂产品系列、鳖产品系列、人参产品系列以及古汉养生精等。

药膳餐馆是药膳应用的另一形式。各药膳餐厅酒家的主流菜肴常见于传统

的药膳名方，并研发出各自的名点名膳。如开创较早的成都同仁堂药膳餐厅，有药膳食谱近百种，品种有冷盘、小吃、热菜、饮料、药酒五大类，且自创一批名牌药膳，如荷叶风脯、虫草汽锅鸡、参芪鸭条、杜仲腰花、六味牛肉脯、乾坤蒸狗等。目前，几乎全国各地均有各具特色的药膳酒家餐厅。受中医药膳的影响，世界其他地区和民族也极推重中医药膳，东南亚地区，如韩国、日本、马来西亚、新西兰、新加坡，以及中国的台湾、香港等均有各自名声不错的药膳饮食业。在欧美等发达国家，药膳也正在渗入[1-2]。

对于药膳应用的普及与推广，众多的期刊更是功不可没。《药膳食疗》与《东方食疗与保健》杂志是药膳食疗专刊，以众多的栏目，从理论研究、实验研究及临床应用等各方面向人们传播了大量的药膳食疗信息。《中国烹饪》《中国食品》《东方美食》《中国食品报》《中国中医药报》等报刊开辟了药膳食疗专栏介绍药膳知识，对增强人民体质、普及药膳食疗起到了非常重要的作用[1-3]。

科学技术的飞速发展为药膳产品的现代开发研究带来了生机与商机。同时，由于药膳食品能防病治病，增强体质，有利于健康，又能丰富饮食品种，为日常生活增加新的内容，因而受到人们的广泛喜爱，并对药膳产品的质量、品种有了更多的期求[2]。这些社会需求不断促使药膳食疗研究者采用新技术、新方法，改进产品质量，增加品种，尽可能地工业化生产。多种新技术的应用，使药膳由传统的菜肴饮食类、面点类、酒类，发展为新型饮料类、冲服剂类、胶囊类、浓缩剂类、罐头类、蜜饯类等。为了更有利于开发研究，各地均成立了药膳食疗的研究机构，对药膳的现代化展开了深入、有组织、多方合作的研究工作。有关这方面的工作也受到国外有识之士的高度重视，近年来，药膳食疗的多次国际研讨会开展了广泛的国际交流与合作。从人们对药膳食疗的喜好，从药膳食疗业的蓬勃兴起，特别是在“回归自然”的强烈呼声中，食药同源的药膳产品开发已经展现出光明美好的发展前景。

二、海南自贸港食药同源资源细分与产业发展趋势研究

（一）根茎类

1. 粉葛

粉葛是多年生落叶藤本，根肥大，茎枝被黄褐色短毛或杂有长硬毛。羽状

三出复叶，具长柄；托叶椭圆形，小托叶披针状长有毛。总状花序腋生，小苞片卵形，花萼钟状。荚果长椭圆形，扁平，长 10 ~ 12 厘米，宽 1 ~ 1.2 厘米，密被黄褐色长硬毛。种子肾形或圆形。花期为6—9 月，果期为 8—10 月。

（1）分布：海南省的儋州、临高、琼海、琼中均有种植。

（2）性味：甘、辛、凉。

（3）归经：入胃、脾经。

（4）食养食疗：解酒、戒酒、下火解热、治高血压、治妇女围绝经期诸症、调经养颜。

（5）产业：种植粉葛可充分利用旱地，以及田边、地头、边坡等边角空闲地。粉葛的病虫害比较少，一般不用施农药，是较理想的绿色食品。随着葛根的保健和药理功能被人们所熟知，国外对葛根产业开发的兴趣也越来越浓厚，除日本、东南亚地区的一些国家外，葛根也受到了欧美一些国家的青睐。在功能性食品、饮料的应用上有着广阔的市场前景[3]。目前，海南粉葛产业尚处在起步阶段，没有形成大规模、集成化的原料种植、产品加工、物流仓储等产业规模，需要通过政府农业、林业、市场监督等部门，以及龙头企业等加大支持该产业发展的力度。充分利用海南气候、环境、资源优势和国际自贸港的市场前景，扩大消费群体和消费量，开拓市场，成为海南食药同源产业发展新的增长点。

2. 高良姜

高良姜为多年生草本，株高 40 ~ 110 厘米。具根状茎，根茎圆柱状，横走，棕红色或紫红色，有节，节处具环形膜质鳞片，节上生根。茎丛生，直立。花期为 4—10 月。

（1）分布：主产于广东、广西、海南、云南和台湾等地。海南省的陵水、儋州、屯昌等地均有种植。

（2）性味：辛，温。

（3）归经：归脾，胃经。

（4）食养食疗：高良姜香附茶、高良姜鸡肉汤、高良姜煮粥、高良姜大枣饮。

（5）产业：高良姜种植历史悠久，据史料记载，北宋时期，徐闻所出产的高良姜就是朝廷贡品。高良姜气味芬芳馥郁，有温中散寒、止痛消食等功效，北宋皇室曾将其用于制作香料和驱蚊虫药及消食汤品。自北宋至明清，高良姜被列为官营产品，禁止商贾走私。中华人民共和国成立以来，至20世纪90年代中期，高良姜一直由国家统一收购，出口至日本、东南亚、中东、非洲等国家和地区[4]。

高良姜除在医疗配方用药和生产中成药做原料的应用外，大量被用作增香调味品使用。然而，海南省的高良姜种植规模较小，产业还未形成规模，因此，应结合海南地方特色，探索“企业+基地+农户”经营模式，密切产研合作，建设高良姜加工基地，研究和开发高良姜中成药产品、中间原料、保健食品和日用品等，增加高良姜产业附加值，加快高良姜规模化、产业化、专业化和现代化建设的步伐。

3. 山药

山药是草质藤本植物，块茎为长圆柱形，可长达1米多，断面为白色。茎通常带紫红色，右旋，无毛。单叶，在茎以下部分的叶子呈互生状态，中部以上的呈对生状态，很少有3叶轮生；叶片或为卵状宽卵形或戟形，长3~9厘米，宽2~7厘米，顶端渐尖，基部为深心形、宽心形或近戟形，边缘常3浅裂至3深裂，中裂片呈卵状椭圆形和披针形，侧裂片耳状，圆形、近方形和长圆形，叶腋内常有珠芽。花期为6—9月，果期为7—11月。

（1）分布：分布于中国东北、华北、华中、东南和西南地区，在朝鲜半岛、日本也有种植[4-5]。海南省海口、澄迈均有种植，云龙山药是海口云龙镇的特色农产品。

（2）性味：味甘，性平。

（3）归经：归脾、肺、肾经。

（4）食养食疗：山药百合大枣粥、山药扁豆粥、山药羊肉粥、桂圆山药糕等。

（5）产业：经过30多年的发展，云龙淮山山药种植面积达6000亩以上，亩均产5000斤左右，年总产量在3000万斤以上，发展山药种植已经给海南带来丰富的经济效益。然而，山药效益高，成本也高，其中农机具、灌溉设备等一次性投入大，发展中的许多技术难题没有得到解决，导致山药现代化、标准化的进程变慢，限制了山药的发展。

（二）茎木类

1. 铁皮石斛

铁皮石斛为兰科草本附生植物，茎为圆柱形，全长为9~35厘米，直立，直径为 2～4 厘米，茎部多节但不分枝；节间长出 3～5 枚叶，叶片长圆状披针形，叶鞘含有紫色斑点，叶缘与中脉呈淡紫色。花期为 4—6 月。

（1）分布：主产于浙江、安徽、福建、广西、四川、云南等地，在海南省主要分布在海口市、琼海市、定安县、屯昌县、临高县等地[5]。

（2）性味：味甘，性微寒。

（3）归经：入胃、肾经。

（4）食养食疗：吞服或煎服、鲜榨汁、浸酒、泡茶、石斛粥、磨粉、石斛百合饮、石斛五汁饮、麦冬石斛乌梅饮。

（5）产业：野生铁皮石斛资源破坏严重，对生长环境要求十分严格，产量急剧下降，现已被列为国家二级濒危保护植物[6]。近年来，我国铁皮石斛的人工种植技术不断提高，其组织培养与育种技术取得相应进展，使得种植面积以及产值逐年增加，产业链初具规模。海南具有优越的自然条件，因此，作为绿色、健康、经济效益可观的农业，铁皮石斛的种植将有广阔的发展前景[7]。基于国家对野生资源和生态环境的保护，铁皮石斛的种植将会越来越被重视，蕴藏着巨大的潜力。下一步，铁皮石斛加工技术朝精加工方向发展，以开发更多的经济价值，增强产业抗风险的能力。

（三）叶类

1. 荷叶

荷花为睡莲科多年生具根茎的水生植物，地下茎长而肥厚，有长节，叶盾圆形。花期 6—9 月，单生于花梗顶端，花瓣多数，嵌生在花托穴内，有红、粉红、白、紫等色，或有彩纹、镶边。水温不能低于 5℃，生长期要求充足的阳光，需在水深 50～80 厘米流速小的浅水中生长。

（1）分布：原产于亚洲热带和温带地区。在我国主产于湖北、浙江、江苏等省，海南省主要种植地为海口、文昌、三亚等地市。

（2）性味：苦甘，性平。

（3）归经：归肝、脾、胃经。

（4）食养食疗：荷叶粉蒸鸡、荷叶茶（粥）、荷叶二花粥、银陈绿豆粥、莲子芡实荷叶粥、山楂荷叶汤。

（5）产业：海南省有大、中、小型水库和水塘约 2448 个，适合栽植荷花。荷叶除了含有碳水化合物、脂质、柠檬酸、苹果酸、葡萄糖酸、蛋白质等化学成分外，还含有黄酮和生物碱等多种活性物质，纯天然、零污染、零添加、零残留的原生态荷叶茶，不仅变废为宝，节约资源，改善环境，还能有助于人体健康，有效增加当地居民收入，延伸产业链条，助推农业产业结构转型升级[8]。

2. 桑叶

桑树为落叶灌木或小乔木，高 3～15 米。树皮灰黄色或黄褐色，浅纵裂，幼枝有毛。叶互生，卵形至阔卵形，长 6～15 厘米，宽 4～12 厘米。先端尖或钝，基部圆形或近心形，边缘有粗齿，上面无毛，有光泽，下面绿色，脉上有疏毛，脉腋间有毛；叶柄长 1～2.5 厘米。雌雄异株，葇荑花序腋生；雄花序早落；雌花序长 1～2 厘米，花柱不明显或无柱头。

（1）分布：主产于中国中部和北部地区，以长江中下游地区分布最广。海南省主要分布在琼中、五指山、昌江、儋州、屯昌、定安、临高等地区。

（2）性味：味苦、甘，寒。

（3）归经：归肺、肝经。

（4）食养食疗：桑菊茶、桑叶枇杷粥、银花桑杏茶、柿桑菊花茶、桑叶薄荷饮、桑杏饮、炸桑叶、桑叶猪肝汤。

（5）产业：目前，海南省桑树产业主要发展桑蚕生产，模式较为单一。海南省气候适宜栽桑养蚕，且桑树终年生长不休眠，产叶时间达 11 个月以上，养蚕可以全年不间断滚动进行。借鉴国外桑树产业的发展模式，是实现弯道超车的办法。一是可发展畜禽饲料，二是食品应用及美容养生，三是发展蚕桑丝绸事业[9]。发展海南省畜禽饲料、食品应用及美容养生，创建茧、丝、绸品牌，逐步把海南省打造成为桑蚕业强省，促进海南省生态旅游的建设，支持琼中蚕种场建设，推动海南省桑蚕产业发展，加强桑蚕产业科技支撑能力建设，促进桑蚕产业科技创新。建立蚕桑安全生产保障体系，增强蚕业重大疾病防控能力。

（四）花类

1. 丁香

丁香是一种常绿乔木，高 10～12 米，树皮灰白光滑。叶对生，叶片长方卵形或长方倒卵形，革质，长 5～10 厘米，宽 2.5～5 厘米，先端渐尖或急尖，基部狭窄常下展成柄，全缘。花为红色，聚伞花序，花蕾初起白色，后转为绿色，花萼和花瓣各4个，当花长到1.5～2厘米时转为红色。丁香每年有2次花期，即当年12月至次年2月，次年的4—6月。

（1）分布：原产于印度尼西亚，主要出产丁香的国家有印度尼西亚、坦桑尼亚、马达加斯加、印度、巴基斯坦、斯里兰卡。我国广东、广西、云南、海南也有大面积种植。海南主要在万宁、陵水、保亭、屯昌、琼中等地区种植[10]。

（2）性味：辛，温。

（3）归经：入胃、脾、肾经。

（4）食养食疗：可与柿蒂、人参、生姜、肉桂、干姜等配伍。顺气汤、红豆丸、丁香茯苓汤、丁香散、丁香柿蒂汤。

（5）产业：坦桑尼亚作为世界上最大的丁香出口国，2020年丁香出口额为1760万美元，出口量为3700吨[8-10]。丁香是一种具有观赏性和经济性双重价值的植物，海南省适当增加丁香树的种植面积，利用国际自由贸易港的优惠政策，实现丁香的出口创汇，未来在国际市场上占有一席之地，指日可待。

2. 菊花

菊花为多年生草本，高60～150厘米。茎直立，分枝或不分枝，被柔毛。叶互生，有短柄，叶片卵形至披针形，长5～15厘米，羽状浅裂或半裂，基部楔形，叶下面被白色短柔毛，边缘有粗大锯齿或深裂，基部楔形，有柄。头状花序单生或数个集生于茎枝顶端，大小不一；因品种不同，而有不同差别。花期为9—11月。

（1）分布：主产于北京、南京、上海、杭州、武汉、成都、西安、沈阳和广州等市。在海南主要种植于海口、东方、文昌、定安、五指山等市县[11]。

（2）性味：甘、苦，微寒。

（3）归经：归肺、肝经。

（4）食养食疗：菊花泡茶、菊花枸杞无糖饼干、菊花洛神花复合果酱、菊花延龄膏、决明子菊花粥、乌贼菊花汤。

（5）产业：目前，市场上的菊花产品大都存在加工技术含量低、品种单一、产品附加值较低等问题。近年来，虽然在提高菊花的附加值方面，取得了一些进展，但在菊花药用、食疗观赏等方面仍有广阔的市场前景和发展空间。如成立菊花专业合作社，获得建设大棚、冷藏库、食堂等前期基础设施的政府补贴，通过大面积有计划种植、销售，带动当地农民致富。当前，海南东方菊花持续在国际市场走俏，陆续向日本、韩国、俄罗斯、美国等国出口鲜切菊花3000万枝，出口量占全国同类产品出口总量的“半壁江山”，销售收入达到8000万余元，成为全国最大的菊花出口基地。花卉产业成为当地新兴起的特色农业产业，开创了农业增效、农民增收的新路子[12]。

3. 玫瑰花

玫瑰为直立灌木，高可达2米；茎粗壮，丛生；小枝密被茸毛，有直立或弯曲、淡黄色的皮刺，皮刺外被茸毛。小叶5～9片，叶片椭圆形或椭圆状倒卵形，长1.5～4.5厘米，宽1～2.5厘米，先端急尖或圆钝，基部圆形或宽楔形，边缘有尖锐锯齿，上面深绿色，无毛，叶脉下陷，有褶皱，下面灰绿色，中脉突起，网脉明显，密被绒毛和腺毛，有时腺毛不明显；叶柄和叶轴密被柔毛和腺毛；托叶大部贴生于叶柄，离生部分卵形，边缘有带腺锯齿，下面被柔毛。花期为5—6月，果期为8—9月。

（1）分布：主产于无锡、江阴、苏州、吴县、湖州、长兴等地。海南三亚市有大面积种植。

（2）性味：甘、微苦，温。

（3）归经：归肝、脾经。

（4）食养食疗：玫瑰糖（糕、酒、粥）、大枣玫瑰茶、白玫瑰茶、金银玫瑰茶、丹参杞玫瑰茶、桂圆玫瑰茶等。

（5）产业：玫瑰花在我国有很大的市场价值，主要表现在它的观赏价值和使用价值。玫瑰花作为观赏类花卉在花卉市场中极为常见；其作为药材具有美容养颜、调理肠胃的作用，不但用于治疗疾病，而且在食疗、药茶等领域均有较多应用。如以玫瑰为原料制作的玫瑰膏、玫瑰酒、玫瑰糖、玫瑰精油等，在国内外均有大量销售。

4. 薄荷

薄荷为多年生草本，高30～80厘米。茎四棱形，被逆生的长柔毛及腺点。单叶对生；叶柄长2～15厘米，密被白色短柔毛；叶片长卵形至椭圆状披针形，长3～7厘米，先端锐尖，基部阔楔形，边缘具细尖锯齿，密生缘毛，上面被白色短柔毛，下面被柔毛及腺点。花期为8—10月，果期为9—11月。

（1）分布：广泛分布于北半球的温带地区，如俄罗斯、朝鲜、日本及中美洲和北美洲。中国主要分布在华北、华东、华南、华中及西南各地，江苏、安徽为地产区。海南澄迈有大面积种植。

（2）性味：辛，凉。

（3）归经：归肺、肝经。

（4）食养食疗：薄荷甜桃、薄荷糖、薄荷酒、鲜薄荷鲫鱼汤、薄荷糕。

（5）产业：在中国，薄荷的需求主要是薄荷精油、薄荷花茶和薄荷制药。薄荷精油以其亲民的价格，多面向国外出口。近几年，薄荷花茶的消费量也在不断地提升，很多畅销花茶品牌均有薄荷的相关产品，薄荷的良好的口感和确切的效果也逐渐被越来越多的年轻消费者喜爱。因此，薄荷类茶产品的开发具有广阔的市场前景。自古以来，薄荷用于日常生活保健，例如：薄荷主要用于提取薄荷脑，可用于制作糖果、饮料、牙膏、牙粉以及皮肤黏膜局部镇痛剂的制作；提取薄荷脑后的油叫薄荷素油，也可用于牙膏、牙粉、漱口剂、喷雾香精及医疗领域等。晒干的薄荷茎叶也常制作食品、饮料及矫味剂[13]。此外，也可把薄荷作为一种家庭盆栽进行种植。海南省有悠久的薄荷种植历史，目前主要以初级农产品的形式推向市场，其薄荷深加工产品极少。薄荷生产属于地方特色农业，需要政府协调、科技扶持、规模经营协同发展。

5. 小茴香

茴香属于多年生草本植物，高 0.4～2 米。香气浓郁，茎直立，表皮光滑，颜色为灰绿色或苍白色；上部分枝开展呈伞状，茎生叶互生，叶柄呈鞘状，叶片轮廓为阔三角形；花序梗长度达 25 厘米，伞辐为 6～30 厘米，各个伞辐长 1.5～10 厘米，小伞形花序有花 14～30 朵，特征为花小、无萼齿，花瓣黄色；果实外形呈细圆柱形，两端略尖，背面隆起，有五条纵直棱线，有纵沟纹，果实长 4～8 厘米、直径 1.5～2.5 厘米，表面黄绿色，直至果实成熟时为棕色。花期为 5—6 月，果期为 7—9 月。

（1）分布：主产于地中海地区，中国主产于内蒙古、山西、黑龙江等地[14]。茴香多生长于土壤疏松肥厚、温暖潮湿、光线充足的地方，因此可在海南省大面积种植。

（2）性味：辛，温。

（3）归经：归肝、肾、膀胱、胃经。

（4）食养食疗：五香粉、茴香汤（茶、丸）、小茴枳壳散、导气汤。

（5）产业：海南省茴香仅零散种植，没有形成规模，导致市售茴香价格偏高。但从另一个角度看，茴香种植在海南有很大的市场发展潜力。可发展茴香套种的种植方式，能优化种植结构，改善土壤环境适合进行大面积种植。同时，茴香具有较高的经济效益。从食用价值上来看，鲜嫩的茴香茎叶可用于食品调味料，茴香籽气味芳香浓烈，作为优良的香料更是在烹饪中占有重要地位。在药用价值上，茴香具有抗菌镇痛、改善胃肠功能等功效。

6. 马齿苋

马齿苋为一年生肉质草本植物，全长 20 ~ 35 厘米，全草皱缩卷曲成团，光滑无毛，多分枝生长，茎圆形，常呈紫色或棕褐色。叶椭圆形呈绿色，叶互生或对生；叶柄粗短，叶片微扁肉质肥厚，呈倒卵形或匙形，长 1 ~ 3 厘米，宽0. 4 ~ 1. 5 厘米，顶端钝圆或平截，基部宽楔形全缘，上面深绿色，下面淡绿色或暗淡红色。花期为 6—8 月，果期为 7—9 月[15]。

（1）分布：原产于南亚印度，生长繁殖能力强，在东欧、中欧、巴西、阿根廷、阿拉伯等地区和国家为野生型，在北欧及美国以栽培种为主。在海南沿海滩涂地区分布也十分广泛，常见于荒山野地、路边、田野、菜园等地，多为野生。

（2）性味：酸，寒。

（3）归经：入肝、大肠经。

（4）食养食疗：马齿苋粥、黄花菜马齿苋饮、马齿苋黄柏汤、马齿苋炒肉丝、马齿苋车前茶、马齿苋槟榔茶、鸡卵马齿苋汤、马齿苋鸡片汤。

（5）产业：在越来越崇尚天然食品的今天，马齿苋以其纯天然、无公害、富营养并具有保健功能的特点而备受青睐。除了药用价值外，马齿苋还作为一种野菜出现在海南的餐桌上，是农村地区常见和常食用的野菜。从种植角度来讲，马齿苋分布广，易栽培，不需要过多的人工施肥管理，因此被称为“野生绿色蔬菜保健珍品”。由于马齿苋可广泛应用于食品、医疗保健、护肤品等行业中，其产业链、经济链已初步形成，随着市场需求的不断增加，未来海南马齿苋的种植收益很可能迎来新高度。

（五）果实种子类

1. 莱菔子

莱菔为一年生或二年生直立草本，高可达 1 米。根肥厚，肉质，大小、色泽、形状不一。茎粗壮，具纵纹及沟，有分枝，稍具白霜。根生叶丛生，呈琴形羽状分裂，长达30厘米，疏生粗毛；茎下部叶琴形羽状分裂，长12~24厘米，顶端裂片最大，先端钝，两侧裂片4~6对，沿叶轴对生或互生，三角状卵形，愈向下裂片越小，先端锐，边缘钝齿状或牙齿状；茎上部的叶渐小，叶片矩圆形，长3~5厘米，宽1~1.5厘米，先端短尖，边缘有浅锯齿或近于全缘；基部具短柄或近无柄。花期为3—6月，果期为5—8月。

（1）分布：原产中国，全国各地均有栽培。

（2）性味：辛、甘，平。

（3）归经：归肺、脾、胃经。

（4）产业：莱菔作为一种常见的蔬菜，其籽油作为食用油可用于煎、炒、炸、凉拌等，尤其擅长于鱼、肉的烹饪，能最大限度地体现食物的鲜味。目前市场上已经形成莱菔子油产业，发展前景良好。莱菔子油作为工业用油，其所含的油酸和维生素E均具有抗氧化作用，可广泛应用于化妆品中。此外，还可用于柴油、纺织、医药等领域，开发出一系列优良的衍生产品。

2. 黑胡椒

胡椒作为攀缘状藤本植物，高度可长达5米。具有显著膨大的节，常有根须生长，根系较浅。叶柄有长达1~2厘米；叶片互生，厚革质，阔卵形或卵状长圆形，长度可达9~15厘米，宽5~9厘米，先端短尖，基部圆，常稍偏斜，叶脉5~7条，最上1对离基1.5~3.5厘米从中脉发出，其余为基出。花期为6—10月。

（1）分布：原产于印度，如今主要种植于热带地区，中国主产于海南、云南和广东等省份，其中海南主要分布于海口、文昌、琼海、万宁、定安县和屯昌县等地。

（2）性味：味辛，性热。

（3）归经：本品归胃、大肠、肝经。

（4）产业：2000年前后，海南的胡椒种植业已发展成为继橡胶业之后的第二大热带经济作物产业。海南胡椒引种于1951年，历经几十年的发展，胡椒生产已有一定的规模。种植经济价值高，树体各部分都有广泛的用途。果实可加工成黑胡椒、白胡椒等产品；胡椒穗和胡椒尾中胡椒碱含量较高，适合进行综合利用。长期以来，国内胡椒的生产滞后于科研，导致生产技术落后、单产低、市场长期存在供不应求的局面，出口量较少。近年来，海南省政府加大对胡椒科研和推广的扶持力度，产生了一大批科技成果，并逐渐应用到生产，胡椒产业前景极为广阔。从近几年世界胡椒的进出口贸易情况来看，海南胡椒在国际市场上的进出口量有所增大，在国际贸易中占有越来越重要的地位[16]。胡椒文化的发掘和培育应顺应时代发展，通过围绕胡椒生态农业生产与旅游、饮食与健康，建设和完善产业经营文化与产品文化的结构、内涵，提高产品的附加值，来拓宽市场。

3. 赤小豆

赤小豆为一年生半攀缘草本。茎长可达1.8米；叶柄长8～16厘米；托叶披针形或卵状披针形；小叶3枚，披针形、长圆状披针形，长6～10厘米，宽2～6厘米，先端渐尖，基部阔三角形或近圆形，全缘或具3浅裂，两面均无毛，纸质；小叶具柄，脉3出。花期为5—8月，果期为8—9月。

（1）分布：主产于浙江、江西、湖南、广东、广西、贵州、云南等地，海南以干湿分明，光照充足地区种植较多。

（2）性味：甘、酸，平，微寒，无毒。

（3）归经：本品心、小肠、脾经。

（4）产业：赤小豆作为豆科植物，有着较强的固氮能力，可减少化肥尤其是氮肥用量的作物之一，常与蔬菜、果树间作，其生态利用价值较高，不仅可以促进植物的绿色栽培，而且有利于增加经济效益。赤小豆是海南特色冷饮“清补凉”的一味材料，其在饮料市场有广泛的应用前景。赤小豆无论药用价值还是市场价值都有广阔的市场，值得开发。

4. 芥子

芥子一年生草本，高50～150厘米。无毛，有时具刺毛，常带粉霜。茎有分枝。基生叶叶柄有小裂片；叶片宽卵形至倒卵形，长15～35厘米，宽5～17厘米，先端圆钝，不分裂或大头羽裂，边缘有缺刻钝，不分裂或大头羽裂，边缘有缺刻或齿牙；下部叶较小，边缘有缺刻，有时具圆钝锯齿，不抱茎；上部叶窄披针形至条形，具不明显疏齿或全缘。花期为4—5月，果期为5—6月。

（1）分布：中国普遍种植，以河南、安徽产量最大，海南各地均有种植。

（2）性味：辛，温。

（3）归经：入肺、胃、手太阴经。

（4）食养食疗：芥子油（敷、膏、酒）、芥子蜜丸、煎芥子、生姜芥子茶。

（5）产业：市面上常见的产品有作调料用途的食用芥子油、芥子精油等。

虽然芥菜在海南广泛种植，但芥子相关产品的开发在海南还未成规模。芥菜种植要求不高，如果利用现代农业技术和成熟的种植技巧在田地批量栽培，培育优质的芥菜，经过二次加工处理，或作为药材或作为食材投入市场，将给海南功能性食品消费市场带来巨大的经济效益。

5. 决明子

决明子一年生半灌木状草本，高 0.5 ~2 米。上部分枝多。叶互生，羽状复叶；叶柄长 2 ~3 厘米；小叶 3 对，叶片倒卵形或倒卵状长圆形，长 2 ~6 厘米，宽 1.5 ~3.5 厘米，先端圆形，基部楔形，稍偏斜，下面及边缘有柔毛，最下 1 对小叶间有 1 条形腺体，或下面 2 对小叶间各有一腺体。花期为 6—8 月，果期为 8—10 月。

（1）分布：在我国主产于安徽、广西、四川、浙江、广东等地。决明子在海南以野生为主，暂未形成规模种植。

（2）性味：味甘、苦、咸，性寒。

（3）归经：归肝、肾、大肠经。

（4）食养食疗：决明子绿茶、菊花决明子粥。

（5）产业：虽然现阶段决明子人工种植技术已经相对成熟，但其仍存在种植风险。例如技术风险：决明子消耗地力严重，不宜连种，连种可导致产量激减；病虫害。因此，应根据决明子的生活习性，围绕“种子发育程度、温度、水、土地肥力、病虫害”五个方面，通过大棚技术调节室内光照和温度，结合科学的防治管理，将极大地提高决明子的质量与产量。中国决明子产业发展迅速，种植面积以及产量逐年增加，产业链初具规模。海南具有优越的自然条件，出产的决明子颗粒饱满，具有极高的营养价值。通过充分挖掘决明子的经济价值和药用价值，朝精加工方向发展，将决明子种植作为绿色、健康、经济效益可观的农业产业，具有广阔的发展前景。

6. 莲子

莲子又称莲实、莲米、水之丹，是睡莲的成熟种子，它生在小巧玲珑的莲蓬之中，因为外壳坚硬，古人称其为石莲子。莲为多年生水生草本。根茎横生，肥厚，节间膨大，内有多数纵行通气孔洞，外生须状不定根。花期为 6—8 月，果期为 8—10 月。

（1）分布：俄罗斯、朝鲜、日本、印度、越南和大洋洲均有分布，中国普遍有种植，主产地有广昌、建宁、石城、龙游、湘潭等地。海南莲多为野生，广泛分布在全省的湖泊和池塘中，但海南省少有种植。

（2）性味：甘、涩，平。

（3）归经：归脾、肾、心经。

（4）食养食疗：莲子粥、冰糖莲子、莲子龙眼羹、大枣莲子粥、蛋黄莲子羹、莲子茯苓糕。

（5）产业：海南莲多为野生型，其莲子为天然的有机食品，这是海南独有的物质条件。中国是世界上主要莲子产出国，生产的莲子具有颗粒滚圆、肉色晶莹、肉质细腻、清香可口、营养丰富、久煮不碎、落口消融等优点而驰名中外。以湘莲为代表的莲子产品，在营销市场中具有绝对优势。随着科学技术的不断发展，未来的莲子产业将以加强科技研究、组织技术攻关为主要发展方向，在增产、增值的前提下，对海南莲子进行合理的开发利用。

7. 龙眼肉

龙眼树为常绿乔木，高度通常可达 10 余米。小枝粗壮，有微柔毛覆盖，其上散生有苍白色的皮孔。叶为薄革质，长圆状椭圆形至长圆状披针形，叶两侧多不对称，连柄有 15 ~ 30 厘米。以顶生或近枝顶腋生花序为主，多分枝。花期为 3—4 月，果期为 7—9 月。

（1）分布：在中国西南部至东南部栽培很广，其中以福建最负盛名，广东次之，云南及广东、广西南部也见于野生或半野生于疏林中。在海南主要分布在定安、屯昌、文昌等县。

（2）性味：甘，温。

（3）归经：归心、脾经。

（4）食养食疗：龙眼姜枣饮、龙眼肉蒸鸡蛋、葡萄酒浸龙眼肉、龙眼大枣蒸鸭、龙眼粥、当归龙眼炖羊肉、龙眼肉蒸鸡蛋、姜枣龙眼。

（5）产业：近年来，随着市场经济的发展，龙眼的经济效益迅速提高。龙眼肉中所含有的水分及其营养物质，如糖、蛋白质、维生素等是微生物天然的优质培养基，而龙眼肉经过炮制后有利于龙眼果实中水分降低到一定限度，使其可溶性物质提高到难以被微生物利用的程度，使其酶的活性受到抑制，达到长时间的保存的效果。可见，经过炮制的龙眼肉相较于未经炮制的龙眼肉在药食市场上发展前景更甚[17]。长期以来，海南龙眼产业面积大幅回落，品种单一、生产管理粗放、科技制成薄弱等突出问题，导致产业持续在低谷徘徊，龙眼产业面临考验。龙眼产业的发展要以问题为导向，明确目标，找准定位。

以实施精品战略、稳定现有面积为出发点，以依靠科技改造低产果园、优化品种结构、提高果品品质为关键点，以积极培育产业链、拓宽流通渠道、提高经济效益为根本点。在“一带一路”倡议下，通过中国—东盟自由贸易区加大开放合作，在龙眼产业中重点塑造和培育一批带动力强并具有市场竞争优势的品牌和龙头企业，使其在龙眼产业标准化、国际化方面发挥突出作用，提高国际竞争力和影响力。

8. 木瓜

木瓜树为落叶灌木，高约2米。枝条直立开展，有刺；小枝圆柱形，微屈曲，无毛，紫褐色或黑褐色，有疏生浅褐色皮孔。叶片卵形至椭圆形，稀长椭圆形，长3~9厘米，宽1.5~5厘米，基部楔形至宽楔形，边缘有尖锐锯齿，齿尖开展，无毛或下面沿叶脉有短柔毛；叶柄长约1厘米；托叶大形，草质，肾形或半圆形，边缘有尖锐重锯齿，无毛。花期为3—5月，果期为9—10月。

（1）分布：在我国主产于海南、山东、陕西、湖北、江西、江苏、浙江、福建、广东、广西、云南、台湾，其中海南全境均有种植，以陵水、昌江、乐东等土壤深厚肥沃的地区为主产区。

（2）性味：酸，温。

（3）归经：归肝、脾、肾经。

（4）食养食疗：木瓜粥、木瓜牛奶、除湿利水茶、木瓜炖雪蛤、木瓜丸、木瓜汤。

（5）产业：随着木瓜的持续开发和利用，木瓜的经济价值显得尤为重要。应根据木瓜的不同特性，结合投资方向有侧重地进行种植。通过科学合理的种植，获取较高的经济收益。美容美妆、绿色食品也是人们关注的重点，结合木瓜的食用和药用价值，分别加工成木瓜原汁、饮料、、罐头、果酱、果冻、果酸、果酒及风味菜等多种食品，木瓜饮片、冲剂、蛋白酶、降脂、降糖茶和木瓜食用纤维素等保健品，木瓜洗面奶、护肤霜等美容产品。在绿化环境方面，可作为绿化树种，其生态效益也十分明显。综上所述，木瓜产业具有良好的发展前景。

9. 胖大海

胖大海树为落叶乔木，高30~40米。树皮粗糙有条纹。单叶互生，叶片革质，卵圆或椭圆披针形，3裂，中裂片较长，两侧裂片的长约为中裂片的1/2，或稍长，先端钝或锐尖，基部圆形或近截形，全缘或微波状，上面绿色，光滑无毛，下面灰绿色，叶柄 5 ~ 15 厘米，粗壮。花期为 3 月，果期为 4—6 月。

（1）分布：原产于越南、印度、马来西亚、泰国、印度尼西亚等国家。中国广东、海南、广西、云南等省已引种栽培，海南主要以万宁、保亭、屯昌、儋州等地区为主[18-19]。

（2）性味：甘、淡，寒。

（3）归经：归肺经、大肠经。

（4）食养食疗：胖大海蜂蜜饮、胖大海柿霜、胖大海解暑凉茶。

（5）产业：胖大海具有很强的药用价值，也有较高的食用价值，如以胖大海、凉粉草为原料制成的胖大海凉粉[19]，以胖大海为主料，甘草、绿茶等为辅料经科学伍配和特殊的工艺流程制成的特色凉茶。由此可见，胖大海无论从药用还是从食用角度均有很大的价值与广阔的市场前景。但是由于海南省胖大海的产量不足，其价格较高，所以扩大胖大海种植，提高产量是当务之急。

10. 桑葚

桑树为落叶灌木或小乔木，成熟后高 3 ~ 15 米。树皮灰褐色，叶互生，卵圆形，桑葚呈椭圆形，长 1 ~ 3 厘米，直径 0.5 ~ 1.8 厘米，表面不光滑，由 30 ~ 60 个小果聚集而成，小果呈圆形微扁，长 2 ~ 5 毫米，外有 4 枚肉质苞片。桑葚初期未熟时为绿色，中期微熟时为红色、稍有白色，后期成熟为黑紫色或紫红色。

（1）分布：分布在世界各地，特别是热带的中部和南美洲。在中国分布广泛，主产于四川、湖南、江苏、河北、浙江等地，海南的海口、文昌、澄迈、琼中、儋州等地区有大面积种植。

（2）性味：甘、酸，寒。

（3）归经：归肝、肾经。

（4）食养食疗：桑葚白术汤、桑葚子嚼食方、桑葚粥（饮、酒）。

（5）产业：桑葚在现代医学、食品学等行业中的发展广受大众喜爱，因此食药同源的桑葚食品发展前景会更广阔。从桑葚栽培技术与经济效益来看，桑葚耐旱耐涝，对环境的适应能力较强，桑葚运输、储存成本相对较高，作为新鲜食用的水果，其销售可带来较大的经济效益。桑葚既是人类的食物资源，又是生产保健品和药品的重要资源。结合中国丰富的桑葚资源，将其转化为优势经济产业，具有好的发展前景[20]。虽然桑葚加工技术不断创新，产品种类日益增多，但桑葚产业发展依然存在问题。应加强对桑葚功能成分和防病机理的深入研究，提高其在保健食品中应用的价值；配套桑葚深加工体系，逐步从初级农产品向精深加工产品调整，提高其产品附加值；不断完善桑葚资源产业链，共同推进桑葚资源的开发利用[21]。

11. 砂仁

砂仁株高可达 3 米，茎散生；根茎匍匐地面，中部叶片长披针形，上部叶片线形，顶端尾尖，两面光滑无毛，叶舌半圆形，穗状花序椭圆形，总花梗被褐色短绒毛；鳞片膜质，椭圆形，苞片披针形，膜质；小苞片管状，花萼顶端具三浅齿，白色，裂片倒卵状长圆形，唇瓣圆匙形，白色，子房被白色柔毛。蒴果椭圆形，成熟时紫红色，干后褐色，种子多角形，有浓郁的香气，味苦凉。花期为 5—6 月，果期为 8—9 月。

（1）分布：我国广东、广西、云南等地，为多年生草本。广东阳春为中国砂仁的主产区，后引种到周边县市及广西、云南、福建等地。海南主要在澄迈、儋州、三亚、乐东等地有产。

（2）性味：辛，温。

（3）归经：归脾、胃、肾经[22]。

（4）食养食疗：缩砂饮（酒、散）治痰气膈胀、香砂六君子汤、缩砂仁丸、缩砂散。

（5）产业：砂仁可做香料使用，具有极大市场潜力。但由于中国的砂仁大部分为国外进口，本土市场缺口较大，且砂仁生长周期长，3～5 年才能开花结果，盛果期为 6～12 年，老化期为 13～20 年，同时，砂仁对气候条件要求苛刻，导致砂仁价格相对较高。

春砂仁功效独特，产量少，库存难以建立，刚性需求旺盛，成为市场青睐的上好品种。由于药厂要求严格，国外砂仁有效成分含量低，具有无可替代性，因此可以预计，正品的优质春砂仁行情坚挺[23]。进口砂仁价格低廉，相关企业在改用进口砂仁代替部分国产砂仁的用量。但近两年飞行检查频次高，进口砂仁品种较劣，质量较差，限制其用量，而国产砂仁两三年内产量难以恢复，在合适的条件下，扩大种植规模，有再创历史新高的可能。

12. 乌梅

乌梅树为落叶小乔木，高可达 10 米。树皮淡灰色或淡绿色，多分枝。单叶互生；有叶柄，通常有腺体；嫩枝上叶柄基部有线形托叶2片，托叶边缘具不整齐细锐锯齿；叶片卵形至长圆状卵形，长4~9厘米，宽2.4~4厘米，先端长尾尖，基部阔楔形，边缘具细锐锯齿，沿脉背有黄褐色毛。花期为1—2月，果期为5月。

（1）分布：原产于四川达州，目前主要以长江以南地区，四川、浙江、福建、湖南、贵州等地为主产区，广东、湖北、云南、陕西、安徽、江苏、广西、江西、河南等地也有种植。海南以五指山地区主产。

（2）性味：酸，平。

（3）归经：归肝、脾、肺、大肠经。

（4）食养食疗：乌梅汤（汁）、姜茶乌梅粥、冰镇银耳乌梅汤。

（5）产业：乌梅营养丰富，可以食果，也可以加工成乌梅饮料和梅干等食品，具有较高的食用价值。乌梅作为药材，因炮制方式不同、药用部位不同，表现为不同的药理作用[20-21]。在生态价值方面，通过发展乌梅产业，可以增加森林植被面积，有效防止水土流失，改善生态环境，推进生态文明建设。乌梅作为海南省的地方特色产品，以鲜乌梅（初级农产品）和乌梅干（传统食品）为主，尚没有丰富的产品线。在营养保健方面的开发和利用是促进乌梅产业升级的重点发展方向。据不完全统计，中国每年出口日本乌梅达4万吨。乌梅食品在韩国、泰国也非常流行。由此不难看出，无论国内市场还是国际市场，乌梅的需求量都会越来越大，因此发展乌梅产业前景广阔。

13. 益智仁

益智是多年生丛生草本，株高可达3米。茎丛生，根茎短，叶片披针形。总状花序在花蕾时全部包藏于一鞘状总苞片中，花蕾时整个脱落，花序轴被极短的柔毛；花萼筒状，花冠白色，外被疏柔毛；唇瓣倒卵形，粉白色而具红色脉纹。花果期为3—9月[24]。

（1）分布：益智仁是中国南方四大中药之一，主产于海南和广东，目前海南以琼中、琼海、屯昌、保亭、万宁、陵水、白沙等为主产地。

（2）性味：辛，温。

（3）归经：归脾、肾经。

（4）食养食疗：益智仁粉、益智仁粥、莲龙茶、远益茶、益智仁淮山老鸭汤。

（5）产业。益智产海南，为中国著名的“四大南药”之一，在中国中药产业中的地位和作用越来越突出。实地调查与文献查阅结果表明，益智仁是食药同源重要的作物，为多种食品、保健品和中成药的重要原料，具有人工栽培和应用的悠久历史。在大健康背景下后市看好，但益智仁的产业发展存在种植布局不尽合理、优良品种缺乏、良种繁育体系不健全、标准化生产程度低、药材质量参差不齐、产业层次低等问题。产业发展应加强益智仁基础及应用技术研究，加快栽培品种选育，推广规范化栽培技术；研究益智仁质量标准，完善药材质量评价体系；充分利用益智仁功能性成分，开发具有海南特色的功能性产品；挖掘海南益智仁独有的产品特质，打造益智仁知名品牌，提升益智仁名优特产品的市场竞争力；加强政策扶持和产业监管，推动益智仁产业健康、快速发展。

14. 余甘子

余甘子又称为滇橄榄落，是叶小乔木或灌木，植株可长到 10 米高，1 米高时即可结果。树皮呈浅褐色，枝条表面还分布有纵细条纹，薄而易脱落，露出大块赤红色内皮。叶片短小，整齐排布于枝条两侧。叶互生于细弱的小枝上，2 列，密生，极似羽状复叶；近无柄；落叶时整个小枝脱落；托叶线状披针形；叶片长方线形或线状长圆形，长 1 ~ 2 厘米，宽 3 ~ 5 毫米。花期为 4—5 月，果期为 9—11 月。

（1）分布：原产地在东南亚地区的印度、斯里兰卡、马来西亚、缅甸、老挝和中国南部地区。中国的海南、江西、福建、台湾、广东、广西、四川、贵州和云南等省区有大面积种群，在海南的定安、屯昌、澄迈、儋州、琼海等县的一些山地上较多。

（2）性味：苦、甘、酸、涩，性凉。

（3）归经：入肝、脾、肺、胃经。

（4）食养食疗：余甘子炖海螺、余甘子木瓜汤、蜜饯余甘子、余甘子煲猪肉。

（5）产业：余甘子作为药食两用植物，被世界卫生组织指定为在全世界推广种植的三种保健植物之一[25]。20 世纪 80 年代以来，由于不合理的开发利用，中国余甘子野生资源锐减，自然生态环境破坏严重，至今很难见到林相整齐的野生余甘子林[26]。余甘子可用于医药、食品，它逐渐引起医药和食品工作者的重视，并对其进行了更加合理的开发，使得余甘子产品种类更加丰富，也带动了余甘子产业的快速发展，把资源优势转化为经济优势。

（六）动物类

1. 蜂蜜

按照蜜蜂采集蜜源植物的种类来进行分类，比如蜜蜂采集洋槐花蜜所酿造的蜂蜜叫洋槐蜜，蜜蜂采集荆条花蜜酿造的蜂蜜叫荆条蜜。原则上有多少种蜜源植物就有多少种蜂蜜品种，但实际上能够大量生产的蜂蜜品种并不很多，受年成、天气影响非常大，中国只有几十种主要的蜜源植物。由于蜜源丰富，油菜蜜是稳产高产的蜂蜜品种之一，大约占蜂蜜总产量的40%。此外，椴树蜜、荆条蜜和洋槐蜜也是中国主要的蜂蜜品种，因蜜源来源限制，价格也高于油菜蜜[27]。

（1）分布：主要的蜜源植物有荔枝、龙眼等。琼中蜂蜜是海南省的特产。

（2）性味：甘，平。

（3）归经：归肺、胃、脾、大肠经。

（4）食养食疗：苦杏蜂蜜茶、蜂蜜粥、苹果蜂蜜酱。

（5）产业：中国是养蜂大国，蜂群数量、蜂蜜产量、从业人员、蜂蜜及王浆出口4项指标均居世界前列。全国现有蜂农30多万人、饲养蜂群800多万，占全世界蜂群的12.5%。目前，中国蜂蜜年产量40多万吨，占世界蜂蜜总产量四分之一以上。中国蜂蜜每年出口都在10万吨，为世界首位，中国蜂王浆出口占世界蜂王浆贸易总量的90%，居全球第一。

2. 鸡内金

鸡体型比较紧凑、均匀，体形呈楔形，羽毛颜色有黄、白、黑和芦花等颜色。头部比较小，喙短而弯曲，颜色为淡黄色或者浅灰色。大多数文昌鸡的耳叶颜色为红色，少数为白色，皮肤颜色为白色或者浅黄色。觅食能力强，而且耐粗饲、耐热。

（1）分布：在全国均有分布，海南以文昌鸡较为出名，主要分布在文昌市的潭牛、新桥、清澜、文教、铺前、龙楼、昌洒、锦山、湖山、东路等地。

（2）性味：甘，平。

（3）归经：归脾、胃、膀胱经。

（4）食养食疗：鸡内金粥、砂仁鸡内金橘皮粥、鸡内金杏仁汤、白术鸡内金糕、鸡为金菠菜饮、赤豆为内金粥。

（5）产业：随着人们的生活节奏加快、工作压力大、饮食不规律等因素的出现，胃病及消化类疾病发病率升高。鸡内金市场潜力巨大，应用前景广阔。且鸡内金食药同源，绿色健康，无毒无害，作为天然的保健食品、药膳均能发挥其药用价值，也是餐桌上常见的菜品。因此，关于鸡内金药用产业价值开发，一方面可在原先研究基础上提高品质；另一方面可对其研究不足的领域进行深入挖掘，扩大药用范围。

（七）真菌类

1. 灵芝

灵芝生于植物根际或枯树桩，大小、颜色和形态往往不一，分为赤、青、黄、黑、紫、白6种颜色。赤芝：腐生真菌，菌盖为半圆形或肾形，直径在4～20厘米，盖厚1～2厘米，盖面呈深褐色。侧生（有时偏生）菌柄，质硬，亮漆色泽。菌管长1厘米，管口淡白色或淡褐色。孢子形状近圆形，质软，分为内外两层壁，其中内壁呈褐色，外壁近透明。

（1）分布：中国东南部地区是主产区。灵芝在海南分布广泛，儋州、文昌、五指山、琼海、三亚等地都有产出。

（2）性味：甘，平。

（3）归经：归心、肝、肺、肾经。

（4）食养食疗：灵芝饮、灵芝陈皮老鸭汤、灵芝猪肝、灵芝丹参酒。

（5）产业：琼州岛野生灵芝是海南省地方特产之一，已经成为海南岛健康产业的标志性产品。海南省野生灵芝具有非常高的药用价值，海南省灵芝人工种植基地发展迅速，采取“公司＋基地＋农户”模式经营管理，但产业规模小而散，仍然有很大的挖掘空间和广阔的发展前景。目前，海南岛内的灵芝产业科技含量偏低，原料大多是粗提物，剂型也比较简单。市面上最常见的灵芝孢子粉、孢子油皆缺乏统一的国家标准。如果对于灵芝的天然初生及次生代谢产物进行深入研究和开发，通过找到其药理作用的物质基础，努力开发新剂型，如灵芝孢子粉、孢子油注射乳剂等，将促进灵芝产业向更高一步发展[28]。另一个问题是部分厂家违规夸大宣传，使灵芝产业的声誉遭到严重影响。希望通过相关部门加强市场管理，为灵芝产业的发展营造健康良好的氛围。

参考文献

［1］国家卫生计生委宣传司，国家中医药管理局．本草中国（纪录片）．上海笃影文化传媒有限公司，2019 年．

［2］朱童瑶．基于中医药古籍的宋元药膳特点研究［D］．北京：中国中医科学院，2023.

［3］侯健．种植葛根的市场前景和效益分析［J］．农家参谋，2017（9）：68.

［4］赵润江．琼北乡村景观地域特征研究［D］．北京：北京林业大学，2020.

［5］刘舒萍，蓝绮倩，胡莉，等．韶关丹霞地貌铁皮石斛野生资源调查与生境分析［J/OL］．中国现代中药，2024：1－2［2024－07－03］．https：//link. cnki. net/urlid/1 1. 5442. R. 20240517. 1414. 002.

［6］张亨明，尹小贝，霍红．南繁产业化发展存在的问题与对策［J］．浙江树人学院学报，2024，24（2）：1－10.

［7］万修福，王升，康传志，等．“十四五”期间中药材产业趋势与发展建议［J］．中国中药杂志，2022，47（5）：1144－1152.

［8］江健，许倩楠，车莉，等．荷叶中生物碱类化合物及其降血脂活性研究［J/OL］．中国中药杂志，2024：1－7［2024－06－30］．https：//kns. cnki. net/kcms/detail/11. 2272. R. 20240627. 1050. 001. html.

［9］张龙飞，齐晓龙，张海军，等．桑叶的营养特性及其在家禽生产中的应用［J/OL］．中国家禽，2024：1－8［2024－06－30］．https：//link. cnki. net/urlid/32. 1222. S. 20240619. 2148. 002.

［10］常晖，马存德，王二欢，等．经典名方中丁香药材的考证［J］．华西药学杂志，2021，36（3）：341－350.

［11］杨晴，李兆栋，车开萌，等．菊花基原、产地及功效的本草考证［J］．时珍国医国药，2022，33（11）：2675－2678.

［12］王婕佳．中国花卉产业国际竞争力分析与对策研究［J］．北方园艺，2024（5）：132－138.

［13］贾学伟，代玉祥，何峰，等．薄荷颗粒香料的干燥工艺及滤棒加香应用研究［J］．轻工学报，2024，39（3）：62－71.

［14］杨德俊，周仕林，黄宝康．茴香类药材的基原植物考证［J］．时珍国医国

药，2018，29（11）：2664－2666.

［15］张亚楠，曹梦杰，王君．马齿苋提取物的生物学功能及在动物养殖中的应用研究进展［J/OL］．饲料研究，2024：1－14［2024－06－30］．http：//kns.cnki.net/kcms/detail/11.2114.S.20240626.1647.002.html.

［16］郇志博，于世幸．胡椒和肉桂挥发性组成分析及对普通大蓟马的驱避作用［J］．植物保护，2024，50（3）：195－202.

［17］李瑞丽，王硕赢，付祺，等．干燥方式对龙眼果肉干燥动力学及挥发性成分的影响［J/OL］．精细化工，1－14（2024－06－19）［2024－06－30］．https：//link.cnki.net/doi/10.13550/j.jxhg.20240336.

［18］LIP，WANGC，LUW，et al. Antioxidant，anti－inflammatoryactivities，andneuroprotectivebehaviorsofPhyllanthusemblicaL. fruitextracts［J］Agriculture，2022，12（5）：588.

［19］李璐，李丹凤．胖大海中氨基酸的含量测定及多元化统计分析［J］．食品科技，2020，45（6）：352－360.

［20］刘双，张红艳，董红敬．果实类食药同源中药多糖化学结构及药理作用研究进展［J］．辽宁中医药大学学报，2022，24（12）：107－113.

［21］胡学智．论植物发酵和酵素［J］．中国微生态学杂志，2019，31（11）：1356－1365.

［22］程建明，薛峰，张云羽，等．药食同源产品研发现状、技术关键与对策［J］．南京中医药大学学报，2023，39（9）：814－826.

［23］薛山，曾荣玲．砂仁提取物的研究现状及开发应用趋势展望［J］．保鲜与加工，2022，22（3）：91－96.

［24］邢增俊，麦志通，陈伟玉，等．林下经济药用植物益智和海南砂仁早期生长及光合生理研究［J］．热带林业，2019，47（1）：18－20.

［25］刘雄芳，李太强，张序，等．重要食药同源植物余甘子转录组微卫星特征分析［J］．植物研究，2019，39（2）：294－302.

［26］杨婉媛，陈晓维，刘杜娟，等．余甘子的生物活性及加工研究进展［J］．广东农业科学，2022，49（7）：120－130.

［27］杜夏，曾志将，吴杰．2020年蜂产业现状、发展趋势与建议［J］．中国畜牧杂志，2021，57（3）：252－257.

［28］陈奕君，杨小梅，林丽华．赤灵芝的营养成分、生物活性及其应用研究进展［J/OL］．食品与机械，2024：1－6［2024－06－06］．https：//link.cnki.net/doi/10.13652/j.spjx.1003.5788.2023.81145.

肆

食药物质篇

HB. 15 食药同源中药材市场分析

张　勰[①]　谭　莎[②]　潘萌萌[③]　裴家峤[④]　张悠然[⑤]

摘　要： 食药同源中药材作为中华民族传统医学的瑰宝，不仅具有深厚的文化底蕴，而且展现出广阔的市场前景。近年来，随着国民健康意识及素养的提升和中医药文化的普及，食药同源中药材市场规模呈现出快速增长的趋势。食药同源中药材兼具食材与药材双重属性，不仅能满足人们的口腹之欲，还能滋养身心，提升健康水平。本文运用文献研究法、比较分析法等研究方法，从中药材种植面积、中药材市场销售额、政策支持、产业创新多元化等方面分析食药同源中药材市场规模与结构；从消费者健康素养、食药同源产品的独特性、中医药文化的普及等方面进行食药同源中药材市场需求分析。本文研究发现：食药同源中药材市场发展中存在中药材原料加工标准化程度低，质量控制不严格；地方食药同源中药材市场规模小，产业链发展受阻；市场监管体系不健全，缺乏统一的监管标准；消费者对食药同源中药材市场认知度不高等主要问题。针对上述问题提出具有科学合理的、可操作性的对策建议，为推动食药同源中药材市场高质量发展的相关研究提供参考依据。

关键词： 食药同源；中药材市场；对策建议

---

① 张勰，管理学博士，甘肃中医药大学卫生管理学院副院长，副教授（一级），主要研究方向：健康管理学和卫生健康服务、健康产业、人口社会学。

② 谭莎，甘肃中医药大学卫生管理学院硕士研究生，主要研究方向：健康管理学和卫生健康服务、健康产业。

③ 潘萌萌，甘肃中医药大学公共卫生学院硕士研究生，主要研究方向：健康管理学和卫生健康服务、健康产业。

④ 裴家峤，中医内科学硕士，甘肃中医药大学附属医院住院医师，主要研究方向：中医内科学。

⑤ 张悠然，四川文化艺术学院音乐表演学院本科生，主要研究方向：健康管理学和音乐表演、健康产业。

一、食药同源中药材市场现状

中国传统的“食药同源”思想即食物保健思想，包含中医药学中的食疗、养生保健和药膳等内容。2012 年国家卫生健康委员会公布既是食品又是药品的中药材共 87 种，2014 年新增 15 种，2023 年国家卫生健康委员会、国家市场监督管理总局发布《关于对党参等 9 种物质开展按照传统既是食品又是中药材的物质公告》，将党参、肉苁蓉（荒漠）、铁皮石斛、西洋参、黄芪、灵芝、山茱萸、天麻、杜仲叶 9 种物质纳入既是食品又是中药材的物质目录[1]。至此，国家卫生行政部门共发布了三批既是食品又是药材的物质名单，总计 110 种中药材。同时，多个省份已结合当地情况选择部分中药材发布试点通知，食药同源目录的扩容为市场提供了新活力。

（一）食药同源中药材市场规模与结构

1. 中药材种植面积不断扩大

中国中药材大多由一地或多地生产，向全国供应使用，形成中药材主产区，对自然资源创造性开发与利用。中国的中药材种植面积和产量均居世界首位，1978—2003 年，中国中药材种植面积增加了 3 倍。近年来种植面积、产量都较为稳定，2014 年以来种植面积稳定在 3990 万亩以上的较高水平，并且处于平稳上升阶段；2019 年达到 5250 万亩，总产量达 450. 5 万吨；截至 2020 年底，全国中药材种植总面积（含野生抚育）约 8938. 95 万亩。中药材种植面积逐年增大，推动食药同源中药材种植面积的扩大，促进该市场的发展[4]（详见表 1）。

表 1　中药材种植面积与总产量

年份	种植面积/万亩	总产量/万吨
1978	100. 05	<10. 0
2003	400. 50	40. 0
2010	2149. 50	323. 3
2011	2839. 50	305. 5

续表

年份	种植面积/万亩	总产量/万吨
2012	3375.00	315.6
2013	3784.50	332.0
2014	4089.00	352.0
2015	4335.00	363.8
2016	4768.05	400.2
2017	5044.50	424.3
2018	5119.5	436.4
2019	5250	450.5

数据来源：《“十四五”全国种植业发展规划》

2. 中药材市场销售额整体呈上涨趋势

随着人们健康意识的提高，中药材作为补充和调节身体的好选择，其市场消费量也在增加。中药材的来源有植物药、动物药和矿物药，其中植物药占绝大多数。此外，还有大量民间应用的草药和少数民族药。据统计，中国中药材产量、消费量和市场规模都在逐年增加（详见图1）。

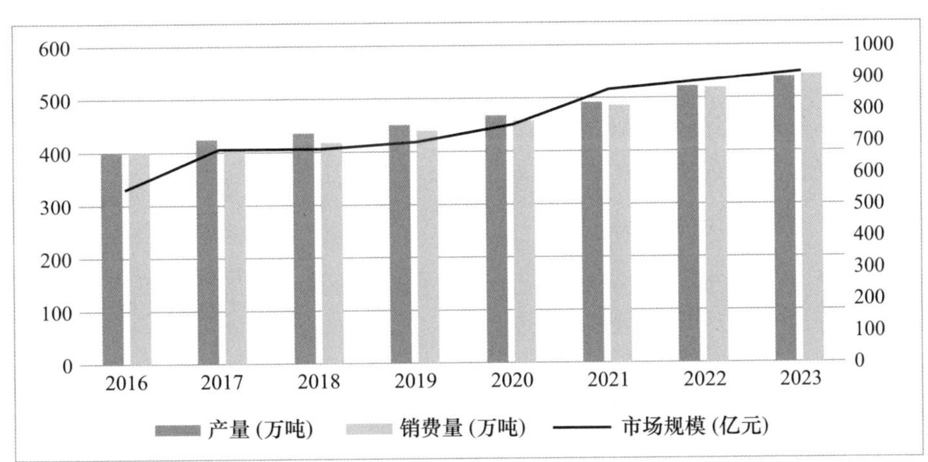

图1　中药材市场现状

数据来源：国家统计局、共研产业咨询（共研网）

3. 食药同源中药材市场政策方向明确，支持力度大

长期以来，食药同源和营养健康产业受到国家的高度重视。自2016年以来，国家集中颁布了多个有关中医药发展的法律法规文件，其中尤为强调发挥

中医药在养生保健的优势，鼓励开发食药同源食品。习近平总书记在2016年全国卫生与健康大会上讲到“没有全民健康，就没有全面小康”，强调了人民健康是国家富强的重要标志。《国民营养计划（2017—2030年）》提出“大力发展传统食养服务”，发挥中国传统中医药特色优势，实施中医药治未病健康工程。《“健康中国2030年”规划纲要》国民营养计划明确指出，促进食药同源食品发挥更大的健康效益，有利于中国传统医药行业发展，进而更好地服务于国民健康，为食药同源中药材市场的发展提供有力的保障和明确的法律与政策支持[2-3]（详见表2）。

表2　食药同源中药材市场发展相关政策

发布时间	文件名称	发布单位	主要内容
1988年4月	《既是食品又是药品的品种名单》	中华人民共和国卫生部	详细列出“药食同源目录”第一款中，中药材由29种增加至61种（其中1种重叠）
2002年2月	《关于进一步规范保健食品原料管理的通知》	中华人民共和国卫生部	除了对保健食品原料的取用范围进行规定外，药食同源目录中药材新增至87种
2002年3月	《中药材生产质量管理规范（试行）》	国家药品监督管理局	适用于中药材生产企业规范生产中药材的全过程管理，是中药材规范化生产和管理的基本要求
2014年10月	《国家卫生计生委办公厅关于征求〈按照传统既是食品又是中药材物质目录管理办法〉（征求意见稿）意见的函》	国家卫生计生委办公厅	新增15种、合并1种中药材，药食同源目录迎来更新
2017年6月	《国民营养计划（2017—2030年）》	国务院办公厅	大力发展传统食养服务
2022年3月	《“十四五”中医药发展规划》	国务院办公厅	推动中药产业高质量发展，丰富中医药健康产品供给，以保健食品、特殊医学用途配方食品、功能性化妆品、日化产品为重点，研发中医药健康产品

续表

发布时间	文件名称	发布单位	主要内容
2023 年 11 月	《关于党参等 9 种新增按照传统既是食品又是中药材的物质公告》	国家卫生健康委员会	将党参、肉苁蓉（荒漠）、铁皮石斛、西洋参、黄芪、灵芝、山茱萸、天麻、杜仲叶 9 种物质纳入按照传统既是食品又是中药材的物质目录

4. 食药同源中药材产业创新多元化

随着国家政策的扶持和消费者对健康食品需求的增加，食药同源中药材产业的市场空间将进一步扩大。例如，一些小众食药同源中药材虽然销售额的占比相对较低，但是呈现出强势增长，代表性中药材有茯苓、葛根、桑葚、黄芪、当归、罗汉果、桂圆、百合、酸枣仁等（详见表 3）。中药材产业链包括上游的种植与供应、中游的加工制造和下游的销售渠道，上游涉及种子种苗、肥料、农用机械等，中游主要为中药企业，将中药材加工成中成药、中药饮片等，下游销售渠道包括零售药店、医疗卫生机构等[5]。

食药同源中药材产业展现出了丰富的产品种类和广泛的应用领域[6]。从传统的枸杞、红枣、菊花等滋补品，到现代的灵芝、人参、燕窝等高端保健品，再到融入中药材元素的特色食品，如药膳火锅、药膳糕点等，这些产品不仅满足了人们对健康饮食的需求，也丰富了人们的味蕾体验。同时，随着科技的不断进步，中药材的功能也在不断拓展，除了传统的滋补强身、预防疾病外，还涉及美容养颜、减肥瘦身、改善睡眠等多个领域，满足了市场对多元化健康产品的需求。不同年龄段、不同健康状况的人群对中药材的需求也不同，这为产业提供了多元化的发展方向。例如：针对老年人的健康需求，开发具有降血压、降血脂等功能的中药材保健品；针对女性的美容养颜需求，开发具有美白、祛斑等功效的中药材面膜等产品。食药同源中药材产业多元化不仅体现了中药材产业的创新和发展，也符合现代人对健康和食品安全的追求。

表 3　2023 年食药同源中药材销售增长率

成分名称	销售额/亿元	增长率/%	销售额占比/%
葛根	4.2	114.9	1.8
当归	2.9	106.1	1.3

续表

成分名称	销售额/亿元	增长率/%	销售额占比/%
百合	2.6	104.6	1.1
黄芪	3.5	103.4	1.5
桑葚	3.8	82.2	1.6
罗汉果	2.8	80.0	1.2
酸枣仁	2.4	76.2	1.0
桂圆	2.6	65.2	1.1
茯苓	7.1	64.4	3.1
姜黄	2.9	49.4	1.3

数据来源：《药食同源市场趋势与机会分析》

（二）食药同源中药材市场需求分析

1. 消费者健康素养的提高

现代人饮食习惯的改变导致肥胖、高血压和糖尿病等诸多健康问题，人们自身健康素养不断提高，愿意尝试各种食药同源产品来改善健康状况。这种对健康生活的追求促使消费者开始关注并尝试各种具有保健和治疗功能的食品，即食药同源产品。食药同源中药材的独特优势促进市场需求的增长，其独特的药理作用和保健功效在中医理论中得到了广泛认可。与化学合成药物相比，中药材更加注重整体的调理和平衡，副作用相对较小，因此备受消费者青睐[7]。中老年人和女性人群对食药同源中药材的需求较高，由于中老年人身体机能的下降和慢性非传染性疾病的增多，对保健和调理的需求更加迫切，女性更加注重身体的健康和美容，因此具有养颜、美容、调理内分泌等功效的中药材在女性消费者中具有较高的受欢迎程度。消费者健康素养的不断提高推动食药同源中药材市场的发展，使食药同源产品需求度增加。

2. 食药同源产品的独特性

食药同源中药材的市场需求正在日益增长，这主要得益于其独特的价值和特性。食药同源中药材能够提供身体所需的营养，同时还能起到治疗和预防疾病的作用。这种独特性吸引着许多消费者愿意购买和使用这些产品。一方面，食药同源产品相较于人工合成药物，食药同源中药材通常来源于自然，无化学添加剂和人工合成成分，避免或降低了药物滥用和副作用的风险。在现代社会追求健康、绿色的生活理念下，这种自然属性使得食药同源产品的需求量大幅增加[8]。另一方面，食药同源产品注重个体化治疗，能够根据不同人群、体质、季节、环境等因素进行个性化的选择和搭配。这种个性化治疗理念使得食药同源产品能够更好地满足不同消费者的需求，提供更加精准的健康解决方案。食药同源中药材以天然、安全、综合疗效、个性化与整体性治疗以及膳食文化传承等独特价值，在市场需求中占据了重要地位。随着消费者对健康生活的追求和中医药理念的普及，食药同源产品的市场需求将会持续增加。

3. 中医药文化的普及

中医药文化作为中国传统文化的瑰宝，承载着数千年的医学智慧和健康理念。近年来，随着中医药文化的普及，食药同源中药材的市场需求呈现出稳步增长的态势。随着中医药知识的广泛传播，越来越多的消费者开始认识到中药材在预防疾病、调理身体、增强免疫力等方面的独特优势。这种认知的转变使得食药同源中药材的市场需求不断扩大，成为健康养生领域的新热点。消费者对于食药同源中药材的需求不再局限于传统的滋补品类，而是更加关注中药材的个性化、多元化应用。例如，一些具有特定功效的中药材被用于制作茶饮、零食、保健品等多种产品，满足了不同消费者的需求。消费者将享受到更多高品质、个性化的食药同源中药材产品带来的健康益处。

二、食药同源中药材市场中存在的问题

（一）中药材原料加工标准化程度低，质量控制不严格

中药材原料是食药同源产品质量的基石，有些商贩为了获得更高的利润，会将劣质的药材混杂或掺假，导致中药材的成分及含量发生变化，影响药效[9]。中药材的生产包括采集、加工、储存等环节，若某一环节存在不规范操作，则容易导致中药材的质量下降。中药材的流通环节存在法规不完善的问题，使得部分中药材在流通环节按照一般商品管理，而非药品进行严格监管[10]。例如：采集时没有选择适当的时间和环境，可能会采集到含有害物质

的植物；加工时没有进行适当的烘干、晒干等处理，会导致中药材的含水量超标或者变质；储存时没有进行适当的防潮、防虫等措施，会导致中药材发霉变质。中药材在加工过程中需要严格控制时间、温度和方法等各个环节，否则会导致中药材的质量下降。炮制不当、加工时间过长或过短、加热温度过高或过低等都会对药材的有效成分产生破坏，从而降低中药材的质量。中药材的储存和运输过程中，如果没有采取合适的措施，如防潮、通风、避光等，就容易导致中药材的变质和发霉。另外，在运输过程中如果没有注意防止长途挤压、碰撞等，也会导致中药材损坏。

（二）食药同源中药材市场规模小，产业链发展受阻

食药同源中药材缺乏有效的市场教育和推广，消费者对食药同源中药材的认知存在偏差或不足，无法正确理解其价值和功能，进一步制约了食药同源中药材市场规模的扩大。种植技术、土地、水源等资源的限制，以及种植户对中药材种植知识的缺乏，导致中药材的产量和质量无法满足市场需求，制约了产业链的发展。此外，中药材的加工环节需要先进的设备和技术支持，但当前许多地方在中药材加工方面存在设备落后、技术不足等问题，中药材的加工效率难以有效提升，产品质量参差不齐。同时，市场上食药同源中药材产品同质化严重，缺乏具有独特卖点和竞争力的产品，销售渠道单一、营销手段落后，食药同源中药材市场规模拓展困难，产业链发展受到制约。

（三）市场监管体系不健全，缺乏统一的监管标准

食药同源中药材市场监管体系存在一些漏洞，如监管空白区域、监管力度不足等。一些企业顶风作案，进行非法添加、虚假宣传等违规行为，不同程度影响食药同源产品质量安全。行业自律是维护市场秩序、保障产品质量的重要手段[11]。然而，在食药同源行业中，部分企业缺乏自律意识，或者出于利益驱动而采取不正当手段，如低价竞争、恶性竞争等拉低行业整体素质，致使产品质量水平提升困难。同时，现有的监管标准往往缺乏统一性和针对性，在监管过程中，不同地区、不同部门对同一类中药材的监管要求存在差异，给监管工作带来困难。食药同源中药材市场的监管涉及多个部门和领域，需要协同作战。然而，目前各部门之间的协作机制尚不完善，监管力

量分散，难以形成合力，监管人员的专业素质和数量也存在一定程度的不足。

（四）相关知识普及有限，消费者对食药同源中药材产品认知度不高

消费者对食药同源产品特殊性的认知度和选择能力直接影响产品的市场需求和流通。一些消费者对于食药同源产品的了解程度不够，或者缺乏正确的选购和使用方法，使得一些质量低劣的产品在市场上流通，给消费者带来健康风险。“食药同源”概念普及与产品宣传推广存在不足，部分食药同源产品的广告宣传未能有效传达其独特的健康价值和文化魅力，因此消费者对产品了解不深，对其功效存在疑虑。同时，市场上缺乏针对“食药同源”产品的系统性教育和指导，消费者往往难以准确判断产品的真伪优劣，以及如何根据个人需求选择合适的产品。随着消费者对健康和营养的关注程度不断提高，他们对食药同源产品的需求也在不断变化。然而，由于认知度不高，消费者可能难以准确表达自己的需求，从而限制了市场的发展。

三、推动食药同源中药材市场高质量发展的对策建议

（一）推动食药同源中药材加工业提质增效

鼓励中药材加工企业加大科技研发投入，运用现代科技手段，如生物技术、纳米技术等，提高中药材加工的精细度和效率，开发更多高附加值的产品。推动中药材加工业向上下游延伸，构建从种植、加工、销售到研发的完整产业链。通过整合产业链资源，提高中药材产品的附加值和市场竞争力。制定和完善中药材加工标准，推行标准化生产流程，确保中药材加工产品的质量和安全[12]。同时，加强与国际标准的接轨，提升中药材加工产品的国际竞争力。

建立完善的质量检测体系，对中药材进行定期检测，确保其符合质量标准。采用先进的检测技术，如高效液相色谱、质谱、核磁共振谱等，提高检测的准确性和效率。从中药材的种植、采收、加工到储存等环节，实行严格的质

量控制。选用优质品种，规范种植技术，确保中药材的原料质量，同时，加强生产过程的监管，防止污染和掺杂。鼓励中药材企业加强品牌建设，提高产品的知名度和美誉度。通过品牌的力量，推动中药材市场的健康发展。建立健全中药材市场监测机制，定期发布中药材市场质量信息，引导消费者正确选择和使用中药材。同时，加强与其他国家和地区的合作，共同打击假冒伪劣中药材的流入。

（二）推进乡村食药同源中药材产业振兴

《“十四五”中医药发展规划》强调：“加强道地药材生产管理，制定发布全国道地药材目录，构建中药材良种繁育体系。”[3]加强道地药材良种繁育基地和生产基地建设，鼓励利用山地、林地推行中药材生态种植，优化生产区域布局和产品结构，开展道地药材产地和品质快速检测技术研发，集成创新、示范推广一批以稳定提升中药材质量为目标的绿色生产技术和种植模式，制定技术规范，形成全国道地药材生产技术服务网络，加强对道地药材的地理标志保护，培育一批道地药材知名品牌。

开展中药材生产技术培训、咨询指导、规划编制等多种形式，服务贫困地区中药材种植基地选址、品种选择、田间管理等生产实践活动；联合中药材种植基础较好的企业和合作社，推广中药材良种繁育，生态种植等，带动中药材种植生产，对中药材工业生产企业原料稳定供应和农业增效、农民增收起到了良好的促进作用。积极鼓励中药材深加工企业入驻，支持其开发中药材保健品、食品、化妆品等系列产品。通过多元化的产品开发和市场拓展，显著提升中药材的附加值和经济效益。同时，积极拓宽中药材的销售渠道，利用电商平台等新型销售渠道，扩大市场份额，提高中药材的市场影响力。此外，通过举办中药材文化节等活动，提高中药材的品牌知名度和美誉度，吸引更多的消费者和投资者。结合乡村振兴战略，推动中药材产业与旅游、文化等产业的深度融合发展，打造具有地方特色的中药材文化旅游品牌，推动乡村振兴和经济社会全面发展。

（三）健全食药同源中药材市场发展政策保障和监管体系

坚持政府引导和扶持，发挥市场活力；建立并完善符合食药同源中药材市场发展需求机制；充分发挥行业协会、学会在组织协调、行业咨询、标准制定、监测研究、人才培养和第三方评价等方面的重要作用，加强行业自律和社会监督，保障有序发展[13]。加快推动《按照传统既是食品又是中药材的物质目录管理规定》的印发，并与相关部门共同制定发布《保健食品原料目录与保健食品功能目录管理办法》等法规，为食药同源中药材市场的健康发展提供坚实的法律基础。遵循《中华人民共和国中医药法》《“十四五”中医药发展规划》等纲领性文件的指导，为食药同源产业提供全面、有效的政策保障。加大中药材市场的监管力度，建立健全市场准入制度，严格控制中药材市场的出入口；加强对食药同源中药材市场经营者的监督和管理，规范其经营行为，打击假冒伪劣产品和非法销售行为；严格执行食品安全国家标准，如 GB 2760、GB 2761 等，对食药同源中药材市场进行全面的安全评估和监管，有助于消除安全隐患，保护消费者的合法权益[14-16]。

同时，对药食同源中药材企业实施一系列优惠税收政策，给予税收减免或优惠，以鼓励企业加大投入、提高产品质量和市场竞争力。通过加强科普教育、推广成功案例、设立体验中心和专卖店、加强行业监管和自律、推广中医药文化、利用互联网和社交媒体以及开展市场调研和需求分析等措施，有效提高消费者对食药同源中药材的认知度和购买意愿。

（四）围绕科普教育推广食药同源中医药文化

在当今快节奏的生活中，随着健康意识的逐渐觉醒，越来越多的消费者对食药同源的概念以及深厚的中医药文化产生了浓厚的兴趣。这种融合食品与药物特性的理念，不仅体现了自然与健康的和谐统一，更在中医药文化中占据了举足轻重的地位。在中医药的语境下，很多日常的食物被认为具有一定的药用价值，比如枸杞可以补肾明目，红枣能补血养颜[17]。对消费者进行食药同源的科普教育，旨在让他们深刻理解这一观念，从而在日常生活中更加关注食物与药物的相辅相成，更好地调理身体健康。通过电视、广播、报纸和网络等多元化的媒体渠道推广食药同源中医药文化，制作精彩的科普节目、深入浅出的专栏文章和富有创意的社交媒体内容，将食药同源的知识和中医药文化的价值传播给广大消费者。在推广食药同源的中医药文化的过程中，必须保持严谨的科学态度，科普内容必须准确、科学，避免误导消费者。加强与相关机构和企业的合作，共同推动中医药文化的发展和创新，让更多的人了解并认同食药同源的理念，推动中医药文化在全球范围内的传承和发展[18]。

参考文献

［1］国家卫生健康委员会．关于党参等9种新增按照传统既是食品又是中药材的物质公告［EB/OL］．（2023－11－9）［2024－11－25］http：//www. nhc. gov. cn/sps/s7892/202311/f0d6ef3033b54333a882e3d009ff49bf. shtml.

［2］中共中央、国务院．《“健康中国2030”规划纲要》［EB/OL］．（2016－10－25）［2024－11－25］https：//www. gov. cn/zhengce/2016－10/25/content_ 5124174. htm.

［3］国务院办公厅．《“十四五”中医药发展规划》［EB/OL］．（2022－3－3）［2024－11－25］https：//www. gov. cn/gongbao/content/2022/content_ 5686029. htm.

［4］郑平汉，鲁为川．食药同源下的特色中药材种植推广研究［J］．核农学报，2022，36（5）：1091.

［5］王舒悦，朱昌蕙．创新中药材专业市场质量监管模式的实证研究［J］．软科学，2010，24（6）：62－65.

［6］舒新斌．关于药食同源中药材的应用现状研究［J］．中国科技投资，2019（15）：5－7.

［7］单峰，黄璐琦，郭娟，等．药食同源的历史和发展概况［J］．生命科学，2015，27（8）：1061－1069.

［8］贾春伶，王锦燕，赵奎君，等．《本草纲目》草部药食同源药用植物的记载及启示［J］．中国现代中药，2020，22（11）：1769－1777.

［9］吕朝耕，康传志，杨健，等．食药物质类中药材发展面临的问题与分化发展思路分析［J］．中国中药杂志，2022，47（24）：6810－6816.

［10］黎颖菁，尚小红，龙紫媛，等．广西药食同源植物种类分布、利用现状与展望［J］．中国热带农业，2022（1）：32－38.

［11］贾慧杰．中国药食同源的发展与应用概况分析［J］．现代食品，2022，28（4）：33－35.

［12］万修福，王升，康传志，等．“十四五”期间中药材产业趋势与发展建议［J］．中国中药杂志，2022，47（5）：1144－1152.

［13］孙小慧，谭荣华．中药材市场监管现状浅析及对策探讨［J］．职业技术，2019，18（11）：105－108.

[14] 闫向竹，刘恬佳，赵宏宇，等．中药材在国内食品中的发展与应用［J］．现代食品，2019（1）：57－58，61.

[15] 王一帆，吴媛，修凡超，等．药食同源中药材的渊源及发展研究［J］．中国野生植物资源，2023，42（增刊1）：65－71.

[16] 王川．长沙某地居民对药食同源中药材知信行的调查［J］．食品安全导刊，2023（2）：141－143.

[17] 曹彦荣．中药材市场监管现状浅析［J］．健康忠告，2023，17（10）：175－177.

[18] 陈宁，代玉洁，陈琳．贵州省药食同源中药材产业发展研究［J］．农村经济与科技，2024，35（5）：73－76.

HB.16 食药物质灵芝资源与产业发展

贺宗毅① 马传贵②

摘　要： 灵芝是中国著名的中药材，最早收载于《神农本草经》，具有补气安神、止咳平喘之功效。近年来，随着大健康理念的普及和健康产业的发展，人们对自身健康水平的重视程度也越来越高，对大健康产品的需求越来越旺盛，其中灵芝制品的需求量逐渐攀升，推动了灵芝产业的蓬勃发展。中国对灵芝的研究主要在药效学及药理学层面，对于灵芝产业发展方面的探讨较薄弱。为促进中国灵芝产业的高质量发展，助力乡村振兴，本文对中国灵芝资源研究及产业发展现状进行了系统的梳理，对存在的主要问题进行了剖析，并对灵芝产业发展提出了具有针对性的建议。

关键词： 灵芝；食药物质；资源；分布；产业发展

灵芝属于真菌界、担子菌门、伞菌纲、多孔菌目、灵芝科[1-2]。目前世界上灵芝科物种有400多个分类单元，其中中国已报道的有100余个[3-5]，但中国实际存在的种类有40种[6]。灵芝是中国著名的中药材，中华传统医学长期以来视其为滋补强壮、固本扶正的珍贵药材。现代药理学与临床实践进一步证实了灵芝的药理作用，并证实灵芝多糖类、灵芝萜类是灵芝发挥药理作用的重要成分[7-13]。

随着健康中国战略的深入推进，民众对疾病治疗和保健意识的不断增强，对食药同源类产品的需求也大幅增加。近年来，国内灵芝产业规模逐渐扩大，尤其是灵芝十大产区的形成与持续发展对整个药食同源界来说，都是开启新局面的一把“钥匙”。本报告对灵芝资源研究及产业发展现状进行了系统的梳

① 贺宗毅，理学硕士，重庆市中药研究院副研究员，主要研究方向：中药资源的研究与利用。

② 马传贵，工学学士，北京京诚生物科技有限公司农艺师、中药师，主要研究方向：食药用菌栽培、生理及功能开发。

理，对其存在的主要问题进行了归纳、总结，以期为中国灵芝产业的高质量发展提供借鉴。

一、灵芝的资源研究

（一）灵芝本草学考证

灵芝素有“仙草、瑞草”之称。广义上凡是灵芝科的真菌都可称为灵芝，狭义上是指对《中华人民共和国药典》2020 年版收载的赤芝和紫芝的总称。本草考古学考证发现，其使用历史可追溯至距今 6800 年前的新石器时代（河姆渡文化时期）[14]。中国现存最早的药学专著《神农本草经》首次以文字形式记载了灵芝的性味、功效：“灵芝甘、平；主胸中结，益心气，补中，增慧智，不忘。久食，轻身不老，延年神仙。”其后在各朝代的医药典籍中均得到记载。

在中国古代的历代典籍中，灵芝是对各种“芝”类的统称。古代先民视灵芝为仙草、瑞草，因而将灵芝归入卉类，称为“芝草”。灵芝的仙药地位使其与道教、方术关系紧密，使得灵芝的功效作用被夸大。为了准确理解古代灵芝的概念与内涵，有必要了解灵芝的分类状况。古人根据中医五行学说按颜色将灵芝分为赤芝、黄芝、青芝、白芝、黑芝、紫芝六类[15]。按颜色建立的分类方法显示每一类灵芝并不是单一种类，而是复合类群。随着现代生物学的发展，国内学者分别对古人所记载的六芝进行了本草学考证[16]（结果见图 1）。认为青芝应为多孔菌科真菌杂色云芝[17]，黑芝应为灵芝科真菌紫芝[18]，白芝应为多孔菌科真菌香栓菌[19]，赤芝为现代灵芝科真菌赤灵芝，紫芝为现代灵芝科真菌紫芝[20]，黄芝应为现代淡黄木层孔菌[21]。

截至 2024 年 6 月 19 日，以赤芝或灵芝为主题分别在中国知网和 WOS 数据库中检索到学术文献 12000 篇和 522 篇，其中只有近年来的数百篇文献使用“Ganoderma lingzhi”作为灵芝的拉丁学名，其余的文献均使用“Ganoderma lucidum”作为灵芝的拉丁学名，其模式种为 1781 年根据采自英国 Peckham 的标本描述的物种，但遗憾的是该模式标本已丢失。中国关于灵芝的研究报道始于 20 世纪初，法国博物学家根据采自中国贵州的灵芝标本将其鉴定为灵芝（G. lucidum）。此后，该学名在中国迅速传播并使用开来。中国灵芝为一个新种。根据《国际藻类、菌物和植物命名法规》，中国从 20 世纪 60 年代开始进行灵芝的人工栽培，并将采集自青岛的野生灵芝标本定名为“*G. lucidum*”。20 世纪 90 年代初，Moncalvo 等研究发现来自欧洲、美洲及亚洲的灵芝并非同属一种，并指出东亚分布与栽培的灵芝“*G. lucidum*”与原产欧洲的灵芝“*G. lucidum*”存在差异。从那以后，灵芝基原问题一直悬而未决。2012 年，国内学者基于 ITS 序列开展了灵芝属物种的系统发育研究，证实中国栽培灵芝与英国记载的灵芝模式种及其他种之间在系统发育上存在差异，其中中国灵芝是一个新物种[22]。按《国际藻类、菌物和植物命名法规》将中国灵芝定名为“*Ganoderma lingzhi* S. H. Wu，Y. Cao &Y. C. Dai”，建议“*Ganoderma lucidum*”的汉语学名为“亮盖灵芝”，“*Ganoderma lingzhi*”的汉语学名为“赤灵芝”，从而解决了困扰学术界和产业界的灵芝基原问题。

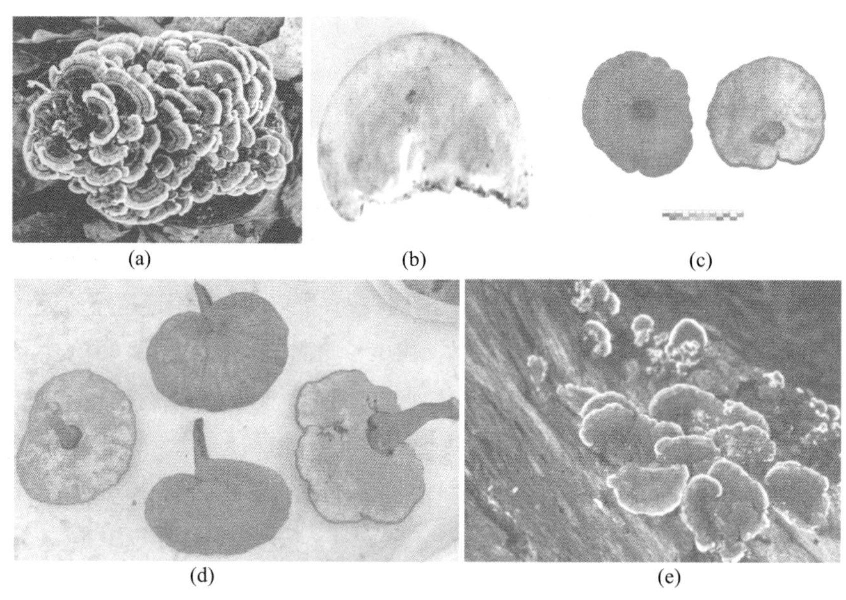

图 1　六芝本草考证

（a）杂色云芝；（b）香栓菌；（c）赤灵芝；（d）紫芝；（e）淡黄木层孔菌

（二）中国灵芝的种类及资源分布

21 世纪初期，赵继鼎等[23]对中国灵芝属真菌进行了比较系统的研究，共发现 76 种。2005 年以来，国内众多学者对灵芝属资源进行了系统整理[24-26]。截至 2022 年初，中国已有文献记载的灵芝属真菌 114 种，基于形态学和分子系统学分析，发现中国灵芝有 40 种（表 1）。本研究提供了 40 种中国灵芝的学名和分布情况，为灵芝种质资源的采集与鉴定提供参考。

中国灵芝资源十分丰富，广泛分布于福建、海南、四川、浙江等 20 余个省（市）。以胡焕庸线为界，可将灵芝分布分为两大区域：斜线以西仅有赤芝、树舌灵芝分布，与该地区干旱、高海拔气候不利于灵芝繁殖有关；斜线以东地区按气候、植被类型和种类分布可分为热带、亚热带和温带三个分布区。

表 1　中国发现存在的灵芝种类、分布及其国外分布情况

拉丁名	中文学名	国内资源分布	国外资源分布
lingzhi	赤芝	南方各省市均有分布	韩国、日本
G. leucocontextum	白肉灵芝	西藏、云南、四川西北部	未见报道
guangxiense	广西灵芝	广西	未见报道
G. hoehnelianum	球孢灵芝	海南、云南、广西	印度尼西亚
G. gibbosum	有柄灵芝	云南	未见报道
G. flexipes	弯柄灵芝	福建、广东、云南、海南、贵州、台湾	印度、巴基斯坦、尼泊尔、越南
G. esculentum	可食灵芝	云南	未见报道
G. alpinum	高山灵芝	云南、西藏、四川	未见报道
G. ahmadii	拟热带灵芝	四川	未见报道
G. angustisporum	窄孢灵芝	福建、广东、广西	马来西亚、泰国
G. applanatum	树舌灵芝	国内均有分布	芬兰、比利时、俄罗斯、加拿大、美国、土耳其、匈牙利
G. australe	南方灵芝	南方地区均有分布	葡萄牙、瑞士
G. boninense	狭长孢灵芝	海南	新加坡、日本、马来西亚、澳大利亚
G. bubalinomarginatum	浅黄边灵芝	广西	未见报道
G. calidophilum	喜热灵芝	海南、云南	南非
G. castaneum	栗盖灵芝	海南	未见报道
G. casuarinicola	木麻黄灵芝	广东	新加坡
G. chuxiongense	楚雄灵芝	云南	未见报道
G. dianzhongense	滇中灵芝	云南	未见报道
G. ellipsoideum	椭圆孢灵芝	广东、海南、云南	未见报道
G. sinense	紫芝	广西、海南、重庆、四川、福建	日本、韩国

肆　食药物质篇

续表

拉丁名	中文学名	国内资源分布	国外资源分布
G. subangustisporum	拟窄孢灵芝	云南	未见报道
G. subflexipes	拟弯柄灵芝	广东、江西	未见报道
G. tongshanense	通山灵芝	湖北	未见报道
G. tropicum	热带灵芝	广东、广西、海南、云南	越南、日本、澳大利亚、马来西亚、印度尼西亚
G. tsugae	松杉灵芝	吉林、新疆、黑龙江	美国
G. weberianum	韦伯灵芝	广东、广西	泰国、马来西亚、印度尼西亚、菲律宾
G. weixiense	维西灵芝	云南	未见报道
G. williamsianum	威廉灵芝	海南、云南	泰国、马来西亚、印度尼西亚、菲律宾、越南、新加坡
G. yunlingense	云岭灵芝	云南	未见报道
G. lucidum	欧洲灵芝	四川、云南、重庆、贵州、西藏、山西、山东、湖北	欧洲
G. magniporum	大孔灵芝	广西、云南	未见报道
G. multipileum	重盖灵芝	云南、广东、台湾、海南、四川、福建	越南、印度、菲律宾
G. mutabile	异壳丝灵芝	西藏、云南	未见报道
G. orbiforme	无柄紫灵芝	海南、云南、台湾	越南、新加坡、泰国、澳大利亚、菲律宾
G. philippii	橡胶灵芝	海南、云南、台湾	马来西亚、缅甸、新加坡、印度尼西亚
G. puerense	普洱灵芝	云南	未见报道
G. sanduense	三都水灵芝	贵州	未见报道
G. shanxiense	山西灵芝	四川、山西	未见报道
G. sichuanense	四川灵芝	四川、广西、广东	未见报道

（三）灵芝资源分布

灵芝属在中国的分布很广泛，在祖国的辽阔大地上，南自热带的海南岛，北到气候寒冷的东北森林中都有灵芝的生长。有些种类有兼性腐生的习性，既能生长在活树上也能生长在死树上，如欧洲灵芝和树舌灵芝。多数种类的灵芝均生长在有散射光线、树木稀疏或空旷地区。该类群主要分布于落叶阔叶林中，如槭树属、红杨属、栗属、山毛榉属、杨属、栎属、柳属等树木的腐木上。仅个别种类对寄主有特殊要求，例如，闽南灵芝生长在松树桩上，橡胶灵芝生长在橡胶属植物和棕榈科植物上，热带灵芝生长在相思树或合欢树上。部分种具有兼性腐生的特性，如欧洲灵芝和树舌灵芝。假芝属的种类多数生长在地上，少数种类生长在腐朽树木或倒木或腐殖质上，很少生长在活树上。

从灵芝天然的地理分布情况来看，该地区的气候变化与其物种的分布有较大关系。根据海拔、气温、降水等因素，可将中国灵芝划分为热带－亚热带、温带、低温和广泛分布四种类型。亚热带地区雨量充沛，热量充足，植被组成多样，适宜腐生真菌的生长，使得该地区拥有的灵芝资源远丰富于其他地区，例如海南省分布着占全国灵芝总种数65.3%的灵芝种类。温带类型灵芝分布在长江流域和黄河流域，该区域年均气温呈逐渐降低、降水逐渐减少的趋势，其中以亮盖灵芝和紫芝为该区域的常见种。低温类型灵芝的分布地域以东北和西北地区为中心，该区域年均气温偏冷，降水偏少，松杉灵芝是该生态类型的常见种。树舌灵芝是广泛分布类型灵芝的代表，其对环境的适应性极强，在全球各地均有广泛分布。

二、灵芝产业发展情况

（一）灵芝产业发展现状

近几年全球灵芝市场规模呈现逐年上涨趋势。中国灵芝栽培历史可追溯到唐代，唐代诗人李太玄著有“偶游洞府到芝田，星月茫茫欲曙天，虽则似离尘世了，不知何处偶真仙”的诗句，判断唐代人们利用枯死的树木截成一定长度埋入土里并进行人工栽培出芝，故而有“芝田”的说法。20世纪50年代，中国就已经对灵芝进行了人工栽培。1960年，上海食用菌研究所人工栽培灵芝成功。1969年，中国科学院微生物研究所真菌学研究室首次成功地人工培育出菌盖发育良好且释放孢子的灵芝子实体，随后灵芝规模化生产逐渐在全国推广。

近年来，全球灵芝市场规模逐年上升。20 世纪 50 年代，中国首次成功栽培出灵芝，并逐步实现了规模化生产。2023 年 11 月，灵芝被列入药食同源目录和保健食品原料目录，为灵芝产业的发展带来了巨大利好。针对灵芝消费量的迅猛增长，人工栽培灵芝的规模逐年扩大，据不完全统计，2023 年中国人工代料、段木和林下仿野生栽培灵芝总面积突破 20 万亩，年产灵芝及孢子粉约 20 万吨，总产值 200 亿元，已成为全球灵芝的主要生产和出口国。中国居民保健意识增强，对于健康问题越来越重视，灵芝和灵芝类产品成为近 3 年保健市场上的“网红”。其中，灵芝子实体需求量已过万吨，而灵芝孢子粉市场规模的复合年增长率达 5.74%，未来市场发展前景广阔。

1. 栽培品种

中国灵芝种类较多，根据《神农本草经》可将灵芝分为赤芝、黑芝、青芝、白芝、黄芝及紫芝 6 种，其中赤芝和紫芝为《中华人民共和国药典》收载品种。目前，中国栽培的灵芝品种较多，获得审（认）定的品种有 19 个，其中通过国家级审定的 4 个，省级审（认）定的 15 个，通过野生菌株驯化获得的新品种 13 个，通过原生质体融合技术获得新品种 3 个，通过国外引种 1 个，通过原生质体单核化获得新品种 2 个。

2. 栽培类型

灵芝的栽培类型可分为大棚段木栽培（图 2）、大棚代料栽培（图 3）、工厂化栽培（图 4）和林下拟境栽培（图 5）。

图 2　大棚段木栽培

(a)

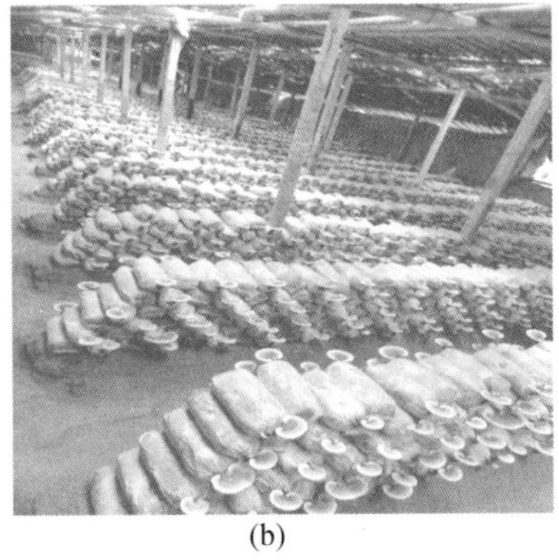

(b)

图3 大棚代料栽培

图4 工厂化栽培

（1）大棚段木栽培

目前，中国大部分灵芝原料来源于大棚段木栽培。大棚段木栽培的流程为树种选择→砍伐→切段→装袋→灭菌→接种→菌丝培养→场地选择→搭架→开畦→去袋→埋土→管理（温湿度、通气量、光照强度、病虫害、除草）→出芝→子实体及孢子粉采收→烘干包装。大棚段木栽培子实体品质佳，易于控制，不易污染，干燥后子实体质地厚实、坚硬，孢子粉采收较便利、洁净度高。但是大棚段木栽培也存在一定的问题：首先，需要消耗大量的木材，对森林资源有一定的破坏性；其次，土壤存在着连作障碍，致使种植户不得不丢弃原有的基地，重新寻找新的种植地块。这两个问题严重制约着灵芝产业的发展。

图5　林下拟境栽培

（2）大棚代料栽培

代料栽培是以适宜的木屑和农副产物为栽培原料制作菌包，各地可以根据不同的气候选择不同的菌包规格，其制作工艺流程为拌料→装袋→灭菌→接种→出芝管理→采收→烘干包装。该栽培类型通常采用塑料大棚墙式栽培，因成本较低、操作简单、原料来源广而适合农户生产。然而，各地的制作生产水平差异较大，粗放，规模较小，管理不规范，效益低下，常出现重金属及农残超标等问题。

（3）工厂化栽培

该栽培模式菌包制作流程和大棚代料栽培一样，主要采用袋料栽培方式。灵芝生产各阶段采用数字化智能系统进行在线监测和自动化调控，便于标准化生产和管理。工厂化栽培可以根据灵芝的适宜生长条件，进行全过程控制和调节，使灵芝生长不受季节和环境的影响，实现全年可控、稳定高效的生产目标。工厂化栽培具有生物转化率高、质量安全性高、效益高等优点。但由于培养基质疏松、菌丝生长阶段营养大量消耗，子实体成熟时间较短，无法形成活性物质丰富、营养成分充足的子实体，子实体干燥后质地疏松，药效成分偏低。

（4）林下拟境栽培

林下拟境栽培灵芝是在适宜的林地，利用林木良好的遮蔽性、一定的阳光散射、极佳的通风条件，再配合适宜的温度、湿度，通过适当的方法栽培出灵芝。林下拟境栽培灵芝具有诸多优点：一是可以大量拓宽灵芝栽培空间。中国林下资源丰富，利用林下栽培可以减少灵芝栽培对农田的依赖，还耕于农，从而一定程度上可以规避大田栽培的连作障碍问题。二是林下栽培灵芝可以利用优良的温度湿度资源、良好的空气资源及洁净的水资源进行自然栽培，这种方式病虫害发生少，可提高灵芝产品品质。三是林下灵芝栽培后的废弃物可以明显增加林地的有机质含量，提高林地土壤肥力，增加土层有机质含量，改善土壤结构，促进林木生长。四是发展林下经济正是中国当前振兴乡村经济的重要抓手，符合当前农村生态经济发展的方向。其栽培流程为林地选择→栽培品种与基质原料→拌料→装袋→灭菌→接种→林下炼菌→下地栽培→出芝管理→采收→烘干包装。

（二）灵芝产业面临的问题

1. 新种质匮乏及选育技术创新不够

灵芝野生资源遭到严重破坏，导致野生种质资源匮乏。加之国内主栽灵芝品种大部分使用的是国外引进品种或以国外品种为亲本的改良品种，长期以来面临种质资源遗传背景狭窄、栽培种质混杂和品种退化等尖锐问题。随着人们对高品质灵芝产品的追求，选育优良灵芝种质成为灵芝产业高质量发展的关键。但目前中国对较高药用成分灵芝种质选育的研究薄弱，采用的选育技术也相对单一、落后（野生驯化与诱变育种），无法满足市场对灵芝新种质的渴求。

2. 灵芝产业整体实力不强

目前，中国灵芝产业仍以种植业为主，是世界第一大灵芝生产和出口国。灵芝栽培整体呈现以家庭种植为主、规模化种植少、新的种植技术研发动力不足的局面，以原木为主的种植对森林资源造成了破坏。同时，由于农户种植的灵芝品质不能得到有效控制，导致部分灵芝品质低劣，优质灵芝供应不足。在下游产品方面，中国灵芝产业的精深加工较粗犷，其中又以灵芝提取物为主要原料，开发健康食品者居多。国内企业在新产品开发方面的能力较弱，产品同质化严重，不利于整体市场的差异化竞争与推广。中国虽已成为灵芝生产和出口大国，但不是灵芝产业强国。

3. 灵芝产品市场有待进一步规范

灵芝精深加工产品具有显著的功效和较好的经济效益，吸引了众多没有相应生产能力的小企业入局。某些小企业为了牟取暴利，不惜假冒其他品牌的产品，以次充好，以极低的价格销售灵芝产品，这不仅给消费者带来了极大的危害，更严重地损害了灵芝市场。据统计，在国家市场监督管理总局已接获的保健食品投诉中，以灵芝为代表的保健食品违法行为较为严重。这类广告主要是夸大宣传内容，欺骗、误导消费者，或利用医疗术语进行宣传。也有一些广告打着专家、病人的旗号来保证疗效，或者违背法律，以新闻报道的形式发布广告，以新闻纪实的形式进行违法宣传，对消费者造成严重的误导。这些违法广告，不仅损害了灵芝产品的声誉，而且损害了整个灵芝行业的声誉。在一些大型生产企业中，为了抢占市场和打击竞争对手，还存在着各种不正当竞争行为。有些产品互相抄袭，风格相似者甚多；还有一些经营者买断经销经营权，以高额的奖金或回扣等手段进行贿赂营销。这一现象使消费者对灵芝产品的品质和功效疑虑加重，给发展势头向好的灵芝产业蒙上了一层阴影。

4. 灵芝文化内涵挖掘、科技开发及品牌保护不足

中国具有丰富的中药材资源和悠久的中药文化历史，但对灵芝历史文化的挖掘不够深入，导致各地旅游和文创发展同质化较严重，灵芝特色文化缺失严重。目前，国内灵芝文创产品的开发尚未体现灵芝的历史文化内涵，大部分产品陷入同质化竞争，如灵芝盆景造型雷同，灵芝卡通形象单一、不灵活等。另外，在灵芝文创产业发展过程中，灵芝文创产品与科技融合的深度与广度十分有限，亟待进行优化提升。当前，灵芝主要以种植、加工等为主，在产品结构和产品升级方面，尚未将科技创新资源投入产品结构和产品升级中，与现代信息技术创新融合的理念尚未树立。另外，产品包装简陋，产品名称和标识缺乏识别性，品牌意识不强，品牌建设不积极，致使灵芝文创业在发展过程中遭遇重重困难，影响着灵芝产业的健康发展。

（三）针对中国灵芝产业发展的建议

1. 选育优良种质资源，构建菌种保育体系

野生灵芝的药用价值与经济价值高被纳入药食同源试点范围，遂使市场需求量大幅增加，而过度采摘又导致野生灵芝资源岌岌可危。据福建气象局统计，近年来福建省年降雨量多，日照时间短，昼夜温差大，不利于野生灵芝生长发育，甚至造成死亡。借助中国第四次中药资源普查，摸清中国野生灵芝资源分布情况，实施就地保护与迁地保护相结合的方式，在道地产区内建立野生种质资源保育点；收集优良灵芝种质资源，构建提纯复壮关键技术，采用适宜的保藏方式，有效缓解传代培养导致的种质退化，完善并丰富灵芝种质资源库。

2. 建设标准、规范化生产基地

政府应加强对灵芝产业的引导与支持，制定灵芝标准化生产规范，建立灵芝良好农业规范（GAP）基地，制定符合中国实际的、切实可行的灵芝产业发展规划。政府应引进并支持龙头企业，将农户的种植模式进行整合，建立“公司 + 基地 + 农户”的经营模式，制定统一标准，实施标准化、规模化种植，提升产品品质。应加强灵芝功效成分的研究并制定有关灵芝功效成分的国际标准，这不仅可以让国家质检部门对市场上灵芝制品的质量进行监督，打击不法商家夸大宣传的行为，还可让企业对自产灵芝制品的质量进行把控，把好产品的质量关。另外，在灵芝行业中需要加强对知识产权的保护，在研发新产品的过程中要积极申请国家专利，防止企业间的产品剽窃，保护公司的利益。通过行业自律、消费者监督和政府监督相结合的方式严厉打击销售伪劣灵芝制品，维护消费者权益，促进灵芝产业的健康发展。

3. 宣传灵芝文化，开发新的产品，培育灵芝新的消费群体

灵芝具有很高的食用和药用价值。目前，灵芝保健产品多被制成药用胶囊剂型，不易被年轻人接受。应根据青年人的经济能力和消费特征，开发适宜青年人接受的灵芝新产品，从而扩大灵芝产品的受众群。随着科技水平的不断提高，灵芝在不同场景中的应用也会越来越广。灵芝除食用、药用外，还具有极高的观赏价值，可被开发成具有独特文化内涵的产品。根据不同的灵芝品种特

点，可以选用合适的品种作为盆栽灵芝，经过特殊处理，展现出良好的造型，达到观赏的目的。灵芝观赏品拓展了人们对灵芝的传统消费理念，并能应用于不同的环境，开拓新的市场。

三、总结与展望

随着人们医疗保健意识的增强和全球保健食品产业的迅猛发展，2023 年 11 月 17 日，由国家卫生健康委员会、国家市场监督管理总局联合发文《关于党参等 9 种新增按照传统既是食品又是中药材的物质公告》，将灵芝纳入按照传统既是食品又是中药材的物质，明确了灵芝的食品属性，灵芝产业迎来了千载难逢的发展良机，市场前景广阔。

中国作为灵芝生产和消费大国，灵芝栽培历史悠久，全产业链条齐备。但是在产业化发展方面依然存在优良种质资源匮乏、品种选育技术落后、产品加工技术创新动力不够、产品质量安全溯源体系未建成、文化资源挖掘不足、产品同质化严重等问题。针对当前灵芝产业发展存在的问题，提出了三点建议：一是通过选育优良种质资源构建灵芝菌种保育体系，保护好优良的灵芝种质资源；二是建设标准化生产和 GAP 基地，通过制定统一标准，实施标准化、规模化的种植，提升灵芝产品质量，并对相应的关键技术环节做好知识产权的保护工作；三是宣扬灵芝文化，针对年轻群体，开发新产品，培育灵芝消费新势力。

2023 年 5 月 18 日，由中国中药协会灵芝专业委员会发起，灵芝学术界和产业界同人共同倡议，决定将每年的 7 月 6 日设立为“灵芝日”（图6），旨在“弘扬灵芝文化、推动产业发展”，以专题日的形式在全国各地同时举行庆祝活动，包括学术研讨、文化交流、产业推广、科普宣传、产品展销等主题活动，进一步提高灵芝的社会影响力和大众认知度，将“东方仙草、护佑生命”的美好愿景转化为传承发扬中华优秀传统文化、振兴祖国医药事业的实际行动。可以预见，在所有灵芝相关从业人员的共同努力下，中国灵芝产业在服务健康中国、农业强国、乡村振兴等国家战略的新征程中必将奋力谱写灵芝产业高质量发展新篇章。

图6　灵芝日 Logo

参考文献

[1] CAO Y, WU S H, Dai Y C. Species clarification of the prize medicinal *Ganoderma* mushroom "Lingzhi" [J]. Fungal Diversity, 2012, 56 (1): 49 -62.

[2] 戴玉成，曹云，周丽伟，等．中国灵芝学名之管见［J］．菌物学报，2013，32：947 -952.

[3] KÜES U, NELSON D R, LIU C, *et al.*. Genome analysis of medicinal Ganoderma spp. with plant - pathogenic and saprotrophic life - styles [J]. Phytochemistry, 2015, 6 (114): 18 -37.

[4] JARGALMAA S, EIMES J A, PARK M S, *et al.* Taxonomic evaluation of selected *Ganoderma* species and database sequence validation [J]. PeerJ, 2017, 5: 1 -16.

[5] 崔宝凯，吴声华．普遍栽培灵芝种类的拉丁学名［J］．菌物学报，2020，39（1）：7 -12.

[6] 崔宝凯，潘新华，潘峰，等．中国灵芝属真菌的多样性与资源［J］．菌物学报，2023，42（1）：170 -178.

[7] WU F, ZHOU L W, YANG Z L, et al. Resource diversity of Chinese macrofungi: edible, medicinal and poisonous species. Fungal Diversity [J], 2019, 98: 1 -76.

[8] HSU W H, QIU W L, TSAO S M, et al. Effects of WSG, a polysaccharide from *Ga-*

肆　食药物质篇

noderma lucidum, on suppressing cell growth and mobility of lung cancer [J]. International Journal of Biological Macromolecules, 2020, 165: 1604 – 1613.

[9] TEL – ÇAYAN G, MUHAMMAD A, DEVECI E, et al. Isolation, structural characterization, and biological activities of galactomannans from Rhizopogon luteolus and *Ganoderma adspersum* mushrooms [J]. International Journal of Biological Macromolecules, 2020, 165: 2395 – 2403.

[10] WANG L, LI J Q, ZHANG J, et al. Traditional uses, chemical components and pharmacological activities of the genus *Ganoderma* P. Karst.: a review [J]. RSC Advances, 2020, 10 (69): 42084 – 42097.

[11] 滕李铭，田雪梅，吴芳，等. 13 种野生灵芝菌丝体中胞内三萜与多糖含量的比较 [J]. 菌物学报，2021，40 (7)：1811 – 1819.

[12] 冯娜，岳亚文，程池露，等. 灵芝菌丝体三萜及其药理活性的研究进展[J]. 菌物学报，2022，41 (9)：1341 – 1353.

[13] 郭晓宇，彭小芳，周靖，等. 灵芝子实体中等极性三萜的制备分离 [J]. 菌物学报，2023，42 (12)：2454 – 2469.

[14] 袁媛，王亚君，孙国平，等. 中药灵芝使用的起源考古学 [J]. 科学通报，2018，63 (13)：1180 – 1188.

[15] 刘鸿高. 灵芝的本草考证 [J]. 昭通学院学报，2022，44 (5)：1 – 6.

[16] 包海鹰，李志军. “芝”文化和灵芝的药用历史及研究发展思路 [J]. 人参研究，2022，34 (3)：40 – 44.

[17] 赵新湖，包海鹰. 青芝的本草考证 [J]. 菌物研究，2015，13 (1)：59 – 62.

[18] 赵秀红，包海鹰. 黑芝的本草考证 [J]. 菌物研究，2018，16 (4)：244 – 248.

[19] 赵宇，包海鹰，图力古尔，等. 白芝的本草考证 [J]. 菌物研究，2018，16 (1)：57 – 62.

[20] 王欣宇. 紫芝本草学考证、治疗骨伤作用及化学成分研究 [D]. 长春：吉林农业大学，2016.

[21] 高旭升，包海鹰. 黄芝的本草考证 [J/OL]. 菌物研究，1 – 6 [2024 – 10 – 03]. https//doi. org/10. 13341/j. jfr. 2023. 1655.

[22] YUN C, WU S H, DAI Y C. Species clarification of the prize medicinal Ganoderma mushroom “Lingzhi” [J]. Fungal Diversity, 2012, 56 (1): 49 – 62.

[23] 赵继鼎，张小青. 中国真菌志第十八卷灵芝科. 北京：科学出版社，2000：25.

[24] XIN C W, RUI J X, YI L, et al. The Species Identity of the Widely Cultivated Ganoderma, "G. lucidum" (Ling - zhi), in China [J]. Plos One, 2012, 7 (7): e40857.

[25] 邢佳慧. 灵芝属的物种多样性、分类与系统发育研究 [D]. 北京: 北京林业大学, 2019.

[26] SUN Y F, XING J H, HE X L, et al. Species diversity, systematic revision and molecular phylogeny of Ganodermataceae (Polyporales, Basidiomycota) with an emphasis on Chinese collections [J]. Studies In Mycology, 2022, 7 (101): 287 -415.

HB.17 食药物质肉苁蓉资源与产业发展

沈　亮[①]　徐　荣[②]　彭　芳[③]　刘同宁[④]　马传贵[⑤]

摘　要： 肉苁蓉是我国西北地区著名的补益类名贵药材，有“沙漠人参”之美誉，具有补肾助阳、润肠通便以及延缓衰老等功效。近年来，经过我国产学研合作及政府各级部门的不断努力，肉苁蓉及其寄主植物已实现大规模种植，其产业已初具规模。2023 年肉苁蓉（荒漠）被正式列入食药同源物质目录后，肉苁蓉药材市场需求量不断扩大。目前肉苁蓉产业发展存在产量不稳定、产品过少及药材质量参差不齐等问题。本文从肉苁蓉资源发展现状、生产加工技术、现代研究及应用等方面进行了系统梳理，并针对其产业发展中存在的关键问题提出建议，以期为肉苁蓉产业高质量发展、推进沙区乡村振兴提供指导。

关键词： 肉苁蓉；食药同源；资源；分布；产业发展

肉苁蓉属（*Cistanche*）植物为列当科全寄生草本植物，主要分布于亚欧大陆[1]。肉苁蓉，别名大芸（淡大芸、甜大芸、梭梭大芸）、肉松蓉，始载于《神农本草经》，是我国传统名贵中药材，被誉为“沙漠人参”，以其干燥带鳞叶的肉质茎入药[2]。现代医学研究表明，肉苁蓉中含有松果菊苷、毛蕊花糖苷以及多糖等有效成分，随着近年来国际上“回归自然”浪潮的兴起、社会人

---

① 沈亮，医学博士，国家自然博物馆副研究员，研究方向：中药资源开发与利用。

② 徐荣，医学博士，中国医学科学院药用植物研究所研究员，研究方向：中药资源保护与利用。

③ 彭芳，医学博士，四川省农业科学研究院经济作物研究所副研究员，研究方向：中药资源与栽培。

④ 刘同宁，农学学士，宁夏回族自治区永宁县本草苁蓉种植基地高级农艺师，研究方向：药用植物栽培。

⑤ 马传贵，工学学士，北京京诚生物科技有限公司农艺师、中药师，研究方向：食药用菌栽培及开发。

口老龄化的加速、健康中国建设的推进，加上2023年肉苁蓉（荒漠）被正式列入食药同源物质目录，肉苁蓉产业迎来了前所未有的发展机遇。但长期毁灭性肆意采挖，导致荒漠肉苁蓉野生资源濒临枯竭，已被列入《濒危野生动植物种国际贸易公约（CITES）》附录Ⅱ，同时也被2021年版《国家重点保护野生植物名录》列入二级保护植物[4]。如今，国家已明令禁止采集及出售野生肉苁蓉药材，鼓励通过栽培种植满足国内外市场需求。经过肉苁蓉产业界相关科研人员和企业的几十年努力，以及各级政府的大力推动，其种植产业已初具规模。为促进我国肉苁蓉产业高质量发展，助力乡村振兴，本报告对肉苁蓉资源现状和产业发展进行系统梳理，对其存在关键问题进行归纳总结，并提出发展对策，以期为肉苁蓉产业的高质量发展和乡村振兴提供借鉴。

一、资源发展现状

（一）本草考证

从《神农本草经》开始，历代本草都对肉苁蓉及其功用进行了记载[5-13]。《神农本草经》载："味甘微温，治五劳七伤，养五脏，补中精气，久服轻身。"唐代开元年间（713—741年）《道藏》中华九大仙草中记载："苁蓉温补肾阳，滋养五脏。"李时珍《本草纲目》曰："肉苁蓉补而不峻，故有苁蓉之号。"南朝陶弘景的《本草经集注》中有肉苁蓉作为食品使用记载："肉苁蓉以作羊肉羹，补虚乏极佳。"

野生肉苁蓉曾广泛分布在我国新疆、内蒙古、陕西、宁夏等地区。汉末魏晋时期《名医别录》记载："肉苁蓉生河西（内蒙古西部、甘肃西部及陕西西北部地区）及代郡雁门（山西境内）。"[7]魏晋时期《吴普本草》载："肉苁蓉，一名肉松蓉……生河西山阴地（甘肃、陕西及内蒙古西部）或代郡雁门，长三四寸，丛生。"这一记载与盐生肉苁蓉地理分布相符。唐代孙思邈在《千金翼方》中提到，原州（今甘肃镇原）、兰州（今甘肃皋兰）、肃州（今甘肃酒泉）及灵州（今宁夏中部）等地区产肉苁蓉[11]。宋代苏颂《本草图经》对肉苁蓉产地也有记载："今陕西州郡多有之，然不及西羌界（内蒙古阿拉善至

肆 食药物质篇

甘肃西部）中来者，肉浓而力紧。”[8] 因此，历代本草所载的肉苁蓉产地包括内蒙古西部、陕西、宁夏、甘肃及青海等地区。由于生态环境变化及人为影响，陕西等地基本见不到野生肉苁蓉，主要分布在新疆、内蒙古、甘肃及青海等地，其中以新疆北疆的自然蕴藏量较为丰富，而内蒙古阿拉善地区的药材质量较好。

历代本草记载的肉苁蓉药材基原植物主要是荒漠肉苁蓉或盐生肉苁蓉，而管花肉苁蓉则被收载于 1987 年版《新疆维吾尔自治区药品标准》[9-10]。1963 年版《中华人民共和国药典》记载的肉苁蓉药材基原植物为盐生肉苁蓉［*Cistanche salsa*（C. A. Mey.）G. Beck］[14]，但由于其资源蕴藏量较低，从 1977 年版《中国药典》开始，荒漠肉苁蓉（*Cistanche deserticola* Y. C. Ma）成为肉苁蓉药材的唯一正品来源[15]，盐生肉苁蓉仅在我国新疆、甘肃及宁夏等地方标准中作为肉苁蓉药材使用。为保障市场用药需求，2005 年版《中华人民共和国药典》规定荒漠肉苁蓉和管花肉苁蓉［*Cistanche tubulosa*（Schenk）Wight］均为肉苁蓉正品基原植物并延续至今[16]。

（二）植物分类及生物学性状

1809 年 Hoffmg et Link. 建立了肉苁蓉属，1930 年 G. Beck 发表了世界列当科（Orobanchaceae）专著，如今世界范围内肉苁蓉属植物约有 20 种，这些物种广布于欧亚洲温暖的干燥地区，主要分布在非洲北部沙漠地区、欧洲伊比利亚半岛、亚洲阿拉伯半岛、中亚及我国西北部地区[17]。马毓泉教授在 1960 年通过比较肉苁蓉标本花冠颜色和生长习性差异，认定肉苁蓉属在内蒙古分布有 4 种，正式启用“肉苁蓉”作为“*Cistanche*”中文属名，并发表新种荒漠肉苁蓉（*C. deserticola* Y. C. Ma）[18]。张志耘等后续对中国肉苁蓉属植物分类研究进行了初步整理，报道了我国肉苁蓉属植物分类、分布情况，但肉苁蓉属下分类依旧存在争议[19]。目前，我国肉苁蓉属药用植物主要包括荒漠肉苁蓉（*C. deserticola*）、盐生肉苁蓉（*C. salsa*）、管花肉苁蓉（*C. tubulosa*）和沙苁蓉（*Cistanche sinensis* G. Beck）等（见表 1 和图 1）[20]，但仅有荒漠肉苁蓉于 2023 年 11 月被纳入《按照传统既是食品又是中药材的物质目录》。

(a) (b) (c)

图 1　荒漠肉苁蓉、管花肉苁蓉、盐生肉苁蓉开花特征比较

（a）荒漠肉苁蓉；（b）管花肉苁蓉；（c）盐生肉苁蓉

表 1　我国发现的肉苁蓉属种类及分布情况

中文名	拉丁学名	寄主植物	自然分布	栽培产区	药用价值
荒漠肉苁蓉	*C. deserticola*	梭梭属梭梭、白梭梭、滨藜属	内蒙古、新疆、甘肃	内蒙古、新疆、甘肃、宁夏、青海	很高，正品
管花肉苁蓉	*C. tubulosa*	柽柳属	新疆南疆	内蒙古、新疆、河北	很高，正品
盐生肉苁蓉	*C. salsa*	小蓬属、碱蓬属、猪毛菜属、盐爪爪属、驼绒黎属、滨藜属等	内蒙古、新疆、甘肃、宁夏、青海	新疆吉木萨尔县	一般，代用品
沙苁蓉	*C. sinensis*	红沙属	内蒙古、新疆、甘肃、宁夏、青海	无	未发现有药用价值，作伪品

荒漠肉苁蓉植株高一般为 30 ~ 80 厘米，穗状花序生于伸出地面的肉质茎上；茎肉质肥厚，圆柱形，没有真正叶，不含叶绿素，不能进行光合作用制造有机物质；鳞叶黄褐色、肉质、螺旋状密集排列。其寄主为耐旱、耐盐碱的固沙植物梭梭［*Haloxylon ammodendron*（C. A. Mey. ）Bunge］、白梭梭（*Haloxylon persicum* Bunge ex Boiss. & Buhse）及四翅滨藜［*Atriplex canescens*（Pursh）Nutt. ］（图 2），种植荒漠肉苁蓉必须先种植这些固沙植物，目前种植的寄主植物主要为梭梭[21]。荒漠肉苁蓉出土后即开始进行生殖生长，其生长期可分为拱土、出土、开花、结实与种子成熟五个阶段，约 60 天。蒴果卵形或近球

形，褐色，每个成熟子房内约有450粒种子，种子极多，细小，寿命长。荒漠肉苁蓉生长环境为轻度盐渍化土壤，偏好固定或半固定沙地及荒漠沙地，排水好且利于根深入土壤寻找养分和水分。肉苁蓉对土壤类型有广泛的适应性，在多种荒漠土壤中均生长良好，矿质含量、透气性、肥力较高的土壤可为其提供理想生长环境[22-23]。

图2 荒漠肉苁蓉寄主梭梭、白梭梭及四翅滨藜植株比较

（a）梭梭；（b）白梭梭；（c）四翅滨藜

（三）野生分布与适宜种植区域

肉苁蓉属植物主要分布于北半球温暖沙漠、荒漠等干燥地带。荒漠肉苁蓉寄生于梭梭属（*Haloxylon*）和滨藜属（*Atriplex*）植物根部，主要分布在内蒙古中西部的阿拉善左旗、额济纳旗和乌拉特后旗等，甘肃的张掖和武威，新疆北疆以及青海等地，内蒙古和新疆产量最为丰富，以内蒙古阿拉善地区的药材质量最好[24-25]。20世纪80年代资源普查时，新疆肉苁蓉属药材自然分布面积达4.87万公顷，蕴藏量在5000吨以上。近年来，全球变暖，气温升高，地下水过度开发，导致地下水位下降，大片潜在寄生植物因水分不足而干枯死亡，造成肉苁蓉分布面积随之减少。另外，肉苁蓉属药材的掠夺式采挖、过度放牧，也造成肉苁蓉资源的严重枯竭，野生肉苁蓉资源量已不足过去1%[26-27]。为此，国务院于2000年专门发文《关于禁止采集和销售发菜制止滥挖甘草和麻黄草有关问题的通知》（国发〔2000〕13号）制止滥挖甘草、麻黄草、肉苁蓉等5种中药材，并提出了一系列保护措施。

1985年，内蒙古阿拉善地区首次成功实现了种植梭梭生产肉苁蓉生产模式，开创了人工种植肉苁蓉的先河[28]。之后在内蒙古乌兰布和、宁夏永宁等地开展人工栽培，新疆北疆吉木萨尔、吐鲁番、哈密，以及南疆和田、且末、沙雅等地也相继建立了荒漠肉苁蓉人工种植基地。目前，适宜荒漠肉苁蓉种植的地区主要有内蒙古阿拉善高原、新疆北疆东部、甘肃河西走廊北部和宁夏中北部。2018 年，研究人员发现从美国引种来的具有抗旱、抗寒和耐盐碱特性的四翅滨藜能够寄生荒漠肉苁蓉。四翅滨藜接种肉苁蓉不仅产量高，而且有效成分含量明显高于梭梭寄生的肉苁蓉，为荒漠肉苁蓉大规模种植和产业发展奠定了基础[29]。

二、生产加工技术

（一）种植技术

1. 地块选择

在选择地块时，应优先考虑轻度盐渍化、地下水位较高且为固定或半固定状态的沙地、荒漠沙地，这些区域需确保阳光充足，并具备良好的排水条件。土壤类型以棕钙土、灌漠土、灰棕漠土、半荒漠土、灰漠土以及盐渍土等各类荒漠土壤为宜，其中，土壤结构以沙壤为佳。同时，所选地段还应具备灌溉条件，以满足荒漠肉苁蓉的生长需求。

2. 种子要求

种子须经过专业人员鉴定，应为荒漠肉苁蓉，寄主植物和肉苁蓉基原植物应对应，不然难以完成寄生，可采自野外或种植基地自繁，成熟有活力，经检验符合相应标准。

3. 寄主育苗及种植

3 月下旬至 5 月上旬可进行梭梭、四翅滨藜等寄主植物播种，土壤温度稳定在 10℃左右时最为适宜（图 3）。播种前浅翻细耙，锄去杂草，灌足底水。每公顷播种量 30 ~ 120 千克，播后覆土不超过 1 厘米，稍加镇压，喷灌或小水漫灌，保持苗床湿润。可当年 10 月中旬或翌年春季 3 月下旬或 3—4 月上旬起苗，秋季起苗需假植越冬。3—4 月在寄主苗萌芽前移栽种植，株距 1 米左右，行距 3 ~ 4 米。种植后及时浇水，随时检查成活率，适时补栽[30]。

4. 荒漠肉苁蓉接种

选择长势良好的 3 年生及以上寄主植物，全年土壤未冻时均可接种，最佳接种时间为 4 月底至 5 月初。在寄主植物行两侧或一侧 40～50 厘米，开沟深 40～60 厘米，沟宽 15～30 厘米，在沟内放入肉苁蓉种子，将土回填。也可机械化播种，不开沟，按照设定的深度，直接将肉苁蓉种子播入土壤。春季土壤解冻后到秋季冻土前均可接种。秋季采挖肉苁蓉时，随采随播。种子播种量根据梭梭生长和灌溉条件确定，沟播肉苁蓉种子接种量为每公顷 700～4500 克，穴播为每公顷 150～750 克。接种后及时浇透水 1 次，之后视土壤墒情灌溉 1 次。每年浇透水 1～2 次。浇水后或雨后及时除草，行间可用机械除草，株间人工除草。可采用滴灌灌溉，滴灌管应放置在播种沟（带）上方[31]。

(a)

(b)

图 3　荒漠肉苁蓉寄主梭梭育苗及大田种植

（a）梭梭育苗；（b）大田种植

5. 病虫害防控

荒漠肉苁蓉及其寄主植物主要病虫害有肉苁蓉茎腐病、肉苁蓉蛀蝇、黄褐丽金龟、梭梭白粉病、根腐病、锈病、草地螟和漠尺蛾等（见表 2 和图 4）。针对肉苁蓉茎腐病和梭梭白粉病、锈病等病害，宜采用生防菌剂、低毒化学农药和人工剪除等管理措施；针对肉苁蓉蛀蝇和黄褐丽金龟等害虫，宜选用低毒化学农药、充分腐熟的有机肥、物理防治和保护天敌等综合防治方法。在采取化学防治手段时，必须确保遵循 NY/T 1276 国家相关规定的标准。在选择农药时，应优先考虑使用高效且低毒性的生物农药。此外，坚决不使用任何被国家明确列为禁用或限制使用的农药[32]。

表 2　荒漠肉苁蓉及其寄主植物常见有害生物及防治方法

病虫害名称	危害部位	防治时期	防治方法
黄褐丽金龟（*Anomala exoleta*）	肉苁蓉及梭梭根	3—11 月	黑光灯诱杀或频振式杀虫灯诱杀成虫，田间施用有机肥必须充分腐熟，杀灭虫卵，采用辛硫磷乳油及颗粒剂防治

续表

病虫害名称	危害部位	防治时期	防治方法
肉苁蓉蛀蝇（*Eumerus acuticornis*）	肉苁蓉肉质茎	4—6 月	成虫羽化期进行诱集和捕杀，肉苁蓉刚出土茎尖部位喷施敌百虫或辛硫磷，防治成虫和初孵幼虫
梭梭草地螟（*Loxostege stieticatis*）	梭梭幼嫩同化枝	4—8 月	除草灭卵，阻止幼虫迁移，幼虫 3 龄前用辛硫磷乳油、氯氰菊酯乳油、阿维菌素、敌百虫、灭幼脲等处理
梭梭漠尺蛾（*Desertobia heloxylonia*）	梭梭幼嫩同化枝	4—5 月	羽化期用黑光灯或人工捕杀成虫，在树干基部诱引挖蛹。喷洒辛硫磷乳油、溴氰菊酯或高效氯氰菊酯等药剂
梭梭木虱（*Haloxylon psyll*）	梭梭幼嫩同化枝	5—9 月	用黄板或荧光灯诱杀成虫，喷施 12%甲维盐虫螨腈悬浮剂
肉苁蓉茎腐病（*Cistanche deserticola stem rot*）	苁蓉肉质茎	3—11 月	肉苁蓉采挖季节控制土壤含水量，防治地下害虫，对已发病植株做彻底清理，并应用多菌灵等进行土壤消毒
梭梭锈病（*Camarosporium Paletzkii*）	梭梭幼茎和同化枝	3—9 月	夏孢子未释放的 5 月上中旬人工剪除病瘤，化学方法采用粉锈宁粉剂喷雾防治效果最好
梭梭白粉病（*Leveillula saxaouli*）	梭梭绿色枝条	7—月	减少沙鼠危害，发生严重时，用硫黄粉、三唑酮、嘧菌酯、粉锈宁等喷撒效果好

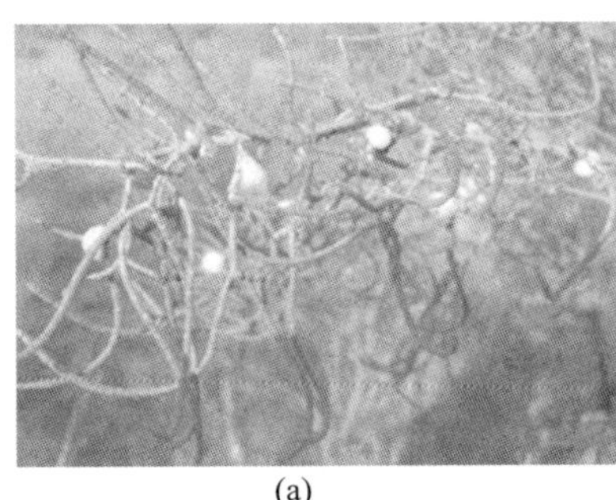
(a)

(b)

图 4　荒漠肉苁蓉寄主梭梭锈病及白粉病

（a）锈病；（b）白粉病

（二）采收及加工技术

1. 采收时间

接种后第3年开始采收，春秋两个季节均适宜进行采收。具体来说，春季的适宜时间为3月至4月，此时应选择肉苁蓉肉质茎顶端尚未出土，或是其花序端刚开始露出土面的时机进行采收；而秋季的适宜时间则为10月至11月，需在冻土之前完成采收工作。

2. 采收方式

从寄生点处全部采收，或采大留小，寄生点处有小芽的肉苁蓉可在离寄生点5～10厘米使用非金属刀具切断或用手扳断，采挖后要覆土回埋。春季采收的肉苁蓉，应去除花序或茎尖[33]（图5）。

图5　田间采挖的荒漠肉苁蓉药材

3. 产地加工

清除虫蛀霉变肉苁蓉和寄主根等杂质后，可先将鲜肉苁蓉用高压水快速淋洗，除去泥沙，放通风处吹干表面多余水分。随后可采用多种方式对肉苁蓉进行产地加工：①将整根鲜肉苁蓉在通风干燥处直接干燥，或蒸20～30分钟杀酶后晾晒。雨雪天要有遮雨棚遮蔽，每天翻动1～2次，防止霉变，直到含水量10%以下。②用不锈钢刀或切片机切成厚3～10分钟的切片，蒸5～7分钟杀酶后晾晒干燥或60℃左右烘干至含水量在10%以下。③整根或切片利用微波干燥等技术进行快速干燥[34]。

（三）商品规格及药材品质

1984年，国家中医药管理局与卫生部共同制定了《76种药材商品规格标准》，在这一标准中，肉苁蓉被明确划分为"甜苁蓉"与"咸苁蓉"两大规格，其主要区别为是否经过盐湖水浸泡。由于肉苁蓉本身含水量较高，干燥难度大，且在运输过程中容易发生霉变和腐败，因此过去常采用盐湖水浸泡得"咸苁蓉"。然而，随着干燥技术的不断进步和交通运输条件的日益便利，当前各产地及市场上已难觅咸苁蓉的踪迹[35]。在2018年中华中医药学会发布的《中药材商品规格等级 肉苁蓉》标准（见表3）中，依据肉质茎的长度、直径以及每千克肉质茎的数量，肉苁蓉被划分为"软苁蓉"和"硬苁蓉"两大规格，并进一步将选货规格细分为2～3个等级[36-37]。

表3 肉苁蓉药材等级划分标准

物种	等级	肉质茎长/厘米	中部直径/厘米	每千克根数/个	质地
荒漠肉苁蓉	选货（一等）	>25	>3.5	<5	柔韧
	选货（二等）	15～25	>2.5	5～10	微有柔性
	统货	>3	>2	—	—

（四）交易市场现状

截至2021年，我国已在内蒙古、新疆、甘肃、青海、宁夏等地的沙漠及荒漠区域成功种植了近900万亩的梭梭、柽柳和四翅滨藜，并在其中接种了超过300万亩的肉苁蓉，实现了年产肉苁蓉药材8500多吨，以新疆产量最大[4]。其中扩大种植的物种主要以荒漠肉苁蓉为主，极大地缓解了肉苁蓉药材资源短缺问题，保障了临床用药和200多个中成药和保健产品的原料供给。对中药材天地网（http://www.zyctd.com/）及药通网（https://www.yt1998.com/）的分析得知，内蒙古作为荒漠肉苁蓉的道地产区，所产肉苁蓉价格较高。2024年6月，产地统货价格为60元/千克，资源蕴藏量最高的新疆产地统货价格为50元/千克。对肉苁蓉药材近5年的市场价格进行同比得知，荒漠肉苁蓉近年来种植面积逐渐增大，导致其市场价格出现下跌，但荒漠肉苁蓉价格仍然高于管花肉苁蓉药材市场价格。据不完全统计，截至2023年，全国以肉苁蓉为原料开发的药品和食品约49个，以肉苁蓉为原料开发的保健产品有38个，肉苁蓉药材、饮片、中成药以及相关健康产品年销售额为200多亿元，产业已初具规模。随着我国社会人口老龄化和《"健康中国2030"规划纲要》实施，在补肾、抗衰老、抗阿尔茨海默病和帕金森病、保肝、润肠通便等方面具有确切作用和特色的肉苁蓉，必将迎来辉煌的发展前景，肉苁蓉及其药用制品的需求量呈现出逐年增长的态势。

三、现代研究及应用

（一）化学成分

肉苁蓉作为名贵中药，其化学成分多样，涵盖多种生物活性物质。苯乙醇苷类成分是肉苁蓉药效的重要体现，肉苁蓉中的糖类及其衍生物类成分也是其药效的重要组成部分，具有广泛的生物活性。此外，肉苁蓉中还含有甜菜碱等生物碱、黄酮类以及环烯醚萜类等活性成分，赋予了肉苁蓉多种药理作用[38]。随着科技发展，不断有新的化合物从肉苁蓉中被发现并报道，丰富了其药效基础，为其在中医药领域的应用提供更多支持。

（二）产品开发

目前，以肉苁蓉作为原料的中药处方（包括复方配伍）已达数百种之多，其中，以肉苁蓉为主要成分的中成药就有196种。肉苁蓉相关的保健产品也同样丰富，数量达到数百种。此外，目前还有大量的与肉苁蓉有关的产品正处于申报和研发的阶段[4]。不仅如此，药食两用的肉苁蓉用法多种多样，煮水、泡酒、煲汤、炖羊肉、熬粥均可，用于烹饪各种药膳时，不仅味道鲜美，还富含营养价值。肉苁蓉作为我国重要的出口创汇产品，每年都有大量肉苁蓉及其总苷出口至日本、韩国、俄罗斯以及东南亚等国家，并且已经开发出40多种相关产品[39-41]。因此，对肉苁蓉的功效及其产品进行更深入的研究，对于推动"健康中国"的建设具有非常重要的意义。

四、产业存在问题及对策

（一）存在问题

肉苁蓉产业发展前景广阔，但仍然面临各种挑战和困难。当前，该产业主要存在以下几点问题：

（1）产业整体实力不足。肉苁蓉产业主要以家庭种植和合作社为主要形式，缺乏规模化种植的大企业引领。

（2）深加工产品匮乏与市场认知度低。肉苁蓉产区仍主要依赖粗放的原料交易，科技含量较低，缺乏影响力品牌产品。

（3）基础研究不足，无法满足于市场需求变化。肉苁蓉的基础研究尚待进一步深入，缺乏深入的研究和开发将制约产业升级。

（4）肉苁蓉的宣传和市场开拓工作非常薄弱，公众对肉苁蓉的认识主要局限于其作为补肾壮阳中药材使用，对于润肠通便、抗老年痴呆等其他功效宣传力度不够。

（二）发展建议

发展建议如下：

（1）推广肉苁蓉规范化种植技术，提升全产业链生产管理水平，确保各环节遵循 GAP 标准。种源管理需建立完善机制，保证种子品质；农业生产投入品需绿色、有机、无公害，科学使用并遵循安全间隔期；加强生长环境监测与调控；采收与加工环节需制定严格规程，确保标准化操作，仓储管理要避免损失。政府和社会各界应加大投入，推广先进接种技术、节水灌溉设施和采收机械设备，提高生产效率和产量稳定性，促进种植业现代化，为肉苁蓉产业可持续发展注入新活力。

（2）加强产业交流合作，促进农民增收。深挖肉苁蓉药用和经济价值，升级改良药品、扩大应用范围、研发提取物系列产品。鼓励大型企业整合资源，引领产业升级。支持企业在阿拉善盟等地建交易市场及仓储物流中心，打造区域性专业市场，培育特色贸易地区，促进肉苁蓉产业规模化、集约化发展，带动当地经济和农民增收。随着持续的发展与壮大，已经涌现出一批年销售额超过亿元的肉苁蓉制品企业。

（3）深入基础科学研究，推进产业发展现代化。首要剖析其寄生机理，优化种植技术；其次研究化学成分与活性成分，探究药理作用与保健功能。在传统认知中，肉苁蓉在中医药领域应用广泛，但科学研究的重点应在于挖掘其潜在价值。后续研究可结合前沿科技，探究作用机理，为提升肉苁蓉药材产量和质量提供依据。鉴于肉苁蓉在食品领域的广泛应用前景，特别是被批准为食药同源物质的荒漠肉苁蓉，可围绕研发食品产品，构建健康产品体系。此举将推动肉苁蓉产业快速发展，为中药现代化提供有力支持。

（4）完善政策运行机制，保障产业可持续发展。促进肉苁蓉产业可持续发展。具体措施包括：①资金支持。增加专项财政投入，通过补贴、贴息等方式减轻企业负担，吸引更多社会资本参与。②政策引导。制定优惠税收和信贷政策，如降低税率、提供补贴和设立产业基金，激发企业创新。③人才培养与引进。通过奖学金、科研奖励机制吸引专业人才，加强职业教育和高等教育培训。④鼓励非公有制组织和个人参与。设立科技项目、优化信贷条件、提供税收优惠，支持社会力量在肉苁蓉产业各方面发挥积极作用。政府还应将肉苁蓉种植列为荒漠化治理重点项目，提供资金支持以调动各方面积极性。制定招商引资优惠政策，吸引实力企业投资，扩大招商引资规模，引导社会资本进入肉苁蓉产业链中下游，构建完整产业链条。这些措施将有力保障肉苁蓉产业健康可持续发展。

（5）加大宣传力度，推动国内外市场拓展。在国内，应充分利用媒体和社交平台，宣传其生态效益、药用价值和社会效益，举办科普活动和健康讲座，提升公众认知和接受度，并深挖其文化内涵，打造有文化底蕴的中药材品牌。面对国际市场，合作与交流是关键。需寻求与国际知名院校、科研单位合作，共同研究，以科研成果支撑产品创新。同时，积极拓展国际市场，在巩固现有市场的基础上，通过国际展会、商务洽谈等形式，拓宽销售渠道，扩大市场份额。

五、总结与展望

肉苁蓉是中国传统的珍贵中药材，其含有氨基酸、维生素和矿物质等丰富的营养成分，能补充能量，提高抵抗力。此外，肉苁蓉属植物生长在恶劣环境，具有生态适应性，能改善土壤结构，提高土地质量，促进社会和谐稳定和经济增长。肉苁蓉产业的发展具有重要的生态效益、经济效益和社会效益。自2023年国家卫生健康委员会和市场监管总局联合发文将肉苁蓉（荒漠）列入食药同源物质目录以来，肉苁蓉产业迎来了千年发展良机，其市场需求量不断提升。如今肉苁蓉制成药膳、茶饮、药酒以及保健食品，在中国、日本和东南亚市场上广受欢迎。但目前肉苁蓉企业规模较小，知名产品非常缺乏，难以支撑肉苁蓉产业高质量发展。通过政府、行业专家及相关企业的持续努力，不断攻克技术难题，提高肉苁蓉药材产量和质量，开发更多优质产品，肉苁蓉产业必将迎来健康可持续发展。

参考文献

[1] 沈亮．肉苁蓉寄主植物种质资源评价及其寄生关系研究［D］．北京：清华大学医学部北京协和医学院，2015.

[2] LI Z M，LIN H N，LONG G，et al. Herba Cistanche（Rou Cong－Rong）：One of the best pharmaceutical gifts of traditional Chinese medicine［J］．Frontiers in Pharmacology，2016，7（15）：41－47.

[3] 国家药典委员会．中华人民共和国药典（2020年版）：一部［M］．北京：中国医药科技出版社，2020：140－141.

[4] 屠鹏飞，姜勇，郭玉海，等．肉苁蓉全产业链发展新模式的创建与应用［J］．中国现代中药，2021，23（3）：395－400.

[5] 黄奭辑．神农本草经（影印本）［M］．北京：中国古籍出版社，1982：72.

[6] 吴普．吴普本草［M］．尚志钧，辑校．武汉：武汉医学院，1961.

[7] 陶弘景．名医别录［M］．尚志钧，辑校．北京：人民卫生出版社，1986：51.

[8] 苏颂．本草图经：上［M］．尚志钧，辑校．合肥：安徽科学技术出版社，1994：118.

[9] 屠鹏飞，姜勇．中药肉苁蓉的本草再考证［J］．中国中药杂志，2022，47：5670－5679.

[10] 彭芳，徐荣，徐常青，等．肉苁蓉药用及其食疗历史考证［J］．中国药学杂志，2017，52（5）：377－383.

[11] 李时珍．本草纲目（影印本）［M］．北京：中国书店出版社，1988，109－111.

［12］陶弘景．本草经集注［M］．北京：人民卫生出版社，1994：239.

［13］孙思邈．千金翼方［M］．太原：山西科学技术出版社，2010.

［14］中华人民共和国卫生部药典委员会．中华人民共和国药典：一部［M］．北京：人民卫生出版社，1963：108.

［15］中华人民共和国卫生部药典委员会．中华人民共和国药典：一部［M］．北京：人民卫生出版社，1978：220.

［16］中华人民共和国药典：一部［M］．北京：化学工业出版社，2005：90.

［17］张志耘．中国列当科研究（一）［J］．植物研究，1984，4（4）：111－119.

［18］马毓泉．内蒙古肉苁蓉属（Cistanche）植物的初步研究［J］．内蒙古大学学报（自然科学版），1960，2（1）：61.

［19］张志耘．国产列当科肉苁蓉属的分类学研究［J］．药学实践杂志，2000，18（5）：336.

［20］徐荣．濒危药用植物肉苁蓉的引种保育研究［D］．北京：清华大学医学部北京协医学院，2009.

［21］SHEN L，XU R，LIU S，et al. Parasitic relationship of Cistanche deserticola and host－plant Haloxylon ammodendron based on genetic variation of host［J］．Chinese herbal medicines，2019，11（3）：267－274.

［22］陈君，于晶，徐荣，等．肉苁蓉生殖生物学初步研究Ⅰ：出土与开花［J］．中国中药杂志，2007，32（17）：1729－1732.

［23］盛晋华，翟志席，郭玉海．荒漠肉苁蓉种子萌发与吸器形成的形态学研究［J］．中草药，2004，35（9）：1047－1049.

［24］胡式之．中国西北地区的梭梭荒漠［J］．植物生态与地理学，1963，1（1－2）：81－109.

［25］陈君，谢彩香，陈士林，等．濒危药材肉苁蓉产地适宜性数值分析［J］．中国中药杂志，2007，32（14）：1396－1401.

［26］中国科学院中国植物志编辑委员会．中国植物志：第六十九卷［M］．北京：科学出版社，1990，1：83－89.

［27］XU R，CHEN J，CHEN S L，et al. *Cistanche deserticola* Ma cultivated as a new crop in China［J］．Genetic Resources & Crop Evolution. 2009，56（1）：137－142.

［28］戈建新．肉苁蓉的人工种植方法：CN01132486. 4［P］．2001.

［29］王帅，李得禄，楼金．新寄主四翅滨藜接种肉苁蓉技术［J］．甘肃林业科技，2021，46（4）：36－40.

[30] 国家市场监督管理总局，国家标准化管理委员会．肉苁蓉培育技术规程：GB/T 41628—2022 [S]. 北京：中国标准出版社，2022.
[31] 陈庆亮，武志博，郭玉海，荒漠肉苁蓉及其寄主梭梭栽培技术 [J]. 中国现代中药，2015，17（4）：359 - 368.
[32] 徐荣，陈君，王夏，等．肉苁蓉及其寄主梭梭主要病虫害发生与防治 [J]. 中国现代中药，2015，17（4）：369 - 374.
[33] 庞金虎，盛晋华，张雄杰．生长年限和采收季节对肉苁蓉中有效成分的影响 [J]. 中国民族医药杂志，2013，19（1）：33 - 34.
[34] 黄璐琦，姚霞．新编中国药材学：第二卷 [M]. 北京：中国医药科技出版社，2020：132 - 13.
[35] 国家医药管理局，中华人民共和国卫生部．七十六种药材商品规格标准 [M]. 北京：中华人民共和国卫生部，1984：19.
[36] 李代晴，徐荣，何秀丽，等．肉苁蓉药材市场调查及规格等级标准 [J]. 中国现代中药，2021，23（3）：7 - 14.
[37] 李旻辉，黄璐琦，郭兰萍，等．中药商品规格等级 肉苁蓉：T/CACM 1021. 39—2018 [S]. 北京：中华中医药学会，2018.
[38] SONG Y L，ZENG K W，JIANG Y，et al. Cistanches Herba，from an endangered species to a big brand of Chinese medicine [J]. Medicinal Research Reviews，2021，41（3）：1539 - 1577.
[39] 屠鹏飞，姜勇，郭玉海，等．发展肉苁蓉生态产业推进西部荒漠地区生态文明 [J]. 中国现代中药，2015，17（4）：297 - 301.
[40] 屠鹏飞，姜勇，郭玉海，等．肉苁蓉研究及其产业发展 [J]. 中国药学杂志，2011，46（12）：882 - 887.
[41] 冯茹．环境因素和寄主植物对肉苁蓉品质的影响及机制探索 [D]. 北京：清华大学医学部北京协和医学院，2022.

HB.18 食药物质枣市场与开发分析报告

王政锋[①]　张晓薇[②]　高文彬[③]

摘　要： 本报告对食药物质枣的市场需求、发展现状、发展趋势进行深入分析，以进一步探讨其市场发展潜力和发展战略，为生产企业提供战略决策支持，促进产业升级和市场拓展。本文首先对中国食药物质枣市场与开发进行分析研究，采用文献研究法和数据研究法对中国食药物质枣行业的发展概况及枣市场运行情况进行分析，在此基础上运用 SWOT 分析方法分析中国枣行业发展优劣势及面临的机遇和风险，并得出目前中国枣市场适宜采取 SO 型发展战略。研究立足于现有的内部优势基础和外部发展机遇，提出积极进行技术研发与产品创新，依托乡村振兴与消费升级发展机遇，开拓国内外市场，提振产业发展等建议。最后探讨中国枣市场发展趋势，发现中国枣市场发展前景广阔，市场需求增长并体现个性化特征，枣产品企业应立足经济政策环境，加强技术创新，注重产品差异化个性化发展。

关键词： 枣市场；发展战略分析；发展前景

一、食药物质枣行业发展概况

（一）枣行业相关定义

枣，鼠李科枣属植物，落叶小乔木，稀灌木，核果呈矩圆形或者长卵圆

① 王政锋，工学学士，河北水利电力学院高级实验师，研究方向：数字化建设。
② 张晓薇，经济学硕士，河北水利电力学院讲师，研究方向：产业经济与普惠金融。
③ 高文彬，理学博士，沧州师范学院副教授，研究方向：生物资源开发与利用。

形，成熟后色泽由红变紫，通常栽培于海拔在1700米以下的丘陵、平原或山区，原产自中国，目前产区包括亚洲、欧洲和美洲地区。枣富含维生素C和维生素P，鲜果可供食用，也可作为食品工业原材料。此外，枣常被加工制成蜜枣、酒枣等蜜饯和果脯。中国枣主要分为南枣和北枣两种生态类型，划分标准以淮河、秦岭一带为界。其中，南枣含糖量较低，常用于制作蜜饯果脯；北枣含糖量高，鲜果和干果较受市场欢迎。目前中国枣有704个品种。

中国拥有众多优质的枣树品种。灰枣和鸡心枣是制干领域的佼佼者，而冬枣是鲜食品种的代表。当前，中国枣树栽培的主导方向以制干和加工品种为主，值得注意的是，尽管加工枣品的市场潜力巨大，但是原枣品种市场占比超90%，粗加工及深加工枣产品市场占有率不到10%。

（二）枣行业基本情况

中国是全球主要的枣生产国，枣产量占全球90%以上。近年来，中国枣产量呈波动上升趋势（如图1所示），2020年枣产量达到773.14万吨，随后出现减产现象。2022年较2020年枣产量下降约3.35个百分点。枣市场规模波动较大，枣市场规模从2015年的536.3亿元增长至2022年的785.5亿元，增长速度较快，但在2015年至2019年枣市场规模收缩明显，受消费观念、生活方式变动等因素影响，枣市场规模从2019年开始复苏上涨。

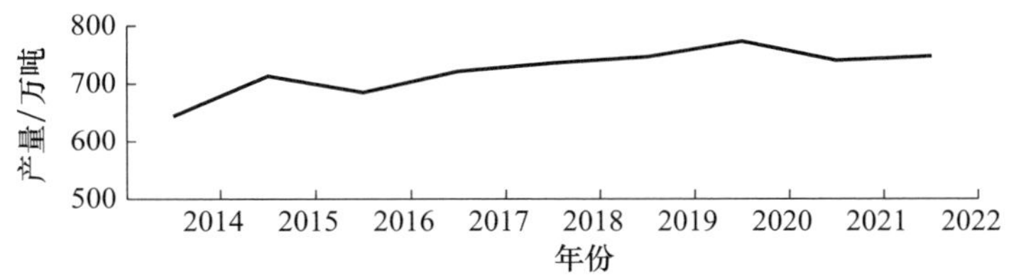

图1　2014—2022年中国枣产量变化趋势（数据来源：国家统计局）

中国枣主产区主要集中在新疆、山西、山东、河南、河北、陕西六大传统产枣省区，2017—2022年枣产量有所波动。国家统计局数据显示，2019年新疆枣产量为372.8万吨，陕西地区枣产量为99.9万吨，河北地区枣产量为78万吨。以2019年为例，全国枣产量及地区分布见图2。

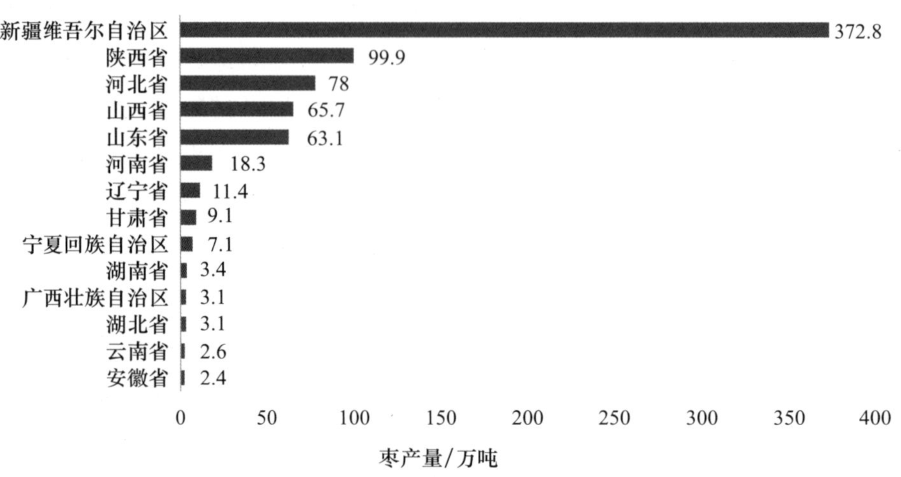

图 2　2019 年全国枣产量前十地区（数据来源：国家统计局）

（三）枣行业产业链分析

1. 种植模式

中国枣种植业呈现三大鲜明特征：首先，种植区域高度集中，这有利于形成规模效应和资源共享；其次，种植面积和产量均呈现出迅猛的增长态势，反映出枣产业的蓬勃发展和市场需求的旺盛；最后，灰枣品种在枣种植中占据显著优势，其独特的品质和口感深受消费者喜爱。

枣树作为一种适应性极强的树种，喜爱光照，偏好干燥气候，既耐热又耐旱涝，显示出了强大的生命力。它对土壤条件的要求并不严苛，除了沼泽地和重碱性土外，平原、沙地、沟谷、山地都能成为其生长的沃土。枣树的根系发达，比较抗旱，对水分的需求不多，即便在贫瘠的土壤中也能茁壮成长。然而，内地的枣种植有时会受到虫害的威胁，影响产量。

新疆枣产业尤为出众且享有盛名。作为中国知名的枣产区，新疆的可用于期货交割的灰枣绝大多数源自阿克苏、喀什、巴州等地，这里日照时间长，昼夜温差大，有利于枣累积糖分，枣更甜。同时，由于天气干燥，虫害和裂果发生的概率较低，除非遭遇极端天气，否则鲜有减产的情况。新疆培育出的枣品质上乘，据统计，2022 年新疆枣的有效种植面积达到了约 100 万亩，为当地经济和农民增收作出了重要贡献。

枣种植模式目前呈现出创新、高效和多样化的方向发展。枣种植模式优化过程中，种植专家首先注重引进和培育优质品种，通过嫁接栽培等方式提升枣品质，如陕北地区的“青枣”“道口枣”等。同时，种植技术的创新是提高枣产量和品质的关键。节水灌溉技术、精准施肥技术和科学管理技术等在枣种植中得到广泛应用，推动枣种植更加高效，资源利用更加合理，也减少了环境压力。同时，地方政府和相关部门关注枣行业发展，通过设立创新种植示范区等方式示范和推广新型种植技术和种植理念，显著提升枣种植品质。

2. 加工模式

在枣的收购环节中，各类加工企业主要从枣农和合作社处采购枣通货，作为后续加工生产的原材料。当进入加工生产环节时，枣的加工流程可以细分为原枣加工、粗加工和深加工三个主要阶段。

原枣加工主要涉及对枣进行一系列的基础处理，包括分拣、除杂、清洗、烘干、分级和杀菌等步骤，最终产出枣原枣产品。这些产品保留了枣的原始形态和营养价值。

粗加工侧重于在不改变干制枣原始形态的基础上，通过简单的加工手法如切割或与其他干果搭配，创造出新的产品形态，如枣夹核桃、枣切片、枣切条等。尽管这些加工方式相对简单，但它们同样丰富了枣产品的多样性。

深加工是通过更复杂的工艺，如发酵、研磨及分离提取等，完全改变枣的原始形态和特征，生产出枣泥、浓缩枣片、枣饮料等深加工产品。这些产品不仅提升了枣的附加值，也满足了消费者多样化的需求。

从总体来看，目前枣产品的加工水平仍然相对较低，这也导致了枣产业链相对较短。为了进一步提升枣产业的竞争力和附加值，需要加大研发力度，推动加工技术的创新和升级。

3. 销售模式

在终端消费环节，销售的产品主要分为原枣及其加工品两大类。这些产品通过多种销售渠道，如传统商超、电商平台、批发市场以及进出口贸易进入市场。

国内流通方面，枣产品销售整体呈现出“沧州集聚、南北分销”的发展特征，其中，中国枣市场的主要集散地在沧州和河南，新疆灰枣、山东小枣等产品经集散地后分散销往中国各地。中国的枣种植面积和产量均位列世界之首，占据了全球98%以上的份额。中国枣产品主要为自产自销，国内枣消费市场主要以国内枣产品为主，进口量占比低，出口量占总销量比例较少，但呈现增长态势，主要出口日本、韩国、新加坡。

传统商超一直是枣消费的主要渠道，占总销售量的65%～70%。然而，近年来随着电商的迅猛发展，这一传统销售渠道正面临着前所未有的挑战。目前，电商平台的销售占比已超过15%，并呈现出持续增长的态势。

二、食药物质枣市场运行情况分析

中国有3000多年的枣树栽培历史。它不仅具有高产量的经济价值，也具有枝奇、花盛的特点。2023年数据显示，中国枣树栽培面积达39.5万亩，年产枣5.6万余吨，创造产值1.68亿元。

（一）金丝小枣

1. 分布地域

河北、北京、山东等地。

2. 特征

喜阳光喜温暖气候，耐寒、耐涝、耐瘠薄、耐高温，适宜湿润、肥沃、土层深厚的沙壤土。

3. 种类

（1）沧州金丝小枣

沧州金丝小枣主要产地为沧州献县、沧州沧县。沧州独特的自然环境使沧州金丝小枣具有皮薄、肉厚、核小、色红的显著特点。20世纪80年代以前，沧州金丝小枣以其卓越的品质和产量，在中国的出口市场上占据了举足轻重的地位，其出口量更是超过中国总量的一半，深受东南亚乃至全球消费者的喜爱与赞誉。在沧州，枣树的种植面积已扩展至144.4万亩，在河北省占比44%，在全国占比14.4%。每年的产量高达3.75亿斤，在河北省占比43.2%，在全国占比14.6%。凭借着这样的产量和品质，沧州金丝小枣年产值达到了7.4亿元。具有“中国金丝小枣之乡”美称的沧县，现有无公害小枣生产基地24.5万亩；拥有红枣交易市场，2022年交易量286万吨、交易额418亿元；年红枣加工能力60万吨，红枣及干果食品加工量占全国市场70%以上；实现利润9.4亿元。2017年，沧县枣树种植面积达50万亩，金丝小枣年产量2.5亿千克。

（2）唐山金丝小枣

唐山金丝小枣主要产地为唐山玉田县孤树镇。唐山具有优越的地理条件，枣园坐落在山前梯田，土壤为褐土，pH 值为 7.0，土壤含钾量高，光照充足，热量丰富，昼夜温差较大，使唐山金丝小枣、枣肉质紧、甜度高。2000 年玉田县被授予“红枣生产专业乡”的美称。唐山金丝小枣果实卵圆形，纵径 2.41 厘米，横径 2.05 厘米，平均单果重 5.26 克，最大果重 7 克。种植面积达 6000 亩，年产量达 120 万千克。

（3）山东金丝小枣

山东金丝小枣主要产地为山东省乐陵市。山东独特的地理环境使小枣具有皮薄肉厚、核小色美、肉细汁多的特点。山东金丝小枣一般为椭圆形和鹅卵形，平均果重 5 ~7 克。乐陵市是金丝小枣的原产地，小枣栽培已有 3000 多年的历史，2014 年已拥有 50 万亩枣园，枣树达 2500 万株，年产干枣 1.8 亿千克，占全国小枣产量的十分之一，乐陵市进行技术培训、指导示范农户 1500 户，标准化生产技术应用将使示范区内枣树亩均增产 300 千克以上，年产优质金丝小枣 2000 吨，总产值 3000 万元，户均年收入 2 万元。2022 年乐陵市种有 30 万亩金丝小枣，全市培植起金丝小枣加工、电商经营企业 120 多家，门店、微商超 2000 家，年产小枣 1.8 亿斤，年销售枣制品 1.5 亿斤，产值 33.2 亿元，带动 5 万枣农实现增收致富。

（二）骏枣

1. 分布地域

中国的山西、吉林、河北、陕西、河南、新疆，以及欧洲和美洲。

2. 特征

具有抗逆性强、抗旱、抗寒、耐盐碱、耐贫瘠的特点。

3. 种类

（1）山西骏枣

山西骏枣主要产地为山西省交城和临县。该地充足的阳光和温暖的气候使山西骏枣具有丰富的营养，其中临县红枣富含 18 种氨基酸、10 种维生素。山西骏枣果实大，圆柱形或长倒卵形，纵径 4.7 厘米，横径 3.3 厘米。平均果重 22.9 克，最大果重 36.1 克，大小不均匀。交城骏枣地域保护范围面积 3500 公顷，总生产面积600公顷，年总产量3000吨。

（2）新疆骏枣

新疆骏枣主要产地为新疆一团十三连。新疆日照长、辐射强、积温高、温差大的特点使新疆骏枣具有味甜个大的特点。一团十三连种植骏枣4500亩。

（三）鸡心枣

1. 分布地域

河南省郑州市、新郑市和山西省。

2. 别名

新郑大枣、鸡心大枣、新郑红枣。

3. 种类

河南鸡心枣，这一独具特色的枣类品种，主要产自河南省的新郑市。这种枣外形小巧，如同樱桃，呈现深红色，光泽诱人。其果肉中厚，核小质密，不仅口感鲜美，更因其丰富的药用价值而备受赞誉。河南鸡心枣的平均单果重达13.2克，属于中大果型的鲜食枣。

在新郑市，鸡心枣的种植面积达到约60万亩，占全市枣树总株数的15%。新郑市每年的鲜枣产量高达1500万千克（历史最高年产达到2100万千克），产值超过6000余万元。这一产值占了全市八个枣区乡镇农业总产值的10%以上，而在重点产区孟庄镇，鸡心枣的产值占农业总产值的60%以上，足见其在新郑市农业产业中的重要地位。

（四）狗头枣

1. 分布区域

陕西省延安市。

2. 特征

个大，肉厚，核小，皮薄，味佳，色好，含糖量高。

3. 种类

延川县东傍黄河，属温带半干旱区，气候干燥少雨，昼夜温差大，日照时间长，受黄河特殊的地理因素影响，是大枣的理想适生区。狗头枣果实大，卵圆形，纵径4.1～4.8厘米，横径2.9～3.1厘米，平均果重18.2克，最大果重22.7克。延川县具有高达30万亩的红枣种植地，年产量5000吨左右，是枣类种植大县，梁家河有3000亩狗头枣专属种植区域。狗头枣是延安市重要的经济作物，为延安市带来了巨大的经济收入。

（五）和田枣

1. 分布区域

新疆和田。

2. 特征

个大，皮薄，核小，肉厚，颜色好，干而不皱。

3. 种类

新疆和田枣主要分布于新疆和田市，和田市地处北纬36.6°～37.1°，是世界公认的“水果优生区域”。2022年，和田地区种植和田枣89.04万亩。和田县色格孜库勒乡红枣种植面积已达4.25万亩，总产值高达1.2亿～1.48亿元，2023年，交易市场红枣日销量达到了300吨，销售额在1000万元左右，预计交易量能达到3万吨，交易量较2022年翻一番。

（六）灰枣

1. 分布区域

山西、陕西、河南、河北、湖北、湖南。

2. 特征

果实大，卵圆形，纵径4.1～4.8厘米，横径2.9～3.1厘米，平均果重18.2克，最大果重22.7克。果实呈长倒卵形，果皮为橙红色，核小肉厚，其富含蛋白质、糖类。

3. 种类

（1）河南灰枣

河南灰枣主要产地为河南省新郑市。新郑市得天独厚的自然条件和地理环境，使灰枣具有果皮薄的特点。新郑市枣树面积约6.5万亩，130多万株；古枣树约3.5万亩，40余万株。其中灰枣种植占枣树总量的80%，对新郑市的经济发展具有助推作用。

（2）新疆灰枣

新疆灰枣主要产地为新疆阿克苏和喀什。新疆晴天多、少阴雨、长日照、大温差的气候条件使灰枣具有皮薄、肉厚、核小、味甜的高品质特点。灰枣种植面积达 620 万亩，年产量 252 万吨。2022 年产季新疆灰枣下降 39.35%，锚定 2022 年产量为 60 万吨。2023 年产季整体呈产量下降趋势，截至 8 月底，据 Mysteel 实际调研数据统计，2023 年产季新疆灰枣较 2022 年产季减少 23.61 万吨，降幅 39.35%，产量预估为 36.39 万吨。截至 12 月中旬，根据样本点客商实际采收情况，平均单产在 402.75 千克/亩，较 2022 年样本点亩产 731.16 千克/亩，降幅为 44.92%。

（七）赞皇大枣

1. 分布区域

河北省石家庄市赞皇县。

2. 种类

赞皇大枣果实营养价值丰富，赞皇大枣平均单果重 17.3 克，其具有果形整齐、果色深红鲜亮、皮薄肉厚、肉质细脆、酸甜可口、糖多、丝长的特点。2022 年，赞皇大枣种植面积达 45 亩，产量达 10 万余吨。赞皇县的酸枣仁年产量已超过 7000 吨，占据全国市场份额约 70%，年产值高达 50 多亿元。为进一步提升酸枣产业的效益，该县已累计发展了 4 万亩的大枣改接酸枣及人工种植，预计在未来三年内这一面积将增至 10 万亩。此举标志着赞皇县的酸枣产业正由传统的低效野生抚育模式朝向高质量、高效率的标准化种植方向转变，预示着产业的蓬勃发展。

三、中国食药物质枣市场发展战略分析

（一）中国食药物质枣市场发展 SWOT 分析

1. 优势

（1）栽培历史悠久，自然条件适宜

中国枣作为深受消费者喜爱的果品，枣树栽培历史悠久，地域广泛，产量

占比全球首位。据文献资料记载，中国枣树栽培历史至少已有3000余年，最早的枣树栽培始于黄河中下游的陕西、山西等地区，后逐渐发展至河北、山东等地。

枣树对于气候、土壤等生长因素具有较强的适应性，中国大部分地区气候受副热带季风影响，温度适宜枣树生长，使得中国枣产品分布广阔，枣产量高。并且中国南北气候与土壤差异，南北枣类品种、口感不同，枣类资源丰富。北产区以河北、河南、山东、山西和陕西为主，还包括新疆、甘肃、宁夏、东北三省等，产量占全国总量的74%～80%，南方产区主要为秦岭、淮河以南地区。

（2）口感香甜，营养丰富

自古以来，枣就与桃、李、梅、杏并称“五果”，它不仅富含维生素A、维生素C以及维生素B2等多种营养成分，还富含大量的氨基酸以及钙、铁等微量元素。

在中医理论中，红枣具有性平、味甘，无毒的特性，被视为滋补佳品。它具有补血气、养脾胃、养血安神等多重功效。现代医学理论研究发现，枣中含有环磷酸腺苷和三萜类化合物，能够起到扩张血管、抗疲劳等作用。

2. 劣势

（1）种植技术落后，枣果品质下降

中国枣树种植仍以传统栽种技术为主，尚未实现农业机械化种植，影响栽种效率；同时，品种创新力不强，产量和品质较易受气候等外部因素影响。一方面，传统灌溉技术和人工农药喷洒技术对枣种植提出了较高的人力成本要求；并且，目前中国大部分枣种植地区农业机械化程度落后，主要依靠农户对自培枣树进行种植与管理，专业化程度不足，无法实现规模效应，种植效率低。另一方面，受病虫害以及多雨等气候因素影响，传统枣品种在结果期到成熟期容易出现裂枣、烂枣及枣疯病等，造成枣果品质下降，产量减少，甚至出现大规模的弃管等问题。果品品质和产量的不稳定会直接影响枣产品市场供需数量、市场价格以及长期发展，从而影响枣产业发展的稳定性。

由于果农片面追求高产量和大果，口感下滑，市场表现不佳，失去原有市场竞争力。为了提高产量，生产大果，果农提高种植密度，种植过程中肥料施加不当，超量施用氮肥、多次喷施赤霉素，使得枣果皮细胞密度下降，多雨气候容易出现裂果，枣果抗病性减弱，含糖量明显下降，枣果品质受到严重影响，市场需求下降，最终导致产量下滑，价格下降，收益降低。

（2）精深加工不足，缺乏高附加值产品

中国红枣产品深加工产品少，加工转化率低。中国红枣产品目前以初加工为主，红枣经过清洗、晾晒后以干果形态流向市场，产品附加值低，深加工产品较少，加工转化率低。枣产品研发环节成效不显著，已有企业涉及红枣中营养物质元素的检验与提取，但尚未形成研发结论，未形成完整产业链。

枣行业发展中缺乏龙头企业，加工企业以初加工企业为主，多为家庭作坊模式，规模小且分散。分散化小企业规模化管理难度较高，难以实现资本优势与研发优势，不利于孵化生产效率较高的精加工及深加工制造模式，致使产品市场竞争力不足，利润空间小

（3）产业结构失衡，缺乏品牌营销意识

当前枣产业既存在单一品种市场供应过剩的问题，也存在部分产品供给不足现象，产业结构失衡问题较为明显。大宗制干果市场供给量较大，但产品品质一般，造成市场供应过剩，价格适中质量较好的干果以及优质的鲜果市场供应不足，枣树减产问题导致市场鲜果供应量下降较为明显。市场缺乏高品质的特色果品和能够适应大众口感的日常消费果品。

市场机制不完善，未建立价格监测预警机制。受枣产品品质和产量不稳定因素影响，枣产品市场供给具有不稳定性，枣产品价格波动较为明显，从而影响市场需求的持续增长。枣行情监测预警机制的不完善使得市场无法识别产品供需数量及产品价格的变化，信息的不完善造成市场种植、销售的盲目性。

3. 机会

（1）国际市场拓展

枣产品作为中国的代表性农产品之一，可以通过更广阔的渠道进入国际市场，扩大销售范围，提高国际竞争力。中国与沿线国家的经贸合作和交流加强，为枣产业提供了更多的市场机会和合作伙伴，通过与沿线国家开展贸易往来，共同推广枣产品，促进产业的互补和协同发展。“一带一路”倡议还推动了农业领域的国际合作和技术交流，为中国枣产业的发展注入了新的活力和动力。通过与沿线国家在农业技术、品种改良、市场营销等方面的交流与合作，可以进一步提升中国枣产业的科技含量和附加值，推动中国枣产业的持续健康发展。

“一带一路”合作倡议为中国枣产业的发展提供了更加广阔的市场空间、更多的合作机会和更强的竞争实力，有助于推动中国枣产业的国际化进程和高质量发展。中国枣产业有望抓住“一带一路”建设发展机遇，拓展国际市场，以此提振枣产品以及产品品质。枣是中国具有独特优势的特色果品，发源于中国，且适宜生长于中国，几乎没有国际竞争对手。目前，中国枣产品出口率不足1%，国际市场仍有较大发展空间，枣产业应创新产品品种，优化种植技术，保证枣果品质，提高产业的国际竞争力，扩大出口总量。

（2）乡村振兴

乡村振兴战略的实施带来一系列的政策扶持，如财政补贴、税收优惠、金融支持等。这些政策将有利于枣产业的规模化、标准化、品牌化发展，提升枣产业的综合竞争力。

乡村振兴将加大农村基础设施建设的投资力度，提高基础设施的质量和覆盖范围。这将有利于枣产业的物流、仓储、销售等环节的改善，降低运输成本，提高市场竞争力。同时，乡村振兴政策引导农业科技水平的提升，促进农业科技的创新和应用，枣产业可以利用如生物技术、信息技术等现代科技手段，提高枣树的产量和品质，提升枣产品的附加值。此外，乡村振兴强调农村一、二、三产业的融合发展。枣产业可以借此机会，向深加工、休闲观光、文化体验等多元化方向发展，形成枣产业全产业链的发展模式。农户借助政策发展机遇推动农产品品牌建设和市场营销的升级，加强品牌建设，提升品牌知名度和美誉度；利用电子商务、直播带货等现代营销手段，拓宽销售渠道，提高市场占有率。

（3）消费习惯

中国消费者购买力升级趋势使得市场对枣产品的需求趋于高端化。随着经济水平的提高，人民群众购买力增强，对于具有高营养价值的食品需求增加，枣产品面临着较大的发展机遇。同时，人们生活水平的提高，带动了健康产业的发展，健康消费需求增加，红枣作为具有丰富营养价值和健康益处的食品，越来越受到消费者的青睐。红枣产品呈现出零食化、健康化的趋势，如枣蜜饯、枣奶、枣茶等健康养生产品受到市场欢迎。枣产业可以抓住这一趋势，开发更多健康养生产品，满足消费者需求。

互联网技术的发展改变了消费者的消费渠道，枣产品由传统的农贸市场交易逐渐发展为线上和线下双渠道营销，线上消费比例占比提高，可覆盖消费人群总规模增加，市场覆盖率提升。同时，消费市场信息渠道的通畅，使得消费者消费需求日益多元化、个性化，对枣产品品质、包装、功能等提出更高要求，也为枣产业创新发展提供了明确思路。

4. 威胁

（1）自然灾害风险

由于中国当前枣树种植手段较为传统，对应对气候变化影响以及病虫害防御手段较为落后，枣树结果率及枣果品质易受天气变化影响，自然灾害风险较高。

全球温室效应使得气候变化，极端天气出现频率提高，干旱、洪涝、连日阴雨以及部分极端天气都会对枣树生长以及枣果成熟造成影响，进而影响产量和品质。干旱导致地下水位下降，土壤干燥，影响红枣树木的生长。在干旱年份，红枣产量会明显下降，部分红枣果实干瘪、晒黑，品质受到严重影响。洪涝灾害对红枣产业的影响也较大。洪涝会导致红枣种植地区的果树受涝，根系受损，影响红枣的生长和产量。此外，洪涝还容易引发疫病和虫害，给红枣产业带来更多困扰。秋季连日阴雨是造成红枣裂变霉烂的主要原因。在连日阴雨天气下，红枣容易开裂，导致品质和产量下降。

由于全球气候变化的影响，极端天气事件的频率和强度增加，如极端高温、暴雨等给枣产业带来更大的风险。这些极端天气事件导致红枣生长周期缩短、病虫害增多等问题。

（2）技术手段落后

中国枣产业发展进入转型时期，由提升量产朝优化产业结构、提升产品质量方向发展，在发展过程中仍存在部分重大生产问题亟待科学技术手段支撑，如枣疯病防预与传播阻断、裂果防控等问题。

鲜果国内市场需求旺盛，经济效益高，但枣果品质下降、供应技术落后，使得市场供应常年不足，鲜果延迟成熟、物流运输、货期保鲜等技术研发不足。干果市场以初加工产品为主，精深加工产品较少，枣果富含的丰富营养物质未被充分开发、提炼与加工，产业附加值较低。

（二）中国枣产业发展战略矩阵

通过 SWOT 分析，得出中国枣产业发展 SWOT 战略矩阵表（见表 1）。通过比对，可以发现，目前中国枣产业发展过程中，内部相对优势较强，外部市场可替代性较弱。劣势问题可以借助乡村振兴、消费结构升级机遇等积极解决与改善。外部机遇为解决产业发展劣势、应对外部威胁带来的风险提供了较好的支撑。中国枣产业在未来的进一步发展过程中应采取 SO 型发展战略，立足于现有的内部优势基础，利用外部发展机遇，积极进行技术研发与产品创新，依托乡村振兴发展与消费升级发展机遇，开拓国内外市场，提振产业发展。

表 1　中国枣产业发展 SWOT 战略矩阵表

内部环境分析		外部环境分析	
		机会（O） ①国际市场拓展； ②乡村振兴； ③消费习惯	威胁（T） ①自然灾害风险； ②技术手段落后
		优势机会策略（S、O）	优势威胁策略（S、T）
优势（S）	①栽培历史悠久，自然条件适宜； ②口感香甜，营养丰富	立足于现有的内部优势基础，积极进行技术研发与产品创新，依托乡村振兴发展与消费升级发展机遇，开拓国内外市场	中国枣产业应不断提升农业技术，以应对自然灾害风险、技术手段落后等威胁，充分发挥自然条件以及枣果的天然优势
		劣势机会策略（W、O）	劣势威胁策略（W、T）
劣势（W）	①种植技术落后，枣果品质下降； ②精深加工不足，缺乏高附加值产品； ③产业结构失衡，缺乏品牌营销意识	依托乡村振兴发展战略解决种植技术落后、枣果品质下降问题，同时结合当前市场消费习惯，优化加工技术，调整产业结构，在此基础上积极拓展海外市场	当前中国枣产业处于转型时期，面临着较为严峻的发展劣势和外部的不确定性，借助转型发展机遇，积极谋划、创新产业发展战略，解决技术问题，提升产业优势，应对外部风险，推动产业发展

四、食药物质枣市场发展前景分析

（一）食药物质枣市场产品需求分析

1. 市场需求趋势

（1）健康养生意识的提高。“药食同源”是中国劳动人民在食物和药物发现中总结的智慧结晶，体现了食物在保健和治疗方面的功能。“药食同源”思想即食物保健思想的反映，包含着中医药学中的食疗、养生保健和药膳等内容。随着健康养生理念的普及，消费者对食药物质枣的认识将不断加深，他们将更加关注产品的营养价值和药用功效，这将推动市场朝更健康、更营养的方向发展。

（2）多元化和个性化需求。消费者对食药物质枣的需求呈现出多元化和个性化的特点，他们希望产品能够满足不同的口味偏好、健康需求和场景应用。因此，企业应根据市场需求，不断创新产品形式，满足消费者的个性化需求。

2. 竞争格局与主要参与者分析

食药物质枣市场竞争激烈，既有传统的本土企业，也有国际品牌的加入。本土企业在产品研发、品质控制和市场推广方面具有一定的优势，而国际品牌凭借其品牌影响力和先进的生产技术占据了一定的市场份额。目前，市场上的主要参与者包括一些知名的枣类企业、健康食品制造商以及传统中药材企业等，如岳普湖县新鑫果业有限公司和麦盖提县新疆枣都现代农业股份有限公司。新鑫果业有限公司凭借其在行业内的卓越实力，拥有 20 个精心打造的示范基地，旗下囊括了“黄金枣”“喀什红枣”“冰天优果”等一系列知名品牌，其中，通过绿色有机食品认证的种植面积达到了 1 万亩。与此同时，麦盖提县新疆枣都现代农业股份有限公司以其先进的生产线技术，现拥有 3 条高效生产线，每日能够处理红枣高达 200 吨。该公司不仅荣获中国首批红枣期货交割仓库的殊荣，更实现了从种植、收购、加工、仓储到现货贸易、金融贸易、深加工以及再销售的全方位、一体化运营。这些企业始终致力于创新技术、提升产品品质，以满足日益增长的消费者需求，展现出卓越的市场竞争力和行业影响力。

3. 消费者需求特点

消费者对于食药物质枣产品的需求呈现出以下多元化的特点：

（1）口感是消费者选择产品的重要因素之一。消费者倾向于选择口感鲜美、口感层次丰富的产品。

（2）产品的功效是消费者关注的重点。消费者普遍认为食药物质枣具有补气养血、健脾益胃、美容抗衰等功效，对于改善身体健康和提升生活质量具有积极作用。

（3）产品的包装和品牌形象也对消费者的购买决策产生一定影响。精美的包装和优质的品牌形象能够提升产品的附加值和竞争力。

4. 产品创新与差异化

针对市场需求趋势，企业应从以下两个方面进行产品创新和差异化：

（1）创新产品形式。开发更多元化的产品形式，如枣片、枣粉、枣泥等，满足不同消费者的需求。同时，结合现代科技手段，推出智能化、便捷化的产品，提升消费者体验。

（2）个性化定制。针对消费者的个性化需求，提供定制化服务。根据消费者的口味偏好、健康需求等，量身定制专属的食药物质枣产品。

（二）食药物质枣市场的规模发展分析

1. 枣市场发展的困难与挑战

（1）产业发展角度。枣产业在生产技术上尚未实现现代化栽培的全面推广，产业组织形式以小农经济和合作经济为主，产品结构和流通渠道较为单一，尚未深入开展对外贸易。

（2）政策支持角度。枣作为传统林业作物，常常未能被纳入农产品的支持政策框架内，因此在与热门果品产业的比较中，其发展水平显得相对滞后，急需更为深入且系统的研究。

过去的15年里，中国的枣产业经历了显著的起伏。在不到10年内，它从一个默默无闻的小产业迅速崛起，成为全国备受瞩目的干果产业。然而，好景不长，随后的5年内，该产业又从巅峰迅速滑落。从初期的供不应求、利润激增，到后来的供过于求、连连亏损，这一系列变化清晰地反映了枣产业正处于转型升级的紧要关头。因此，为这一产业探寻一条理性且可持续的发展路径，已成为当务之急。

2. 红枣市场供求分析

（1）国内市场。在深入分析红枣市场的趋势后，我们发现其国内市场需求正在增长。随着消费者对健康饮食理念的日益重视，红枣作为富含营养的天然食品，其市场需求呈现出持续上升的趋势。这主要源于红枣富含多种维生素和矿物质，能够满足消费者对健康生活的追求。随着红枣深加工技术的不断提升，红枣干、红枣酒、红枣粉等多元化产品也应运而生，这些产品不仅丰富了消费者的选择，还进一步提升了红枣的附加值和市场竞争力。

（2）国际市场。红枣同样展现出广阔的发展前景。随着全球范围内华人群体的日益壮大以及他们对于国内农副产品的青睐，红枣的国外市场需求有望快速增长。互联网电商的迅猛发展也为红枣的国际贸易提供了更为便捷的渠道，使得红枣能够更快地走向全球市场。“一带一路”倡议的实施也为红枣的出口提供了有力的政策支持，有望进一步推动红枣的国际市场拓展。

参考文献

[1] 刘文超，李铮，王世玉．枣产业创新生态系统发展现状与优化：以河北沧州“金丝小枣”为例［J］．中国果树，2021（10）：76－81，91.

[2] 楼文美，任海英，周慧芬，等．浙江义乌鲜食枣产业现状与发展对策［J］．中国果树，2024（6）：137－140.

[3] 刘妮雅．供给侧结构性改革背景下中国枣产业经济发展问题研究［D］．保定：河北农业大学，2018.

[4] 肇楠，李敏，胡春芳，等．药食同源林果业专利布局及发展态势分析［J］．安徽农业科学，2021，49（3）.

[5] 王希，候如月，霍立勇，等．河北省枣树枣疯病发病情况调查与防治技术研究［J］．河北农业科学，2024，28（1）.

HB.19 食药物质天麻市场发展报告

梁　峰[①]　曲兆华[②]　黎红梅[③]　马玉红[④]　梁佳佳[⑤]

摘　要： 天麻是一种食药兼备的传统名贵中药材，因其广泛的疗效，受到越来越多的关注，天麻相关产业也得到迅猛发展。天麻在中医领域被广泛应用于治疗眩晕、头痛、半身不遂等疾病。现代医学研究表明，天麻具有改善心脑血管健康、抗癫痫、改善高血压等效果。天麻常被用作食药物质，用于改善睡眠。随着现代药理研究的深入，我们对天麻的主要活性成分和作用机理有了更全面的了解，这扩大了其在医药和保健领域中的应用范围，展现了它在未来的发展前景和重要价值。本报告对天麻的生产种植、加工情况、质量评价等进行了阐述，对其市场价格、市场需求及销售品类现状进行了总结分析。对天麻产业存在的相关问题及发展建议进行了综述，以期为中国产业发展过程中天麻的合规使用、研发及临床应用提供借鉴。

关键词： 天麻；发展现状；市场分析；发展建议

天麻源于兰科植物天麻（*Gastrodia elata* Bl.）的干燥块茎，又称赤箭、离母、定风草等。天麻性平、味甘、归肝经[1]。天麻在中国已经有2000多年用于药物的历史，最早记录在《神农本草经》中，并被列为上品[2]。宋代《梦溪笔谈》也称“赤箭，即今之天麻也”，并称天麻是“神仙补理养生上药”，认为仅将其用于治风是非常可惜的，显示了天麻在延年益寿方面的重要地位[3]。宋代《开宝本草》也称天麻“久服益气，轻身长年”[4]，明代《本草

① 梁峰，硕士，天津中医药大学附属保康医院副主任医师，研究方向：中医药理论与临床研究、药食同源。

② 曲兆华，博士，天津师范大学数学科学学院讲师，研究方向：数学史、数学教育、医学史。

③ 黎红梅，硕士，天津中医药大学第一附属医院副主任医师，研究方向：中医眼科学、药食同源。

④ 马玉红，天津市盛振医院主治医师，研究方向：中西医结合、中医药产业研究。

⑤ 梁佳佳，重庆工程学院，研究方向：中医药制药与工程、中医药产业与战略研究。

纲目》也称“天麻即赤箭之根”[5]。此外，历史上的《名医别录》《新修本草》《医经允中》等均提及天麻，认为天麻适用于肝虚不足引起的“四肢拘挛”“善惊失志”等症状[6-8]。现代《中华人民共和国药典》记载天麻味甘、性平，归肝经，具有息风止痉、平抑肝阳、祛风通络的功效，常用于小儿惊风、癫痫抽搐、破伤风、头痛眩晕、手足不遂、肢体麻木、风湿痹痛等病症[1]。此外，天麻在保健食用方面也历史悠久。天麻炖鸡、天麻煲猪脑、天麻炖甲鱼、天麻烧牛尾等食用方法早已存在，并且在许多药膳、食疗书籍中有所记载[9]。

中国天麻种植广泛，特别是在长江流域、黄河流域和西南地区。统计数据显示，天麻分布在吉林、辽宁、陕西、安徽、云南、贵州等19个省（直辖市），这些地区气候和土壤条件适宜。天麻适应湿润、阴凉的环境，通常生长在海拔800米以上的山地[10]。目前，天麻主要通过人工栽培的方式种植，并采用有机种植和无公害农业生产方式，以保证产品的质量和安全性。一些种植基地在种植过程中注重生态环境保护，采取科学管理手段，在提高产量的同时保护自然资源，实现可持续种植。在天麻的采收和加工过程中，严格控制质量指标，确保产品的药用价值和安全性。

随着人们对中草药的需求不断增长，天麻产地正逐步实现规范化种植、标准化生产，并与现代科技相结合，提高产量和品质，拓展产业链，逐步朝着产业规模化、品牌化方向发展，努力实现产业的可持续发展和现代化。

本报告阐述了天麻生产种植、加工情况、质量评价，汇总了其各地的市场价格，市场需求和销售品类现状。综述了天麻产业存在的相关问题，并对问题提出相应建议，以期为天麻在中国产业发展中的合规使用、研究开发和临床应用提供参考依据。

一、天麻产业发展现状

（一）生产种植工艺

天麻是一种珍贵的中草药材，原产地在中国，主要分布于四川、湖南、湖北等地。在中医药学中，天麻具有重要的药用价值。在人工栽培之前，传统的天麻产品主要靠野生采集获得。但由于天麻生长发育绝大部分时间是在地下，不为人知，只有在抽薹开花时才能被发现。因此，以块茎入药的天麻营养被大量消耗，块茎品质低，有的甚至已无药用价值[11]。20世纪60年代，天麻的人工栽培正式开始，随后全国各地对天麻的人工栽培技术进行了广泛和深入的研究。就繁殖技术来看，中国的天麻栽培技术发展可以总结为三个阶段，即无性繁殖、有性繁殖和杂交育种。这三个阶段的变革深刻地改变了天麻的栽培方式、区域和面积分布，影响了天麻产量、质量、价格及消费市场的形成[12]。由于其特殊的生物学特性，栽培环节较为复杂。在近40年的研究中，中国在天麻有性繁殖技术领域取得了显著进展，大大提高了人工栽培天麻的产量和质量。天麻的有性繁殖方法是指通过培育箭麻生成蒴果，从而生产出种子，再利用这些种子培育出白头麻和米麻麻种。利用有性繁殖生产的白头麻和米麻作为种源，再进行无性栽培，可以显著提升繁殖系数并保持其旺盛的生命力[13]。

天麻是一种多年生草本植物，其一个生长周期在自然条件下大约为3年，包括四个阶段：首先是种子萌发阶段，并形成原球茎；其次的两个阶段是营养生长阶段，原球茎会逐渐发育成米麻、白麻，最终形成箭麻；最后是生殖生长阶段，箭麻开始抽薹、开花、结果，最终形成种子[14]。目前，天麻的栽培方法主要是以林下仿野生的“坑种”为主，辅以林下的“钵种”和“框种”，并按照“人种天养”的管理方式。这样做有助于还原天麻的原生态品种特性，坚持原生态育种、原生态种植、原生态管理、原生态加工，从而生产出高品质、原生态的天麻。

（二）加工制作工艺

天麻的加工起源于对中草药材的探索和应用，经过多年的实践和技术积累，天麻的加工工艺逐渐完善。天麻收获后，需要清洗、晾晒、切片等初加工，随后可通过炮制、炒制、蒸制等工艺进一步加工。这些步骤改变了天麻的性质和颜色，增强了药用功效。有效成分可通过提取获得，制成天麻提取物，用于制药、保健品等。同时，天麻还可制成片剂、颗粒、浸膏、膏霜等形式，方便患者使用。

天麻在传统炮制工艺过程中需要经历“水处理—蒸制—干燥”的复杂工序，由此而来的反复浸泡蒸制可能会导致有效成分的流失[15]。为了解决这一问题，目前一些中药产地已经开始采用了“一体化”技术，将中药加工和饮片炮制有机结合在一起，以减少生产重复环节并提高饮片的质量[16]。

随着技术的进步和设备的改良，天麻的加工生产正在朝规范化和现代化的方向发展。应用现代化的生产工艺和设备，不仅提高了加工效率，而且显著提升了产品质量。例如，真空脉动蒸制设备具有蒸制效率高、有效降低酶活性以及增加天麻素含量的优势[17]；蒸制和烘干一体机则在提高生产效率、降低能耗的同时，生产出品质优良的天麻[18]；还有蒸汽闪爆技术，具备提高天麻活性成分含量、节能环保等优点[19]。

当前，伴随着科技的进步和市场需求的不断增长，使用天麻作为原材料的多种产品如香烟、酒类、茶叶、食品以及化妆品不断涌现。目前，全国已有上百家企业从事天麻产品的加工和生产，其中包括天麻片、天麻颗粒、天麻浸膏、天麻颈椎贴膏、保健品、天麻茶、注射液、口服液以及天麻酒等产品。此外，还有一些产品将天麻与其他中药材进行组合使用。尤其是四川省巴中市作为中国的主要天麻产地，拥有许多专业的中药加工厂，这些加工厂专门进行天麻的初加工和深加工，从而提供各种类型的天麻产品。

天麻的品质在不同的产地和加工方法下存在差异，这导致了质量的不稳定性。有研究着重于分析天麻中主要有效成分如天麻素、对羟基苯甲醇、巴利森苷 A/B/C/E 的含量，同时也对饮片的外观特征进行考察。这些研究旨在进一步规范天麻的产地加工工艺，确保饮片的质量并提供科学依据[20]。

（三）质量综合评价

天麻作为一种重要的中草药材，不同产区的天麻质量和有效成分含量有所差异。总体来说，四川、湖南、湖北等产区的天麻质量较高，含有丰富的有效成分，适合用于药用和保健品制造。现代研究中，关于天麻的质量评价主要涉及天麻性状、有效成分及药效学研究等方面。随着科学技术的不断发展，显微镜、紫外分光光度计、薄层色谱和高效液相色谱仪（HPLC）分析仪器和技术在试验中得到广泛应用，这些先进的技术为天麻的质量评价提供了更准确的内在指标。研究表明，通过超高效液相色谱可测定天麻中五个主要有效成分的含量，同时通过苯酚－硫酸法可以测定其多糖含量以及测定天麻的醇浸出物，从而更全面地评估其品质[21]。相关研究人员还分析了天麻饮片的外观性状、有效成分、多糖以及醇浸出物之间的相关性。田孟华[22]在利用 HPIC 测定天麻素含量时，发现贵州铜仁天麻中天麻素含量最高，其次为安徽安庆、甘肃陇南、云南丽江、陕西汉中。王明霞[23]通过 HPLC－FLD 测定方法发现，江西天麻中含有最高的天麻素，西藏天麻中对羟基苯甲醇含量较高。然而，云南省、湖北省、贵州省等地区的天麻在对天麻素和对羟基苯甲醇总含量方面均未达到 2020 年版《中华人民共和国药典》的要求。一些研究利用指纹图谱评价了天麻的质量。例如，巩晴晴[24]等通过指纹图谱结合主成分分析，综合评价大别山区金寨县天麻的质量差异性，发现大别山区金寨县的杂交天麻和红天麻质量具有差异。总的来说，天麻质量评价研究逐渐从单一的传统性状指标向有效成分含量变化和药效学评价等多指标模式转变。

除了产地对天麻的外观品质有着显著的影响以外，种质资源、产地加工、种植方式、两菌品种对天麻的品质均有一定的影响。天麻质量评价指标以天麻素和对羟基苯甲醇为主，目前 HPLC 结合多元统计方法是天麻定性定量及品质评价中应用最为广泛的技术之一。此外，由于受海拔、温湿度以及植被环境的影响较大，生长发育过程依赖两菌以及菌材的营养供给，同一产地、同一品种下的天麻品质测定结果往往略有不同。因此，考虑天麻的品种、等级、加工方式、安全性等差异，将天麻的外观性状和化学成分作为天麻质量评价的主要方法，同时结合安全性、药理活性等，使整个评价系统更为全面丰富，对于未来天麻的质量评价研究有着推动性的作用。

（四）产地及市场价格

随着人们健康意识的提高和对中草药的认可度增加，天麻作为一种具有药用价值的中草药材受到越来越多的消费者的青睐。同时，天麻产业链的不断完善和产业规模的不断扩大也将促进整个产业的持续健康发展。中国是天麻的主要产地，其中四川、湖南等地的天麻种植面积较大，产量也较高。据统计，近年来中国各产区的天麻产量呈现稳步增长的态势，产量逐年增加，满足了市场需求。天麻作为一种药食同源的中草药，在食品、保健品、医药等领域都有广泛的应用前景。

据中国菌物学会天麻产业分会不完全统计，2020 年全国干品天麻产量达 3 万吨以上，产值近 50 亿元。天麻主产地有三大片区：一是云贵川陕一带；二是湖北、安徽、浙江等长江流域的地区；三是东北地区。其他零星产区包括西藏、甘肃等地，天麻产量都比较少。几十年来，红天麻价格每 5～8 年波动一次，每千克价格波动区间为鲜品 8～30 元、干品 60～300 元。而在高海拔地区生产的乌天麻，由于其物以稀为贵，价格长期处于高位，每千克价格的鲜品稳定在60～120元，干品为500～600元。乌红天麻的价格比乌天麻略低，而红天麻的价格比红天麻高。据统计，2002年全国天麻主产区鲜品红天麻每千克售价为4～6元，2012年前后，鲜品乌天麻每千克售价达160元；而云南小草坝2020年的乌天麻鲜品每千克售价仅40元，2021年秋冬季鲜品红天麻每千克均价为18元[10]。

（五）市场需求

天麻产品的未来发展趋势将主要体现在产品和配方的多样化上，以满足不同消费者的需求和口味。消费者对天麻产品的需求越来越多元化，其中主要包括健康意识的提升。人们对健康生活方式的追求不断加强，对具有保健功效的天麻产品的需求也日益增长。现代社会人们生活节奏快，工作压力大，需要寻找一些具有镇静安神效果的产品，天麻产品正好可以满足这一需求。睡眠障碍问题在现代社会中的普遍存在，人们对具有改善睡眠质量功效的天麻产品的需求逐渐增加。受中国传统养生文化的影响，人们对中草药类保健品的需求持续增长，认为天麻是一种具有养生保健作用的中草药。

天麻在保健品和食品加工领域也存在市场机会。目前，消费者对具有情绪调节、养生保健功能的产品需求增加，天麻可以作为原材料开发出符合市场需求的产品。天麻还可与其他保健食材结合，开发出更多功能性丰富、口感好的食品和保健品，满足不同消费者的需求。天麻作为一种药食两用植物，可用于食品加工中提取营养成分，加工生产具有营养保健功效的食品，满足消费者对功能性食品的需求，有望开拓新的市场领域。

基于消费者对健康的关注、医药领域对传统中草药的重视以及消费者对功能性食品的需求，天麻在消费市场、医药市场和饮食保健市场具有广阔的发展前景和市场需求。企业可以结合市场需求，优化产品定位，开发符合市场需求的产品，实现市场的扩大和品牌升级。

（六）销售品类

随着天麻产量的提高和人们对其保健作用认识的增强，目前中国所产天麻有大部分作为鲜麻食用，一部分以干品天麻在医药市场消费，一小部分制成初级产品（天麻片、天麻粉）和精加工产品（如天麻胶囊、天麻丸、天麻酒、天麻超微粉等），作为保健品销售。

二、天麻产业存在的问题

（一）产地、加工和质量评价问题

天麻作为一种重要的中草药材，主要在产地、加工和质量评价等方面存在着问题。

（1）产地和加工是最根本的。首先，种植地周围环境的污染，如化肥和农药残留，可能影响天麻的生长环境以及质量和药效。其次，天麻的加工工艺对其药效有重要影响。加工工艺不合理或传统技艺缺失会影响产品质量和药效。一些地方的天麻加工企业设备老化、技术陈旧，无法满足现代化生产需求，影响产品质量。此外，地方公司的规模小、经营分散、管理体制不顺、经营机制不活、投资不足等因素限制了产业的发展。产业链条和终端渠道单一，仅停留在提供原材料的初级阶段，附加值不高，增值空间有限。部分企业面临资金缺口大、产业组织化程度低、缺乏营销体系等问题。

（2）天麻的质量评价标准缺乏统一性，导致不同地区和不同生产企业对产品质量的评价标准存在差异，不利于市场监管和消费者选择[25]。有些小型生产企业缺乏质量检测手段和设备，无法对产品进行全面准确的质量检测，存在质量风险。

（3）一些生产模式滞后。调查显示，目前仍有多地天麻产业从育种、种植、初加工到制品、储藏、物流、销售未形成闭合的产业链，规模效益不显著[26]。

（二）野生资源保护不力

天麻因其独特的生长模式和日益匮乏的野生资源，已被列入《国家珍贵、濒危保护植物名录》。近年来，由于不注意野生天麻种源保护，群众追逐个人经济利益，大量无序开采和挖掘，使其资源接近枯竭。如果再不加以保护和有序开发，很多地方的天麻种质资源将濒临灭绝[26]。

（三）市场竞争挑战

天麻作为重要的中草药材，市场竞争日益激烈。主要是价格和同质化竞争，导致企业难以突出，承受盈利压力。比如，随着市场竞争加剧，部分天麻生产企业为了争夺市场份额，采取降低产品价格的竞争策略。价格战增加产品成本压力，挤压企业盈利空间。价格竞争还导致一些企业减少产品研发投入和质量控制成本，影响产品品质和市场口碑。

此外，部分天麻产品同质化严重，缺乏差异化竞争优势，导致消费者主要以价格为考量因素，降低企业产品的附加值和市场吸引力。缺乏创新和特色产品，导致市场上同质化产品过多，企业面临销售困难和频繁的价格战，竞争压力增大。在激烈的市场竞争中，部分天麻企业缺乏独特的竞争优势和品牌影响力，难以突出，产品销售困难，盈利压力增大。

（四）技术创新不足

天麻产业在产品研发和创新方面存在科技支撑不足、科研技术力量薄弱、科技创新能力不强、社会化服务体系不够健全等问题。一些地方科技项目与资金投入仍偏少，与传统主产区的整体科研水平、科研手段、人才队伍等方面差距很大。特别在菌种培育、野生菌种驯化、病虫害防治等方面的科研工作还有待加强。

天麻产业社会化服务体系发展相对滞后，新技术与应用不到位，影响了食用菌产业的健康发展[27]。人工栽培天麻产业发展受到严重限制，主要表现在“两菌一种”提纯复壮和优良品种选育方面滞后，导致天麻“拿来主义”现象严重。人工种植的天麻商品性状一直没有得到有效解决，需要通过科研自主创新来破解。缺乏对天麻生产的规律和资源合理利用的正确认识，导致产业发展规划不完善；良种选育力度不够，盲目引入外来品种，忽视本地优良品种的培育和推广。这些问题导致农民盲目跟风种植，严重影响了产业发展和药农的积极性。因此，天麻产业必须加强自主创新和规划，推动天麻产业可持续发展。

（五）市场监管薄弱

市场监管力度的薄弱导致消费者难以区分优劣天麻，同时市场上还存在着洗烘含硫的劣质天麻和来自外省的次品天麻。这些低劣产品的存在严重影响了高品质天麻产品的市场地位，扰乱了整个市场秩序。为了保护消费者权益并维护市场纯净度，迫切需要加强市场监管力度、提高消费者的认知水平，以防止低劣天麻产品在市场上泛滥，从而维护天麻市场的健康秩序。

（六）人才资源紧缺

人才资源紧缺影响了中药材产业及天麻产业的发展。在涉及植物学、生态学、食用菌栽培学、作物栽培学、药学和农产品加工等多领域交叉的背景下，天麻产业的发展面临着种种挑战。一是天麻“两菌一种”资源评价、良种选育、种源繁育和种植标准研制等领域的高端人才十分匮乏；二是天麻种植企业缺乏专业技术人才，尽管有些企业从云南、贵州等地引进技术人员，但产品品质仍存在难以保证的问题；三是天麻产品研发也面临专业人才短缺的困境，导致天麻产品的附加值提升难度较大。

三、天麻产业发展策略

（一）规范天麻产业

规范天麻产业是提升天麻产业整体水平、保障品质安全的重要举措。丰富的种植资源和遗传多样性是保证天麻种源、特色天麻的基础，保护好天麻野生资源是克服天麻种性退化的重要途径。政府部门应加强对天麻野生资源的保护，并利用各类媒体进行宣传，以提高麻农对野生天麻资源重要性的认识。同时，鼓励展开天麻保育遗传学、保护生物学、野生抚育等方面的研究，建立起野生天麻自然保护区，建立野生天麻规范化管理制度，坚决打击滥采滥挖、破坏资源等行为，从根本上确保天麻的高质量和安全[28]。

产地初加工对药材的道地性和质量有着直接影响，是形成道地药材体系的重要因素。与传统加工工艺相比，一体化工艺更具优势，例如：减少多次长时间水润、浸泡和重复干燥，避免有效成分流失，减少城市工业垃圾；降低药材损耗和人力及能源的浪费，降低成本，提高生产效率和经济效益；保证药材来源和饮片质量，有利于溯源追踪和分级流通。因此，规范的产地初加工工艺在中药材产业链条中至关重要，对生产和质量都起着关键作用。所以，要制定和明确天麻产地初加工的标准和流程，规范初加工工艺，确保原材料的质量和安全性。鼓励天麻产地推动加工工艺的现代化和工业化，提高生产效率和产品质量。

随着社会的现代化发展，新型便捷实用的产地加工机械设备越来越多，内蒙古、新疆、甘肃等地的机械化作业程度越来越高，产地加工设备近年发展迅猛，清洗、分拣、烘干、脱皮、筛选、装卸、搬运等机械设备多、型号全，尤其是节能环保轻便简洁的设备越来越受欢迎。产地加工机械化可以推动药材加工规范化，提升药材质量，降低加工成本，是中药材提质增效关键。

天麻作为中国珍贵的中药材，拥有悠久的应用历史，其优势产区的形成和变迁，受自然条件、社会环境、交通便利性、人文因素和种质资源等多种因素的综合影响。为了优化产业链和资源配置，有必要支持建设天麻加工园区或基地，集中生产资源，推动产业链整合和升级。深入研究天麻道地产区的形成和变迁，明确各个时期、不同产地、不同来源、不同种类及不同生产方法的差异，有助于为天麻质量和临床疗效的全面深入评价提供参考依据。建议成立专门的天麻药材标准研究机构或组织，制定统一的质量标准，涵盖原材料认定、加工工艺规范和质量检测标准等内容。应根据天麻的生长环境、药材性质及市场需求，制定适当的标准，促进天麻产业的规范化发展。建立统一的天麻质量评价标准和健全的质量检测体系，确保产品质量达标，同时，对天麻的初加工进行技术指导和培训，以提升加工技能，减少加工过程中的质量风险。

（二）产品创新方向

天麻产品创新对于提升企业竞争力和拓展市场份额加大研发投入。企业应当加大对研发领域的投入，建立专业的研发团队，引入高端人才，提升企业的研发实力和创新能力。提倡与科研机构、高校等合作，共同开展研发项目，分享资源和技术，加速新产品的研发步伐。针对市场需求和消费者偏好，开发具有独特卖点和差异化优势的天麻产品，以应对激烈的市场竞争。拓展产品线，推出多样化的天麻产品，涵盖药材、保健品、个人护理品等多个领域，满足不同消费群体的需求。不断引入先进的生产技术和加工工艺，提高生产效率和产品质量。培养企业内部的创新意识，鼓励员工参与产品创新和工艺改进，激发团队的创新活力。进行市场调查和用户需求分析，了解消费者的喜好和购买习惯，为产品创新提供指导。重视产品的用户体验，不断优化产品设计和功能，确保产品符合市场需求，获得消费者认可。

企业也应梳理整合各类科技计划资源，在科技攻关、产业化、基层农技推广、农业科技成果转化、科技成果推广、富民强县和乡村振兴等方面给予集中支持，实现科技资源的有效集成。各个区县农业部门要积极争取上级部门项目支持，加大招商引资、融资贷款力度，多渠道筹集产业建设经费，按照集中资金、集中人力、集中建设的原则，进一步加大整合力度，加快产业发展和基础设施建设[29]。

（三）品牌营销策略

建立品牌知名度对于天麻产品的推广至关重要，良好的品牌宣传和市场营销策略可以帮助厂家拓展市场份额，提升产品认知度和竞争力。

确立清晰的品牌定位和核心价值观，明确传达天麻产品的优势和特点，为品牌营销奠定基础。结合天麻的药用特性和功效，设计有针对性的宣传策略，突出产品的健康价值和独特之处，吸引消费者关注。结合传统媒体和新媒体，利用电视、广播、报纸、杂志等传统渠道，以及互联网、社交媒体等新兴渠道，全方位推广天麻品牌，吸引更多消费者关注，实现品牌的传播。参加行业展会、健康展销会等活动，增加品牌曝光度，拓展潜在客户群体。

天麻企业在品牌创建和推广方面也扮演着重要角色。根据天麻产品的特点和品质，建立独特的品牌定位，凸显产品的药用价值和市场竞争力。通过销售现状的分析，企业可以更好地了解市场需求和竞争形势，调整销售策略和品牌推广方式，有效提升产品销售额和市场占有率，实现品牌持续增值和企业可持续发展。

建立统一的品牌形象，包括品牌标识、标语、包装设计等，形成鲜明的品牌特色，提升品牌识别度和认可度。天麻品牌将提升其形象和市场知名度，吸引更多消费者关注和信赖，进而增加销量和市场份额，实现品牌价值的最大化和长期稳定发展。品牌营销是天麻企业实现品牌增长和市场扩张的关键战略之一，值得企业重视和投入[30]。

天麻道地产区可建立区域公用品牌管理机构，明确品牌推广定位和管理体系。该机构将协调跨县区的相关生产经营主体，统一思想，形成区域公用品牌管理办法，建立特色鲜明的相关团体标准和企业标准。同时，强化品牌推广基础服务，组织品牌主体统一形象组团参加各种国内外展会，推动市场化举办天麻博览会。此外，打造公共品牌并建立品牌管理体系，以提升品牌影响力和集聚效应。通过强化产品品质管控，进一步扩大全国影响力。

（四）渠道拓展规划

天麻企业的渠道拓展是实现市场份额增长和品牌影响力提升的重要策

略。目前，新的直播消费方式普及，开发线上销售渠道，建立电商平台或网上商城，提升产品的线上销售效率，有助于吸引更多的网购消费者。拓宽线下销售渠道，与药店、保健品店等零售商合作，将产品推广到更广泛的消费市场。

加强与经销商和代理商的合作，建立稳定的合作关系，共同开拓市场，实现合作共赢。与行业协会、商业组织等建立合作伙伴关系，开展行业交流与合作，获取更多市场信息和商业机会。

与科研机构、高校等建立产学研合作关系，共同开展天麻产品的研发与创新，提升产品技术含量和竞争力。结合专业研究机构的技术支持，开发更具市场竞争力的产品，满足消费者需求，促进产品不断创新和优化。

参加行业展会、健康产品交流会等活动，拓宽业务范围，增加品牌曝光率和市场认知度。提供样品试用、促销活动等方式，吸引新客户，促进产品销售增长。

通过以上建议的实施，天麻企业可以拓宽销售渠道，开拓市场份额，加强合作交流与产学研合作，实现合作共赢，提升企业的市场竞争力和盈利能力。持续寻找市场新机遇和新合作伙伴，不断提升产品品质和服务水平，助力天麻企业实现可持续发展和成功壮大。

（五）专利保护措施

建立专利保护措施，强化知识产权保护，对于天麻产业的发展至关重要。针对天麻产品及相关技术的研发成果，积极申请专利保护，包括发明专利、实用新型专利和外观设计专利等。对关键的生产工艺、配方和产品设计等方面进行专利申请，确保企业的核心技术和创新成果受到法律保护。

建立专利管理团队或部门，全面管理企业的专利申请、审批、保护和运营工作，确保专利权的合法性和有效性。定期审查专利组合，及时更新、维护和续展专利，防止专利权被他人侵犯或失效。

制定并完善专利政策和制度，明确专利保护范围、程序和标准，规范专利管理工作流程。建立专利战略，统筹企业的专利布局和利用，充分发挥专利在企业发展中的作用和效益。

进行员工专利保护意识的培训和教育，强化知识产权保护的重要性，提高全员的专利意识和风险防范能力。保护企业的秘密技术和商业机密，防止技术泄露或知识产权纠纷，维护企业的创新成果和商业利益。

通过建立专利保护措施和完善专利政策制度，天麻企业可以有效保护核心技术和创新成果，提高市场竞争力，增强创新能力和持续发展的活力。专利保护是保障企业长期发展的重要方面，值得高度重视和投入。

四、市场机遇展望

天麻作为一种传统的中草药材，在传统医药和保健品市场中拥有丰富的历史和应用经验。然而，随着人们对天然药材需求增加和科技进步，天麻在新兴市场和新应用领域中展现出了新的机遇和潜力。

（1）健康产业新兴市场的机遇。随着人们对健康方式的重视和健康食品市场的快速增长，天麻具有提升免疫力、抗疲劳、改善睡眠等功效，可以广泛应用于保健品和功能性食品中。利用天麻的药用价值开发具有健康功效的天麻产品，满足消费者对健康和营养需求的增长，有望在健康食品市场中开辟新的销售渠道。

（2）化妆品和个人护理市场的机遇。天麻具有良好的镇静、抗炎及抗氧化等药理作用，可用于调理皮肤、护肤和舒缓肌肤等方面。将天麻提取物应用于化妆品中，能够为消费者带来更健康、天然的护肤体验，满足追求天然有机化妆品的消费者需求。因此，天麻在化妆品领域中有望开发更多类型的产品，满足不同群体的需求。

（3）天麻作为一种中药材，被广泛应用于中医药领域。随着人们对传统草药疗法的重视和认可度的提高，以及天麻的独特功效，天麻有着广阔的应用前景。通过现代科技手段提取和研究天麻的有效成分，或许可以开发出更多新型的药物，为相关疾病的治疗提供新方案。

（4）创新科技驱动的机遇。结合人工智能、大数据分析等现代科技手段，对天麻的成分和功效进行深入研究，探索其更广泛的应用领域和潜力。借助创新科技开发天麻相关产品的智能化、定制化服务，提升产品附加值，拓宽新的市场空间。

（5）天麻在国际市场的机遇。随着全球贸易和合作的不断深化，天麻作为中国传统草药之一，具有国际市场的潜力。通过加强与国际市场的合作与交流，推广天麻产品以及相关技术，拓宽海外销售渠道，提升产品知名度和国际竞争力，有望实现天麻在国际市场上的进一步发展和应用。

在新兴市场和新应用领域，天麻作为一种具有丰富药用价值的中草药材拥有巨大的潜力和发展机会。通过不断研究创新，结合市场需求和消费者偏好，有望开启更广阔的市场前景，为天麻产业的进一步发展和壮大注入新的活力。通过开拓健康产业市场、创新化妆品和个人护理市场、结合科技创新等途径，增强企业竞争力，实现可持续发展。相关企业应加大研发投入，拓宽市场渠道，不断创新产品和服务，抓住新兴市场和新应用领域的机遇，取得更大的发展成就。

参考文献

[1] 国家药典委员会. 中华人民共和国药典 [M]. 北京：中国医药科技出版社，2020：59.

[2] 滕弘撰. 神农本草经 [M]. 长沙：湖南科学技术出版社，2008：3.

[3] 沈括. 梦溪笔谈 [M]. 南京：凤凰出版社，2009：26.

[4] 刘翰，马志. 开宝本草 [M]. 尚志钧校注. 合肥：安徽科学技术出版社，1998：146.

[5] 李时珍. 本草纲目 [M]. 北京：人民卫生出版社，1975：730－733.

[6] 陶弘景集，名医别录：卷1 [M]. 尚志钧，辑校. 北京：中国中医药出版社. 2013：13.

[7] 苏敬. 新修本草 [M]. 北京：华夏出版社，1999：316.

[8] 李熙和. 医经允中 [M]. 朱辉，等校注. 北京：中国中医药出版社，2015：17.

[9] 单锋，周良云，蒋长顺，等. 天麻的食用历史及发展建议 [J]. 中国食品药品监管，2021 (3)：110－115.

[10] 张升明，王绍柏. 从市场需求角度谈天麻产业发展趋势与建议 [J]. 食药用菌，2022，30 (1)：7－10.

[11] 李昌禹，赵艳，刘继玲，等. 天麻栽培影响产量的问题解析与建议 [J]. 特产研究，2021，149：1－4.

[12] 易思荣，肖波，黄娅，等. 中药材天麻的现代栽培技术研究进展 [J]. 中国

现代中药，2013，15（8）：677－679.
[13] 程稳龙．天麻有性袋栽快速育种技术［J］．食用菌，2002（1）：17.
[14] 陈顺芳，黄先敏，祁岑．天麻的生长发育过程及其营养特性［J］．昭通师范高等专科学校学报，2011，33（5）：19－21.
[15] YANG F，WANG X，MA C J，et al. Research progress on processing，component analysis and in vivo metabolism of rhizome gastrodiae［J］．China J Chin Mater Med，2018，43（11）：2207－2215.
[16] SHAN M Q，QIAN Y，YU S，et al. Integrated processing technology of Rhizoma Gastrodiae from origin based on response surface methodology［J］．Chin Tradit Herb Drugs，2016，47（3）：420－424.
[17] 谢永康，郑志安，刘大会，等．真空脉动蒸制对天麻升温速率与品质的影响［J］．农业工程学报，2020，36（7）：307－315.
[18] 刘瑛，杨曙光，钟爱民，等．蒸制和烘干工艺一体化天麻高效无硫加工技术应用研究［J］．中国食品，2021（6）：118－119.
[19] 储瑞，励娜，陈一龙，等．不同加工方式的渝产天麻指纹图谱及化学成分含量分析［J］．药物分析杂志，2021，41（9）：1621－1633.
[20] 肖伟香，张士齐，杜洪志，等．天麻产地加工及其质量评价研究进展［J］．农业技术与装备，2023（2）：55－60.
[21] 李平，许金国，季德，等．天麻饮片传统性状与内在品质相关性研究［J］．中国中药杂志，2019，44（20）：4460－4466.
[22] 田孟华，袁天军，周瑞，等．不同产地及变型天麻有效成分差异性分析［J］．中成药，2020，42（7）：1824－1829.
[23] 王明霞，刘洁，陈炼明，等．HPLC－FLD 法同时测定不同产地天麻中 5 个成分含量［J］．药物分析杂志，2019，39（3）：502－509.
[24] 巩晴晴，俞年军，王广政，等．大别山区金寨县杂交天麻和红天麻质量差异分析［J］．化学试剂，2022，44（11）：1650－1656.
[25] 刘燚，金传山，张亚中，等．天麻产地加工方法与质量评价研究进展［J］．世界中医药，2024，19（5）：727－735.
[26] 徐德，王志德，付亮，等．关于达州市天麻产业发展的情况报告［J］．四川农业科技，2022（4）：76－78.
[27] 支世敏．天麻产销趋势分析［J］．中国现代中药，2014，16（10）：852－856.
[28] 江维克，张进强，郭兰萍，等．天麻种植产业生态化发展的思路与建议

［J］. 中国中药杂志，2022，47（9）：2277－2280.
［29］冯立健，顾昌华，何荣健，等. 铜仁市食药用菌产业发展现状分析［J］. 食品安全导刊，2024（10）：182－186.
［30］邱炼，雷荣，王紫贤，等. 毕节天麻产业发展现状与存在问题及建议［J］. 农技服务，2023，40（7）：111－114.

HB.20 水飞蓟抗氧化功能及药食两用产品开发发展报告

王晓岑[①] 许立华[②] 徐远新[③]

摘 要： 水飞蓟是菊科水飞蓟属一年生或二年生草本植物，其籽粒中的水飞蓟素是一类黄酮木酚类化合物，具有很强的抗氧化活性。国内水飞蓟食品种类单一，销量乏善可陈，其药食同源作用尚未得到广泛认同。本报告运用文献研究、行业访谈等方法，系统分析其全球市场和未来产品开发趋势。根据数据结果，我国水飞蓟行业发展中虽然占据资源优势，但是高端产品制作是短板。通过在管理、人才、技术方面的提升，有力促进未来10年国产水飞蓟产品在世界高端消费市场占有一席之地。

关键词： 水飞蓟；抗氧化；药品；食品

水飞蓟作为一种药物已有2000多年的历史，被广为人知的功能是保护肝脏。目前，对水飞蓟治疗特性的不断研究和新型药物配方的开发，预示着其有扩大应用的趋势，并正在逐渐成为解决多种健康状况的有益成分。2009年，水飞蓟被收入《中华人民共和国药典》，2014年国家卫生健康委员会批准水飞蓟油为新资源食品，正式进入食品领域，这标志着水飞蓟这一外来植物作为药食同源的资源被中国正式承认。本报告介绍水飞蓟作为药物和食物发展的情况，预测全球水飞蓟产品未来的趋势，找到中国水飞蓟产品发展的痛点，为今后中国水飞蓟行业提档升级以及水飞蓟产品对标国际一线产品，提供理论依据和实践参考。

---

① 王晓岑，食品安全博士，三亚学院健康产业管理学院产教融合办公室主任，研究方向：食品安全与环境化学。

② 许立华，护理学硕士，三亚学院健康产业管理学院教授，研究方向：中医护理学。

③ 徐远新，临床医学博士，哈尔滨医科大学附属第四医院主治医生，研究方向：内分泌疾病。

一、水飞蓟的来源和形态

水飞蓟，又名奶蓟[1]、祝福奶蓟[2]、玛丽安蓟、玛丽蓟、圣玛丽蓟、地中海奶蓟、杂色蓟和苏格兰蓟，原产于南欧、俄罗斯南部、小亚细亚和北非，现在东亚、北美、南美以及澳大利亚和新西兰已经引种栽培。另一种水飞蓟被称为银奶蓟、象蓟或象牙蓟，广泛分布在阿尔及利亚、摩洛哥、突尼斯和西班牙[3]。水飞蓟是一年生或二年生菊科植物，高 1.5～2.0 米，具有大而多刺的叶子，覆盖着起伏的白色斑点，茎含有乳白色的果汁。花茎末端会长出类似蓟的大红紫色头状花序，带有尖锐的刺，果实小、硬、有光泽，呈灰色至黑色（瘦果），有银色冠毛或绒毛。白花水飞蓟是紫花水飞蓟的变种。

二、水飞蓟产品发展的基本情况

1972 年，中国从联邦德国引进水飞蓟作为药用植物种植，经过半个多世纪的发展，中国水飞蓟已经发展到多个品种，年产量 4 万吨以上[4]。目前，水飞蓟主要在东北地区的辽宁、吉林、黑龙江、内蒙古东部种植，辽宁盘锦水飞蓟产量占全国总产量的 60% 左右[5]，内蒙古的呼伦贝尔，黑龙江牡丹江、佳木斯、绥化、大兴安岭，陕西汉中等地也有大面积种植，占 30% 左右[6]。目前，中国是世界上最大的水飞蓟草种植和水飞蓟提取物出口国，水飞蓟提取物出口占全世界的 70% 以上，其次是韩国和印度，分别占 11% 和 10%。2023 年，中国水飞蓟提取物出口量为 1800 吨，由 330 家中国出口商出口到 466 家买家。中国水飞蓟提取物主要出口到美国、印度和越南[7]。

水飞蓟提取物主要成分是水飞蓟素，水飞蓟素经过再加工后，成为高附加值的保健品或药品等形式。水飞蓟产品主要消费市场是北美和欧洲，水飞蓟是美国销量第 12 位的植物膳食补充剂。水飞蓟产品主要消费市场见表 1。

表 1　水飞蓟产品主要消费市场[8]

区域	代表国家	主要产品类别	代表品牌
北美	美国、加拿大、墨西哥	药品、保健品	盖亚草本、现在食品、杰诺、自然之宝
欧洲	德国、法国、英国、俄罗斯、意大利、西班牙、荷兰	药品、保健品、烹调原料、功能性食品	利加隆、Klosterfrau、双心
亚太	中国、日本、印度、新西兰、澳大利亚、韩国	药品、保健品	Swiess、汤臣倍健
拉丁美洲、中东和非洲	沙特阿拉伯、阿联酋、埃及、科威特、南非、巴西、阿根廷	保健品	Hepatic Forte、Silipex

（一）水飞蓟药品的发展

2009 年，水飞蓟被收入《中华人民共和国药典》。目前，水飞蓟已经被《中华本草》《中药大辞典收录》。国家食品药品监督管理总局官网显示，目前在中国销售的水飞蓟药品有 7 个品种、109 个品牌，其中水飞蓟中药有 93 个品牌、化学药品 16 个品牌（含进口药 1 个），代表产品见表 2。

表 2　市售常见水飞蓟药品[9]

产品名	品类	剂型	产地	主要成分	含量/（毫克/片）
利加隆	化药	胶囊	德国	水飞蓟素	140
益肝灵	中药	片剂/胶囊/丸剂	中国	水飞蓟宾	38. 5 ~ 77
水飞蓟葡甲胺	化药	片剂	中国	水飞蓟宾	50 ~ 100

（二）水飞蓟食品的发展

水飞蓟在欧洲长期以来一直被用作食品。去刺的叶子用来做沙拉，茎、根和花则被煮熟，种籽用作咖啡替代品。种籽提取物作为营养补充剂添加到多种食品中，提高了这些食品的食用价值。目前欧美常见的水飞蓟食品包括以下方面。

（1）膳食补充剂。在膳食补充剂中，因水飞蓟公认的健康益处而被利用。消费者对自然疗法的偏好不断增加，以及对整体健康意识的增强，推动了水飞蓟在膳食补充剂领域的增长，常见的水飞蓟营养补充剂见表3。

表3 常见的水飞蓟营养补充剂

商品名	剂型	产地	主要成分	含量/（毫克/片）
双心	片剂	德国	水飞蓟素	100
Klosterfrau	片剂	德国	水飞蓟素	100
汤臣倍健	片剂	中国	水飞蓟素	105
自然之宝	片剂	美国	水飞蓟素	250
Swisse	片剂	澳大利亚	水飞蓟素	100

从表3中可以看出，美国的水飞蓟保健品在有效成分和价格上优势明显，这也是其在国际市场上立足多年、长盛不衰的原因。

（2）功能性食品。含有水飞蓟的功能性食品具有促进健康的特性，针对寻求营养和健康益处的消费者。这一趋势涉及将水飞蓟融入多种食品中，以满足功能性食品市场目标人群对增强健康的需求。

（3）粉末和颗粒。粉末和颗粒形式的水飞蓟可满足不同消费者的喜好，从而实现产品应用的多功能性。当前的趋势侧重于将这些形式融入冰沙、奶昔和饮食混合物中，以获得无缝的摄入体验。

（4）液体提取物。水飞蓟的液体提取物因具有快速吸收的特性而受到欢迎。当前的趋势强调在功能性饮料中加入标准化提取物和开发风味选择，以增强适口性。

（5）食用油。2014年国家卫生健康委员会批准水飞蓟油为新资源食品，正式进入食品领域[10－11]。食用油通常源自水飞蓟种籽，因其潜在的健康益处而受到认可。当前的趋势包括推广这些油的烹饪用途，强调它们在烹饪和沙拉酱中的营养价值和独特的风味特征。水飞蓟油与其他高端食用油的比较见表4。

表4 水飞蓟与其他高端食用油比较

品名	产地	加工	普通	有机	不饱和脂肪酸含量/%
牛油果油	澳大利亚	冷榨	√	—	82.0
橄榄油	西班牙	冷榨	√	—	86.0
		冷榨	—	√	79.2
山茶油	中国	冷榨	—	√	89.8
葡萄籽油	中国	冷榨	√	—	88.0
	西班牙	冷榨	√	—	89.0

续表

品名	产地	加工	普通	有机	不饱和脂肪酸含量/%
亚麻籽油	中国	冷榨	√	—	89.5
	德国	冷榨	√	—	83.0
牡丹籽油	中国	冷榨		—	92.3
水飞蓟油	中国	冷榨	√	—	87.7

从表4可以看出，与其他高端食用油相比，水飞蓟油在不饱和脂肪酸含量方面不占优势，这导致其市场辨识度不高。

三、水飞蓟产品市场分析

根据消费市场洞察力团队（CMI）目前进行的市场研究，预计2024年至2033年全球水飞蓟市场的复合年增长率将达到9.1%。2024年，市场规模预计将达到1.231亿美元。到2033年，估值预计将达到2.695亿美元，见图1。

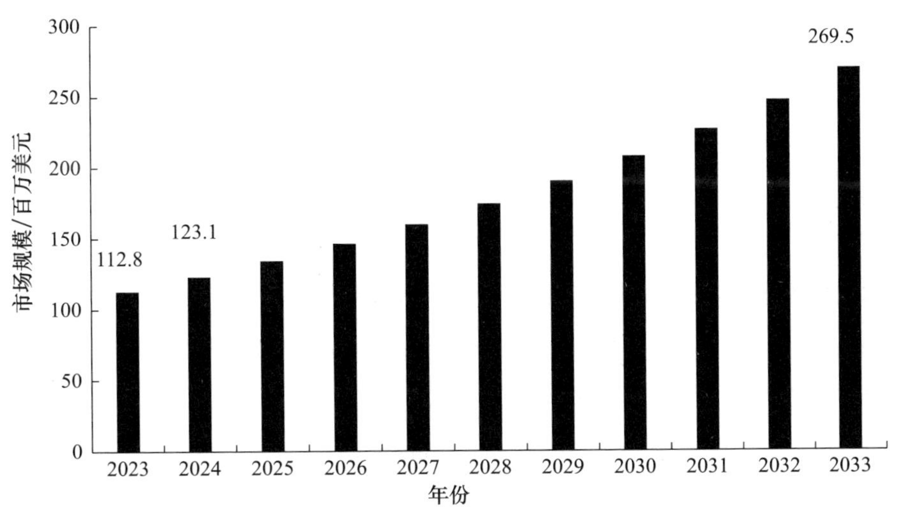

图1　全球水飞蓟市场预测[12]

水飞蓟市场重要的增长因素

1. 健康意识的提高

人们越来越意识到水飞蓟对健康的益处，正在推动消费者对相关产品的兴趣和需求。

2. 对天然补充剂的偏好不断上升

天然草药作为膳食补充剂的全球趋势促进了水飞蓟产品的流行，因为消费者正在寻求比合成补充剂具有整体益处且副作用更少的替代品。

3. 研究与开发进展

对水飞蓟治疗特性的持续研究，推动了创新配方和应用的开发，增强了其吸引力，并扩大了其在各种健康相关产品中的用途。

4. 电子商务增长

电子商务平台的日益普及使得人们更容易获得水飞蓟产品，为消费者提供了一种便捷有效的购买保健品的方式。

5. 扩大产品范围

市场可以利用机会使水飞蓟产品多样化，包括与其他补充成分的组合或开发新配方，以满足更广泛的消费者偏好。

四、问题与建议

（一）存在的主要问题

1. 地方政策法规相对滞后，产业布局零星

我国各省水飞蓟材种植多为自发性、分散生产性，品质参差不齐。水飞蓟的品质受种质资源和产地环境的影响很大，如表5所示。

表5 水飞蓟不同品种和产地的含油率[13]

花色	产地	含油率/%
紫花	黑龙江宝清	30.00
紫花	北京	23.71
紫花	湖北武汉	28.30
白花	陕西咸阳	28.40
紫花	陕西咸阳	29.90
紫花	陕西渭南	25.00

续表

花色	产地	含油率/%
紫花	陕西西安	26.40
紫花	埃及	34.00
紫花	德国	23.96

从表5中可以看出：黑龙江省种植的水飞蓟含油率最高，达到了30%；北京产水飞蓟含油率最低，只有23.71%。在陕西种植的水飞蓟，白花水飞蓟含油量低于紫花水飞蓟，陕西不同产地的紫花水飞蓟含油率也有差别。埃及、德国、中国产水飞蓟含油率也有差别。辽宁盘锦是全球水飞蓟素生产和集散地，该市有6家水飞蓟产品生产企业，已经形成从水飞蓟种植到加工的产业布局，占据着国内外水飞蓟中游市场。反观其他省市，水飞蓟生产仍以初级农产品为主，尚不具备中游产品加工能力，导致出现当地产出、异地加工的窘境。国内水飞蓟行业发展仍处在上升阶段，下游产品的设计和生产是其行业发展的障碍。

2. 论文数量遥遥领先，关键领域遭遇瓶颈

根据Web of Sciences所查资料，2020—2024年，关于水飞蓟的研究论文有2064篇，其中我国学者发表相关论文444篇，发文数量全球第一，接下来分别是印度265篇、伊朗246篇；伊斯兰阿扎德大学和沙特国王大学发表了51篇有关水飞蓟的论文，我国发表36篇，发文量居第三名。在研究领域方面，药学、化学、生物化学与分子生物学发文数量分别排在前三位，食品科学与技术类排在第四位，详见图2和图3。分析文章内容发现，中国学者在水飞蓟药用和食用研究方面投入了大量精力，在水飞蓟提取物与疾病的关系、水飞蓟籽榨油工艺优化等方面取得了大量的数据和结果。然而，实验室的成果未及时转化到实际生产中，我国水飞蓟药品和食品在世界高端消费市场仍未占据优势，这是必须深思并迫切需要解决的问题。中国在天然药物活性成分的提取、分离、纯化上已经处于世界领先水平，但是在良好农业生产规范（GMP）管理、药物配方和辅料上，与美国、日本、欧盟差距还很明显，这是中国天然药物产品在国际市场上缺乏竞争力的原因。

3. 初级产品占有率大，高端产品发展缓慢

中国是水飞蓟种植和提取物出口大国，中国水飞蓟出口占全球市场的70%以上，出口产品形式主要为水飞蓟种籽和水飞蓟素，利润较低。欧美发达

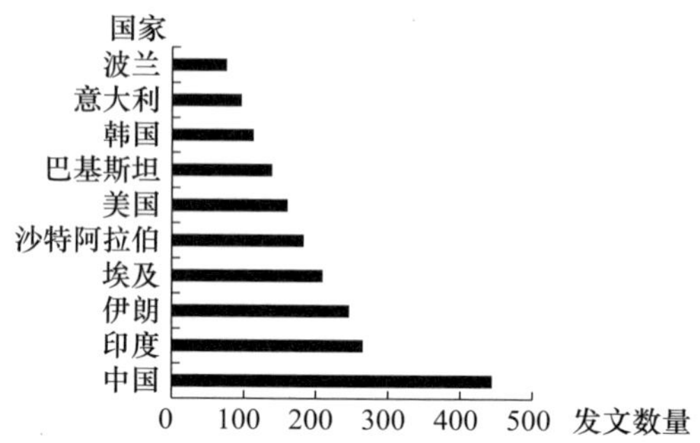

图 2　2020—2024 年水飞蓟发文国家排名

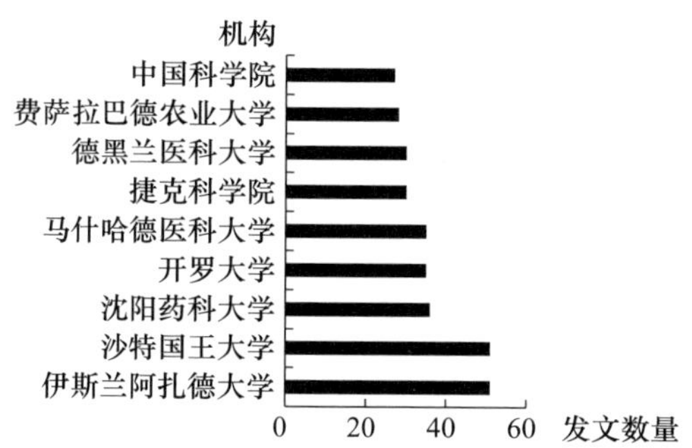

图 3　2020—2024 年水飞蓟发文机构排名

国家将原料进行提纯，加工后以高附加值的药品和保健品销售到世界各地，获取终端产品的利润。除原料外，中国水飞蓟产品还有药品和食品，种类齐全，品牌众多，但成药和食品在国际市场没有占据显著位置，这反映出中国水飞蓟药品和食品尚不能达到欧美发达国家的要求。

（二）对策与建议

根据中国水飞蓟种植、加工、销售现状，结合世界水飞蓟市场发展趋势，中国水飞蓟产业发展要保持优势，创新突破，利用 10 年左右的时间赶上世界水飞蓟精深加工产品的先进水平，逐步占领水飞蓟保健品和药品高端消费市场。

1. 保持种植优势，提高原料品质

一是政府部门牵头成立从国家到地方垂直管理的行业协会，协会协助政府制定水飞蓟种植行业规划，统筹区块化种植。农业部门牵头，联合卫生、市场

监督部门进行水飞蓟种植区域的调研工作，其中涵盖药材历史沿革考证信息、种质资源、质量要求、遗传特征、生境特征、栽培措施等内容。该项目为将来建立国家水飞蓟种植大数据库进行信息的搜集和分析，数据库能提供水飞蓟区块化种植所需的主要资讯，对带领种植户实现有计划、有质量、不跟风种植水飞蓟具有重要的指导意义。

二是推动水飞蓟规范化种植。建设水飞蓟种子种苗繁育体系，通过各地种植协会组织行业专家学者、种植大户加快建设规范化、标准化的水飞蓟种子种苗繁育体系。加强对濒危稀缺水飞蓟种质资源保护，建设濒危稀缺水飞蓟生产基地，加强野生抚育与人工种植驯化技术研究。组织会员进行水飞蓟良种繁育，分品种、分区域集成水飞蓟种子种苗繁育技术规范，开展水飞蓟提纯复壮、扩大繁育和展示示范，提升优良种子种苗供应能力。进行水飞蓟品种创新，加大科研联合攻关力度，加快现代生物技术在中药材育种领域的应用，选育一批道地性强、药效明显、质量稳定的新品种。

三是建设水飞蓟标准化生产体系。参照良好农业规范推动水飞蓟标准化体系建设。通过规范水飞蓟生产加工过程对其产区进行无公害、绿色、有机产品分级认证。我国幅员辽阔、地形多样、南北积温差异较大，在规范种植户按照国家标准种植药材的同时，推进因地制宜的水飞蓟种植标准操作程序（SOP）建设至关重要。该项目涉及水飞蓟栽培的每一个环节，从种子到产品的生产过程和生产要素必须严格按照 SOP 进行规范操作，并记录在案，从而确保水飞蓟初产品符合《中华人民共和国药典》和欧美客户的要求，也为将来建立我国水飞蓟种植标准打下坚实的基础。

四是整合资源服务水飞蓟种植户和加工企业。通过行业协会构建药材种植户与国家大型药厂的纽带和桥梁，积极推动从农场直接到工厂的药材供求模式。这种模式减少了药材的流通环节，让种植户获得最大的经济效益。同时，提前与国有大型药厂对接，获得收购计划，再结合调研信息实现定点种植、定点收购，切实保证工厂所需水飞蓟的数量和品质。

五是加强示范基地建设。通过行业协会筹划打造国内水飞蓟标准化种植示范基地，这些基地将按照 GAP 体系进行管理，实现从农场 GAP 到工厂 GMP 的无缝对接，既保证种植户的产品优质和经济效益，又保证工厂原料的数量充足和品质安全。

2. 加强质量管理，解决关键问题

一是建立职业化的 GMP 检查人员，与美国和欧盟相比，我国在检查人员组成上以药品监管部门行政人员为主，尚未建立职业化的检查队伍，这就容易导致在产品设计、制造上出现业务盲区。而美国、欧盟由政府主管部门行政人员和行业专家共同组成的职业化检查队伍，其 GMP 管理体系专业化程度更高。

二是加大水飞蓟素辅料的开发投入，我国制药原料药质量优异，但辅料质量一般；大宗药用辅料基本能满足国内需求，但质量标准与国外存在差距；复杂、新型药物辅料主要依赖从美国、德国、日本进口。我国化工企业生产药用辅料技术多不成熟，专门生产药用辅料的企业研发投入不足，并且质量管理较为滞后。很多大分子药用辅料质量检验仅停留在理化性质的简单鉴别，缺少对功能性指标的鉴别与检测。行业在这方面要下足功夫，按照美国、欧盟对天然产物药物的需求标准，大力扶植一些中小型化工企业，根据不同天然产物的特点，研发、生产与目标物匹配的辅料，形成化工企业（辅料企业）—制药企业的产业链衔接。

三是提高水飞蓟在中成药中的地位和作用，水飞蓟中成药具有价格低、疗效好的优势，需要加大力度开发水飞蓟复方中成药，在其炮制、配伍、剂型等方面加大研究力度，有利于推动水飞蓟在国内医药市场的拓展。

3. 人才服务未来产品，标准先行规范行业

一是组织行业专家制定各类水飞蓟产品标准，建立监督机制、查询系统、交流平台。分析指导行业发展状态，为行业发展提供政策保证、技术支持和典型示范。逐步建立药材知识、药理标准、行业信息、市场信息、价格信息等查询系统。

二是打造专业人才队伍，为企业提供具体有效的种、加、销服务。积极推进和海内外各大科研机构、知名企业、大中专院校的合作，进行人才交流和培养，加快培养一批有知识传承、有技能担当的专业人才队伍，能对水飞蓟产业的全过程提供技术、信息、政策、市场等方面的服务。

三是逐步按照行业特点和国家标准建立信用评价、失信惩戒和信用管理制度。要推行行业道德标准，规范从业人员的职业行为，增强企业的诚信意识和法律观念。按照国家有关要求，逐步建立信用管理制度，推行行业道德准则，使整个行业形成诚信、规范、严格的从业标准。

四是建立信息网络，汇集和交流水飞蓟生产、加工、销售经营管理、科技开发等方面的资料和信息，创办刊物和网站，开展信息咨询服务。开辟上下交流途径，畅通服务渠道，强化宣传手段，对外、对行业提供良好的条件，促进行业形成健康的发展环境。

五、总结与展望

在中国，水飞蓟种植、水飞蓟素和水飞蓟油的生产已经形成规模化，但是水飞蓟产品在中国市场识别度和占有度较低，其开发和利用仍处在实验室论证阶段。国产水飞蓟原料在全球市场家喻户晓，而国产水飞蓟产品在国内市场默默无闻，如何将水飞蓟添加到大众的日常膳食中，使之成为百姓餐桌上常见的食物，发挥其作为营养补充剂的作用，是未来水飞蓟药食同源产品开发的热点。在政府相关部门的指导和监督下，发挥行业协会的作用，继续保持水飞蓟种植和水飞蓟中游产品的出口优势，切实保障种植户和加工企业的权益。集中科研力量，在关键技术上取得突破，用最短的时间达到欧美水飞蓟产品的质量，才能搭上水飞蓟高端消费市场的红利快车。

壮志耕耘兴本草，悬壶济世救苍生。水飞蓟作为一种具有抗氧化、抗衰老、抑制肿瘤、保护肝脏、提高免疫力等作用的植物，不远万里从欧洲来到中国，奉献于崇高的普济众生的事业中。敬佑生命，救死扶伤，离不开它的物质保证。通过科学和创新，它必将为中医药的昌盛，为国民的幸福，在实现“健康中国”的伟大目标中大放异彩。

参考文献

[1] BSBI List 2007. Botanical Society of Britain and Ireland. [EB/OL]. www. bsbi. org. 2014-10-17/2024-09-30.

[2] USDA, NRCS (n. d.). “Silpyoum marianum”. The PLANTS Database (plants. usda. gov). Greensboro, North Carolina: National Plant Daat Team. [EB/OL]. https://plants. sc. egov. usda. gov/home/plantProfile? symbol=SIMA3, 2024-06-27/2024-09-30.

[3] The Plant List search for Silybum. [EB/OL]. http://www. theplantlist. org/tpl1. 1/search? q=Silybum, 2024-06-27/2024-09-30.

[4] 盛甦．水飞蓟油：一种很有开发利用价值的植物油［J］．中国野生植物，1991（4）：13 - 16.

[5] 盘锦发布．水飞蓟，盘锦的又一张世界名片［EB/OL］．https：//panjin. gov. cn/html/1737/2024 - 01 - 30/content - 138109. html，2024 - 01 - 31/2024 - 09 - 30.

[6] 杨明，丁立威．水飞蓟产销趋势分析［J］．中国现代中药，2012，14（12）：59 - 62.

[7] Global market insights. Milk thistle market size by form（capsule，powder & granule，liquid extract），by distribution channel（hypermarket/supermarket，convenience stores，pharmacy，online）& forecast，2023 - 2032［EB/OL］．http：//gminsights. com/industry - analysis/milk - thistle - market，2023 - 02 - 01/2024 - 09 - 30.

[8] Fact. Mr. Milk thistle supplements market［EB/OL］．http：//factmr. com/report/662/milk - thistle - supplements - market，2022 - 01 - 01/2024 - 09 - 30.

[9] 国家食品药品监督管理局．水飞蓟［EB/OL］．https：//www. factmr. com/report/662/milk - thistle - supplements - market，2024 - 06 - 17/2024 - 09 - 30.

[10] 国家药典委员会．中华人民共和国药典［M］．北京：中国医药科技出版社，2020.

[11] 国家卫生计生委．关于批准壳寡糖等 6 种新食品原料的公告（2014 年第 6 号）［EB/OL］．https：//zwfw. nhc. gov. cn/kzx/tzgg/xspylsp _ 225/201404/t20140416_ 1275. html，2014 - 04 - 16/2024 - 09 - 30.

[12] Custom market insights. Global milk thistle market 2024 - 2033［EB/OL］．http：//custommarketinsights. com/report/milk - thistle - market，2024 - 04 - 11/2024 - 09 - 30.

[13] 钱学射，张卫明，顾龚平．值得开发与利用的水飞蓟油［J］．中国野生植物资源，2006，25（5）：13 - 16.

HB.21 药食同源菊苣及其产业发展趋势

张　冰[①]　林志健[②]　王　雨[③]　胥　亦[④]　刘亚迪[⑤]

摘　要： 菊苣来源于菊科菊苣属植物毛菊苣或菊苣的干燥地上部分或根，是药食两用植物资源，其富含多糖、黄铜、萜类、酚酸、香豆素类、生物碱等多类活性成分，具有保肝、抗炎、抗菌、抗氧化、调血脂、降血糖、降尿酸等多重功能作用，并且还作为蔬菜、牧草受到国内外多个国家及地区的研发关注及产业推广。本文对菊苣起源、种植分布、物质基础、不同国家及地区的菊苣研发及产业发展现状进行综述，同时对菊苣产业瓶颈问题进行思考，并对其发展进行展望，为促进菊苣生产研发合作交流与产业发展提供信息参考。

关键词： 菊苣；药食两用；大健康产业

一、菊苣的物种及其物质基础研究进展

（一）菊苣的来源

菊苣（学名 Cichorium intybus L.）也称欧洲菊苣或法国苣荬菜，属于菊科菊苣属的二年生或短期多年生草本植物[1]，原产于地中海、中亚和北非地区。

---

① 张冰：医学博士，二级教授/主任医师，北京中药药性理论与各老中医传承研究、中药药物警戒与合理用药研究、中医药大学中药学院临床中药系主任，研究方向：中药防治代谢性疾病研究。

② 林志健，中药学博士，教授/执业药师，研究方向：中药防治代谢疾病研究、中药不良反应与药物警戒研究。

③ 王雨，中药学博士，讲师，研究方向：中药防治性代谢疾病研究。

④ 胥亦，北京中医药大学博士研究生，研究方向：中药防治代谢性疾病研究。

⑤ 刘亚迪，北京中医药大学硕士研究生，研究方向：中药防治代谢性疾病研究。

菊苣具有丰富的遗传多样性和悠久的用药历史。早在古罗马时期，菊苣便作为食物和药物被广泛使用[2-3]。自1616年起，欧洲开始人工栽培菊苣，它不仅作为咖啡的代用品和添加剂，还在拿破仑时期因对英国的封锁而被推广使用，菊苣掺入咖啡的做法在某些地区变得流行。在欧洲某些地区，菊苣不仅是地方特产，更被视为文化的象征[4]。在中国，菊苣作为药材的使用历史已有千年，特别是在维吾尔族和蒙古族医药中占有举足轻重的地位。维吾尔医药的经典著作，如《注医典》和《白色宫殿》详细记载了菊苣的药用价值[4-5]。自20世纪70年代起，中医药也开始将菊苣纳入药材体系，始载于《新疆中草药手册》，并于1977年被正式收录于《中华人民共和国药典》，随后各版《中华人民共和国药典》均有收载[6]。此外，梁小玉等的研究成果进一步揭示了菊苣的遗传多样性和适应性。通过EST－SSR分子标记技术，研究者发现不同菊苣间存在显著的遗传变异，这一发现不仅为菊苣的遗传育种提供了重要的科学依据，也为保护和利用这一宝贵的遗传资源指明了方向[7]。

（二）菊苣在中国的栽培种植分布

菊苣是一种耐寒、喜湿润气候的经济植物和中药材，具有强大的抗逆性和适应性，能在－30℃的低温下越冬，对土壤要求不严，喜肥沃的壤土（pH值为5～8）[1]。自20世纪70年代末，菊苣作为牧草引入中国，后由扬州大学选育，成为家畜的优质青饲料[4-8]。90年代，从新西兰引进的菊苣品种，以其高产量、高营养和良好的适口性在山西、四川、陕西等地成功引种。根据《中华本草》和《中国植物志》记载，菊苣在中国的分布极为广泛，尤其是在东北、西北、华北等地区。此外有研究表明，在北京顺义、河北平山、江西南昌、湖北黄石、山东寿光、辽宁大连、贵州贵阳、辽宁鞍山、内蒙古通辽、新疆石河子、新疆乌鲁木齐等地，菊苣的种植已经形成了一定的规模和影响力[9]。

（三）菊苣的主要营养功效物质基础

菊苣是维吾尔族习用的药材，在中国具有悠久的使用历史。2020年版《中华人民共和国药典》规定，毛菊苣和菊苣的地上和地下部分均可入药[10]。中药材的功效源于其化学成分。迄今为止，菊苣的化学成分已经有了较为深入的研究，菊苣的化学成分种类繁多且复杂。近年来，植物化学研究表明，菊苣含有多种多样的化学成分和多糖、黄酮、倍半萜、咖啡酸衍生物、香豆素果化合物和植物甾醇等[11]。

1. 多糖类

大量研究表明，菊苣根中富含多糖，在菊苣地下根中含量丰富，是菊粉的主要来源之一。菊粉是一种可溶性多糖，具有甜味，但菊粉不在小肠中消化吸收为葡萄糖，所以不会引起高血糖和肥胖，因此可作为具有一定保健价值的膳食纤维[12]。菊苣多糖主要由果糖单元和果聚糖聚合而成，其分子链长度的多分散性取决于菊苣的生命周期，且根部的多糖含量最为丰富。[13-14]

2. 黄酮类

黄酮类化合物在植物中较多，研究表明，菊苣含有丰富的黄酮类成分，主要存在于花与叶中，根和茎中较少[15]。娄猛猛等[16]使用高效液相色谱法（HPLC）检测出菊苣全草中含木犀草素、木犀草素 -7-O-β-D-葡萄糖苷等成分。此外，还含有槲皮苷、芦丁[13]、山萘酚[17]等黄酮醇类化合物。Dem'yanenko[18]等从毛菊苣中检测到芹菜素、槲皮素、金丝桃素等黄酮类化合物。

3. 萜类

菊苣中检测到的萜类化合物主要分为三萜和倍半萜。二萜类主要有蒲公英甾醇、乙酸降香萜烯醇酯、β-谷甾醇、α-谷甾醇等化合物[19]。倍半萜类的存在是菊苣根味苦的主要原因，同时也是其主要抗炎活性成分，主要成分有12,8-愈创木脂内酯、12,6-愈创木内酯[20]、8-去氧山莴苣素、山莴苣素、山莴苣苦素[21]、菊苣萜苷 B、假还阳参苷 B[22]。

4. 酚酸类

菊苣常被烘烤和研磨作为咖啡替代品和补充剂，这主要与其中含有一定量酚酸类成分有关。研究表明酚酸类成分抗氧化作用较强。酚酸类主要包括菊苣酸、咖啡酸、绿原酸、异绿原酸 A、异绿原酸 B 等[23]。菊苣叶中各酚酸类成分含量均最高[22]。

5. 香豆素类

菊苣中含有较多的香豆素类化合物，常见的成分有秦皮甲素和秦皮乙素等，这些活性成分具有保肝作用[11]，此外，菊苣中还含有其他苯丙素类化合物，如 d-丁香脂素、东莨菪内酯、伞形花内酯等成分[19]。

肆 食药物质篇

（四）菊苣功效成分提取分离技术与方法的现状和发展趋势

在推动菊苣产业化、现代化、国际化目标的过程中，菊苣的现代化研究、产品生产和应用成为关键焦点，受到高度重视。大量新方法、新技术和新工艺的普及应用，显著提升了菊苣化学成分提取和分离的技术能力与水平，一些有效成分已成为菊苣或其产品的质量标准指标。目前，菊苣化学成分的提取和分离主要依赖经典的溶剂法结合现代色谱技术，新技术如中压快速色谱、高速逆流色谱和高效液相色谱等已被广泛应用。同时，新材料和新试剂如正向与反向色谱载体、分离大分子的各种凝胶、离子交换树脂和大孔吸附树脂等广泛使用，不仅能方便分离各种化学成分，甚至能分离出超微量的化合物。未来，菊苣化学成分的研究将以生物活性为导向，重点开发微量、在线分离鉴定技术，实现菊苣有效成分的高效快速鉴定。在工业生产方面，菊苣功效成分的提取和分离将成为国家未来重点发展的高新技术领域，发展趋势包括新技术的研究和应用，将传统中药特色与现代科技结合，朝高效、绿色方向发展，如超临界流体提取技术和新型色谱分离技术等。另一趋势是多种现代技术的集成，如膜分离与树脂吸附技术的联用、超临界流体提取与色谱技术的联用、吸附澄清与高速离心和膜分离工艺等。通过研究新技术和新工艺，寻找最佳操作条件，设计生产设备工艺，克服产品质量不稳定、有效成分含量难控、疗效不稳定等问题。按照国际标准和规范进行中药的研发、生产和管理，生产出高疗效、高质量、低毒性，符合国际市场标准的现代中药制剂，推动菊苣进入国际医药主流市场，实现其产业化、现代化和国际化。

二、国内外菊苣产业发展现状

（一）菊苣在国内的产业发展现状

菊苣作为一种经济植物和药食两用资源，在中国的栽培面积逐年扩大。目前，主要的种植区域包括山东、河北、内蒙古、辽宁、吉林等地；此外，湖南、江苏、台湾、云南等地也有栽培。随着农业科技的进步和市场需求的增长，菊苣的种植技术不断改进，产量和质量稳步提升。截至 2023 年，全球菊苣的产量约为3266万吨，其中中国菊苣的总产量约为1450万吨，约占全球总产量的44.4%；全球菊苣市场规模达到47.12亿元人民币，其中中国市场规模为10.69亿元人民币。此外，菊苣的加工转化率因具体产品类型和应用领域而异，主要包括菊苣菊粉、烤菊苣等。整体来看，菊苣产品的市场需求和加工技术的提升推动了其综合产值的增长。

中国有关菊苣研发利用的机构有农业农村部、中国科学院、中国农科院、各省市农业科研机构（如江苏省农业科学院、山东省农科院等）、高等院校（如中国农业大学、南京农业大学、北京中医药大学）等，这些机构均为菊苣产业的科技进步和市场应用提供了重要的支持菊苣的产业链并正在逐步完善。目前，中国菊苣产业化基地已经建成，涵盖功能食品、保健食品、功能化妆品和一类新药等多个产品类别。

此外，近年来中国对于菊苣产业的发展在种植面积、栽培与加工技术、市场需求与消费潜力、产业链发展及国际市场影响力等各个方面均取得了显著成就，为菊苣产业的持续发展打下了坚实基础。

第一，种植面积扩大。中国菊苣的种植面积逐年扩大，特别是在南方地区，如贵州、云南、四川等省份，菊苣种植面积和产量均有显著增长。

第二，技术进步。中国在菊苣种植、栽培和加工技术方面取得了重要进展。通过优化种植技术和管理措施，改进栽培技术，提高了菊苣的生长效率和产量稳定性。选择适宜的地块和土壤、科学施肥、精准灌溉等措施，有效降低了种植风险并提升了产量。提升了抗病虫害技术，研发和应用了一系列抗病虫害的生物防治和综合防治技术，减少了对农药的依赖，保证了菊苣的健康生长和质量安全。进行品种选育，通过遗传改良和选择育种，开发出适应不同环境条件和市场需求的优良菊苣品种。这些品种具有抗逆性强、产量高、品质优良等特点，能够满足市场多样化的需求。创新加工技术，提高了菊苣产品的附加值，提取技术的提升、制品加工工艺的优化等使得菊苣可以广泛应用于食品、保健品等领域，满足消费者对高品质、高营养产品的需求。此外，进行标准化生产，建立了菊苣种植、加工的标准化生产体系，推广了良好的农业规范和品质控制体系，这不仅提升了产品的竞争力，也增强了消费者对产品质量的信任。农业科技的应用使得菊苣的产量和品质得到有效提升，同时也降低了种植成本。

第三，国内市场容量和消费增长潜力巨大。中国经济持续稳定发展是中国菊苣行业快速增长的有力保证。菊苣消费与工业经济的提高直接相关，国民经济的持续健康发展将带来工业制造业的显著提升，加之国家鼓励消费、拉动内需的经济政策，以及城市化进程加快等因素，均为菊苣行业的快速发展提供了良好的环境和巨大的市场空间。与此同时，随着国民素质的提高和消费理念的转变，社会消费结构逐渐向发展型、享受型升级。消费者对商品和品牌附加价值的认知程度逐渐提高，消费心理和需求逐渐呈现出多样化和个性化的特点，从而为菊苣向细分领域发展和差异化定位提供了进步空间。

第四，产业链发展。从种植到加工再到销售，中国的菊苣产业链日益完善。从国家监控力度看，中国政府对菊苣行业的监管力度随着行业的发展不断加强并走向规范化，对菊苣生产企业的准入门槛也不断提高。监管日趋严格所导致的成本增加使得部分生产条件差、无品牌优势的小型菊苣企业被逐渐淘汰，而具备品牌优势和质量管理优势的大中型菊苣企业获得了提高市场份额和整合市场的机会。

第五，国际市场影响力。中国的菊苣产品逐渐走向国际市场，出口量逐年增加。中国菊苣在全球范围内的知名度和市场份额也在不断扩大。

从市场趋势来看，菊苣市场在全球范围内呈现出显著的增长趋势。根据有关机构统计及预测，2022 年全球菊苣市场销售额达到了 6.4 亿美元，预计到 2029 年将达到 9.5 亿美元，年复合增长率（CAGR）为 5.8%。此外，2023 年全球菊苣市场规模为 47.12 亿元人民币，预计到 2029 年将达到 72.27 亿元人民币，年复合增长率为 7%。中国营养保健食品协会发布了《T/CNHFA 111.171—2024 保健食品用原料菊苣》标准，该标准于 2024 年 7 月 31 日发布，并将于 2024 年 8 月 1 日开始实施。国家卫生健康委员会颁布《关于印发成人高尿酸血症与痛风食养指南（2024 年版）》，菊苣在《成人高尿酸血症与痛风食养指南（2024 年版）》（以下简称《指南》）中被推荐为低嘌呤食物，适合痛风患者食用，有助于降低血尿酸水平，改善高尿酸血症和痛风症状。《指南》指出，痛风患者可以吃菊苣，因为菊苣是一种低嘌呤含量的食物，适合痛风急性期和间歇期以及慢性期的患者食用。进一步强调了新鲜蔬菜（如菊苣）在降低血尿酸水平方面的作用，有助于改善高尿酸血症，降低痛风发作风险。《指南》提到菊苣根对痛风有较好的治疗作用，能够降尿酸、润肠通便、调理胃肠功能、清胃火，且被列为药食同源的植物之一。

综上所述，通过科研创新和产业化基地的建设，菊苣的应用领域正在不断拓展，未来有望成为重要的功能性食品和保健品原料。中国菊苣的开发利用现状显示出良好的市场前景和产业潜力。

（二）菊苣在国外的产业发展现状

1. 菊苣在除中国以外的亚洲其他国家及地区的发展现状

除中国之外，日本、韩国、泰国、印度等亚洲国家对菊苣也有相关的产业发展及研究。日本是菊苣的重要产地之一，菊苣被用来制作各种料理与饮品，如菊苣茶、菊苣饮料和菊苣营养补品等，同时菊苣也用作保健食品和药用植物，在日本市场占据着一定的销售量和市场份额。日本菊苣的相关研究主要涉及营养农业[23]、化学[24-25]、药理[27]等多个领域。在农业方面，使用猪粪便培养物研究菊苣根中天然菊苣菊粉和合成菊粉的益生元特性，发现天然菊苣菊粉更有利于宿主健康。在化学方面，研究人员研究了不同温度、不同持续时间的热处理对菊苣叶片营养成分的影响，结果显示，30℃和60℃下加热激活了菊苣的二次代谢，增加了氨基酸和有机酸的浓度，而在100℃下加热和微波加工增加了菊苣中的糖浓度。因此，菊苣的营养价值和潜在的健康益处可以通过在受控温度下加工来增强。这些发现对消费者和食品加工业都很有价值。此外，日本研究人员[24]使用节杆菌 H65-7 果糖基转移酶从菊苣根制备的粗菊粉的酶促生产二果糖酸酐Ⅲ（DFA Ⅲ），使用粗菊粉可获得与商业菊粉相当的 DFA Ⅲ产量，该生产工艺推动了菊粉产量的优化与提升。在功效作用研究方面，日本有关于菊苣在改善肠道菌群及代谢物延缓肥胖症[26]、减少内脏脂肪、改善葡萄糖耐量[27]等方面的研究报道。

从科学文章发表量（经 Web of Science 检索）来看，印度是除中国之外，对菊苣研究最多的亚洲国家，研究方向主要集中于农业[28]、资源[29]、化学成分[30]、药效机制[31]等领域。菊苣的种质和分子多样性受海拔、土壤化学和生长条件的显著影响，研究发现菊苣在高海拔地区（1790 米、1901 米和 2172 米）观察到三种萜类化合物，即白桦脂、可乐醇和白桦醛，而在低海拔地区未观察到。评估了菊苣具有保肝[32]、抑制脂肪生成[33]、缓解胰腺 β 细胞损伤[33]、抗抑郁[34]等活性。此外，菊苣富含的菊粉可用作生物燃料，其被认为是化石燃料的杰出替代品，以可持续的方式满足未来能源供应的需求[35]。

泰国同样重视菊苣在市场的应用，食品药品安全管理局（FDA）批准了一项健康声明，其中指出菊苣根纤维可以增加肠道中双歧杆菌的含量。

2. 菊苣在欧洲的产业发展现状

据统计，2021 年欧洲菊苣消费量为 2.00 万吨，增长率为 4.17 %。预测 2028 年欧洲菊苣消费量为 2.37 万吨，增长率为 1.28%。2021 年欧洲菊苣销售收入为 9.56 亿元及增长率为 6.58%。预测 2028 年欧洲菊苣销售收入为 12.80 亿元增长率为 5.35%。欧洲是菊苣产业发展及研究的重要聚集地，同样也是菊苣主要原料——菊粉的生产及供应地区。如德国的功能性成分生产商贝利优（BENEO）一直关注菊苣根纤维在塑造未来营养趋势的角色，2021 年宣布一项数百万美元的投资计划，以提高菊苣根纤维的生产能力。根据投资计划，BENEO 将提高比利时 Oreye 和智利 Pemuco 工厂的产量，计划完成后，BENEO 将在全球生产超过 40% 的菊苣根纤维。世界第一家菊粉原料供应商 Cosucra 致力于 FIBRULINE™ 菊苣根纤维的天然食品成分生产，2021 年 Cosucra 从债券发行中获得了 1180 万美元，这提高了公司生产菊粉的能力。欧洲投资银行（EIB）、Sofiproteol finance business 和 SRIW（SocieteRegionaled’Investissement de Wallonie）是投资的来源，Cosucral 的目标是在这项投资的帮助下增加产量和提高其工业设备的功能。北美对菊苣的研究分布领域同样较广泛，在基础研究方面，包括化学成分、药效机制、遗传多样性等。在应用研究方面，涉及栽培、生物利用、品种品质研究、生产工艺优化等内容。2022 年，荷兰合作社成员 Sensus 宣布增加菊苣根纤维（菊粉）的生产，以满足植物性饮食和补充剂对天然益生元不断增长的需求。

3. 菊苣在北美地区的发展现状

据统计，2021 年北美菊苣消费量为 2.32 万吨，增长率为 1.31%。预测 2028 年北美菊苣消费量为 2.90 万吨，增长率为 5.84%。2021 年北美菊苣销售收入为 11.27 亿元，增长率为 3.58%。预测 2028 年北美菊苣销售收入为 15.68 亿元，增长率为 8.74%。美国是北美菊苣产业发展的牵头国家之一。在 2024 年全球菊苣市场排名前十位的公司中，美国 LEROUX 是其中之一，其专注于以菊苣为基础的产品，包括菊苣根、粉末、咖啡和饮料。美国在菊苣方面的研究涉及领域与其他国家类似，包括品种、栽培、化学成分、功能作用等研究领域。

4. 菊苣在其他地区的发展现状

除上述国家及地区外，菊苣在拉美地区、中东及非洲地区均有产业发展。

据统计，2021 年拉美地区菊苣消费量为 0.401 万吨，增长率为 11.08%。预测，2028 年拉美地区菊苣消费量为 0.567 万吨，增长率为 5.66%。2021 年拉美地区菊苣销售收入及增长率分别为 1.51 亿美元，13.53%。预测 2028 年拉美地区菊苣销售收入及增长率分别为 3.05 亿美元，17.31 %。例如巴西较多关注菊苣农作物，包括土壤、施肥、水源等对菊苣生长质量的影响。2021 年中东及非洲菊苣消费量为 0.288 万吨，增长率为 1.37%。2021 年中东及非洲菊苣销售收入为 1.20 亿美元，增长率为 34.83%。

三、菊苣产业发展存在的问题及发展方向

随着菊苣研究的进一步深入，相关政策等为菊苣产业带来了一系列的发展机遇。

菊苣作为一种药食同源的新资源食品，市场需求持续增长，政府推动农业产业化和智慧农业的发展，为菊苣产业提供了政策支持。如芽球菊苣、菊苣饮片、含菊苣的保健食品及功能食品等近年来市场需求不断增加，菊苣从种植到产品加工整个产业链迎来了重要的发展。而且，随着菊苣药理活性创新发现与产品开发的不断深入，菊苣提取物的新型药物和保健食品的研发有望开辟新的市场蓝海。菊苣深加工水平的提升和高附加值产品的开发也为产业提供了新的发展机遇。

尽管中国菊苣产业日趋蓬勃发展，但目前仍存在以下制约产业发展的问题与不足：

（1）菊苣的生产、加工、销售的供应链尚未完善，需要进一步制定相关政策，完善市场供应。同时菊苣的品种繁多，但有些品种适应性不足或者在市场上的竞争力不足，需要进行品种选择和优化。

（2）菊苣的加工技术和产品创新不足，限制了其在市场上的应用和价值发挥，造成目前市场上对菊苣的定位不明确，未能形成明确的消费群体和市场定位。

（3）随着中国市场近年来的快速增长，国际领先的菊苣机构纷纷加强对中国市场的开拓。国外菊苣厂商依托数十年的技术研发积累，在品牌、资本、技术和人才等方面与国内厂商相比具有明显优势，进口产品给国内厂商的业务

拓展带来一定的竞争压力。

（4）菊苣行业企业通过长期的技术服务和市场推广逐步形成稳定、成熟的客户群，而新的行业进入者很难在短期内培养出自己稳定的客户群。菊苣行业供应商通过长期的系统开发与实施，结合客户自身的业务需求，为客户定制符合其业务流程的应用系统，这种合作模式有赖于供应商的开发人员对客户业务的深入了解。客户在信息化系统建设方面的投资规模越大，服务周期越长，在更换服务商上的成本越大，由此形成的客户黏性成为本行业的进入壁垒。

针对以上问题，其发展方向应注意以下五个方面：

（1）加强市场推广和教育。加强菊苣市场推广优化供应链管理，改善种植、采摘、加工和销售的供应链管理，提高生产效率和产品质量，减少资源浪费。

（2）进行品种改良和选育。加强菊苣的品种改良和选育，培育适应性强、产量高、抗逆性强的新品种，以满足市场需求。

（3）精准市场定位。明确菊苣的市场定位，针对不同消费群体进行精准营销，开发专属的市场渠道和销售策略。

（4）加强加工技术创新。推动菊苣加工技术的创新，开发出更多样化、高附加值的产品，拓展菊苣的应用场景。

（5）进行产业链整合与合作。促进菊苣产业链上下游的合作与整合，形成完整的产业链条，提升整体竞争力和市场影响力。

参考文献

［1］徐雅梅．菊苣的开发与利用研究［D］．咸阳：西北农林科技大学，2007.

［2］姜晓东．播期对菊苣生长特性及产量的影响［J］．山西农业大学学报（自然科学版），2014，34（5）：397－399.

［3］费星宇，赵泓，杜洋，等．菊苣的基因组大小估算及基因组调查测序［J］．草地学报，2022，30（12）：3207－3214.

［4］蒋功成，丁正峰．享誉中西的菊苣历史进程及产业应用［J］．长江蔬菜，2019（10）：35－37.

［5］赵成思，蔡霞，刘艳骄．维吾尔医药文献中有关睡眠药物辑述［J］．世界睡眠医学杂志，2018，5（1）：6－10.

[6] 吴丽丽，张冰，刘小青，等. 菊苣根 HPLC 指纹图谱的研究 [J]. 中药新药与临床药理，2012，23 (6)：658 - 660.

[7] 梁小玉，白史且，季杨，等. SRAP 和 EST - SSR 标记对菊苣遗传多样性的比较分析 [J]. 黑龙江畜牧兽医，2017 (7)：17 - 23.

[8] 胡志萍，尼玛草，次仁拥青，等. 氮素和微生物菌剂对菊苣粗蛋白含量和粗纤维含量的影响 [J]. 林业科技通讯，2024 (1)：46 - 50.

[9] 张冰. 中国菊苣研究 [M]. 北京：科学出版社，2015：3.

[10] 国家药典委员会. 中国药典 [M]. 北京：中国医药科技出版社，2020：1088.

[11] PEROVIĆ J，TUMBAS ŠAPONJAC V，KOJĆ J，et al. Chicory (Cichorium intybus L.) as a food ingredient - nutritional composition, bioactivity, safety, and health claims: A review [J]. Food Chemistry, 2021, 336: 127676.

[12] ROBERFROID M B. Introducing inulin - type fructans [J]. Br J Nutr. 2005, 93 (增刊 1): S13 - S25.

[13] 凡杭，陈剑，梁呈元，等. 菊苣化学成分及其药理作用研究进展 [J]. 中草药，2016，47 (4)：680 - 688.

[14] SHAD M A，NAWAZ H，REHMAN T，et al. Determination of some biochemicals, phytochemicals and antioxidant properties of different parts of Cichorium intybus L.: a *comparative study* [J]. Journal of Animal and Plant Science - JAPS, 2013, 23 (4): 1060 - 1066.

[15] 马春梅. 维药毛菊苣全草主要化学成分的研究 [D]. 乌鲁木齐：新疆大学，2015.

[16] 娄猛猛，李国玉，高建波，等. HPLC 法测定菊苣中黄酮类成分的含量 [J]. 农垦医学，2010，32 (6)：490 - 493.

[17] 骆旭东，杨建华，张海波，等. HPLC 法同时测定毛菊苣根和种子中 7 种化学成分的含量 [J]. 西北药学杂志，2019，34 (3)：289 - 294.

[18] DEM'YAMENKO V G，DRANIK L I. Flavonoids of Cichorium intybus [J]. Chemistry of Natural Compounds, 1937, 9 (01): 115.

[19] 杜海燕，原思通，江佩芬. 菊苣的化学成分研究 [J]. 中国中药杂志，1998 (11)：42 - 43，64.

[20] Meng XH，Lv H，Ding XQ，et al. Sesquiterpene lactones with anti - inflammatory and cytotoxic activities from the roots of Cichorium intybus [J]. Phytochemistry, 2022, 203: 113377.

[21] Rees S B, Harborne J B. The role of sesquiterpene lactones and phenolics in the chemical defence of the chicory plant [J]. Phytochemistry, 1985, 24 (10): 2225 - 2231.

[22] 黄晓杰，孟秀花，潘胤安，等．菊苣不同部位的化学成分 [J]．植物资源与环境学报，2023，32（3）：95 - 97.

[23] Nakayama Y, Kawasaki N, Tamiya T, et al. Comparison of the prebiotic properties of native chicory and synthetic inulins using swine fecal cultures [J]. Biosci Biotechnol Biochem, 2020, 84 (7): 1486 - 1496.

[24] Kikuchi H, Inoue M, Saito H, et al. Industrial production of difructose anhydride III (DFA III) from crude inulin extracted from chicory roots using arthrobacter sp. H65 - 7 fructosyltransferase [J]. J Biosci Bioeng, 2009, 107 (3): 262 - 265.

[25] Kobayashi W, Tomizawa A, Kurawaka M, et al. Metabolomic profiling of the nutritional components of chicory leaves following heat processing. [J]. Food Sci. 2024, 89 (4): 2054 - 2066.

[26] Igarashi M, Morimoto M, Suto A, et al. Synthetic dietary inulin, fuji FF, delays development of diet - induced obesity by improving gut microbiota profiles and increasing short - chain fatty acid production [J]. PeerJ, 2020, 8: e8893.

[27] Nakajima H, Nakanishi N, Miyoshi T, et al. Inulin reduces visceral adipose tissue mass and improves glucose tolerance through altering gut metabolites [J]. Nutrition & Metabolism, 2022, 19 (1): 50.

[28] Arshi A, Abdin M Z, Iqbal M. Effect of CaCl2 on growth performance, photosynthetic efficiency and nitrogen assimilation of cichorium intybus L. grown under NaCl stress [J]. Acta Physiologiae Plantarum, 2006, 28 (2): 137 - 147.

[29] Malik B, Dar F A, Pirzadah T B, et al. Molecular and phytochemical characterizations of cichorium intybus L. in diverse ecogeographical regions of kashmir himalaya [J]. Applied Sciences, 2022, 12 (23): 12061.

[30] Akhtar M S, Mir S R, Hossain M A, et al. A novel terpenoid glycoside and other bioactive constituents from the seeds of cichorium intybus [J]. Carbohydrate Research, 2023, 524: 108745.

[31] Muthusamy V S, Anand S, Sangeetha K N, et al. Tannins present in Cichorium intybus enhance glucose uptake and inhibit adipogenesis in 3T3 - L1 adipocytes through PTP1B inhibition. [J]. Chem Biol Interact, 2008, 174 (1): 69 - 78.

[32] Amir, M, Ahmad, W, Sarafroz, M, et al. Hepatoprotective effect of a polyherbal formulation (Aab – e – Murawaqain) against CCl4 induced liver toxicity in Wistar albino rat model by suppressing proinflammatory cytokines [J]. South African Journal of Botany, 2022, 151: 75 – 81.

[33] Devi Kt R, Sivalingam N. Cichorium intybus attenuates Streptozotocin – induced pancreatic β – cell damage by inhibiting NF – κB activation and oxidative stress [J]. J Appl Biomed, 2020, 18 (2 – 3): 70 – 79.

[34] Kour K, Bani S. Chicoric acid regulates behavioral and biochemical alterations induced by chronic stress in experimental Swiss albino mice [J]. Pharmacology Biochemistry and Behavion, 2011, 99 (3): 342 – 348.

[35] Singh RS, Singh T, Hassan M, et al. Biofuels from inulin – rich feedstocks: A comprehensive review [J]. Bioresour Technol, 2022, 346: 126606.

HB. 22 中国五加属食品产业发展报告

颜秉东[①]　高　娜[②]　刘国栋[③]

摘　要： 近年来，随着现代人对健康生活的追求和对食药同源食品的认可，以刺五加为代表的五加属植物开发与利用得到了迅猛发展。五加属植物人工繁育栽培的面积持续扩大，药品、食品加工技术也得到了显著提升，产品质量有了可靠保障。同时，国家卫健部门和地方政府也对刺五加、短梗五加、细柱五加在食品、保健品等领域的应用提出了新的规范化要求，刺五加等相关食品开发和产业规模也日渐扩大，市场前景广阔。

关键词： 五加属植物；中药材；刺五加；五加属食品；五加产业

一、中国五加属植物应用的历史

（一）五加属植物

五加属（学名 Eleutherococcus）是五加科下的一个属，落叶灌木或小乔木。枝常有刺，叶为掌状复叶，有小叶 3～5 枚；花两性，稀单性异株，花序为伞形或头状花序；萼齿小，不明显或有时无；果实球形或扁球形；种子的胚乳匀一；子房 2～5 室，花柱 2～5 室，离生或不同程度合生。

---

① 颜秉东，执业中药师，北京恒济卫生管理发展基金会理事，研究方向：食药物质系列产品组方及技术开发。

② 高娜，生态学博士，石家庄学院碳中和研究中心，研究方向：农业碳汇、药食同源、中药栽培技术。

③ 刘国栋，高级农艺师，北京民族医药文化研究促进会食药同源专委会，研究方向：食药同源理论及文化、食药同源农林生产技术。

1. 五加属植物分布

全世界已发现约37种（不包括变种）五加科五加属植物，主要分布于亚洲。五加属植物大多数生长在森林中、灌木丛林、林缘、山坡、路旁、林荫下或林缘湿润处，少数散在林中生长。中国有26种、18变种，占世界首位，广泛分布于中国南北各省，长江流域属种最多，其中最常见的是细柱五加、刺五加和红毛五加。

中国五加属植物大多数分布在海拔1000~3000米的密林中，个别种类从海拔100米开始分布，如细柱五加、糙叶五加、白簕、刺五加、糙叶藤五加等；少数种类如云南五加分布在海拔3000米以上。

此外，韩国和日本也盛产五加皮，韩国已发现五加属植物17种（11种、3变种、3变型），其中最常见的是无梗五加，韩国还培育出新型变种五加皮用于药用。在日本也已发现五加属植物9种，其中最常见的是异株五加。

2. 五加属药用植物

五加属正式学名为 *Eleutherococcus Maxim.* 。中国五加属植物全系野生，大都为直立或蔓生灌木，部分藤生。五加属植物具有药用价值，如滋补、抗风湿、抗应激、抗疲劳、抗肿瘤等。[1]

中国近代文献记载供药用的五加属植物达13种，包括细柱五加、刺五加、无梗五加、白簕、红毛五加、糙叶五加、藤五加、糙叶藤五加、狭叶藤五加、蜀五加、绣毛吴茱萸叶五加、康定五加、轮伞五加等，分布在中国25个省、自治区、直辖市。[2]

3. 刺五加植物

刺五加为五加科植物刺五加，别名老虎潦、刺拐棒、一百针等，五加科五加属植物。刺五加属灌木，高1~6米，分枝多，叶有小叶5，稀者3；叶柄常疏生细刺，小叶片纸质，椭圆状倒卵形或长圆形，先端渐尖，基部阔楔形，上面粗糙，深绿色，脉上有粗毛，下面淡绿色，脉上有短柔毛，边缘有锐利重锯齿；小叶柄有棕色短柔毛。伞形花序单个顶生，有花多数；总花梗无毛，花梗无毛或基部略有毛；花紫黄色；萼无毛；花瓣卵形；子房5室，花柱全部合生成柱状。果实球形或卵球形。花期为6—7月，果期为8—10月。

刺五加主要分布于中国黑龙江（小兴安岭、伊春市带岭）、吉林（吉林市、通化、安图、长白山、靖宇）、辽宁（沈阳）、河北（雾灵山、承德、百花山、小五台山、内丘）和山西（霍县、中阳、兴县）。朝鲜、日本和俄罗斯也有分布。

刺五加为第三纪孑遗植物，在《中国植物红皮书——稀有濒危植物》中刺五加被列为渐危植物，《野生药材资源保护管理条例》中被列为国家三级保护物种。2023 年 6 月 5 日，北京市将刺五加列入《北京市重点保护野生植物名录》。

（二）中国五加属植物历代本草药用记述

1. 医学典籍

中国五加属植物作为药用的历史最早见于公元 1—2 世纪的《神农本草经》，五加皮被列入本经中品。

梁代陶弘景《名医别录》记载："五加皮五叶者良。"宋代苏颂主编的《图经本草》记载："高三五尺，上有黑刺，叶生五叉作簇者良。四叶、三叶者多，为次。"

元代李东垣《食物本草》卷二十《灌木类》记载"（五加皮同茎）味辛温，无毒。补中益精，坚筋骨，强志意。久服，轻身耐老。破逐恶风血，四肢不遂，贼风伤人，软脚臀腰。明目下气。治中风骨节挛急，补五劳七伤。酿酒饮，治风痹四肢挛急。作末浸酒饮，治目僻眼雕。"

《中华本草》云："古代本草未见刺五加的记载，《本经》只记载五加皮。"《名医别录》云："生汉中及中云冤句。"《蜀本草》云："今所在有之。"《本草图经》云："今江淮湖南州郡皆有之。"据《中国植物志》记载，刺五加分布于黑龙江、吉林、辽宁以及河北、山西，与《名医别录》《蜀本草》及《本草图经》所述产地不符。但按历代本草对五加皮原植物形态的描述（参见"五加皮"条）分析，古代所用五加皮应来自五加科五加属（Acanthopenax）的多种植物。

《中华人民共和国药典（2020 年版）》（以下简称《中国药典》）将刺五加和五加皮做了分列，明确了刺五加和细柱五加两种药材的基源植物。

刺五加为五加科植物刺五加的干燥根及根茎或茎，春、秋两季采收，洗净，干燥。

五加皮为五加科植物细柱五加的干燥根皮。夏、秋两季采挖根部，洗净，剥取根皮，晒干。

2. 中国药典

《中国药典》(1985 年版一部) 首次将刺五加作为独立药材记载使用。《中国药典》(2020 年版一部) 收录了刺五加药材和饮片、刺五加浸膏、刺五加片、刺五加胶囊、刺五加颗粒、刺五加脑灵合剂等多个剂型。

3. 中药材标准

(1) 团体标准

《中药材商品规格等级——刺五加》(T/CACM 1021.118—2018) 是 2018 年 12 月 3 日实施的一项中华人民共和国团体标准，归口于中华中医药学会。该标准规定了刺五加的商品规格等级，适用于刺五加药材生产、流通以及使用过程中的商品规格等级评价。

刺五加团体标准《附录 A》指出："刺五加为近现代开发利用的品种，古代本草未见刺五加的记载，经考证刺五加为五加皮其中的一个来源，为五加科植物刺五加的干燥根和根茎或茎。" 目前，中国刺五加药材主产于 "黑龙江小兴安岭、张广材岭、老爷岭、完达山，吉林长白、安图、抚松、通化、和龙，辽宁桓仁、宽甸、铁岭及河北、山西、宁夏。现代本草均以个大、质坚实、断面黄白作为刺五加品质评价标准。现代以不同药用部位划分规格等级，为制定刺五加商品规格等级标准提供了依据"。

(2) 地方标准

被收作地方标准的 "五加" 有 "红毛五加皮" "甘肃刺五加" "东五加皮" 等，皆来源于五加科植物，有祛风湿、强筋骨的功效。植物红毛五加或毛梗红毛五加密生刺毛的茎皮入药为 "红毛五加皮" [红毛五加皮《重庆市中药材质量标准》(2022 年版)、《四川省中药材标准》(2010 年版)]。《甘肃省中药材标准 (2020 年版)》所载的 "红毛五加皮" 虽仅以植物红毛五加的枝皮为来源，但当地同属植物毛叶红毛五加 (岷县、临洮)、毛梗红毛五加 (迭部、舟曲) 也作 "红毛五加皮" 同等入药。《甘肃省中药材标准 (2020 年版)》另有收载 "甘肃刺五加"，来源于植物短柄五加或藤五加的根、根茎或茎。《吉林省中药材标准第二册 (2019 年版)》收载的 "东五加皮" 来源于植物短梗五加 (无梗五加) 的根皮，有祛风湿、补肝肾、强筋骨的作用，刺五加的根皮也作东五加皮使用。[3] 陕西省中药研究所 20 世纪 80 年代以来对省内五加属药用植物进行了系统调查，对《倒卵叶五加》进行了入药标准鉴定，研制出倒卵型五加冲剂、片剂、五加酒。

二、中国五加属植物食用的历史

（一）古代本草医家关于五加属植物食用记述

中国五加属植物作为传统食用的历史较短，纳入食药物质需要提供30年以上作为食品食用的证明材料；同时，须符合中药材资源保护、野生动植物保护、生态保护等相关法律法规的规定。这也是国家卫生健康委员会等相关部门暂时没有将刺五加、短梗五加、细柱五加、白簕等列入食药物质名录的原因。

元代李东垣《食物本草》卷二十“灌木类”介绍五加皮植物：“五加皮，近道处处有之，东间弥多。春生苗，茎叶俱青，作丛。赤茎又似藤蔓，高三五尺，上有黑刺。叶生五叉作簇者良；四叶、三叶者最多，为次。每一叶下生一刺。三四月开白花，结细青子，至六月渐黑色。根若荆根，皮黄黑，肉白，骨坚硬。”李时珍在《本草纲目》中对五加进行了评述：“五加，春月于树枝上抽条叶，山人采为蔬茹。正如枸杞，生于北方沙地者皆木类，南方坚地者如草类也。”叶作蔬食，去皮肤风湿。[4]

陶弘景曰：“煮根茎酿酒饮，益人。”昔孟绰子、董士固相与言云：“宁得一把五加，不用金玉满车。又昔鲁定公母服五加酒。亦可为散，以代汤茶。”

李时珍曰：“五加造酒之方：用五加根皮洗净去骨，茎叶亦可，以水煎汁，和曲酿米酒成，时时饮之。亦可煮酒饮。”

《救荒野谱——补遗》（蒿莱野人辑）记述：“五加食叶。春月采嫩枝，熟食之，可以充饥。”“饥年谷价五倍加，民无食兮兴咨嗟。采得五加充我腹，胜于白璧遗无瑕。”

（二）民间食用历史

中国民间食用五加属植物的历史悠久，除了泡酒、制茶以外，凉拌、蘸酱、炒食、做汤、蒸包子、包饺子等食用方法不断增加。

1. 东北地区

黑龙江省的山区把刺五加习惯性称为“老虎潦子”、刺拐棒、五加皮、刺针，别名为五加参。主要分布于小兴安岭、张广才岭、长白山等区域，刺五加的根及根茎为中药材，而每年5月至6月上旬采收的刺五加鲜叶则成为老少皆宜的山野菜。鸡西市虎林市史志办提供的佐证材料证明，刺五加鲜叶作为山野菜食用，在黑龙江省已有30年以上的食用历史。

1959年《黑龙江中药》第一辑记载，黑龙江省山区民间用刺五加根茎及根泡酒，用作强壮健筋之剂。说明刺五加作为保健酒的历史已经有55年以上的历史。[5]

在吉林省，刺五加长期以来一直是以其根及根茎或茎作为中药材刺五加的药源，而其早春鲜叶既是刺五加茶生产的原料，又是老少皆宜的山野菜。

吉林省《辉南县志》记载刺五加鲜叶可作蔬菜食用。刺五加叶作为山野菜，生产和消费具有季节性。为了提高附值，增加保质期，地方企业开发研制了五加茶。吉林省域内企业最早的生产许可可追溯到2005年，有多家企业取得刺五加茶的企业标准备案和作为代用茶的生产许可。

2. 西南和中南地区

中国西南和中南地区多食用一种五加属植物白簕。簕就是刺，因为它全身长满刺而得名，白簕可以当菜吃，也称簕菜，珠海地区称为刺笋。白簕广布于我国中部和南部，西至云南西部国境线，东至台湾，北起秦岭南坡，南至海南的广大地区均有分布。在印度、越南和菲律宾也有分布。

广东省江门市恩平市民众有到山上采摘野生的簕菜叶，混合猪肝、瘦肉等食材煲汤饮用的习俗。簕菜有“解百毒”之称，味道甘醇，芳香浓郁，长久回甘，渐渐地，簕菜便成为恩平市民不可或缺的饮食文化。2015年，恩平簕菜被评为“国家地理标志农产品”。恩平簕菜小吃被列入地方非物质文化遗产。簕菜也被加工成簕菜茶、簕菜粉、簕菜干、簕菜饼等多种产品，成为一种健康食材。

3. 西北地区

西北地区人们通常把蜀五加和糙叶五加的嫩叶和芽采摘食用，也叫“刺五加”或“五月典”“五撮典”等。

（三）国家相关部门认定

1993年，林业部将刺五加叶列入了林业部行业标准LY/T 1120－1993《保鲜山野菜》中，被确定为山野菜。2010年1月14日该标准被废止。

2002年2月，卫生部《关于进一步规范保健食品原料管理的通知》（卫法监发〔2002〕51号）将“刺五加”（五加皮单列）列入“可用于保健食品的物品名单”。

2008年5月，卫生部《关于批准嗜酸乳杆菌等7种新资源食品的公告》（2008年第12号）将人工种植的短梗五加（无梗五加）批准为新资源食品（现改为新食品原料），食用部位为茎、叶和果（全株鲜品为原料），使用范围为饮料类和酒类。

四、中国五加属植物数量分布及种植规模

（一）中国主要五加属植物数量分布

1. 中国主要五加属植物自然数量分布

中国主要五加属植物自然分布见表1。[6]

表1　中国主要五加属植物自然分布

中文名	学名	数量分布
刺五加	*Acanthopanax senticosus* (Rupr. Maxim.) Harms	分布于黑龙江、吉林、辽宁、河北和山西，朝鲜、日本和俄罗斯也有分布
无梗五加	*Acanthopanax sessiliflorus* (Rupr. Maxim.) Seem.	1原变种，1变种，主要分布于中国
糙叶五加	*Acanthopanax henryi* (Oliv.) Harms	1原变种，1变种，主要分布于中国
白簕	*Acanthopanax trifoliatus* (L.) Merr.	1原变种，1变种，主要分布于中国
红毛五加	*Acanthopanax giraldii* Harms	1原变种，2变种，主要分布于中国
细柱五加	*Acanthopanax gracilistylus W. W. Smith*	1原变种，4变种，主要分布于中国

2. 野生刺五加东三省适宜分布区及面积

刺五加生态适宜区主要集中在长白山山脉及小兴安岭东南地区，分布面积约为2.212×10^5千米^2，存在概率最高的区域主要在辽宁省东部、吉林省东南部以及黑龙江省中部。

刺五加适宜概率为0.3～0.7，面积约为1.694×10^5千米^2，占总研究区域面积的13.64%。适宜概率大于或等于0.7的最适宜区主要在宽甸满族自治县北部、本溪满族自治县、新宾满族自治县、桓仁满族自治县、安图县、抚松

县、临江市、长白朝鲜族自治县、舒兰市南部、敦化市北部及铁力市东部等地区，三省适宜概率大于或等于0.3的面积分别为黑龙江省1072 $\times 10^5$ 千米^2、吉林省8.52 $\times 10^4$ 千米^2、辽宁省2.88 $\times 10^4$ 千米^2。[7]

3. 东三省五加属植物蕴藏量及经济总量

由于刺五加、短梗五加等五加属植物没有列入国民经济统计年鉴栏目中，各省历年仅有“中药”一项面积统计数据，因此，国内还没有准确的五加属统计数据。

1987年，黑龙江省中医研究院（现黑龙江省中医药科学院）中药研究所根据刺五加在黑龙江省境内的分布状况，按照《中国植被》的分类类型，选择小兴安岭、张广才岭、老爷岭、完达山四个丰林保护区，结合黑龙江省1980年统计的现有各种林型面积，对刺五加的经济总量（根和根茎、茎、叶）进行了测算，1987年全省刺五加的总经济量为数十万吨。按照10%的利用率及15年的自然更新期，年最大收购量不超过5000吨[8]。

吉林省的刺五加主要分布在白山市、延边朝鲜族自治州、吉林市、敦化市。在吉林种植面积最大的十种中药材中，刺五加排第四名，种植面积4.47万亩[9]。据相关资料显示，2013年吉林省白山市长白山脉腹地，刺五加林业经营总面积为406万公顷[10]。

2016年，本溪满族自治县连山关刺五加野生面积43.5万亩，资源蕴藏总量30万吨[11]。

（二）五加属植物资源保护及良种繁育基地建设状况

1. 五加属植物资源保护

1987年10月，国务院发布的《野生药材资源保护管理条例》（国发〔1987〕96号）将刺五加列为“三级保护野生药材物种”。

《黑龙江省野生药材资源保护条例》（2018年修订）将刺五加列入三级保护野生药材品种。“第十七条　建立国家或者地方野生药材资源保护区，需经国务院或者县以上人民政府批准。”“第二十二条 县级以上负责野生药材资源保护工作的部门应当积极配合有关部门和单位，鼓励开展珍稀、濒危、道地野生药材物种变家种、家养研究。支持道地野生药材品种选育，扶持道地野生药材生产基地建设。在有条件的地方，建立中药材种植、饲养基地和野生药材种质资源库，实现中药材资源可持续利用。”

2012 年 8 月 14 日，国家质检总局批准对“连山关刺五加”实施地理标志产品保护。2013 年，本溪县选育出了产量高、抗病性强的刺五加新品种“连山关五加 1 号”，并通过了专家评审备案。

2. 刺五加等五加属植物良种繁育及基地建设

20 世纪 80 年代，本溪县就开始研究刺五加的人工驯化栽培，先后经历了野生幼苗移植试验、实生苗有性繁殖、扦插压条等无性繁殖阶段，以及人工山地平地广泛栽培等阶段，形成了从育苗、栽培、采收、加工等完整的栽培技术体系，探索出林药、果药、药菜间作等多种刺五加种植模式。

东北林业大学《刺五加良种选育及培育关键技术研究》（黑科成鉴字〔2014〕第 6 号）获得省科技成果鉴定。

2023 年，伊春市建成刺五加种植抚育基地 80 个，其中包括 4 个省级野生抚育基地和 8 个良种繁育基地。

2023 年底，中国龙江森林工业集团有限公司在森工林区建设标准化种苗繁育基地 1120 亩，林区野生刺五加资源封山保护面积达 100 多万亩。

（三）五加属植物人工种植规模

黑龙江省农业农村厅公布的数据，2023 年，黑龙江省建设了包括位于虎林市的东方红林业局等 9 个刺五加生产基地，全省人工抚育刺五加面积达到 152 万亩[12]。其中，2023 年，黑龙江森工林区刺五加种植面积达到 33. 13 万亩，虎林市完成仿野生栽植 15 万亩。

中国龙江森林工业集团有限公司（以下简称“森工”）充分发挥林区资源生态优势，建立了“中药材公司 + 林业局 + 技术服务公司/种植大户”的合作模式，积极推进各类中药材生态种植、野生抚育和仿野生栽培。2023 年，森工林区刺五加种植面积达到 33. 13 万亩，建设标准化种苗繁育基地 1120 亩，同时对林区野生刺五加资源开展了保护性利用，规划封山保护面积达到了 100 万亩，充分带动区域内中药材标准化种植，全面提升中药材规范化、标准化种植水平。伊春市建成刺五加种植抚育基地 80 个，其中包括 4 个省级野生抚育基地和 8 个良种繁育基地，刺五加种植抚育面积达 60. 9 万亩。

吉林省刺五加主要集中在白山市、延边满族自治州、吉林市、通化市几个地区。周波等 2016 年调查“长白山区主要中药材地域分布与种植面积”，其中，抚松县、靖宇县、临江市的刺五加种植面积为 500 千米^2（含有野生与人工种植面积）[13]。

辽宁省刺五加主要产于新宾、清原、本溪、宽甸、凤城等县，品种以短梗五加为主。2016 年底，本溪县发展刺五加面积 60 万亩，其中人工栽培面积 16.5 万亩（林地栽培 16.2 万亩，平地栽培 0.3 万亩）。

广东恩平市可利用簕菜资源 5 万亩，人工种植簕菜 8000 亩，年产量 6250 吨，产值 1.2 亿元[14]。

五、中国五加属食品开发的现状

（一）主要省市五加属植物栽培技术规程、食品开发标准

1. 五加属植物栽培技术规程（标准、规范）

在五加属植物药食产业开发的过程中，国家林草部门和地方各级政府部门出台了一些行业和地方的种植栽培技术规程，主要有：

中华人民共和国林业行业标准《刺五加培育技术规程》（LY/T 1771—2018）、中华中医药学会团体标准 T/CACM 1056.63—2017《中药材种子种苗 刺五加种子》、黑龙江省农业农村厅 2022 年 11 月《刺五加优质高效栽培技术模式》、黑龙江省 DB23/T 2915—2021《刺五加野生资源恢复技术规程》、吉林省地方标准 DB22T 3125—2020《刺五加林下栽培技术规程》、黑龙江省牡丹江市 DB2310T067—2022《牡丹江地区刺五加生态种植技术规程》、本溪县《短梗五加生产技术规程》《刺五加优质高产栽培及商品基地建设研究》、江西省地方标准 DB36/T 1568—2021《五加芽菜生产技术规程》。

2. 食品开发标准

（1）吉林省地方标准

2019 年 9 月，吉林省卫生健康委员会发布了吉林省地方标准 DBS22/035—2019《食品安全地方标准 刺五加鲜叶》，将刺五加鲜叶春季（5 月至 6 月上旬）采收的五加科五加属植物刺五加的鲜叶作为蔬菜食用或加工刺五加茶的原料。

（2）黑龙江省地方标准

2023 年 11 月，黑龙江省卫生健康委员会发布了黑龙江省地方标准 DBS

23/023—2023《食品安全地方标准 刺五加叶》，将采摘刺五加的叶作为蔬菜食用或作为生产茶叶原料。

（3）地方团体标准

团体标准是将政府供给为主的标准体系转变为由政府主导制定的标准和市场自主制定的标准共同构成的新型标准体系，市场自主制定的标准就是团体标准。吉林省临江市、抚松县在吉林省地方标准《刺五加鲜叶》出台前就制定了团体标准，指导刺五加茶的生产与实践。临江市 Q/TLJCW0004S—2017《临江市刺五加协会团体标准 刺五加茶》。抚松县 Q/TFSCW0001S—2017《抚松县刺五加产业协会团体标准 刺五加茶》。

（4）企业食品标准

《中华人民共和国食品安全法》明确规定食品安全标准是强制性标准。食品企业标准备案是将食品安全指标严于食品安全国家标准或者地方标准的食品企业标准进行存档、备查的过程。国家卫生健康委员会办公厅《关于进一步优化食品企业标准备案管理工作的通知》（国卫办食品发〔2024〕4 号）提出实行食品企业标准自我声明公开制度的要求，鼓励食品生产企业直接登录“企业标准信息公共服务平台”进行食品企业标准的自我声明公开，并在平台公开完成备案。

在五加属植物原料获得国家新食品原料、保健食品原料许可的情况下，国内一些企业也相继制定了企业标准，如吉林省宏久生物科技股份有限公司企业标准 Q/HJSW 0010S—2017《刺五加提取物（保健食品原料）》、吉林长青参业有限公司企业标准 Q/JCQS 0001S—2016《沐杨牌刺五加人参果软胶囊（保健食品）》、吉林长青参业有限公司企业标准 Q/JCQS 0001S—2018《沐杨牌刺五加人参果软胶囊（保健食品）》、吉林省奥康保健食品有限公司 Q/AKJS 0004S—2017《高山红景天刺五加口服液（保健食品）》和 DBS 44/009—2018《广东省食品安全地方标准 簕菜及干制品》。

（二）五加属植物食品科研与加工技术

1. 食品科学研究

（1）刺五加主要化学及活性成分研究

刺五加主要化学及活性成分主要集中在刺五加多糖类、总皂苷类、总黄酮类、酚酸类、苷类。RuizhanChen 等从刺五加中提取出了刺五加多糖 ASP－2－

1，并测定其结构中含有鼠李糖、木糖、葡萄糖、甘露糖、阿拉伯糖、半乳糖和葡萄糖醛酸等。Maolian Chen 等利用电喷雾质谱发现刺五加叶中存在槲皮苷、金丝桃苷、槲皮素和芦丁四种黄酮类化合物。谢红兵发现刺五加根、茎、叶中含有 Ca、Cu、Mg、Fe、Zn、K、Mn、Na 等 8 种矿物质元素。

（2）五加属植物特殊食品功能研究

国内刺五加属（短梗刺五加）等五加属植物的保健功能的研究领域主要集中在增强免疫力、抗辐射、改善睡眠、降血脂、降血糖、改善记忆、抗疲劳、耐缺氧等方面。研究论文成果有：房磊对响应面法优化香菇刺五加复合运动饮料工艺及其抗疲劳功能进行了研究；卓长清、赵欣、栾朝霞对枸杞刺五加运动饮料研制及抗疲劳作用进行了研究；高寒、徐伟对基于网络药理学的刺五加总苷抗疲劳作用机制进行了研究。

（3）五加属三新食品功能研究

五加属“三新食品”主要指国家卫计委 2008 年批准的人工种植的短梗五加为原料而开发的新食品（哺乳期妇女、孕妇、婴幼儿及儿童人群不宜），食用部位为茎果叶，使用范围为饮料类、酒类。研究论文成果有：辽宁省疾病预防控制中心对短梗五加的食用安全性进行了研究。短梗五加对两种性别的大、小鼠急性毒性（MID）均大于每千克体重 30 克，属无毒物质；三项遗传毒性试验结果均为阴性。研究结果表明短梗五加属于无毒物质，食用卫生安全。郭军、孙宝俊等通过对短梗五加的食用习俗与安全性调查、营养成分分析、动物实验及卫生毒理学测试、食品工艺学、食品原料基地建设、应用与市场开发进行了归纳和总结。李健、谢晶、刘宁等对短梗五加的化学成分和药用价值进行了研究，短梗五加作为新食品原料，具有镇静安神、降压、降糖等多种功效。研究表明，其根茎部分能降低心血管发病率，并且有抗肿瘤作用等，药理活性极其显著。值得在食品、医学等领域更深入的开发利用[15]。

贺小露等对短梗五加果的镇静催眠作用进行了研究，发现灌胃给予短梗五加果（292.5 毫克/千克、585 毫克/千克、1170 毫克/千克）可剂量依赖性地协同阈上催眠剂量及阈下催眠剂量戊巴比妥钠对小鼠的镇静催眠作用；剂量依赖性地增加小鼠在转棒实验中的掉棒次数；灌胃给予短梗五加果（202.5 毫克/千克、405 毫克/千克、810 毫克/千克）可显著减少大鼠的自发活动。实验结果表明短梗五加果具有镇静及催眠作用[16]。

2. 食品加工组方与工艺技术

以刺五加浆果、嫩叶、根茎等与其他药食材组合，在食品组方与工艺技术方面进行了研究：刘健伟等（2019）根据正交设计的结果，得出野生刺五果汁饮料的最佳配方，即以果汁（6%）、白砂糖（7.5%）、柠檬酸（0.08%）为辅料改良刺五加浓缩液本身的苦味，制作出的果汁口感清爽；另外，通过探索试验得出使果汁在室温下长期保存的高压灭菌条件。赵旭等（2012）以刺五加浆果和桂圆为原料，按刺五加与桂圆 1∶4 的配比、白砂糖 4%、柠檬酸 0.1% 调制成出的复合保健饮料口感优良。刘敏等（2021）以刺五加为主要原料，辅以五味子和苹果，以酵母菌和醋酸杆菌进行液态发酵，优化筛选出制备复合果醋的最佳工艺。房磊等（2016）通过响应面法得出，按香菇汁、刺五加叶汁、木糖醇、柠檬酸的添加量分别为 27.37%、27.10%、8.30% 和 0.16% 制作出的香菇刺五加复合运动饮料，组方综合评分最高。卓长清等（2019）等按枸杞提取液、刺五加提取液、蔗糖分别为 12%、10%、6% 的比例研制出具有抗疲劳功效的枸杞刺五加运动饮料。周旭昌等（2020）利用现代纳米粉碎技术将野生刺五加和短梗五加的茎、叶、花、果实粉碎，经过活性酵母发酵后加入参蜜原浆，酿造出五加参蜜饮料。化洪苓等利用米曲霉、红曲霉、产朊假丝酵母以 1∶2∶1 的比例，以 15% 的接种量、51% 的水分，在 36℃对刺五加鲜叶进行固态发酵 4.5 天，得到的刺五加发酵茶感官优良，相比未发酵，提高了黄酮含量及抗氧化活性增加。刘敏、翁彬彬、贾博文等对刺五加复合果醋的制作工艺研究。刘健伟对长白山区野生刺五加果果汁的配方及制作工艺进行了研究。赵旭、王月仙、裴颖术对刺五加桂圆复合饮料进行了研究。周旭昌、赵莹、王娜等对开发长白山五加参蜜饮料酿造工艺进行了研究。化洪苓、尹文哲、张智等对刺五加发酵茶工艺优化及其抗氧化活性进行了研究。

（三）五加属植物食品开发类型

1. 以刺五加为原料的保健食品

2002 年 3 月，卫生部发布的《关于进一步规范保健食品原料管理的通知》将刺五加列入了《可用于保健食品的物品名单》，这也明确表明刺五加作为保健食品原料的可行性。

根据国家市场监督管理总局特殊食品信息查询平台数据库，截至 2024 年 5 月，共有以刺五加为主要原料的保健食品 338 款（含进口保健食品 9 款），包括 10 种剂型。其中，数量较多的剂型为胶囊（190 种）、片剂（47 种）、口服液（33 种）、酒（23 种）和颗粒（19 种），分别占比 56.21%、13.90%、9.76%、6.80% 和 5.62%。此外，还包括饮料（11 种）、茶饮（9 种）、冲剂（2 种）、粉剂（2 种）和丸剂（2 种）。

从刺五加保健食品功能来看，具有单一功能的保健食品数量 240 个（71.01%），兼具两种功能的保健食品数量 82 个（24.26%），兼具三种保健功能的产品数量有 1 种。数量最多的保健功能为缓解体力疲劳/抗疲劳（157 种），占保健食品重量的近一半（46.45%），其次为免疫调节/增强免疫（84 种，24.85%）、改善睡眠（59 种，23.96%）、提高缺氧耐受力（31 种，9.17%）、延缓衰老（14 种，4.14%）、抗辐射（10 种，2.96%）、辅助降血糖/调节血糖（6 种，1.78%）、辅助降血脂/调节血脂（5 种，1.48%）等。此外，还有少量增加骨密度、辅助改善记忆、对化学性肝损伤有辅助保护功能、祛黄褐斑、美容、抗氧化、改善胃肠道功能（对胃黏膜有辅助保护作用）、通便、改善营养性贫血、抑制肿瘤的保健产品。以刺五加为原料的保健品剂型数量及占比见图 1 和表 2。

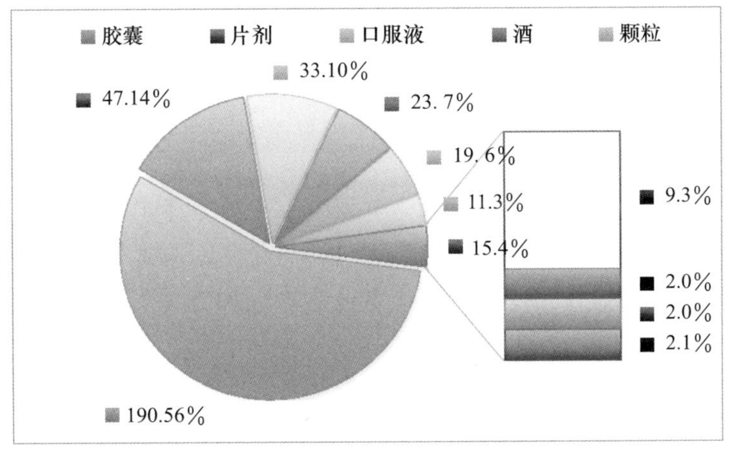

图 1　刺五加为原料的保健品剂型数量及占比

表 2　以刺五加为原料的保健食品功能占比

保健功能	数量	占比/%
缓解体力疲劳，抗疲劳	157	46.45
免疫调节，增强免疫	84	24.85
改善睡眠	81	23.96

肆　食药物质篇

续表

保健功能	数量	占比/%
提高缺氧耐受力	31	9.17
延缓衰老	14	4.14
抗辐射	10	2.96
辅助降血糖，调节血糖	6	1.78
辅助降血脂，调节血脂	5	1.48
增加骨密度	4	1.18
辅助改善记忆	3	0.89
化学性肝损伤有辅助保护功能	3	0.89
祛黄褐斑/美容	2	0.59
抗氧化	2	0.59
改善胃肠道功能	1	0.30
通便	1	0.30
改善营养性贫血	1	0.30
抑制肿瘤	1	0.30

2. 五加属茶叶

刺五加、短梗五加茶样品包括刺五加绿茶、刺五加红茶、刺五加青茶和刺五加芽茶四大类别。在四大类中，市场上以刺五加绿茶和刺五加红茶为主，刺五加芽茶和刺五加青茶仅个别企业生产，如吉林省利生源生物制品有限公司。

3. 五加属蔬菜

以刺五加、短梗五加、细柱五加品种的嫩茎和鲜叶为原料，含有丰富的胡萝卜素、核黄素、抗坏血酸及多种矿物质，是珍稀的绿色保健蔬菜。可以炝拌、清炒、做馅、煨汤，如刺五加炒蛋、煮蛋，刺五加饺子，刺五加炒牛肉，刺五加煮牛苦肠汤等。

4. 五加属饮料

（1）饮料

由于刺五加本身有着微弱的苦味，需要添加一定的辅料来改良刺五加果汁的口味；开发的产品有刺五加豆奶、茶饮料（五加果袋泡茶、五加苦茶）、发酵型饮料（包括刺五加果醋，通过添加醋酸菌、双歧杆菌、保加利亚杆菌和嗜热链球菌等益生菌与蜂蜜或白糖等甜味剂进行发酵）、运动饮料（具有抗疲劳作用的枸杞刺五加运动饮料）等。

（2）五加酒

以五加浆果为原料的五加干红、五加红营养酒、五加醇酒等。

5. 五加属其他食品

刺五加果实可榨油，制作肥皂；此外，还有刺五加蜂蜜、刺五加果糕、刺五加木耳等。

（四）区域五加属食品生产规模

黑龙江省重点打造“寒地龙药”，刺五加被列为重点品种之一。刺五加的嫩茎叶是人们备受青睐的山野菜，叶片还可炒制加工刺五加茶，茎秆和果实可用于制作刺五加酒、饮料等，根、茎、叶和果实都是食药同源的优质原料。这些药企在开发五加中药产品的同时，也在开发五加属健康食品。

六、中国五加属食品开发面临的问题

（一）资源保护与可持续利用挑战

五加属植物，包括刺五加、短梗五加、细柱五加、白簕、红毛五加等，在野生环境中分布广泛，但过度采集和不合理利用已经对其野生资源构成威胁。如何在保护这些资源的同时，实现可持续的采集和利用，是五加属食品开发面临的重要问题。

（二）产业链整合与发展不足

目前，五加属食品开发的产业链尚未形成完整的体系。从种植、采摘到加工、销售等各个环节缺乏紧密的配合和有效的协调，导致产品的附加值低，市场竞争力不强。此外，五加属植物的种植技术和加工技术也需要进一步研究和提升。

（三）科研投入与创新能力不足

五加属食品的开发需要科研支撑，但目前针对五加属植物的科学研究相对较少，对其营养成分、药理作用等方面的了解还不够深入。这限制了五加属食品开发的深度和广度，也影响了产品的创新性和市场竞争力。

（四）市场认知度与品牌建设滞后

五加属食品在市场上的认知度相对较低，很多消费者对其了解不足，甚至存在误解。同时，由于缺乏有影响力的品牌和产品推广，五加属食品的市场份额相对较小，难以形成规模效应。

（五）法规标准与监管体系不完善

五加属食品的开发和生产需要遵循相关的法规和标准，但目前这一领域的法规和标准体系尚不完善，存在监管空白和漏洞。这可能导致刺五加、短梗刺五加等原料混用的产品进入市场，影响了整个行业的健康发展。

针对以上问题，需要政府、企业、科研机构和社会各界共同努力，加强五加属植物的资源保护，推动产业链的整合和发展，加大科研投入和创新力度，提升市场认知度和品牌建设，完善法规标准和监管体系，以推动中国五加属食品开发的健康发展。

（六）五加属食品原材料不足

五加属植物在食品开发过程中存在与药材原料生产采收相互矛盾的现象，如嫩叶的采集会影响植株的整体生长和花果的发育。特别是最近几年原料供小于求的问题。

刺五加原浆、刺五加饮料、刺五加茶以及刺五加系列保健品等前景看好的新产品，因原料短缺，产能不足。加之近三年来国内药材市场需求量持续上升，常见的药材及名贵的中药价格呈走高趋势，刺五加的收购价格涨了 4 倍多，生产成本居高不下，造成了五加属食品生产成本的提升。

（七）五加属食品原料基源植物名称的标准化、精确化的问题

在黑龙江、吉林省、辽宁省刺五加主产区，刺五加经常与短梗五加混淆，在学术研究、农林经济统计方面，食品和保健品的原料品种名不一致。又如，江西省五加芽菜标准中的“五加”与“细柱五加”的名称在植物分类名与食药领域的分类应是一致的，但名称不一致；“无梗五加”与“短柄五加”名称的不统一等都会对食品产业的标准化带来影响。

七、五加属在食药同源理念下开发的趋势

五加属作为传统中药材和食品资源，具有丰富的营养价值和药理作用。在食药同源的理念下，五加属的开发逐渐受到广泛关注。新冠疫情后全民更为关注亚健康、免疫力低等问题，关注重点从食品安全转到食品的营养、健康，特别是食品的功能作用方面，“养”“防”成为保健重心。相应地，人们从依赖药物转向寻求食药同源产品，追求高安全、高品质、高活性、高营养产品。在此背景下，五加属植物作为较早的新资源食品在食药物质领域的发展呈现以下趋势：

（一）科技创新驱动五加属的开发

科技创新是推动五加属开发的重要驱动力。随着现代科学技术的不断进步，五加属的营养成分、药理作用及开发利用途径得到更深入的研究。科研人员利用现代生物技术、提取技术等手段，不断挖掘五加属的新价值，为五加属的开发提供有力支撑。

（二）国家政策扶持五加属产业的发展

国家政策在五加属产业的发展中起着关键作用。政府通过制定优惠政策、加大资金投入等方式，支持五加属产业的科技创新、产业链整合和品牌建设等方面。政策的扶持有助于提升五加属产业的竞争力和影响力，推动五加属资源的可持续利用。

（三）市场需求多元化推动五加属产品创新

随着消费者对健康和营养的关注度不断提高，五加属产品的市场需求呈现多元化趋势。消费者对五加属产品的种类、品质、口感等要求越来越高，促使企业不断创新产品，满足市场多样化需求。同时，针对不同消费群体的定制化产品也成为五加属开发的新方向。

（四）国际市场拓展提升五加属产业的竞争力

五加属作为具有中国特色的食品资源，在国际市场上具有广阔的前景。通过拓展国际市场，不仅可以提升五加属产业的竞争力，还可以传播中国传统文化和饮食文化。企业应加大国际市场开拓力度，通过参加国际展览、建立海外销售渠道等方式，将五加属产品推向国际市场。

（五）创新技术应用提升五加属食品的开发水平

随着科技的不断发展，创新技术的应用为五加属食品的开发提供了更多可能性。例如，利用大数据、人工智能等技术手段，对五加属资源进行精准种植、采收和加工，提高资源利用率和产品品质。同时，利用现代检测技术对五加属食品进行质量监控和安全评估，确保产品的安全性和有效性。

（六）产业链整合发展促进五加属食品产业的协同发展

产业链整合发展是实现五加属产业高效协同的关键。通过加强种植、采收、加工、销售等环节的衔接与配合，形成完整的产业链体系，降低生产成本，提高生产效率。同时，加强企业间的合作与交流，实现资源共享和优势互补，推动五加属食品产业的整体提升。

（七）绿色环保理念引领五加属食品产业的可持续发展

绿色环保理念已成为当今社会的重要价值观。在五加属的食品开发过程中，应坚持绿色环保理念，注重资源的可持续利用和环境的保护。通过推广绿色种植技术、减少污染排放等措施，降低五加属食品开发对环境的影响，实现产业的可持续发展。

八、总结

随着“大健康”理念逐渐深入人心，食药同源健康食品产业成为具有巨大发展潜力的朝阳产业。五加属植物兼具多种健康功效和食疗养生价值，发展前景广阔。中国的五加属植物资源丰富，有着巨大的开发潜力。在政府的支持与引导下，刺五加及五加属原料标准体系逐步完善，栽培技术与食品开发研究不断深入，生产企业如雨后春笋般涌现，五加属食品行业发展势头强劲。

未来发展中，应加强政府的引导和市场监管，逐步完善相关技术规范和法律法规，建立完善的食品质量控制体系，确保五加属食品的安全性和健康性。针对五加属植物名称混淆及野生资源保护问题，要做好野生刺五加资源的调查摸底，进行科学分类，制定刺五加野生资源开发利用规划，建立分区采收和间隔采收制度，使野生资源得到休养生息。

加强品种选育与改良，提高育苗量及产量，推广绿色有机种植，解决刺五加原料紧缺问题。新时代背景下，加快精深食品科学和新型绿色加工技术研究，提升生产加工工艺，通过合理的健康中药、果蔬产品配比，提升五加属食品口感，实现化学品零添加；在提取工艺上，采用低温生榨方式保留活性药用成分，以满足人们对五加属食品健康产品的新需求。加快五加属食品的创新性研发，开发特色鲜明、种类繁多、功能多元的五加属健康食品，研发五加属食品新形态，以普通食品为载体，让消费者享受到食品特有“色、香、味”的“食药同源”五加属食品。结合传统的食养文化和中医文化，加大创新和研发力度，探索将五加属原料与现代食品技术、传统中医养生理念相结合的方法，开发出更具健康价值的产品，推动中医药养生文化全面融入日常生活，促进全民健康。要挖掘刺五加的文化内涵和历史价值，开展科普教育活动，提高公众对五加属植物、食品的认识和了解，传承和弘扬五加食药文化，增强消费信心。

参考文献

［1］邹亲朋．两种五加属植物叶中抗 HMGB1 三萜活性成分研究［D］．长沙：中

南大学，2012.

[2] 黑龙江省祖国医药研究所．中国刺五加研究［M］．哈尔滨：黑龙江科学技术出版社，1981.

[3] 邓力．入药“五加”须细辨［N］，中国中医药报，2024－03－01（4）．

[4] 郭君双，等．食物本草（点校本）［M］．北京：人民卫生出版社，2018.

[5] 黑龙江省祖国医药研究所．黑龙江中药［M］．哈尔滨：黑龙江人民出版社，1959：31－33.

[6] 科普中国－特色词条－五加属［EB/OL］．（2021－12－31）［2024－08－15］．https：//www.kepuchina.cn/article/articleinfo? business_ type = 100&classify = 0&ar_ id = 345053.

[7] 王书越，潘少安，王明睿，等．基于 MaxEnt 模型评估刺五加在东北地区的空间分布［J/OL］．生态学报，2019，39（9）：3277－3286. https：//www.ecologica.cn/stxb/ch/html/2019/9/stxb201712272333.htm.

[8] 傅克治．中国刺五加［M］．哈尔滨：黑龙江人民出版社，1987：3.

[9] 刘红卫．刘红卫专栏：中国各省中药材种植面积及中药材产业现状（四）［EB/OL］．跑合资讯．（2024－06－13）［2024－08－15］https：//m.baidu.com/bh/m/detail/ar_ 9740905455569109199.

[10] 吉林省绿色食品工程研究院．绿色科普丨刺五加的成分与功效［EB/OL］．（2019－12－03）［2024－08－15］．https：//mp.weixin.qq.com/s? _ _ biz = MzU3OTQ5MzIzMA = = &mid = 2247488691&idx = 1&sn = b5d3c8f6a8c54ffe46065c842fdf5026&chksm = fd6418b2ca1391a42fe34b93463d860dc7f4683fe5d0164a628a05e2f26c65d3f0998bd00d6b&scene = 27.

[11] 关于刺五加产业发展情况的报告［EB/OL］．（2018－12－29）［2024－08－15］．http：//www.bx.gov.cn/zwgk/ldjh/content_ 365871.

[12] 黑龙江省“寒地龙药”产业实现优化升级［EB/OL］．（2023－12－28）［2024－08－15］．http：//nynct.hlj.gov.cn/nynct/c115379/202312/c00_ 31697943.shtml.

[13] 周波，张强，汪娟．吉林省长白山区规模化中药材种植产业调查报告［J］．黑龙江农业科学，2017（12）：76－79.

[14] 恩平市人民政府门户网站．恩平簕菜产业发展即将迎来春天［EB/OL］．（2019－05－16）［2024－08－15］．https：//www.enping.gov.cn/zxdt/xxsd/content/post_ 1268688.html.

[15] 郭军，孙宝俊，郑金萍，等．食品新资源短梗五加的研究开发［J］．中国食物与营养，2008（12）：26－27.

[16] 贺小露，张蕊，孙明亮，等．短梗五加果镇静催眠作用实验研究［J］．中药材，2013，36（8）：1329－1331.

"健康经济与管理系列"简介

蓝皮书是权威学术智库作品，具有高水准、规范严格、作者代表广泛、影响力大、研创周期长、研创成本高等特点。"健康经济与管理系列"由侯胜田教授担任总主编，不仅涵盖传统医疗康养领域，而且特别关注新兴和朝阳领域，如大健康、中医药、康养休闲旅居、数智健康等。"健康经济与管理系列"的每部蓝皮书都由总报告和多篇分报告组成，每篇报告都基于该领域发展现状，聚焦该领域发展挑战与问题分析，不仅对前景进行分析和预测，更关注提供创新性问题解决方案或对策建议。

"健康经济与管理系列"规划研创出版蓝皮书30套，已经陆续出版了10余套，涵盖全球健康、全球中医药、世界传统医药、健康产业、中医医院、中医医馆、互联网医院、医养结合、健康旅游、康养旅居、森林康养、中医药文创、数智健康、数智中医药等行业300多个细分领域。正在筹组编委会的领域包括大健康发展、饮食康养、运动健康、温泉康养、园艺康养、中药产业、医疗器械、人参产业、民族医药、医院运营、医院学科、医院护理、医院后勤等。欢迎加入编委会！欢迎合作研创出版！

来自国内外近千位作者参加了"健康经济与管理系列"蓝皮书研创。蓝皮书作者来自国家卫生健康委员会、国家中医药管理局、中国医学科学院、中国中医科学院、北京市中医药管理局、江苏省卫生健康委员会、中国中医科学院中医基础理论研究所、上海市卫生与健康发展研究中心、山东大学卫生管理与政策研究中心、中国中医科学院中医药信息研究所、天津市医学科学技术信息研究所、北京市卫生健康大数据与政策研究中心、广东省社会科学院、广东省中医药科学院、北京中医药研究所、北京市西城区医疗机构管理服务中心等相关政府管理和研究机构。

"健康经济与管理系列"蓝皮书作者还来自清华大学、北京大学、上海交通大学、北京理工大学、东南大学、澳门大学、电子科技大学、河北大学、北京林业大学、北京协和医学院、北京中医药大学、温州医科大学、上海中医药大学、广州中医药大学、天津中医药大学、河北中医药大学、山东中医药大学、陕西中医药大学、甘肃中医药大学、江西中医药大学、湖南中医药大学、湖北中医药大学、成都中医药大学、黑龙江中医药大学、长春中医药大学、辽宁中医药大学、山西中医药大学、云南中医药大学、海南医学院、牡丹江医学院、重庆中医药学院、上海健康医学院、沧州医学高等专科学校、首都经贸大学、北京工商大学、北京第二外国语学院、北京联合大学、中华女子学院、三亚学院、上海城建职业学院等。

“健康经济与管理系列”蓝皮书作者还来自北京协和医院、中国人民解放军总医院、中日友好医院、四川大学华西医院、首都医科大学宣武医院、江苏省中医医院、北京中医药大学第三附属医院、北京中医药大学东直门医院、北京中医药大学东方医院、清华大学玉泉医院（清华大学中西医结合医院）、北京广安门医院、北京市鼓楼中医医院、北京丰台中西医结合医院、北京市房山区良乡医院、北京市第六医院、北京市第一中西医结合医院、广东省中医院、广州中医药大学深圳医院、山东中医药大学附属医院、上海中医药大学附属龙华医院、上海中医药大学附属曙光医院、苏州市中医医院、西安国际医学中心医院、四川彭州市中医医院、中国中医科学院广安门医院保定医院、贵州中医药大学第二附属医院、广东省人民医院、大连理工大学附属中心医院、中南大学湘雅二医院、新疆医科大学第一附属医院、内蒙古国际蒙医医院、山西省肿瘤医院、杭州市红十字会医院、杭州市中医医院、三亚市中医医院、广州市红十字会医院、黑龙江省总工会医院等。

部分作者还来自国药集团、中国康养集团、腾讯、京东、百度、东软集团、固生堂等顶流企业；中国药用植物研究所、广西壮族自治区药用植物园、成都中医药大学药用植物园；广东中医药博物馆、上海中医药博物馆、亚洲糖尿病防治（香港）研究院、长城保险经纪有限公司、和君集团有限公司、深圳市前海汇颐科技有限公司、江苏秉华健康科技有限公司、北京华夏健业生态农业研究院有限公司、浪潮集团有限公司、行客旅游网、北京吴少博律师事务所、河南易展堂药业有限公司等知名企业或研究机构。

“健康经济与管理系列”蓝皮书出版后，编委会将适时组织蓝皮书首发仪式、蓝皮书发布会、蓝皮书研讨会、蓝皮书巡讲等宣传分享活动。截至2024年3月，“健康经济与管理系列”已经陆续在北京、上海、广东广州、四川成都、吉林长春、河北保定、江苏常州等地举办了10余次蓝皮书发布和研讨活动，后续宣讲分享活动正在持续进行中。

致　谢

衷心感谢北京中医药大学管理学院、北京中医药大学国家中医药发展与战略研究院健康产业研究中心、上海交通大学健康长三角研究院、清华大学社会科学学院健康产业与管理研究中心、中国医学科学院北京协和医学院卫生健康管理政策学院医院领导力与管理学系、温州医科大学大健康发展研究院、四川省中医药科学院中华中医药文化研究院、北京中医生态文化研究会、中国老年学和老年医学学会国际旅居康养分会、世界中医药学会联合会国际健康旅游专业委员会、世界中医药学会联合会医养结合专业委员会、中国中医药信息学会医养居融合分会、中国药膳研究会酒与食养专业委员会、北京华夏健业生态农业研究院有限公司、华夏律康（北京）信息咨询有限责任公司、云南东方花草生物科技有限公司、华夏药食同源供应链管理（北京）有限公司、庆大堂控股有限公司、黑蟾猫智能科技（宁波）有限公司、北京京诚生物科技有限公司、东阿阿胶股份有限公司等单位对本蓝皮书研创工作的大力支持。